LA
Guerre
DE
1870-71

L'INVESTISSEMENT DE PARIS

II
CHATILLON

PARIS
LIBRAIRIE MILITAIRE R. CHAPELOT ET Cie
IMPRIMEURS-ÉDITEURS
30, Rue et Passage Dauphine, 30
—
1909
Tous droits réservés

LA
GUERRE DE 1870-71

L'INVESTISSEMENT DE PARIS

II

CHATILLON

Publié par la **Revue d'Histoire**
rédigée à la Section historique de l'État-Major de l'Armée

LA Guerre

DE

1870-71

L'INVESTISSEMENT DE PARIS

II

CHATILLON

PARIS
LIBRAIRIE MILITAIRE R. CHAPELOT ET Cie
IMPRIMEURS-ÉDITEURS
30, Rue et Passage Dauphine, 30

1909
Tous droits réservés

SOMMAIRE

IVᵉ PARTIE.

Garde et rupture des voies de communication.

		Pages.
Chapitre Iᵉʳ.	Préparation des destructions.........	1
Chapitre II.	Chargement des fourneaux..........	16
Chapitre III.	Exécution des destructions	21
Chapitre IV.	Garde des voies ferrées............	29

Vᵉ PARTIE.

Marche des armées allemandes de Sedan sur Paris.

Chapitre Iᵉʳ. Situation des forces françaises et allemandes le 3 septembre au soir.

§ 1ᵉʳ. — Situation, le 3 septembre au soir, des troupes françaises dans les départements à l'Est de Paris............ 33

§ 2. — Situation des armées allemandes aux environs de Sedan le 3 septembre au soir............................ 46

Chapitre II. Retraite des troupes françaises, à l'Est de Paris, du 4 au 8 septembre......... 51

Chapitre III. Marche des armées allemandes du 4 au 9 septembre.

§ 1ᵉʳ. — Ordre donné à la IIIᵉ armée et à l'armée de la Meuse de reprendre, le 4 septembre au matin, leur marche sur Paris............................. 65

§ 2. — Considérations générales sur les marches des troupes allemandes dans leur mouvement sur Paris............ 72

§ 3. — Journée du 4 septembre.

IIIᵉ armée...................... 82

Armée de la Meuse............ 90

SOMMAIRE.

			Pages.
Chapitre	III.	Marche des armées allemandes du 4 au 9 septembre (suite).	
		§ 4. — Journée du 5 septembre.	
		IIIe armée	91
		Armée de la Meuse	92
		§ 5. — Bombardement de Montmédy (5 septembre)	95
		§ 6. — Journée du 6 septembre.	
		IIIe armée	101
		Armée de la Meuse	102
		§ 7. — Journée du 7 septembre.	
		IIIe armée	104
		Armée de la Meuse	106
		§ 8. — Journée du 8 septembre.	
		IIIe armée	108
		Armée de la Meuse	110
		§ 9. — Ordres donnés par le maréchal de Moltke du 4 au 8 septembre	112
		§ 10. — Journée du 9 septembre.	
		IIIe armée	115
		Armée de la Meuse	116
Chapitre	IV.	**Capitulation de Laon.**	
		§ 1er. — Situation matérielle de la place	119
		§ 2. — État moral des habitants et de la garnison	123
		§ 3. — Approche de l'ennemi et capitulation	126
Chapitre	V.	**Envoi des divisions de cavalerie Reyau et de Champéron à l'Est de Paris**	135
Chapitre	VI.	**Journée du 10 septembre.**	
		§ 1er. — Mouvements des troupes françaises	143
		§ 2. — Mouvements des armées allemandes	149
Chapitre	VII.	**Journée du 11 septembre.**	
		§ 1er. — Mouvements des troupes françaises	154
		§ 2. — Mouvements des troupes allemandes	162
Chapitre	VIII.	**Journée du 12 septembre.**	
		§ 1er. — Mouvements des troupes françaises	169
		§ 2. — Mouvements des armées allemandes	172
Chapitre	IX.	**Journée du 13 septembre.**	
		§ 1er. — Mouvements des troupes françaises	175
		§ 2. — Mouvements des troupes allemandes	179

SOMMAIRE. VII

Pages.

CHAPITRE X. **Journée du 14 septembre.**
 § 1er. — Mouvements des troupes françaises... 186
 § 2. — Mouvements des troupes allemandes. 187

CHAPITRE XI. **Journée du 15 septembre.**
 § 1er. — Mouvements des troupes françaises.. 195
 § 2. — Mouvements des troupes allemandes. 198

CHAPITRE XII. **Marche jusqu'au 15 septembre des unités allemandes laissées autour de Sedan....** 206

CHAPITRE XIII. **Mouvements des troupes françaises dans Paris jusqu'au 15 septembre au soir.**
 § 1er. — Le 13e corps depuis son retour à Paris jusqu'au 14 septembre au soir.... 216
 § 2. — Le 14e corps jusqu'au 15 septembre au soir.......................... 221
 § 3. — Mouvements du 13e corps le 15 septembre........................... 227
 § 4. — Mouvements des bataillons de mobiles. 231
 § 5. — Commandement de Saint-Denis..... 233
 § 6. — Cavalerie...................... 241

CHAPITRE XIV. **Journée du 16 septembre.**
 § 1er. — Mouvements des armées allemandes. 243
 § 2. — Mouvements des troupes françaises.. 251

CHAPITRE XV. **Journée du 17 septembre.**
 § 1er. — Mouvements des troupes françaises.. 266
 § 2. — Mouvements des troupes allemandes. 278
 § 3. — Combat de Mont-Mesly............ 287
 § 4. — Passage de la Seine par les premiers éléments du Ve corps et la 2e division de cavalerie........................ 300
 § 5. — Mouvements des autres éléments de la IIIe armée....................... 302

CHAPITRE XVI. **Journée du 18 septembre.**
 § 1er. — Mouvements des troupes françaises.. 307
 Événements en avant du 13e corps (Vincennes)........................... 308
 Secteur entre la Marne et l'Ourcq...... 309
 Secteur Nord. Saint-Denis.......... 310
 Secteur Ouest.................... 311
 Secteur Sud. Reconnaissances de cavalerie dans la matinée............. 312

SOMMAIRE.

		Pages.
Chapitre XVI.	**Journée du 18 septembre** (suite).	
	Mouvements des troupes françaises sur le plateau de Châtillon, jusqu'à midi.	315
	Mouvement de la division de Maud'huy.	316
	Engagements sur le plateau de Châtillon.	317
	§ 2. — Mouvements des troupes allemandes.	324
Chapitre XVII.	**Journée du 19 septembre.**	
	§ 1er. — Mouvements des troupes françaises..	340
	Secteur Est	340
	Secteur Nord	344
	Secteur Ouest	349
	Secteur Sud	353
	§ 2. — Mouvements des troupes allemandes.	354
	Armée de la Meuse	354
	Combat de Pierrefitte - Montmagny. Mouvement du IVe corps	359
	Mouvements du corps de la Garde	367
	Mouvements du XIIe corps	371
	Division würtembergeoise	373
	Mouvement du grand quartier général.	375
Chapitre XVIII.	**Combat de Châtillon.**	
	§ 1er. — Instructions du général Trochu	378
	§ 2. — Ordres donnés par le général Ducrot.	381
	§ 3. — Situation des troupes françaises le 19 à 6 heures du matin	384
	§ 4. — Situation des troupes allemandes à 6 heures du matin	394
	§ 5. — Développement du combat aux abords de Petit-Bicestre jusque vers 8 h. 45...	400
	§ 6. — Retraite des troupes françaises	416
	§ 7. — Mouvements des troupes allemandes sur le plateau jusque vers 10 heures...	424
	§ 8. — Mouvements du IIe corps bavarois...	430
	§ 9. — Ordres donnés par les généraux Trochu et Ducrot jusque vers 1 heure. Evénements en arrière du champ de bataille	437
	§ 10. — Reprise de l'offensive par les troupes allemandes. Enlèvement de Plessis-Piquet	448
	§ 11. — Retraite de la division de Maussion.	457
	§ 12. — Évacuation de la redoute et des hauteurs de Châtillon	462

SOMMAIRE.

		Pages.
Chapitre XVIII.	**Combat de Châtillon** (*suite*).	
	§ 13. — Rentrée des troupes françaises dans Paris..........................	471
	§ 14. — Continuation de la marche du Ve corps prussien sur Versailles......	481
	§ 15. — Combat sur le plateau de Villejuif..	484
	§ 16. — Résultats de la journée du 19 septembre........................	491
	Situation générale des armées allemandes autour de Paris le 19 septembre au soir.................	495
Chapitre XIX.	**Dernières marches des troupes de la IIIe armée suivant en seconde ligne.**	
	§ 1er. — Mouvements des 5e et 6e divisions de cavalerie pour atteindre leurs emplacements dans la zone d'investissement....	497
	§ 2. — Mouvements du XIe corps..........	501
	§ 3. — Mouvements du Ier bavarois........	502
	§ 4. — Mouvements des 8e et 9e brigades de cavalerie......................	504
Chapitre XX.	**Organisation des lignes de communication et occupation du territoire envahi.**	
	§ 1er. — Lignes de communication de l'armée de la Meuse et de la IIIe armée....	506
	§ 2. — Organisation d'une ligne de transports par voie ferrée................	516
	§ 3. — Occupation du territoire envahi.....	518

APPENDICES

Pertes du 19 septembre................................	528
Ordre de bataille du 14e corps d'armée...................	533

ERRATA

Page 97, lignes 4 et 23, *au lieu de* « général de Medern », *lire* « général de Medem ».

— 143, note 2, ligne 3, *au lieu de* « 8 septembre », *lire* « 7 septembre ».

— 145, note 3, *au lieu de* « 14 septembre », *lire* « 11 septembre ».

— 287, 3e ligne à partir du bas, *au lieu de* « Mouvement du Ve corps prussien vers 2 heures du soir », *lire* « Mouvements du Ve corps prussien jusque vers 2 heures du soir ».

— 367, ligne 21, à partir de « Le IIIe bataillon... », *lire* « Les IIe et IIIe bataillons du *93e* occupèrent Villiers-le-Bel ; le Ier bataillon s'installa au bivouac entre cette localité et Ecouen ».

— 369, ligne 22, *au lieu de* « IIe bataillon du *3e* régiment de grenadiers », *lire* « IIIe bataillon du *2e* régiment à pied de la Garde ».

— 370, ligne 1, *au lieu de* « deux compagnies », *lire* « une compagnie ».

— 370, ligne 10, *au lieu de* « Ier et IIIe du *2e* grenadiers, *lire* « le *2e* grenadiers ».

— 370, ligne 12, *au lieu de* « le 3e escadron tenait le Blanc-Mesnil », *lire* « le *3e* grenadiers et le 3e escadron du *2e* uhlans tenaient le Blanc-Mesnil ».

— 370, ligne 15, *au lieu de* « des troupes », *lire* « du 1er grenadiers ».

— 378, *au lieu de* « Chapitre XVII », *lire* « Chapitre XVIII ».

LA GUERRE DE 1870-1871

L'INVESTISSEMENT DE PARIS

IVᵉ PARTIE
Garde et rupture des voies de communication.

CHAPITRE PREMIER
Préparation des destructions.

Après nos premiers revers en Lorraine, Paris se trouvait directement menacé par les forces allemandes sans être encore prêt dans sa défense. Les obstacles que l'on pouvait opposer à la marche de l'ennemi prenaient une importance particulière et chaque heure gagnée était précieuse. On aurait pu en obtenir beaucoup par une destruction méthodique et raisonnée des voies de communication conduisant vers la capitale, mais personne n'y avait songé avant la campagne.

Quand le danger devint imminent, puisque rien n'était préparé, il fallut improviser. En l'absence de toute réglementation antérieure, les initiatives des divers Départements ministériels (Guerre, Travaux publics, Intérieur) s'entre-croisèrent et se gênèrent. Ici et là, des destructions prématurées ou sans objet, beaucoup de travaux inutiles qui ne causèrent guère de retard à l'ennemi, furent les conséquences de cet état de choses.

Dès le 18 juillet, cependant, le Ministre de la Guerre, sur l'initiative de la Compagnie de l'Est, avait prié cette compagnie d'exécuter, de concert avec le service du génie, les travaux nécessaires pour préparer la destruction des principales voies ferrées et, notamment, celle des souterrains et des grandes tranchées de la traversée des Vosges (1).

Quelques travaux furent ainsi exécutés dans cette région mais, par suite du manque d'organisation et de l'absence d'ordres (2), aucun ouvrage d'art n'y fut détruit à temps et tout le réseau ferré de la frontière tomba, à peu près intact, entre les mains de l'ennemi, à la grande surprise de celui-ci d'ailleurs (3).

Quand l'armée du maréchal de Mac-Mahon se retira sur Châlons, il fallut la protéger contre la poursuite de la cavalerie allemande. La Compagnie de l'Est, fit, le 19 août, après le passage du dernier train qui emportait le 5ᵉ corps, sauter les ponts de Donjeux, de Villiers et de Froncles, sur la ligne de Blesmes à Chaumont (4).

Toujours derrière le corps de Failly, le génie, sur l'ordre du Conseil de défense de Vitry-le-François, détruisit, le 22 août, près de cette place, le pont de la ligne de Châlons à Bar-le-Duc, sur la Marne (5).

---

(1) Jacqmin, *Les Chemins de fer pendant la guerre de 1870-1871*, p. 315.

(2) L'ordre de détruire le grand tunnel de Saverne arriva le 10 août, alors que les Allemands l'occupaient déjà (Ernouf, *Histoire des chemins de fer pendant la guerre franco-prussienne*, Paris, Librairie générale, 1874, in-12, p. 22).

(3) Jacqmin, *loc. cit.*, p. 316.

(4) Hermann Budde, *Die französischen Eisenbahnen im deutschen Kriegsbetriebe 1870-71*, Berlin, Mittler, 1904, in-8°, p. 107.

(5) *Ibid.*, p. 84.

Cependant, à Paris, devant les événements qui se précipitaient, on s'était rapidement rendu compte de la confusion qui pouvait résulter de l'absence de méthode. Le général de Chabaud la Tour avait chargé le lieutenant-colonel Karth, du génie, d'étudier la destruction des voies de communication qu'il pouvait y avoir lieu de préparer au point de vue de la protection de Paris.

Le rapport de cet officier supérieur, rapport qui embrassait les cinq routes d'invasion situées à l'Est de la capitale et celles permettant de tourner la place au Nord et au Sud (1), fut transmis, le 19 août, au Ministre et au maréchal Vaillant (2) et discuté dans la séance du 20 août par le Comité de défense qui demanda sa mise à exécution (3).

Le général de Chabaud la Tour chargea, le même jour, le colonel Gras auquel il adjoignit le commandant Bénier et le capitaine Marcille (4) de faire préparer les destructions ainsi ordonnées « tant sur la Seine que sur la Marne, aux abords de Paris (5) ».

On commença à miner les ponts dont l'existence à proximité des fortifications pouvait compromettre la défense.

Mais, ce fut surtout à partir du 23 août, que l'on se rendit réellement compte de l'importance de la question.

Ce jour-là, M. Jacqmin, ingénieur en chef de la Compagnie de l'Est, introduit devant le Comité de défense,

---

(1) *Note* du lieutenant-colonel Karth sur les ponts à détruire autour de Paris et sur la destruction des voies de communication à l'Est de Paris, Paris, 16 août.
(2) Le Ministre de la Guerre au maréchal Vaillant, Paris, 19 août.
(3) Procès-verbaux du Comité de Défense, séance du 20 août.
(4) Le général de Chabaud la Tour au capitaine Marcille et au commandant Bénier, Paris, 20 août.
(5) Le général de Chabaud la Tour au colonel Gras, Paris, 20 août.

l'informa que la compagnie continuait à faire creuser les mines nécessaires pour que l'on pût interrompre les voies au moment opportun. Mais il fit remarquer qu'il n'appartenait pas à une compagnie industrielle de charger les fourneaux, encore moins de donner l'ordre de détruire des lignes qui pourraient encore servir à des mouvements stratégiques (1). En conséquence, si l'on ne prenait des mesures, les travaux resteraient inutiles, et tant d'efforts ne serviraient qu'à l'ennemi, s'il devait battre un jour en retraite. M. Jacqmin demandait donc que des agents fussent désignés pour provoquer les explosions en temps voulu (2).

Le Comité proposa, à la suite de ces observations, que tout le service des destructions à opérer fût mis entre les mains d'officiers supérieurs, à raison d'un par ligne menacée. Ces officiers, en rapport avec les ingénieurs des chemins de fer, devaient recevoir de ces derniers toutes les indications relatives aux préparatifs déjà faits et prescrire, s'il y avait lieu, l'exécution des dispositifs complémentaires. Des ordres pouvaient leur être donnés par les généraux commandant en chef, mais ils étaient autorisés à prendre sur eux de faire sauter les ouvrages d'art en cas de besoin (3).

Le Ministre entra dans ces vues et, le 24, il invita le général de Chabaud la Tour à faire pousser les travaux avec la plus grande activité (4).

Les deux lignes immédiatement menacées étaient celles de Paris à Troyes et de Paris à Châlons. Conformément aux désirs du Comité, par lettre du 24 août, le lieutenant-colonel Sauzay fut chargé de l'organisation de

---

(1) Jacqmin, *loc. cit.*, p. 315.
(2) Procès-verbaux du Comité de Défense, séance du 23 août.
(3) *Ibid.*
(4) Le Ministre au général de Chabaud la Tour, Paris, 24 août.

la première, le colonel Fervel de celle de la seconde (1). Ces deux officiers étaient en outre chargés de faire mettre les gares, « sur ces lignes, en état de défense, les travaux étant exécutés par le service de la voie (2) ». Ils recevaient du Ministre des Travaux publics pleins pouvoirs pour réclamer le concours et l'appui des autorités civiles. Un détachement de dix soldats du génie, dont un sergent, pris à la compagnie de mineurs du 3ᵉ régiment à Romainville, était mis à la disposition de chacun d'eux (3).

En même temps, le général de Chabaud la Tour écrivait aux directeurs des diverses compagnies de chemins de fer qu'il y avait lieu de faire exécuter tous les préparatifs en question « au plus vite (4) ».

Le colonel Gras, après ces désignations, demeurait chargé du service aux abords de Paris. En outre, les lignes de Laon à Soissons et de Soissons à Reims restaient, par ordre du Ministre, sous l'autorité directe du commandant du génie de l'armée du maréchal de Mac-Mahon (5).

Le lieutenant-colonel Sauzay commença sa mission aussitôt. Le 27 août, il fit miner et sauter le pont de Bernières, sur la Seine, près de Nogent-sur-Seine, à la nouvelle de l'approche de l'ennemi qui, la veille, avait coupé, près de Payns, la ligne de Paris-Mulhouse (6). Cette

---

(1) Le général de Chabaud la Tour au Gouverneur de Paris, Paris, 27 août.

(2) Le général de Chabaud la Tour au lieutenant-colonel Sauzay et au colonel Fervel, 24 août.

(3) Le général de Chabaud la Tour au général Duboys-Fresney, Paris, 25 août.

(4) Le général de Chabaud la Tour à MM. les Directeurs des Compagnies de l'Est et du P.-L.-M., Paris, 24 août.

(5) Le Ministre au maréchal de Mac-Mahon, Paris, 23 août.

(6) L'inspecteur principal des chemins de fer de l'Est Lépine au Général commandant le département de la Haute-Saône, Vesoul, 26 août. — Cette destruction avait été faite par deux escadrons du 2ᵉ uhlans.

destruction faite, il repartit en wagon vers Nogent. Après un quart d'heure de marche, le train où il se trouvait fut heurté si violemment par un train venant à sa rencontre que le lieutenant-colonel et l'ingénieur qui l'accompagnaient furent tués sur le coup (1). A la suite de cette catastrophe, les survivants du petit détachement du génie rentrèrent le 28 à Romainville.

Le lieutenant-colonel Sauzay fut remplacé, le 28 août, par le commandant Maréchal (2). Celui-ci fit préparer des fourneaux au tunnel de Saint-Loup et à la tranchée de Chalmaison sur la ligne de Paris à Troyes, puis au pont de Saint-Germain-Laval sur la ligne de Flamboin à Montereau.

Le commandant Maréchal reconnut bientôt, avec les ingénieurs de la compagnie, que la destruction du pont de Bernières avait été prématurée, les Allemands ayant abandonné la direction de Paris pour remonter vers le Nord, et il proposa au Ministre des Travaux publics, le 1er septembre, de faire reconstruire provisoirement ce pont afin de permettre la remise en exploitation de la ligne jusqu'à Troyes (3). Mais l'ennemi reprenant sa marche sur Paris, après Sedan, arriva avant que ce projet ne pût être mis à exécution.

Sur la ligne de Paris à Strasbourg, le colonel Fervel, apprenant, le 25 août, au moment où il venait prendre son service à la gare de l'Est, que l'ennemi occupait le camp de Châlons, donna, de la gare même, l'ordre de brûler, près de Châlons, sur la ligne de Saint-Hilaire-au-

---

(1) Le capitaine Capperon, commandant la 2e compagnie de mineurs du 3e régiment du génie, au général de Chabaud la Tour, Romainville, 31 août.

(2) Le général de Chabaud la Tour au commandant Maréchal, Paris, 28 août.

(3) Le commandant Maréchal au Ministre des Travaux publics, D. T., Melun, 1er septembre, 5 h. 3 soir.

Temple, le pont sur la Marne et les ponts sur le canal qui, construits en bois, formaient une longue estacade (1).

Il partit ensuite pour Épernay dont, le 26, il mit la gare des réparations en état de défense. Les travaux étaient effectués par les ouvriers des ateliers, sous la protection des 10 sapeurs mis à la disposition du colonel et qui venaient de le rejoindre.

Vers 2 h. 30, une troupe de 40 cavaliers, appartenant au *10*ᵉ uhlans, pénétra tranquillement dans la ville. Pendant que les uns en gardaient les issues et que les autres se rendaient à la poste, 11 cavaliers se portaient vers la gare, sous le commandement d'un lieutenant. Une partie de ces derniers se dirigea sur l'entrée du public, l'autre sur un train qui chauffait pour Paris. Les 10 soldats du génie s'élancèrent de leur poste et, se partageant eux-mêmes en deux groupes, mirent en fuite les Allemands qui laissèrent sur place 1 officier prisonnier, 4 morts, dont 1 sous-officier, et 2 blessés. Le reste du groupe s'échappa sur un chariot de poste saisi à cet effet à la sortie de la ville. Le petit détachement français avait deux hommes hors de combat et un troisième légèrement blessé (2).

Les travaux de la gare continuèrent le lendemain, sous la protection de deux bataillons du 7ᵉ de marche, envoyés, de Reims, par le général d'Exéa.

Le colonel Fervel entreprit, les jours suivants, les travaux préparatoires de destruction des lignes. Il fit établir des mines au tunnel de Rilly sur la ligne de Reims à Épernay et, sur la grande ligne, aux tunnels de Nan-

---

(1) *Rapport* du colonel Fervel sur les travaux de protection et de destruction exécutés, avant l'investissement de Paris, sur les chemins de fer de l'Est, du Nord et de l'Ouest, Paris, 4 novembre.

(2) *Rapport* du colonel Fervel, Paris, 4 novembre; *Das Posensche Ulanen Regiment Nr. 10*, p. 142.

teuil-sur-Marne et d'Armentières, aux ponts de Trilport, d'Esbly et de Chalifert où la voie ferrée franchit la Marne. En même temps, il faisait mettre en état de défense les gares de Dormans, Nogent-l'Artaud, Meaux et la Ferté-sous-Jouarre (1).

Le 3 septembre, il recevait, du Ministre, l'ordre de remettre son service au lieutenant-colonel Devèze et d'aller entreprendre la même mission sur le réseau du Nord (2).

Paris pouvait, par ce réseau, être abordé par trois lignes : par la ligne de Soissons et par les deux lignes de Creil dont l'une passe par Chantilly et l'autre par l'Isle-Adam.

Sur la première de ces voies ferrées, les travaux nécessaires étaient déjà en cours d'exécution au tunnel de Vierzy, à la profonde tranchée située entre Vierzy et Villers-Cotterets, au viaduc de Nanteuil-le-Haudoin et à deux ponts situés, l'un à l'Est de Mitry, sur la Biberonne, et l'autre, dit pont de l'Abîme, au Sud de cette localité. De plus, les gares de Villers-Cotterets, Crépy-en-Valois et Mitry avaient été mises en état de défense.

Enfin, dans les environs de Soissons, le génie de cette place, préparait de nombreuses destructions.

L'obstruction de cette ligne, la plus menacée, se trouvait donc amplement assurée.

Pour les deux autres, le colonel Fervel désigna le pont de Creil et une tranchée entre cette ville et Chantilly, enfin le pont de Saint-Ouen-l'Aumône, près de Pontoise. On commença de suite à travailler en ces divers points.

Mais deux autres lignes du réseau pouvaient encore être utiles à l'ennemi : l'embranchement d'Amiens à Ter-

---

(1) *Rapport* du colonel Fervel.
(2) Le général de Chabaud la Tour au lieutenant-colonel Devèze, Paris, 1er septembre.

gnier, dont la destruction fut préparée par celle du pont de Nesle, et la voie de Pontoise à Gisors, dont l'exploitation fut assujettie à la non-destruction du pont miné de Pontoise.

Quant aux autres lignes du Nord, Creil-Tergnier, Creil-Amiens, Creil-Gournay, elles n'offraient aucun ouvrage d'art dont la disparition pût constituer un obstacle de quelque importance (1).

Le 11 septembre, enfin, le colonel Fervel reçut pour les réseaux de l'Ouest et d'Orléans une mission analogue à celle qu'il venait de remplir sur l'Est et sur le Nord (2). Il n'eut pas le temps de s'occuper des lignes d'Orléans. Mais, le 15 septembre, il entrait en pourparlers avec le directeur de la Compagnie de l'Ouest.

Pour ce réseau, des projets immenses avaient été conçus.

On ne pensait à rien moins, en haut lieu, qu'à détruire tous les ponts, très nombreux, de la ligne de Rouen et tous ceux qui donnaient accès à Paris. Le 16 septembre même, le Ministre de la Guerre décida, d'accord avec le Ministre des Travaux publics et sur la demande du préfet maritime de Cherbourg, la destruction de tous les ouvrages d'art des lignes de l'Ouest jusqu'à Cherbourg et jusqu'à Granville !

Ce plan, irréalisable parce que trop étendu, aurait été la cause de graves inconvénients si on avait tenté de le mettre à exécution. M. Pierrard, directeur des chemins de fer de l'Ouest, se chargea de les signaler au Comité de défense, devant lequel il fut convoqué à diverses reprises. Il fit remarquer que ce qu'il importait surtout, c'était d'empêcher l'ennemi de se servir des voies ferrées.

---

(1) *Rapport* du colonel Fervel.
(2) Le Ministre de la Guerre au Général commandant la 1re division, Paris, 11 septembre.

En faisant rentrer à Paris une partie du matériel, en repliant l'autre en Bretagne, on arrivait à ce résultat et la destruction d'un ou deux ouvrages d'art sur chaque ligne, bien choisis, suffisait pour l'assurer. Il fallait, ajoutait-il, envisager le rétablissement ultérieur des ponts détruits qui nécessiterait plusieurs mois de travail et interromprait d'une façon préjudiciable les communications de Paris et de la province, soit que, la guerre continuant, on voulût poursuivre l'ennemi dans sa retraite, soit que, la guerre étant finie, on sentît seulement le besoin de réapprovisionner Paris (1).

Le Comité de défense entra dans ces vues et le Gouvernement, abandonnant le plan complet adopté la veille (2), approuva les dispositions qui avaient été étudiées et préconisées par le colonel Fervel et M. Pierrard.

Leur programme consistait :

1° A conserver, à la suite de la voie Amiens-Rouen qui appartenait à la Compagnie du Nord et qui était encore intacte, la ligne Rouen-Tourville-Serquigny-Mézidon-Surdon-Le Mans de manière à maintenir la communication qu'il semblait absolument indispensable de ménager entre le Centre et le Midi.

2° A préparer, par la destruction de quelques ouvrages d'art, la cessation du trafic sur les embranchements qui, de cette artère, se dirigeaient sur Paris.

Après étude, les points ci-dessus furent choisis dans ce but :

Sur la ligne Tourville-Paris, les tunnels de Tourville et de Rolleboise;

Sur la ligne Serquigny-Paris, les tunnels de Conches et de Boisset-Pacy (3);

---

(1) Procès-verbaux du Comité de Défense, séance du 16 septembre.
(2) *Ibid.*, séance du 17 septembre.
(3) Peu après, on résolut de limiter la destruction à ce dernier ; on se souvint, en effet, qu'un village était bâti au-dessus du premier.

Sur la ligne Surdon-Paris, le viaduc de l'Eure à l'Est de Dreux ;

Sur la ligne Le Mans-Paris, le viaduc de l'Eure à Courville (1).

Il pouvait, en outre, devenir nécessaire, pour couvrir le Havre que l'on tenait à protéger, de détruire aussi la ligne conservée d'Amiens-Rouen. La Compagnie du Nord avait déjà fait préparer, dans ce but, des dispositifs au tunnel de Famechon, au viaduc de Poix et sous le grand souterrain de Sommery.

Mais ces travaux ne pouvaient être prêts que le 24 septembre. On eut peur d'avoir à provoquer plus tôt l'interruption des communications et le colonel Fervel décida de faire miner le tunnel de Beauvoisine, à l'entrée de la gare de Rouen, qui pouvait être prêt beaucoup plus vite.

Ces dispositions prises, le colonel Fervel délégua le capitaine Marcille, qui avait remplacé auprès de lui le colonel Devèze, pour préparer le tunnel de Boisset, le commandant Bénier pour diriger les travaux de Beauvoisine tandis que le commandant Peltier était chargé de miner les tunnels de Rolleboise et de Tourville (2).

Ces officiers partirent immédiatement, mais leurs missions n'étaient pas terminées quand, dans la nuit du 17 au 18, la Compagnie de l'Ouest arrêta brusquement ses trains (3), sans prévenir les officiers intéressés qui furent ainsi coupés de Paris (4).

Cependant, le colonel Fervel avait pu rentrer dans

---

(1) *Rapport* du colonel Fervel.
(2) *Ibid.*
(3) Le Commissaire de surveillance administrative de la gare Saint-Lazare au Ministre des Travaux publics, D. T., Paris, 18 septembre, 10 h. 5 matin.
(4) Le colonel Fervel au Ministre de la Guerre, D. T., Paris Saint-Lazare, 19 septembre, 12 h. 10 soir.

la capitale. Le 18, la Direction de l'Ouest lui communiqua une dépêche du Ministre des Travaux publics, l'informant, que, par ordre du Gouvernement (1), la Compagnie ne devait plus obéir pour les ouvrages d'art à aucune autre réquisition que celles faites directement par le Gouverneur de Paris (2). Cette dépêche mettait fin à sa mission.

Pendant que le colonel Fervel opérait ainsi sur les lignes éloignées, le colonel Gras continuait ses préparatifs. Aidé des capitaines Bardonneau et Hertz, il avait fait miner tous les ponts de chemins de fer et de routes importants qui se trouvaient aux abords de Paris. Il prépara ainsi la destruction de 67 ponts. Parmi ceux-ci, étaient compris tous les ponts sur la Seine entre Corbeil et l'enceinte à l'amont, entre l'enceinte et Meulan à l'aval, tous les ponts de la Marne entre Paris et Trilport, sauf celui de Meaux, tous les ponts de l'Oise, depuis son confluent jusqu'à Beaumont, sauf ceux du chemin de fer à Pontoise et à Épluches dont la destruction avait été assurée par le colonel Fervel (3).

Enfin, ce travail comprenait tous les ponts sur les canaux de l'Ourcq, de Saint-Denis et de Chelles, dont la disparition rentrait dans le plan adopté. Le pont au Sud de Meaux, sur le canal de Chalifert, avait été également miné au lieu de celui de Meaux, que le Comité de défense avait consenti à conserver. Ces deux ponts, en effet, commandaient les communications de la ville vers le Sud, et la conservation du dernier permettait de ne pas isoler Meaux de son faubourg du Marché.

---

(1) *Procès-verbaux des séances du Conseil du Gouvernement de la Défense nationale*, p. 131.

(2) *Rapport* du colonel Fervel.

(3) *Rapport* du colonel Gras sur les travaux exécutés en vue de la destruction des ponts aux abords de Paris en 1870, Paris, 18 mars 1871.

Tous ces préparatifs furent en général conduits avec rapidité, sous la surveillance des ingénieurs des Ponts et Chaussées et des compagnies de chemins de fer.

Du reste, on ne s'en tint pas là. Sur toutes les routes aux abords de Paris, hors de l'autorité du colonel Gras et des officiers du génie délégués par le Ministre, les Ponts et Chaussées, les services de la navigation ou les communes élevèrent des barricades, creusèrent des tranchées de 4 à 6 mètres, enlevèrent les pavés (1), accumulèrent des obstacles de peu de valeur et d'autant plus faciles à tourner ou à détruire qu'ils n'étaient pas défendus, et que les gardes nationales sédentaires auxquelles de nombreuses armes avaient été distribuées, les utilisèrent rarement derrière ces retranchements improvisés, ne fût-ce que pour arrêter la cavalerie. On verra, en effet, non sans étonnement, que les armées allemandes purent venir de Sedan jusqu'aux abords immédiats de Paris, sans subir aucune perte, sauf celles causées par l'explosion de la citadelle de Laon.

Beaucoup de ces coupures de routes gênèrent même les mouvements des troupes françaises qui, jusqu'au 15 septembre, circulèrent à l'Est de Paris. Le 11, le général de Pointe de Gevigny, commandant la subdivision de Seine-et-Marne, écrivait aux généraux Soumain et de Champéron, que toutes ses communications étaient coupées, non par l'ennemi, mais en vertu d'ordres venus des administrations françaises (2).

Le 11, également, le général Jolif-Ducoulombier, détaché vers Senlis, écrivait au Ministre, pour se plaindre

---

(1) Le commandant Bénier au colonel Gras, D. T., Creil, 9 septembre, 7 h. 45 soir.

(2) Le Général commandant la subdivision de Seine-et-Marne au Général commandant la division de cavalerie à Melun, Melun, 11 septembre.

que l'ingénieur des Ponts et Chaussées, sur l'ordre du général Trochu, obstruait les routes en arrière de lui et allait ainsi gêner les opérations de sa cavalerie (1). Bien qu'excessive, puisque la cavalerie pouvait, au besoin, contourner ces obstacles en passant à travers champs, la plainte de cet officier général faisait, néanmoins, ressortir ce qu'il y avait d'anormal à voir des travaux de ce genre exécutés sans l'assentiment de l'autorité militaire présente sur les lieux.

Les travaux préparatoires de dispositifs de mines sur les routes avaient été commencés dès la deuxième quinzaine d'août. En beaucoup d'endroits, ils avaient été entravés par l'hostilité des habitants et le Comité de défense avait dû prier le général Trochu de demander au Ministre l'envoi des forces nécessaires pour permettre leur exécution (2). Ces protestations se produisirent surtout sur l'Aube, où les habitants trouvaient ces destructions inutiles (3), la rivière ayant peu d'eau, puis, plus tard, à Melun, Bray, Montereau, Argenteuil... Souvent, les populations eurent gain de cause, comme à Montereau, où la destruction préparée du pont fut remplacée par l'érection d'une barricade de pavés.

Enfin, l'autorité militaire se laissa aller quelquefois à utiliser des concours qui lui étaient offerts par des personnes sur la compétence et la moralité desquelles elle n'était pas suffisamment renseignée.

Cette trop grande facilité, outre qu'elle était une cause de désordre, avait l'inconvénient d'introduire l'élément civil dans des opérations qui auraient dû rester

---

(1) Le général Jolif-Ducoulombier au Ministre de la Guerre, D. T., Senlis, 11 septembre, 3 h. 45.

(2) Procès-verbaux du Comité de Défense, séance du 23 août.

(3) Le Préfet de l'Aube au Ministre de l'Intérieur, D. T., Troyes, 9 septembre, 1 h. 15 matin ; le même au même, D. T., Troyes, 9 septembre, 1 h. 20 soir.

entièrement militaires et d'être une source de difficultés pour le commandement.

Les préparatifs de rupture ne se limitèrent pas aux régions que l'on vient de voir. Dès le 3 septembre, on se préoccupa des ponts sur la Loire entre Nevers et Gien. Le 17, le Ministre de la Guerre ordonna, en outre, la destruction de ceux qui se trouvaient entre Orléans et Tours.

CHAPITRE II

Chargement des fourneaux.

Les mesures relatées précédemment n'avaient pour but que de préparer l'interruption éventuelle des voies de communication. Il restait à déterminer le moment où les fourneaux seraient chargés et à assurer leur explosion. C'est alors que se firent surtout sentir les inconvénients du manque d'organisation préalable.

Le 29 août, le général de Chabaud la Tour donna l'ordre au colonel Gras de faire charger immédiatement les mines préparées sous tous les ponts autres que les ponts de chemin de fer (1). Ceux-ci devaient ensuite être gardés par un poste de gardes nationaux (2). Cette précaution d'ailleurs ne suffit pas toujours. Dans les pays où la population était violemment hostile à une destruction qui la gênait, on eut à déplorer plusieurs fautes de surveillance et il en résulta quelques actes malveillants qui retardèrent ou rendirent partiellement inefficaces les explosions.

Quant aux ponts de chemins de fer, d'après l'ordre du 29 août, on devait, jusqu'à nouvel ordre, déposer les poudres dans les stations les plus rapprochées, sous la garde et la responsabilité des chefs de gare. Le 4 sep-

---

(1) Le général de Chabaud la Tour au colonel Gras, Paris, 29 août.
(2) Le Ministre de la Guerre aux Généraux commandant les subdivisions de la Seine, Seine-et-Oise, Seine-et-Marne, Oise, Loiret, Aube et Yonne, Paris, 31 août.

tembre, enfin, arriva l'ordre de les faire charger immédiatement (1).

La question se posait, dès lors, de savoir qui donnerait l'ordre de mise de feu. En l'absence d'aucune instruction préalable, il fallut chercher à réglementer à l'improviste. Jusqu'au dernier jour, on ne put arriver à lever les hésitations et à restreindre les initiatives imprudentes ou fâcheuses.

On a vu que, dans les instructions données au colonel Fervel et au lieutenant-colonel Sauzay, il était spécifié que ces officiers pourraient faire jouer les mines en cas d'urgence. Certaines lignes avaient été réservées aux ordres directs du maréchal de Mac-Mahon, mais, après Sedan, elles furent rattachées à la mission Fervel.

Une première circulaire ministérielle, adressée le 31 août aux généraux commandant les 1re et 18e divisions et à ceux commandant les subdivisions de Seine-et-Oise, Seine-et-Marne, Oise, Loiret, Aube et Yonne, prescrivit de ne faire exploser les fourneaux que sur l'ordre des généraux commandant les subdivisions avec qui les officiers du génie ou, à défaut, les ingénieurs des Ponts et Chaussées, spécialement délégués, devaient se tenir constamment en rapport (2).

Mais, le 3 septembre, à la nouvelle du désastre de l'armée impériale, le Ministre de l'Intérieur télégraphiait aux préfets de tous les départements situés entre les armées allemandes et Paris, qu'il fallait gagner l'ennemi de vitesse, couper les ponts et détruire les chemins de fer et les routes (3).

Ces instructions contradictoires étaient bien faites pour

---

(1) Le général de Chabaud la Tour au colonel Gras, Paris, 4 septembre.
(2) Le Ministre de la Guerre aux Généraux commandant les 1re et 18e divisions, Paris, 31 août.
(3) Le Ministre de l'Intérieur aux Préfets de l'Aisne, Somme, Nord,

amener de la précipitation et des conflits. Ceux-ci ne tardèrent pas à se produire et, le 11 septembre, le Ministre dut rappeler, par une circulaire adressée aux généraux commandant les 1re, 2e, 16e, 18e et 19e divisions (1), que l'autorité militaire, seule, pouvait être en mesure de juger de l'opportunité d'une destruction (2).

« Le soin de déterminer le moment de l'interruption des communications doit être laissé à l'autorité militaire qui, seule, peut apprécier l'opportunité de détruire un pont, un viaduc, un tunnel, etc., d'après la connaissance qu'elle a des mouvements des troupes ou des approvisionnements militaires. Ses agents d'exécution pour la préparation des fourneaux de mine, leur chargement et leur explosion, sont les officiers du génie ou, à leur défaut, des ingénieurs des Ponts et Chaussées spécialement délégués à cet effet. En ce qui concerne les voies ferrées, les officiers du génie doivent se concerter avec les ingénieurs des compagnies pour la préparation des fourneaux et leur chargement, mais l'ordre formel d'explosion doit toujours émaner du commandement. Rien ne s'oppose, d'ailleurs, à ce que le commandement, dans certaines circonstances, délègue ses pouvoirs soit à l'autorité civile, soit aux agents des services du génie et des Ponts et Chaussées, soit aux compagnies de chemins de fer. »

Cette circulaire ne suffit pas à lever toutes les hésitations. Le général commandant la 1re division écrivit au Gouverneur de Paris pour protester contre le pouvoir qui lui était donné « d'ordonner ces opérations quand il le jugerait opportun ».

Oise, Pas-de-Calais, Seine-et-Marne, Aube, Seine-et-Oise, D. T., Paris, 3 septembre, 7 h. soir.
(1) Paris, Rouen, Rennes, Tours, Bourges.
(2) Le Ministre de la Guerre aux Généraux commandant les 1re, 2e, 16e, 18e et 19e divisions, Paris, 11 septembre.

« Je ne peux, de Paris, ajoutait-il, être juge de l'heure précise où il convient de détruire les ponts ou tunnels et, si les généraux commandant les subdivisions doivent prendre mes ordres à ce sujet, il y aura forcément des retards (1). »

Mais le général Trochu avait pris, avant d'avoir reçu cette lettre, la haute main sur le service. Dès le 11 septembre, il avait télégraphié à divers généraux la défense expresse de faire sauter aucun pont sans son ordre. Il avait prescrit, en outre que « le pont de Charenton sur la Marne et les ponts encore conservés sur la Seine ne devront sauter que sur un ordre formel de lui (2) ».

Le même jour, il mettait le capitaine Bardonneau à la disposition du général Reyau qui était en marche de Meaux sur Paris, pour assurer sa retraite. Il déléguait de même le capitaine Marcille auprès du général de Champéron pour faire sauter les ponts de la Seine, de Corbeil à Choisy-le-Roi, et le pont du chemin de fer à Athis, pendant que la brigade de cavalerie se replierait sur Paris (3).

Ces officiers, d'ailleurs, rencontrèrent souvent des difficultés de la part des municipalités ou des représentants de l'administration, préoccupés de ménager les intérêts privés de leurs administrés (4). On dut, du reste, souvent céder à des nécessités d'ordre civil.

---

(1) Le général Soumain au Gouverneur, Paris, 12 septembre.

(2) Note autographe du général Trochu, sans date ; le Gouverneur au Général commandant la subdivision du Loiret, Paris, 11 septembre ; le Gouverneur au Général commandant la subdivision de Seine-et-Oise, Paris, 11 septembre.

(3) Note du Gouverneur de Paris, Paris, 11 septembre; le Gouverneur au Directeur du chemin de fer de Lyon, Paris, 11 septembre.

(4) On a vu que le pont de Montereau ne put être détruit et qu'il fut simplement obstrué par une barricade de pavés. La destruction du pont d'Athis fut retardée par l'opposition du sous-préfet de Corbeil.

Dans ses entrevues avec le Conseil de défense dont il a été parlé, M. Pierrard avait obtenu que, sur son réseau, aux abords de Paris, le pont d'Argenteuil serait seul détruit. Ce pont commandait la communication des lignes de l'Ouest et du Nord. Quant aux autres, leur impraticabilité devait être assurée par l'enlèvement des tabliers et l'établissement de coupures sur les chaussées (1).

Il avait été décidé, en outre, que l'on ne toucherait pas aux ponts de la ligne de Saint-Germain.

Les directeurs des autres compagnies intervinrent vraisemblablement auprès du Ministre des Travaux publics, car celui-ci s'adressa à son tour au général Trochu et au Ministre de la Guerre, pour demander que toutes les destructions préparées ne fussent pas opérées, sous prétexte que toutes n'entraveraient pas la marche de l'ennemi et que la destruction des ponts, sur certaines rivières peu profondes ou guéables, comme la Loire, était sans objet.

Tout cela n'empêcha pas nombre de destructions prématurées. En rapprochant les dates de destruction des dates d'arrivée des premières troupes allemandes, on verra que la plupart des explosions furent provoquées plusieurs jours trop tôt.

On pourra voir, aux Documents, dans le rapport du colonel Gras, les procédés techniques qui furent employés pour faire sauter ou brûler tous ces ponts.

Les mises de feu eurent lieu, le plus souvent, par l'électricité. A cet effet, 14 employés des lignes télégraphiques avaient été mis à la disposition du génie militaire.

---

(1) Procès-verbaux du Comité de Défense, séance du 18 septembre.

CHAPITRE III

Exécution des destructions.

On va essayer maintenant de montrer le jeu successif des destructions, au fur et à mesure de la marche en avant des armées allemandes.

Il a été déjà dit que, dès le 19 août, la ligne de Blesmes à Chaumont avait été interrompue sur trois points, et que, le 22, le pont de Vitry-le-François avait sauté. Par ordre du colonel Fervel, la voie ferrée de Châlons à Saint-Hilaire-au-Temple avait été coupée le 25, enfin le lieutenant-colonel Sauzay avait détruit, le 27, le pont de Bernières, près de Nogent-sur-Seine.

D'autre part, les Allemands, en détruisant le 26 août le pont d'Aubréville, avaient coupé la ligne Châlons-Verdun (1).

A la date du 1er septembre, par conséquent, entre Paris et les Allemands, la ligne de Mulhouse ne fonctionnait plus que jusqu'à Nogent, celle de Strasbourg jusqu'à Vitry-le-François. Celles du Nord, sur Hirson, Tergnier et Amiens, restaient libres dans toute leur étendue. Entre ces lignes, il ne restait que les raccordements Soissons-Reims-Épernay et Amiens-Tergnier-Reims.

Le 3 septembre, la navigation sur le canal latéral à la Marne fut interrompue, par ordre du colonel Fervel, en amont de Châlons et en aval d'Épernay, par l'enlèvement des portes des écluses de Pogny.

---

(1) H. Budde, *loc. cit.*, p. 16.

L'impossibilité d'utiliser cette voie d'eau fut d'ailleurs renforcée, en vertu des mêmes ordres, le 5, par la mise à sec des biefs et la destruction des écluses de Damery et de Vandières (1).

Le 4 septembre, alors que les têtes des colonnes allemandes arrivaient à Reims et à Château-Porcien, le lieutenant-colonel Devèze fit sauter le tunnel de Rilly-la-Montagne, sur l'embranchement Reims-Épernay et les tunnels de Nanteuil-sur-Marne et d'Armentières, sur la grande ligne de Paris-Strasbourg (2).

La destruction de ces deux derniers tunnels, surtout celle du tunnel de Nanteuil, causèrent plus tard une gêne considérable à l'ennemi, en l'obligeant à débarquer à Nogent-l'Artaud tout le matériel destiné au siège de Paris. Il dut construire une voie de détour et la circulation des trains ne fut rétablie que le 22 novembre jusqu'à Chelles (3).

Le 4 septembre aussi, la ligne de Reims à Soissons fut interrompue au pont sur le canal situé à la sortie de la gare de Reims.

Le 6 septembre, le capitaine Hertz, adjoint au colonel Devèze, faisait sauter le pont du chemin de fer, à Trilport, à une heure de l'après-midi (4).

Ce jour-là, comme la 5e division allemande marchait sur Soissons et que sa tête était à Neufchâtel-sur-Aisne, les destructions se précipitèrent dans la région. On mit

---

(1) L'Ingénieur en chef de la navigation au Ministre des Travaux publics, D. T., Châlons, 2 septembre, 8 h. 35; *Rapport* du colonel Fervel ; l'Ingénieur des Ponts et Chaussées à M. Bouniceau, attaché au Comité de défense, 1, rue d'Albe, à Paris, D. T., Château-Thierry, 5 septembre, 7 h. 15 soir.

(2) *Rapport* du colonel Fervel.

(3) H. Budde, *loc. cit.*, p. 86.

(4) Le colonel Devèze au Général commandant la subdivision de Seine-et-Marne, D. T., Meaux, 6 septembre, 5 heures soir.

hors de service la bifurcation des lignes de Laon à Tergnier et de Laon à Soissons.

La ligne de Laon à Paris était dès lors coupée : on compléta cette œuvre en faisant sauter le pont d'Anizy, sur la Lette. D'autre part, le Conseil de défense de Soissons fit sauter précipitamment deux ponts sur l'Aisne qui se trouvaient sous le canon de la place, sur les lignes de Reims et de Laon, puis, il voulut faire de l'Aisne un long obstacle.

Le pont de Condé-sur-Aisne était détruit depuis la veille ; il fit sauter, le 6 et les jours suivants, les ponts de Missy, de Soissons, la passerelle du Mail près Soissons, les ponts de Pasly, Pommiers, Fontenoy et Vic-sur-Aisne. Ces dernières destructions, qui se prolongèrent jusqu'au 17, ne se firent pas sans protestations de la part des habitants et ne profitèrent guère à la défense de Soissons, en vue de laquelle elles étaient faites (1).

En arrière de Soissons, le 6 septembre, le colonel Fervel avait fait sauter le tunnel de Vierzy, qui interrompait la ligne Paris—Soissons, que les défenseurs de cette dernière ville endommagèrent aussi au tunnel de Belleu et au remblai de Vignolles (2).

Le 7 septembre, les Allemands n'étant encore qu'à Ville-en-Tardenois et sur la ligne Laon-Reims, le capitaine Hertz fit sauter, dans les environs de Meaux, cinq ponts de route, deux sur la Marne, à Trilport et à Esbly, deux sur le canal de l'Ourcq, entre Trilport et Meaux, enfin, le cinquième, sur le canal de Chalifert. Ce dernier était sacrifié pour sauver le pont du Marché sur la Marne, à Meaux. Enfin, le canal de l'Ourcq était obstrué et déversé à Congis. Dans la région du Nord, le même

---

(1) *Rapport* du colonel Fervel.
(2) Le colonel Fervel au Ministre de la Guerre, D. T., Paris, 8 septembre, 7 h. 30 matin.

jour, on continuait à accumuler des obstacles sur la ligne de Soissons en comblant, sur une longueur de 90 mètres, la profonde tranchée dite du Mamelon, près de Villers-Cotterets.

Plus au Nord encore, les ponts de chemins de fer de Tergnier, et, celui de la Fère, sur l'Oise, sautaient (1).

Le 8, la cavalerie allemande qui marchait sur Meaux, étant à Hondevillers et Viels-Maisons, le capitaine Hertz continuait les destructions de la veille. Les ponts du chemin de fer à Isle-les-Villenoy et à Chalifert, le tunnel du canal de Chalifert sautaient.

Ce même jour, disparaissait le viaduc de Nanteuil-le-Haudoin, sur la ligne déjà si bouleversée de Paris à Soissons. La ligne Laon—Hirson était encore une fois obstruée par l'effondrement du viaduc d'Origny-en-Thiérache.

Le 11 septembre, le VIe corps allemand atteignait Chezy-sur-Marne, en aval de Château-Thierry. On compléta à la hâte les défenses de la région de Meaux, en interceptant une fois de plus la route nationale n° 3 de Paris à Meaux, au pont sur le canal de l'Ourcq, à Claye (2).

Ce jour-là aussi, le Gouverneur de Paris prescrivit de faire sauter tous les ponts de la haute Seine, depuis Montereau jusqu'à Choisy-le-Roi, en y comprenant le pont de chemin de fer d'Athis (3). Conformément à cet ordre, les Ponts et Chaussées firent sauter, le 12, les ponts de Missy, Marolles, Saint-Mammès, Champagne, Vilaine, Fontaine-le-Port, Chartrettes, Melun, Saint-Assise. Seul, le pont de Montereau fut conservé : on se contenta de le barrer par une forte barricade de pierres.

---

(1) *Rapport* du colonel Fervel.
(2) Le Gouverneur au général Reyau, Paris, 11 septembre.
(3) *Note* du Gouverneur de Paris, 11 septembre.

De même, le pont du chemin de fer de Melun fut conservé. A la même date du 11, le Gouverneur avait ordonné de détruire les ponts qui existaient encore sur la Marne aux abords de Paris et sur le canal de Chelles, à l'exception de celui du chemin de fer à Nogent. Cet ordre fut exécuté, le 12, par M. Evrard, employé des télégraphes (1). On démolit aussi les ponts de Gournay, Lagny, Noisy, Bry, Champigny, Chennevières et Créteil.

Seul, le pont éclusé de Chelles resta intact. Le fourneau n'en était pas bourré et l'arrivée des Prussiens dans la localité ayant été annoncée officiellement comme imminente, on dut jeter les poudres dans l'eau.

Plus au Sud, le pont de Saint-Germain entraînait avec lui la disparition de la circulation sur la ligne de Montereau à Flamboin.

Le 13 septembre, on continua à s'obstiner sur la ligne de Soissons, qui fut encore une fois coupée par la chute du pont de l'Abîme, au Sud de Mitry. On avait même préparé la destruction d'un autre pont, sur la Biberonne, à l'Est de ce même village, près de Compans-la-Ville, mais, comme il n'était pas prêt, il fut abandonné. Ce même jour, le capitaine Hertz, sur des ordres verbaux du Gouverneur, faisait sauter les ponts de Meulan et de Triel; le capitaine Marcille, sur des ordres de même provenance, détruisait, sur la Seine, les ponts de Ris, de Corbeil, de Villeneuve-Saint-Georges et de Choisy (2).

La destruction du pont de Bougival et les incendies des ponts de bois de Chatou (route) et d'Argenteuil (route) commençaient à isoler la presqu'île de Gennevilliers. Le dernier, dont la disparition donna lieu à de

---

(1) *Rapport* de M. Evrard sur la destruction des ponts sur la Marne.
(2) *Note* du capitaine Marcille au colonel Gras, 17 septembre.

violentes protestations, ne fut qu'incomplètement brûlé. Sa destruction ne fut complétée que trois jours après.

Les têtes de colonnes allemandes étaient, ce jour-là, à Meaux, à Coulommiers, autour de Beton—Bazoches. On précipita, dès lors, l'exécution déjà si rapide.

Le 14, les ponts de l'Oise à Beaumont, l'Isle-Adam, Pontoise et Fin-d'Oise disparurent. La veille, le pont de Creil avait été anéanti, les piles mêmes en avait été rasées. Les trains du Nord ne pouvaient plus quitter Paris qu'en prenant la ligne Pontoise—Beaumont. Cette ligne, à son tour, fut interrompue le 14, au matin, par l'explosion du pont de Saint-Ouen-l'Aumône (1).

Enfin, le capitaine Marcille fit sauter, à 5 heures du soir, le pont d'Athis, dont l'explosion avait été retardée par les efforts du sous-préfet de Corbeil qui voulait sauver quelques wagons de blé. Les destructions continuaient sur la basse Seine où les ponts de route, de Poissy à Bezons, disparaissaient.

Le 15, par la chute du pont de tôle de Pontoise, la ligne Gisors-Paris était elle-même fermée (2). Les derniers ponts sur l'Oise, d'Auvers, de Neuville, disparurent. Ce jour-là, le général Trochu se décida à faire sauter le viaduc de Joinville dont deux arches furent anéanties et à couper le viaduc de Nogent. Celui-ci sauta, le 16, à 5 heures du matin (3). Le chemin de fer de l'Est ne put plus dépasser la première boucle de la Marne.

---

(1) Le colonel Fervel au Ministre de la Guerre, D. T., Paris, 14 septembre, 7 h. 50 matin.
(2) Le Commissaire de surveillance administrative de Pontoise au Ministre des Travaux publics, Paris, 15 septembre, 6 h. 50 soir.
(3) Le Commandant de la place de Vincennes au Gouverneur, D. T., Vincennes, 16 septembre, 6 h. 40 matin.

Enfin, le 17, on fit sauter le pont de chemin de fer d'Argenteuil, sur la Seine, laissant intacts les autres ponts de la compagnie de l'Ouest dont, seuls, les tabliers furent enlevés.

Le 19 septembre, après l'affaire de Châtillon, le Gouverneur fit détruire, d'urgence, les ponts sur la basse Seine (1). Billancourt, Sèvres, sautèrent à 9 h. 30 et à 10 heures du matin, ce dernier incomplètement. Saint-Cloud, Courbevoie, le pont de bois d'Asnières (2), les ponts de Clichy et de Saint-Ouen suivirent.

Enfin, le 22 septembre, le général Ducrot fit détruire le pont suspendu de Suresnes.

A cette dernière date, l'investissement étant complet, il ne restait plus, aux environs de Paris, que le pont de route de Charenton sur la Marne, le pont d'Ivry et celui du chemin de fer de Charenton, sur la haute Seine, le pont éclusé de Chelles, sur le canal de ce nom, deux ponts sur le canal de Saint-Denis, les deux ponts de route de Saint-Denis et de Neuilly sur la basse Seine, enfin cinq ponts de chemins de fer sur la basse Seine : ceux d'Asnières, Bezons et Maisons sur la ligne de Rouen, ceux du Pecq et de Châtou sur la ligne de Saint-Germain.

Le pont de Chelles n'avait pu être détruit à temps, les ponts de Charenton, de Saint-Denis, d'Ivry avaient été conservés pour les besoins de la défense. Les ponts de l'Ouest, démunis de leur tablier, avaient été sauvés par M. Pierrard. Quant au pont de Neuilly, en raison de son caractère artistique, il avait été décidé qu'on le conserverait le plus longtemps possible. On

---

(1) Le lieutenant-colonel du génie Segretain au capitaine Bardonneau, D. T., Paris, 19 septembre, 11 h. 30 matin.

(2) Le capitaine Hertz au Gouverneur, Saint-Ouen, 19 septembre, 5 h. 35 soir.

avait même construit un massif de maçonnerie, contre la deuxième pile, de façon à limiter sa destruction à une seule arche, au cas où l'on aurait été dans l'absolue nécessité de le sacrifier (1).

Poursuivant sa mission, le capitaine Marcille faisait sauter, le 20 septembre, à 2 heures de l'après-midi, le tunnel de Boisset-Pacy où l'explosion causa d'importants dégâts. Ce fut le seul des ouvrages d'art de l'Ouest, éloigné de Paris, qui disparut jusqu'à cette date. Les tunnels de Tourville et de Rolleboise avaient été minés, mais les fourneaux du premier ne reçurent pas le feu et ils furent déchargés après l'armistice. Quant au second, il ne fut détruit partiellement que le 3 octobre. Il en fut de même du viaduc à l'Est de Dreux et de celui de Courville. On voit donc que le plan adopté par le colonel Fervel ne fut que très incomplètement appliqué, faute de temps.

---

(1) *Rapport* du colonel Gras.

CHAPITRE IV

Garde des voies ferrées.

Le Comité de défense s'était préoccupé de la mise en état de défense des gares en même temps que de la destruction des ouvrages d'art.

Dès le 21 août, le général de Chabaud la Tour avait préconisé l'emploi de fractions de cavalerie battant la campagne et de petits noyaux d'infanterie occupant les points principaux (1). Ce projet était peu pratique.

Mais le Ministre voulut tenter d'assurer une protection plus spéciale aux gares, particulièrement à celles où aboutissaient des embranchements.

Il décidait, le 24, que, sur chaque réseau, quelques gares seraient choisies dans ce but, que le service du génie établirait les plans des travaux et que les ingénieurs de la voie seraient chargés de les exécuter. Les gardes nationales mobiles ou sédentaires, les compagnies de francs-tireurs ou quelques troupes de ligne devaient être employées à leur défense (2).

Il s'agissait, dans les gares désignées, de créneler les bâtiments, de les réunir entre eux par des tranchées ou des palanques, de disposer, en travers des voies, des barrières faciles à fermer.

Il avait été arrêté que ces travaux de défense seraient exécutés dans un rayon de 100 kilomètres autour de Paris.

Nous avons déjà vu que, dans la mission confiée aux

---

(1) Procès-verbaux du Comité de Défense, séance du 21 août.
(2) Le Ministre au général de Chabaud la Tour, Paris, 24 août.

colonels Sauzay et Fervel, était comprise la mise en état de défense des gares des lignes de Troyes et de Strasbourg dont ils étaient chargés. Le général de Chabaud la Tour, laissant donc de côté ces deux lignes, confia l'étude de l'organisation défensive à donner aux gares au commandant Maréchal, qui fut bientôt remplacé par le commandant Ratheau, pour la ligne de Lyon, au commandant Soulé pour la ligne d'Orléans, au commandant Hennebert pour les lignes de Bretagne et au commandant Guyot pour celles de Normandie et du Nord (1).

Sur le réseau du Nord, le général commandant le département de l'Aisne, après entente avec les inspecteurs de la compagnie, échelonna des postes de 30 à 40 gardes nationaux aux principales stations (2) et fit parcourir les voies par des patrouilles accompagnées par des employés de la compagnie. On songea, en outre, à armer le personnel des gares. C'est ainsi que Laon, Hirson, Anizy, Crécy, Marle, La Fère, Aulnoye, Guignicourt, Loivre, etc., furent pourvus de postes d'effectif variable. A La Fère, des canons furent même installés dans la gare. A Villers-Cotterets, Crépy-en-Valois et Mitry, on organisa des retranchements de campagne. Tous ces travaux furent poussés avec activité. Le lieutenant-colonel Segretain rendait compte, le 1er septembre, au Comité, à la suite d'une inspection dont il avait été chargé, que, commencés le 28 août, ils seraient terminés, dans une grande partie des gares, le 6 septembre (3).

L'envahissement rapide du réseau de l'Est ne permit

---

(1) Le général de Chabaud la Tour au colonel de Courville, Paris, 24 août.

(2) *Rapport* de l'ingénieur Murel, 30 août (Archives de la Compagnie des chemins de fer du Nord).

(3) Le lieutenant-colonel Segretain au Gouverneur, Paris, 1er septembre.

guère d'y faire une organisation développée. On a vu cependant que le colonel Fervel avait mis en état de défense la gare des réparations d'Épernay où ses sapeurs eurent à soutenir un petit combat contre une troupe de uhlans. Il fit de même retrancher les gares de Dormans, Château-Thierry, Nogent-l'Artaud et enfin celle de la Ferté-sous-Jouarre. Le directeur de la compagnie demanda au Ministre l'autorisation d'utiliser les pompiers armés des communes traversées et quelques corps de francs-tireurs. Il obtint cette autorisation le 14 septembre, mais il ne put en profiter (1).

Sur le réseau de Lyon, le commandant Ratheau désigna pour être mises en état de défense les gares de Villeneuve-Saint-Georges, Lieusaint, Melun, Moret, Saint-Mammès, Montereau et Pont-sur-Yonne (2).

Ces organisations furent presque partout terminées. Le 2 septembre, M. Talabot, directeur général de P.-L.-M., ayant fait remarquer au Comité que ces travaux seraient inutiles sans défenseurs, se fit fort, si on lui en donnait l'autorisation, et si on lui faisait remettre des cartouches et 300 fusils, de défendre vigoureusement les gares de ses lignes, de Paris jusqu'à Tonnerre, avec son personnel, presque en entier composé d'anciens militaires (3). Dans sa séance du 4, le Comité admit cette proposition mais à condition que l'on remettrait à ces employés « une estampille sur un uniforme ou toute autre marque distinctive bien apparente », afin de leur conférer la qualité de belligérant (4). Le général de Chabaud la Tour devait s'entendre à ce sujet avec M. Talabot, mais ce projet n'eut sans doute pas de suite, car, dans la séance du 14 septembre, divers fonctionnaires de la

---

(1) *Rapport* du colonel Fervel.
(2) *Rapport* du commandant Ratheau, Paris, 3 septembre.
(3) M. Talabot au général de Chabaud la Tour, Paris, 2 septembre.
(4) Procès-verbaux du Comité de Défense, séance du 4 septembre.

Compagnie P.-L.-M. demandaient encore au Comité de défense l'autorisation d'organiser militairement les employés rendus disponibles par l'interruption du service (1).

Le commandant Soulé, de son côté, étudia le retranchement des gares de Toury, Château-Gaillard, Artenay, Chevilly, Cercottes, les Aubrayes (2).

Enfin, sur les lignes de Bretagne et de Granville, le commandant Hennebert prépara les projets de défense des gares de Versailles, Saint-Cyr, Rambouillet, Maintenon, Chartres, Montfort et Dreux (3). A la date du 18 septembre, les trois premières, seules, étaient prêtes. Les organisations des autres étaient en cours d'exécution. Tous ces choix avaient été déterminés par l'importance des voies de communication aboutissant aux gares ci-dessus, ou à cause du voisinage d'ouvrages d'art qu'il était essentiel de ne pas laisser exposés aux entreprises des coureurs ennemis.

Malheureusement, le manque de troupes et la rapidité de l'investissement de Paris firent que ces travaux ne purent rendre les services que le Comité de défense en attendait. On ne pourrait citer la défense d'aucun d'eux. Les quelques postes établis se retirèrent, alors que l'ennemi était encore à une ou deux journées de marche, ou encore, devant une faible fraction de cavalerie, après un court échange de coups de fusil.

Improvisée sous l'empire du besoin, cette organisation défensive des gares, ne relevant pas d'un commandement unique, ne pouvait rendre aucun service, étant donnés surtout la terreur et l'affolement qui se répandirent dans les campagnes, après Sedan, et auxquels de faibles détachements ne pouvaient échapper.

---

(1) *Procès-verbaux* du Comité de Défense, séance du 14 septembre.
(2) *Rapport* du colonel Soulé, Paris, 5 septembre.
(3) *Rapport* du commandant Hennebert, Paris, 5 septembre.

Vᵉ PARTIE

Marche des armées allemandes de Sedan sur Paris.

CHAPITRE PREMIER

Situation des forces françaises et allemandes le 3 septembre au soir.

§ 1ᵉʳ. — *Situation, le 3 septembre au soir, des troupes françaises dans les départements à l'Est de Paris.*

La situation générale de l'armée française, au lendemain de la catastrophe de Sedan, et les effectifs dont la France pouvait disposer pour continuer la lutte ont déjà été exposés (1).

Mais avant de retracer la marche de l'ennemi de Sedan sur Paris, il reste à préciser les emplacements occupés par les différents détachements français se trouvant encore à l'Est de la capitale, dans les départements qui allaient être immédiatement envahis ou menacés. On a choisi, à cet effet, la date du 3 septembre au soir, veille du jour où l'adversaire devait commencer son mouvement.

---

(1) *La Guerre de 1870-71*, publiée par la Section historique de l'État-Major de l'armée, *Mesures d'organisation depuis le début de la guerre jusqu'au 4 septembre*, p. 71.

La marche des armées allemandes dans la direction de Paris, après les batailles sous Metz et jusqu'au 25 août au soir, avait déterminé les bataillons de mobiles et les quelques dépôts de troupes de ligne restés dans les départements menacés, à se jeter dans les places ou à se retirer vers l'intérieur.

Dans le département de la Meuse, les Ier et IIe bataillons, les 2e et 3e batteries de mobiles s'enfermaient dans Verdun (1), et le IIIe bataillon dans Montmédy avec la 1re batterie (2).

Dans la Haute-Marne, les Ier, IIe, IIIe bataillons, les 1re et 2e batteries de mobiles du département (3) s'étaient repliés sur Langres où se trouvaient déjà le dépôt et le IVe bataillon du 50e de ligne, 50 gendarmes à cheval, le IIe bataillon de mobiles de la Meurthe, trois bataillons des Vosges, et 1,100 gardes nationaux sédentaires (4). Toutes ces troupes formaient un total de 9,964 hommes (5).

Le 1er septembre, le colonel Martin, remplaçant le général Chauvin, commandant la place, malade, forma, sous les ordres du commandant Koch, du 50e de ligne, une colonne comprenant deux compagnies de ce régi-

---

(1) *Rapport* du général Guérin de Waldersbach sur la défense de Verdun, 27 mai 1871.

(2) *Rapport* du chef de bataillon Bertin, commandant le IIIe bataillon de garde mobile de la Meuse, Verdun, 26 août 1871.

(3) *Historiques manuscrits* des bataillons de mobiles de la Haute-Marne.

(4) *Journal* de la place de Langres.

(5) Armée active : gendarmerie, 49; artillerie, 69; 50e de ligne, 547. — Garde nationale mobile : artillerie, 147; infanterie, 6,086. — Garde nationale sédentaire : artillerie et pompiers, 160; infanterie, 1,000. — Détachés hors de la place : 50e de ligne, 729; garde nationale mobile, 1,177 (Le Commandant supérieur de la place de Langres au Ministre de la Guerre, D. T., Langres, 6 septembre 1870, 8 h. 30 matin).

ment, un bataillon de mobiles, les gendarmes, au total 1,500 hommes environ, et la dirigea sur Neufchâteau, par voie ferrée. Le lendemain, cette colonne se porta à Domrémy et s'avança, dans l'après-midi du 3 septembre, jusqu'à Vaucouleurs, sur la route d'étapes de la III° armée. Elle y attaqua une fraction bavaroise, fit des prisonniers dont 3 officiers (1) et revint, le même jour, à Badonvillers (2). Le 4, elle se rendit à Dainville-aux-Forges d'où elle rentra à Langres (3) les jours suivants.

Le département des Vosges avait été évacué, presque en totalité, vers le 15 août, et les bataillons de mobiles s'étaient repliés sur Langres (4). Il ne restait dans ce département que quelques compagnies de francs-tireurs, errant un peu à leur gré. Épinal était libre de troupes régulières et la garde nationale sédentaire n'était pas encore formée; elle ne le fut que le 6 septembre.

Les places de Neuf-Brisach et de Belfort, dans le département du Haut-Rhin n'avaient pas encore été inquiétées. La première était occupée par des fractions du 74° de ligne, les I°r et II° bataillons de mobiles du Haut-Rhin, et d'autres détachements (5), formant ensemble un effectif de plus de 3,500 hommes (6); la

---

(1) Le détachement ennemi rencontré appartenait au 27° bataillon de landwehr bavarois (Von der Goltz, *Eine Etappenerinnerung aus dem deutsch-französischen Kriege 1870-1871*, *Militär-Wochenblatt*, 1886, p. 324).

(2) Le Commandant supérieur de la place de Langres au Ministre de la Guerre, D. T., Langres, 5 septembre, 10 h. 45 matin.

(3) *Historique manuscrit* du IV° bataillon du 50° de ligne; un officier de l'armée régulière (capitaine de la Noë), *Langres pendant la guerre de 1870-1871*, p. 19.

(4) *Historiques manuscrits* des bataillons de mobiles des Vosges.

(5) *Journal* de siège du commandant supérieur de Neuf-Brisach.

(6) Le 6 septembre 1870, la place de Neuf-Brisach comprenait: 74° ligne, 931 hommes; artillerie, 281; 4° chasseurs à cheval, 53;

seconde avait une garnison totale de 11,624 hommes (1) dont trois quatrièmes bataillons (45ᵉ, 84ᵉ et 85ᵉ), un bataillon de mobiles du Haut-Rhin, quatre de la Haute-Saône et un du Rhône (2). Plusieurs compagnies de francs-tireurs tenaient, en outre, la campagne au Nord de la place.

Plus au Nord, les départements du Bas-Rhin, de la Moselle et de la Meurthe étaient complètement envahis depuis longtemps, mais les places de Bitche, Metz, Thionville, Longwy, Strasbourg, Phalsbourg et Toul tenaient encore au commencement de septembre, barraient certaines routes et étaient une gêne pour les mouvements en arrière des armées. Les lignes de communication allemandes, tracées à travers ces départements, n'étaient gardées que par quelques bataillons de landwehr ; elles auraient pu être facilement menacées par des colonnes mobiles partant de Langres ou de Belfort. Certes, tous les hommes comptant dans les effectifs indiqués plus haut pour ces deux places ne pouvaient entrer dans la constitution d'une colonne volante, mais l'exemple fourni par la colonne Koch, le 3 septembre à Vaucouleurs, montre le résultat que l'on aurait pu obtenir si l'on eût généralisé ces incursions sur les lignes de communication allemandes.

L'arrivée, le 20 août, aux environs de Blesmes, des éclaireurs de la 4ᵉ division de cavalerie, et le mouve-

---

chasseurs à pied, 16 ; Iᵉʳ et IIᵉ bataillons de mobiles du Haut-Rhin, 933 ; francs-tireurs, 70 ; douanes, 104 ; gardes nationaux sédentaires, 160. Total : 3,548 hommes (Le Commandant de la place de Neuf-Brisach au Ministre de la Guerre, Neuf-Brisach, 6 septembre).

(1) Troupes de ligne : artillerie à pied, 917 hommes ; infanterie, 3,401. — Garde nationale mobile : artillerie, 376 ; infanterie, 6,030 ; génie, 105. — Garde nationale sédentaire, 730 ; pompiers, 65 (Le Commandant de la place de Belfort au Ministre de la Guerre, D. T., Belfort, 2 septembre).

(2) *Journal* de siège de la place de Belfort.

ment de l'armée du maréchal de Mac-Mahon, du camp de Châlons sur Reims, amenèrent l'évacuation partielle du département de la Marne (1). Tandis que le IVe bataillon et la batterie de mobiles de la Marne restaient momentanément dans Vitry (2) qu'ils abandonnèrent ensuite dans la nuit du 24 au 25 août (3), le Ier bataillon quitta Châlons par voie ferrée, dès le 20, et se rendit à Château-Thierry où il fut rejoint par le IIe, resté jusqu'à cette date à Épernay. Ce dernier repartit, le 26, pour Amiens, par voie ferrée (4). Quant au IIIe bataillon, formé à Reims, il resta dans cette ville où, après le départ de l'armée de Châlons vers Montmédy (5), il fut rejoint, le 26, par la division d'Exéa, du 13e corps, et par le IIIe bataillon de Volontaires de la Seine (6).

Le jour de son arrivée à Reims, et à la suite de l'apparition, dans la matinée, d'un peloton du *10e* uhlans à

---

(1) Le général Susbielle, commandant la subdivision de la Marne, fut appelé, vers le 20 août, au commandement d'une brigade du 13e corps et remplacé par le général Ladreit de la Charrière.

(2) *Rapport* du Commandant du IVe bataillon de garde mobile de la Marne.

(3) Ces deux unités furent faites prisonnières, le 25 août, au Nord d'Epense (*La Guerre de 1870-71*. L'armée de Châlons, t. I, p. 127).

(4) Les Ier et IIe bataillons de la Marne reçurent à Château-Thierry, le 26 août, à 1 heure du soir, l'ordre de se rendre immédiatement par voie ferrée à Amiens. Les deux chefs de bataillon, après entente avec le chemin de fer, fixèrent le départ du IIe bataillon à 7 heures du soir, et celui du Ier au lendemain matin. Mais, à 5 heures du soir, un nouvel ordre télégraphique leur prescrivit de rester à Château-Thierry. Malgré cet ordre, le commandant du IIe bataillon partit pour Amiens (*Historique manuscrit* du Ier bataillon de mobiles de la Marne).

(5) *Rapport* du chef de bataillon du Breuil, commandant le IIIe bataillon de garde mobile de la Marne, 1er septembre 1871.

(6) Les Ier et IIe bataillons de Volontaires de la Seine avaient été envoyés, sous les ordres du lieutenant-colonel Mocquard, à l'armée de Châlons. Le IVe resta momentanément à Paris (*Note* sur le 1er régiment d'Éclaireurs de la Seine, par le lieutenant Ramier, 11 novembre 1870).

Épernay (1), le général d'Exéa, commandant la 1re division du 13e corps, envoya dans cette ville les deux premiers bataillons du 7e de marche. Ceux-ci effectuèrent ce mouvement par voie ferrée et laissèrent des fractions dans chacune des gares entre Reims et Épernay (2).

Ils envoyèrent, le lendemain, vers Châlons, sous les ordres du lieutenant Moncaup, une reconnaissance, forte de 60 hommes, qui rentra le 1er septembre à Épernay, ramenant un convoi de 57 chevaux et de 27 fourgons contenant des vivres et du harnachement, abandonné par l'ennemi dans les environs de Châlons (3).

De Reims, la division d'Exéa avait envoyé des détachements dans diverses directions. Un bataillon du 6e de marche fut dirigé sur Rethel, le 27 août, avec quelques sapeurs du génie. Le lendemain, une fraction de ce bataillon et les sapeurs poussèrent en chemin de fer jusqu'à Amagne pour y réparer la voie ferrée, endommagée par la cavalerie ennemie. Ces reconnaissances se renouvelèrent les jours suivants (4) jusqu'au 1er septembre, mais, à cette date, les fractions envoyées à Amagne se heurtèrent à des détachements assez forts qui les obligèrent à rétrograder sur Rethel. Au reste, l'approche de troupes considérables (VIe corps et 5e division de cavalerie) fut bientôt signalée et, le 3 septembre au soir, sur l'ordre du général d'Exéa, mis au courant de la situation, le commandant du bataillon évacua Rethel et se replia sur Reims.

Le 29 août, 100 hommes du IIIe bataillon du 6e de marche, sous les ordres du capitaine d'état-major Rouvière, partirent en chemin de fer dans la direction de

---

(1) *L'armée de Châlons*, t. III, p. 282.
(2) *Journal* de marche de la division d'Exéa.
(3) *Historique manuscrit* du 7e régiment de marche.
(4) *L'armée de Châlons*, t. III, p. 283.

Mourmelon ; le train s'avança jusqu'au delà de Bouy. Des cavaliers prussiens ayant été aperçus dans la direction de Cuperly, le train s'arrêta et le détachement ouvrit le feu sur eux, blessant un officier et un soldat près de la ferme de Cuperly (1).

Le détachement rentra ensuite à Reims, sans rapporter d'autres renseignements (2).

Le 31 août, le Ier bataillon du 5e de marche fut transporté, en chemin de fer, au camp de Châlons. Le train, dit l'*Historique* de ce régiment, portait deux mitrailleuses, l'une en tête, l'autre en queue. Débarqué à Mourmelon, le bataillon se dirigea sur le quartier impérial pour surprendre un parti de cavalerie (3), mais quelques coups

---

(1) Il se pourrait que cette reconnaissance ait opéré bien hâtivement et qu'elle ne se soit pas rendu compte de l'élément auquel elle avait affaire. D'après la date et l'emplacement où a eu lieu l'événement, il s'agissait du convoi n° 2 (*Proviantkolonne* n° 2) du XIe corps. Ce convoi avait été retenu à Lunéville pendant deux jours, les 23 et 24 août, avant de pouvoir se recharger. Il suivit alors, à distance, son corps d'armée, arriva à Vitry le 28, y apprit que la 22e division s'était dirigée sur Sainte-Menehould et continua, le même jour, sa route jusqu'à Saint-Jean-devant-Possesse. Le lendemain, il reprit sa marche et s'arrêta, vers 3 heures, près de Cuperly. Pendant qu'il formait son bivouac, le chef du convoi vit un train s'approcher lentement. Un payeur et un fonctionnaire de l'intendance s'avancèrent à cheval vers le train, en virent descendre le détachement français, et reçurent des coups de feu qui les jetèrent à bas de cheval. Tout le personnel du convoi, entendant la fusillade, s'enfuit, n'emmenant que 53 chevaux et abandonnant les autres avec toutes les voitures. Il battit en retraite vers le Sud-Est et s'arrêta à 2 heures du matin à Contault-le-Maupas (*Geschichte des hessischen Train-Bataillons Nr. 11*). L'*Historique* du 6e de marche ne parlant pas de convoi, il est vraisemblable que la reconnaissance ne vit pas les voitures qui le composaient et que ce sont elles que le lieutenant Moncaup, venu d'Épernay, trouva le lendemain, dans les environs de Châlons, comme il a été raconté.

(2) *Historique manuscrit* du 6e régiment de marche.

(3) Il s'agissait vraisemblablement de deux escadrons du 3e dragons de réserve, envoyés de Bar-le-Duc par l'Inspection générale d'étapes de

de mitrailleuses, tirés trop tôt, donnent l'éveil à celui-ci et le bataillon ne trouve qu'une voiture chargée d'armes et d'effets (1).

Dans le département de l'Aube, les trois bataillons formés s'étaient réunis à Troyes le 17 août; l'ennemi ayant été signalé, le 23, vers Montierender, ils quittèrent Troyes le lendemain par voie ferrée, et, passant par Paris, se rendirent, les Ier et IIe à Orléans, le IIIe à Tours. Ils restèrent dans ces villes jusqu'au 10 septembre, date à laquelle ils partirent pour Paris (2).

Le dépôt du 7e de ligne qui était à Troyes et la compagnie de vétérans d'infanterie, installée à Clairvaux, avaient quitté ces localités dès le 22, et s'étaient repliés sur Fontainebleau (3).

Le Ier bataillon de mobiles des Ardennes avait occupé Givet, tandis que le IIe était venu à Sedan où il fut dissous lors de la capitulation. Les 1re et 2e batteries s'étaient réunies à Mézières. Cette place et celles de Givet et de Rocroi tenaient encore (4).

Dans l'Aisne (5), le Ier bataillon, formé à Soissons, fut envoyé, le 25 août, à Villers-Cotterets pour dégager la place, trop encombrée de troupes et occupée déjà par les IIe, VIe bataillons du même département et le dépôt du

---

la IIIe armée pour surveiller les routes derrière cette armée. — D'après von der Goltz, ces deux escadrons durent évacuer le camp de Châlons à l'approche d'infanterie française (*Eine Etappenerinnerung*, *loc. cit.*, p. 323).

(1) *Historique manuscrit* du 5e régiment de marche.
(2) *Historique manuscrit* des bataillons de mobiles de l'Aube.
(3) Le Préfet de l'Aube au Général commandant la 1re division militaire, D. T., Troyes, 23 août.
(4) *Journaux* de siège de Mézières, de Givet et de Rocroy.
(5) Le général Théremin d'Hame, du cadre de réserve, commandait la subdivision de l'Aisne depuis le 23 août, en remplacement du général de Gerbrois, également du cadre de réserve, appelé au commandement d'une brigade de cavalerie à Paris.

15ᵉ de ligne. Le IIIᵉ bataillon était à Laon; le IVᵉ, formé à St-Quentin avait été dirigé sur La Fère, le 17 août (1) et le Vᵉ, organisé à Bohain, était à Guise depuis la même date, détachant une compagnie à Vervins. Quatre cents mobiles de l'Aisne avaient été envoyés à Hirson.

Les 1ʳᵉ, 3ᵉ, 4ᵉ, 5ᵉ batteries de mobiles du département étaient à La Fère et la 2ᵉ à Laon (2).

Dans la Somme (3) et dans l'Oise (4), aucune disposition particulière n'avait été prise et les bataillons de ces départements continuaient leur organisation dans leurs centres de réunion (5), faisant toutefois surveiller les voies ferrées les plus à l'Est.

En Seine-et-Marne (6), le Iᵉʳ bataillon, formé à Fontainebleau, détacha, le 28 août, trois compagnies à Nangis,

---

(1) Le IIIᵉ bataillon avait détaché deux postes de 25 hommes aux stations de Saint-Erme et Coucy-les-Eppes et sa 7ᵉ compagnie à Guignicourt. Celle-ci, à son tour, avait détaché un poste de 35 hommes à Loivre, sous le commandement d'un lieutenant et un poste de 25 hommes à Amifontaine, sous le commandement d'un sergent (*Rapport* du capitaine Bouxin, commandant la 7ᵉ compagnie du IIIᵉ bataillon de mobiles de l'Aisne). — Le IVᵉ avait détaché une compagnie à Crécy, deux à Chauny et une à Crépy-en-Laonnais, pour surveiller les voies ferrées et les environs.

(2) *Historiques manuscrits* des IIᵉ, IIIᵉ, IVᵉ, Vᵉ bataillons de l'Aisne; *Historique* du 103ᵉ régiment provisoire; *Journal* de siège de la place de La Fère.

(3) Le département de la Somme était commandé par le général de Lapérouse.

(4) Le département de l'Oise était commandé par le général Dargentolle.

(5) Iᵉʳ et IIᵉ bataillons de mobiles de l'Oise, à Beauvais; IIIᵉ et IVᵉ, à Compiègne; Iᵉʳ bataillon de la Somme, à Abbeville; IIᵉ, à Ham; IIIᵉ, à Amiens; IVᵉ, à Doullens; Vᵉ, à Montdidier; VIᵉ, à Péronne; 1ʳᵉ batterie, à Amiens; 2ᵉ batterie, à Péronne (*Historiques manuscrits* des bataillons de mobiles de la Somme; le Préfet de l'Oise au Ministre de l'Intérieur, Beauvais, 1ᵉʳ septembre).

(6) Le département de Seine-et-Marne était commandé par le général de Pointe de Gévigny.

Moret et Grez-sur-Loing, pour surveiller les points de passage sur cette rivière et sur la Seine.

Le III⁰ bataillon, réuni à Melun, avait envoyé, dès le 20 août, deux compagnies à Montereau pour surveiller la voie ferrée. Elles furent rejointes, le lendemain, par deux compagnies du IV⁰ bataillon, venant de Provins, et, le 24, par la 8ᵉ compagnie du 4ᵉ bataillon de chasseurs (146 hommes), venant de Chambéry (1). Ces cinq compagnies avaient pour mission de garder le pont de l'Yonne et d'empêcher un coup de main sur la gare de Montereau (2).

Le gros du III⁰ bataillon resta à Melun, mais le gros du IV⁰ qui, le 27, avait évacué Provins avec le dépôt du 5ᵉ lanciers et s'était retiré à Longueville (3), abandonna cette dernière localité le 29, n'y laissant qu'une compagnie et les lanciers pour garder le viaduc; il se porta, par voie ferrée, à Nangis.

Le II⁰ bataillon de Seine-et-Marne, formé à Meaux, fut rejoint dans cette ville, le 25 août, par les petits dépôts que le 7ᵉ corps renvoyait du camp de Châlons et qui comprenaient, au total, 40 cavaliers et 250 hommes d'infanterie environ (4). Une compagnie de mobiles fut détachée à Crécy, au Sud de Meaux, une autre à la Ferté-sous-Jouarre et deux furent envoyées à Armentières pour garder le pont du chemin de fer et le tunnel de Chalifert. Les 40 cavaliers assurèrent la liaison avec

---

(1) *Historiques manuscrits* des bataillons de mobiles de Seine-et-Marne.

(2) D'après l'*Historique* de la 8ᵉ compagnie du 4ᵉ chasseurs, il y aurait eu, à Montereau, six compagnies de mobiles de Seine-et-Marne et non pas quatre, comme l'indiquent les historiques des mobiles.

(3) Le Général commandant la subdivision de Seine-et-Marne au Commandant d'armes de Provins, Melun, 27 août.

(4) Ces hommes appartenaient aux 8ᵉ lanciers et 4ᵉ hussards, aux 37ᵉ, 52ᵉ, 53ᵉ, 72ᵉ, 82ᵉ, 83ᵉ et 89ᵉ de ligne.

ces différents postes, et l'infanterie de ligne forma réserve (1).

Dans le département de l'Yonne (2), les bataillons de mobiles, après leur formation, furent d'abord chargés de surveiller les points de passage sur la rivière et de garder la voie ferrée de Paris-Lyon. Le IV⁰ bataillon resta aux environs de Sens, où il s'était formé, le III⁰ à Joigny, son point de concentration. Le I⁰ʳ, formé à Auxerre, détacha des compagnies à Brienon, Saint-Florentin et Laroche. Enfin, le II⁰, créé à Avallon, se rendit, le 27 août, à Tonnerre (3).

A cette date, l'ennemi fut signalé à la limite orientale du département, et, à la nouvelle que cinq brigades de gendarmerie avaient été faites prisonnières dans l'Aube, le préfet réunit à Sens toutes les brigades du département (4).

---

(1) Indépendamment de ces bataillons de mobiles, le général de Pointe de Gévigny, d'accord avec le préfet, avait organisé sept postes de gardes nationaux sédentaires à la limite Est du département : Montereau, Bray, Melz, Montceaux, la Ferté-Gaucher, Hondevilliers et Nanteuil. Ces postes étaient en relation avec les brigades de gendarmerie, les conducteurs des Ponts et Chaussées et les cantonniers chargés de leur faire parvenir tous les renseignements intéressants ou de les transmettre à Melun. Le commandant de la subdivision de Seine-et-Marne utilisa encore la 1ʳᵉ compagnie des gardes forestiers qu'il envoya tout d'abord à Longueville avec mission de recueillir des renseignements sur l'ennemi. Cette compagnie, commandée par M. de la Rue, inspecteur des forêts, comptait 2 officiers, 5 sous-officiers, 40 gardes (Le Commandant de la gendarmerie de Seine-et-Marne au Général commandant la 4ᵉ subdivision, Melun, 26 août; le Général commandant la 4ᵉ subdivision au Général commandant la 1ʳᵉ division militaire, Melun, 26 août; *Ordre* du Général commandant la 4ᵉ subdivision, Melun, 27 août).

(2) Le général de Kersalaun commandait la subdivision de l'Yonne.
(3) *Historiques manuscrits* des bataillons de mobiles de l'Yonne.
(4) Le Préfet de l'Yonne au Colonel de gendarmerie d'Orléans, D. T., Auxerre, 27 août.

De tout ce qui précède, il résulte qu'après le désastre de Sedan, en dehors du 13ᵉ corps et des unités composant les garnisons des places de Givet, Rocroi, Mézières, Laon, La Fère, Soissons, il ne restait que peu de troupes françaises dans le secteur compris entre l'Oise, la Seine et l'Yonne, pour entraver la marche des armées allemandes sur Paris.

Le tableau ci-après résume la situation, le 3 septembre au soir, des troupes françaises qui pouvaient entrer en contact plus ou moins immédiat avec les forces ennemies :

Givet (place forte) (1)...	1ᵉʳ bataillon de mobiles des Ardennes (800 hommes). 40ᵉ régiment d'infanterie (550 h.). 3ᵉ lanciers (250 h.). Garde sédentaire (400 h.). Soldats isolés (50 h.).
Mézières (place forte)......	2,750 hommes des 3ᵉ, 6ᵉ, 36ᵉ, 45ᵉ, 47ᵉ, 56ᵉ de ligne. 800 artilleurs (y compris les 1ʳᵉ et 2ᵉ batteries de mobiles). 800 Volontaires de la Seine.
Rocroi (place forte)......	Un détachement du 13ᵉ d'artillerie (30 hommes). Quelques centaines d'isolés. Garde sédentaire.
Hirson.......	400 mobiles de l'Aisne.
Vervins......	Une compagnie du Vᵉ bataillon de mobiles de l'Aisne.
Guise........	Vᵉ bataillon de mobiles de l'Aisne (moins la compagnie précédente).
Montcornet...	État-major du 13ᵉ corps. Division Blanchard, du 13ᵉ corps. Réserve d'artillerie du 13ᵉ corps. 6ᵉ régiment de hussards.
La Fère (place forte)......	IVᵉ bataillon de mobiles de l'Aisne. Quatre batteries de mobiles de l'Aisne. Une batterie de mobiles de la Seine-Inférieure. Garde nationale sédentaire.

---

(1) Situation du 3 septembre.

Laon (place forte)......	Division de Maud'huy, du 13ᵉ corps. IIIᵉ bataillon de mobiles de l'Aisne (une compagnie à Guignicourt). 2ᵉ batterie de mobiles de l'Aisne.
Soissons (place forte)......	Dépôt du 15ᵉ de ligne (1,900 hommes). IIᵉ et VIᵉ bataillons de l'Aisne. Batterie d'artillerie du 8ᵉ régiment (1).
Reims.......	Division d'Exéa, du 13ᵉ corps. 6ᵉ régiment de dragons. IIIᵉ bataillon de Volontaires de la Seine. IIIᵉ bataillon de mobiles de la Marne.
Épernay.....	Iᵉʳ et IIᵉ bataillons du 7ᵉ de marche.
Compiègne...	IIIᵉ et IVᵉ bataillons de mobiles de l'Oise.
Villers-Cotterets.......	Iᵉʳ bataillon de mobiles de l'Aisne.
Château-Thierry........	Iᵉʳ bataillon de mobiles de la Marne.
Meaux.......	IIᵉ bataillon de mobiles de Seine-et-Marne. 250 hommes de régiments de ligne (dépôts du 7ᵉ corps). 40 cavaliers.
Nangis.......	IVᵉ bataillon de mobiles de Seine-et-Marne (une compagnie à Longueville). Trois compagnies du 1ᵉʳ bataillon de Seine-et-Marne.
Montereau....	8ᵉ compagnie du 4ᵉ bataillon de chasseurs à pied. Quatre compagnies de mobiles.
Melun.......	IIIᵉ bataillon de mobiles de Seine-et-Marne.
Sur le cours de l'Yonne, de Sens à Tonnerre......	Quatre bataillons de mobiles de l'Yonne.
Badonvillers..	Un bataillon de mobiles de la Haute-Marne. Deux compagnies du 50ᵉ de ligne. 50 gendarmes.
Langres......	Dépôt du 50ᵉ de ligne. IVᵉ bataillon (moins 2 compagnies) du 50ᵉ de ligne. Deux bataillons de mobiles de la Haute-Marne. IIᵉ bataillon de mobiles de la Meurthe. Trois bataillons de mobiles des Vosges. Deux batteries de mobiles.

---

(1) Le 5 septembre, arrivèrent, à Soissons, trois batteries d'artillerie des mobiles du Nord.

Vosges....... Compagnies de francs-tireurs.
Vesoul....... Bataillons de mobiles de la Haute-Saône.
Belfort.......⎫
Neuf-Brisach.. ⎬ Places fortes investies ou menacées.
Schlestadt. ...⎭

§ 2. — *Situation des armées allemandes aux environs de Sedan le 3 septembre au soir.*

Dans la journée du 3 septembre, les troupes allemandes, groupées autour de Sedan, se conformant à l'ordre du grand quartier général, daté de la veille (midi) (1), se retirèrent à une étape environ du champ de bataille, de manière à prendre l'espace nécessaire pour se reformer et trouver des cantonnements.

L'armée de la Meuse, dont le quartier général était resté à Mouzon, se replia vers le Sud-Est, la Garde entre la Chiers et la frontière belge, le XIIe corps entre la Chiers et la Meuse, le IVe corps entre la Meuse et la route Remilly-Stonne incluse (2).

Dans la IIIe armée, le VIe corps, les 5e et 6e divisions de cavalerie, qui avaient poursuivi le corps Vinoy les deux jours précédents et avaient reçu l'ordre, dans la journée du 3, de se porter sur Reims (3), se trouvèrent, en fin de marche, face au Sud-Ouest, la 5e division de cavalerie à Bergnicourt, le quartier général du VIe corps à Juniville et celui de la 6e division de cavalerie à Attigny (4).

Le IIe Bavarois avait gagné Malmy et environs; le Ve corps se porta vers Flize, la division wurtember-

---

(1) *Correspondance militaire du maréchal de Moltke*, trad. française, t. I, p. 343.
(2) *Historique du Grand État-Major prussien*, IIe partie, p. 14.
(3) *L'armée de Châlons*, t. III, p. 335.
(4) *Kriegsgeschichtliche Einzelschriften*, Heft 20 et 21, *Die Operationen gegen Vinoy im September 1870*, p. 203 et suiv.

geoise à Guignicourt, et la 2ᵉ division de cavalerie à Poix (1). Le quartier général de la IIIᵉ armée resta à Donchery.

Quant aux troupes réunies sous les ordres du général von der Tann pour garder les prisonniers, elles se trouvaient aux points ci-après : le Iᵉʳ Bavarois au Sud de Sedan, sur la rive gauche de la Meuse ; le XIᵉ corps au Nord, sur la rive droite, et la 4ᵉ division de cavalerie à Vrigne-aux-Bois, chargée de la surveillance du côté Ouest (2).

En résumé, le 3 septembre au soir, les emplacements occupés par les armées allemandes étaient les suivants :

Cantonnements des armées allemandes le 3 septembre au soir (3).

Grand quartier général : Vendresse.

IIIᵉ ARMÉE.

Quartier général : Donchery.

5ᵉ DIVISION DE CAVALERIE (4). — Bergnicourt (E. M.).
11ᵉ brigade. — Tagnon et Saint-Loup-en-Champagne.
12ᵉ brigade et 4ᵉ batterie à cheval. — Neuflize, le Châtelet-sur-Retourne.
13ᵉ brigade et 2ᵉ batterie à cheval. — L'Écaille, Bergnicourt, Roizy.

---

(1) *Historique du Grand État-Major prussien*, loc. cit., IIᵉ partie, p. 14.

(2) *Ibid.*, Iʳᵉ partie, p. 1224.

(3) D'après les *Historiques* des corps de troupe et l'*Historique du Grand État-Major prussien*.

(4) Il manquait, à cette division, le 1ᵉʳ escadron du *10ᵉ* hussards, détaché sous Metz avec le Xᵉ corps et qui rejoignit son régiment, le 16 septembre, à Compans. Un convoi administratif du Xᵉ corps marchait avec la 5ᵉ division de cavalerie.

VIᵉ CORPS (1). — Juniville (Q. G.).

Avant-garde (22ᵉ brigade, deux escadrons, une batterie). — Au bivouac au Nord-Est d'Aussonce. Avant-postes : Ménil-Lépinois, Aussonce, la Neuville-en-Tourne-à-Fuy.

Gros de la 11ᵉ division et artillerie de corps. — Juniville, Bignicourt, Ville-sur-Retourne, Annelles (deux compagnies à Rethel).

12ᵉ division. — Chaumont-Porcien (E. M.).

23ᵉ brigade. — Novion-Porcien et Provizy ;

24ᵉ brigade. — Chaumont-Porcien, Givron, Bégny, Wasigny, Doumely, Herbigny.

6ᵉ DIVISION DE CAVALERIE (2). — Attigny (E. M.), Charbogne, Saint-Lambert, Alland'huy.

2ᵉ DIVISION DE CAVALERIE. — Poix (E. M), Montigny-sur-Vence, Raillicourt, Jandun, Barbaise, Touligny.

IIᵉ BAVAROIS. — Malmy (Q. G.), Omont, Sauville, Artaise-le-Vivier, Chébéry et localités intermédiaires.

Vᵉ CORPS (3). — Flize (Q. G.), Dom-le-Mesnil, Boutancourt, Étrépigny, Boulzicourt, Saint-Marceau, Chalandry.

DIVISION WURTEMBERGEOISE (4). — Guignicourt (Q. G.), Yvernaumont, Champigneul-sur-Vence, Mondigny, Évigny.

---

(1) Le IIᵉ bataillon du *38ᵉ* était resté à Saint-Dizier, le 26 août, pour garder les magasins ; il ne rejoindra que le 1ᵉʳ octobre. Pour plus de détails sur les cantonnements du VIᵉ corps, le 3 au soir, voir *Kriegsgeschichtliche Einzelschriften*, Hefte 20 et 21, p. 228.

(2) Le *3ᵉ* régiment de hussards, détaché de sa division le 19 août, après être resté, jusqu'au 24, auprès du quartier général de la IIᵉ armée, à Doncourt, avait été envoyé vers Longuyon, pour y détruire la voie ferrée, puis surveiller le terrain entre Thionville et Stenay ; le 4 septembre, il était encore à Longuyon. Il reçut à cette date l'ordre de rejoindre sa division, fit étape le 5 à Stenay, le 6 à Nouart, le 7 à la Neuville, les 8 et 9 à Reims, le 10 à Corbeny, le 11 à Anizy-le-Château, où il entra en liaison avec la *6ᵉ* division, établie à cette date autour de Coucy-le-Château. Pendant le temps où il resta détaché de la *15ᵉ* brigade, il y fut remplacé par le *15ᵉ* uhlans, appartenant à la *14ᵉ* brigade (*Geschichte des Husaren-Regiments von Zieten Nr. 3*, p. 346).

(3) Le *7ᵉ* régiment d'infanterie était à Vendresse, comme garde spéciale du grand quartier général. Il rentra tout entier à son corps d'armée. le 5, à Juniville (Stieler von Heydekampft, *Das V. Armee-Corps im Kriege gegen Frankreich, 1870-71*, p. 90).

(4) Le *3ᵉ* régiment d'infanterie et deux escadrons du *3ᵉ* régiment

ARMÉE DE LA MEUSE.

Quartier général : Mouzon.

GARDE (1). — Carignan (Q. G.), Pouru-aux-Bois, Pouru-Saint-Rémy, Matton, les Deux-Villes.

Division de cavalerie de la Garde. — De Carignan à Thonne-le-Thil.

XIIe CORPS. — Mouzon (Q. G.), Amblimont, Euilly, Vaux, Malandry, Inor, Pouilly.

12e division de cavalerie (saxonne). — Stenay (Q. G.), Martincourt, Olizy-sur-Chiers, Lamouilly, Nepvant.

IVe CORPS (2). — Raucourt (Q. G.), Stonne, la Besace, Flaba, Haraucourt, Augecourt.

Convois. — Raucourt et Augecourt.

Dépôt de chevaux et escadron d'escorte. — Sommauthe.

---

de cavalerie wurtembergeoises avaient été, le 2 septembre, désignés pour escorter des prisonniers jusqu'à Pont-à-Mousson où ils arrivèrent le 7 septembre. Ils en repartirent le 9, et, par Apremont, Chaumont-sur-Aire, Sainte-Menehould, Saint-Hilaire-au-Temple, regagnèrent la division à Reims, le 13 septembre (*Geschichte des 3. Württ. Infanterie-Regiments Nr. 121*, p. 375).

(1) La 3e brigade de la Garde (*1er* grenadiers, IIe et IIIe bataillons du *3e* grenadiers) et deux escadrons et demi du *2e* uhlans de la Garde, désignés pour escorter des prisonniers, étaient le 3 septembre à Dun et Stenay, le 4 à Damvillers, le 5 à Étain. Après un repos le 6, ces troupes rétrogradèrent, et, par Damvillers, Dun, Buzancy, Vouziers, Juniville, Neufchâtel, Fismes, Oulchy, rejoignirent, le 16 septembre, le corps de la Garde à la Ferté-Milon.

Les 2e et 3e compagnies du génie et le parc du génie (*Schanzzeug*) de la Garde étaient restés sous Metz. Ces trois éléments se mirent en route le 11 septembre pour rejoindre leur corps d'armée en faisant étape à Vigneulles, Vilotte, Sommeille, Courtisols, Saint-Julien, Verzenay (séjour), Reims, Champvoisy, Montreuil-aux-Lions, Saint-Soupplets, Aulnay-lès-Bondy et Mitry, où ils arrivèrent le 21 septembre (*Geschichte des Kaiser-Alexander Garde-Grenadier-Regiments Nr. 1*, p. 173; *Die Ersten 60 Jahre des 2. Garde-Ulanen-Regiments*, p. 85; *Geschichte des Königlich-Preussischen Garde-Pionier-Bataillons*, p. 100).

(2) Le IVe corps avait laissé dix de ses hôpitaux de campagne (*Feldlazarett*) à Beaumont et Sedan. Il n'avait avec lui que le 2e à Raucourt,

TROUPES LAISSÉES A SEDAN.

XIe CORPS. — Floing (Q. G.), Vrigne-aux-Bois, Saint-Menges, Fleigneux, Givonne, Sedan, Cazal.

Ier BAVAROIS. — Glaire, Villette, Frénois, Torcy, Wadelincourt.
Brigade de cuirassiers bavarois. — Balan.

4° DIVISION DE CAVALERIE. — Vrigne-aux-Bois (Q. G.), Bosséval, Vivier-au-Court, Vrigne-Meuse.

---

et le 12e à Haraucourt. Les ambulances (*Sanitäts-detachement*) étaient à Raucourt et Haraucourt.

Ces renseignements sont extraits de l'*Historique du 4e bataillon du train* (*Geschichte des Magdeburgischen Train-Bataillons Nr. 4*, p. 261) qui donne la liste des cantonnements journaliers des divers éléments sanitaires et des convois. Toutefois, de fortes erreurs se sont glissées dans ces tableaux, et les cantonnements indiqués sont souvent en avance d'un ou plusieurs jours sur les dates réelles auxquelles ils ont été occupés. On a dû, par suite, dans les emplacements donnés ici et ultérieurement, rectifier ces erreurs.

CHAPITRE II

Retraite des troupes françaises, à l'Est de Paris,
du 4 au 8 septembre.

Arrivé à Montcornet le 3 septembre au soir (1), le général Vinoy désirait continuer sa retraite le lendemain sur Laon, mais les renseignements qu'il avait sur l'ennemi étaient contradictoires; certains lui signalant les troupes adverses en marche vers l'Ouest, et déjà à Neufchâtel (2), il craignit d'être devancé par elles à Laon ou inquiété dans sa marche s'il prenait la route directe de Montcornet à cette place, par Notre-Dame-de-Liesse. C'est pourquoi il préféra se diriger vers Marle d'où, si Laon était menacé, il pouvait gagner La Fère (3).

Le 4, à 4 heures du matin, il remit donc ses troupes en mouvement. Comme les jours précédents (4), un régiment de ligne, le 42e, était à l'avant-garde, et un autre, le 35e, à l'arrière-garde, encadrant les régiments de marche et l'artillerie. A part quelques difficultés et quelques retards, au départ, causés par l'excès de fatigue de la veille, les diverses unités effectuèrent cette marche facilement et s'installèrent, vers 11 heures du matin, au bivouac dans les plaines à l'Ouest de Marle, le long de la route de Laon (5).

---

(1) *L'armée de Châlons*, t. III, p. 335.
(2) Général Vinoy, *Siège de Paris*, p. 83.
(3) *Ibid.*, p. 84.
(4) *L'armée de Châlons*, t. III, p. 333.
(5) *Historique manuscrit* du 13e corps.

Dès son arrivée, le général Vinoy télégraphia, à 11 h. 30, au Ministre, pour lui rendre compte de son installation à Marle et lui demander s'il devait défendre Laon et Soissons ou battre en retraite sur Paris (1).

Presque en même temps, le commandant du 13e corps reçut un télégramme par lequel le général de Maud'huy l'informait, de Laon, que la division d'Exéa se retirait de Reims sur Soissons; le commandant de la 2e division demandait si lui-même ne devait pas déjà commencer à évacuer Laon pour éviter les encombrements sur la voie ferrée (2).

Le commandant du 13e corps reçut ensuite une dépêche du Ministre de la Guerre lui demandant quelles étaient les forces qui le poursuivaient et s'il ne lui serait pas possible de faire front et de bousculer les têtes de colonnes ennemies (3).

Mais le général Vinoy ignorait le nombre des troupes auxquelles il avait eu affaire; il savait seulement que la veille au soir on avait signalé des forces ennemies à l'Est de Rozoy et vers Château-Porcien, et il ne pouvait chercher à résister avant d'avoir réuni son corps d'armée (4).

Bientôt après, un nouveau télégramme du général de Maud'huy faisait savoir au général Vinoy qu'une proclamation des Ministres annonçait que l'armée de Châlons et l'Empereur avaient été faits prisonniers à Sedan, et que le Gouvernement concentrait des forces à Paris et sur la Loire.

Quelques heures plus tard, enfin, le général Vinoy

---

(1) Le général Vinoy au Ministre de la Guerre, D. T., Marle, 4 septembre, 11 h. 30 matin.

(2) Général Vinoy, *loc. cit.*, p. 432.

(3) Le Ministre de la Guerre au général de Maud'huy, pour remettre au général Vinoy, dès qu'il le pourra, D. T., Paris, 9 h. 40 (Général Vinoy, *loc. cit.*, p. 86).

(4) Général Vinoy, *loc. cit.*, p. 83.

recevait du Ministre une dépêche datée de 5 h. 20 du soir, répondant à son télégramme de 11 h. 30 du matin, lui faisant connaître la révolution qui venait de s'accomplir à Paris et lui prescrivant de ramener son corps d'armée dans la capitale, afin de se mettre à la disposition du nouveau Gouvernement (1).

Cette nouvelle détermina le commandant du 13e corps à partir immédiatement pour Laon, où il espérait trouver, notamment auprès du préfet, des renseignements plus complets sur ce qui se passait à Paris, et sur les mouvements des troupes allemandes (2). Après avoir ordonné au général Blanchard de se diriger le lendemain sur Laon avec toutes les troupes réunies à Marle, le général Vinoy partit pour Laon par un train spécial emmenant également les malades et les éclopés. Il y arriva à 11 heures du soir.

Avant de continuer à retracer la retraite du gros du 13e corps, il importe de voir ce qui s'était passé dans la région de Reims.

Le 3, au matin, le général d'Exéa avait envoyé dans la direction de Rethel, une reconnaissance commandée par le commandant Polinière, du 6e dragons, et composée d'un escadron de ce régiment et de deux compagnies. Cette reconnaissance rentra le soir sans avoir rien vu (3).

Par contre, le IIe bataillon du 8e de marche, parti à 1 heure de l'après-midi en chemin de fer et transporté jusqu'à Guignicourt (4), s'avança jusqu'à deux kilomètres au delà de Neufchâtel. Il ne rencontra aucune fraction adverse, mais il apprit qu'un corps de 1,200 Prussiens

---

(1) Général Vinoy, *loc. cit.*, p. 88.
(2) *Ibid.*, p. 89.
(3) *Historique manuscrit* du 6e dragons.
(4) Station de la ligne de Reims à Laon.

était signalé entre Château-Porcien et Asfeld. Il rentra ensuite à Reims à 7 heures du soir (1).

Après le retour de ces reconnaissances, le général d'Exéa fut informé dans la soirée de l'apparition de nombreuses troupes prussiennes aux environs de Rethel et de Juniville. Ne pouvant défendre Reims avec les forces dont il disposait, il décida de battre en retraite dans la nuit même sur Soissons (2).

Entre 5 et 9 heures du matin, en effet, l'état-major de la division, les 5ᵉ et 6ᵉ régiments de marche et le IIIᵉ bataillon du 7ᵉ s'embarquèrent en chemin de fer pour gagner Soissons où ces divers éléments arrivèrent vers midi.

Le 8ᵉ de marche, l'artillerie, le 6ᵉ dragons et tous les bagages avaient, dès 4 heures du matin, pris la route de Fismes (3). Deux escadrons de dragons formèrent l'arrière-garde et poussèrent jusqu'à Fismes les traînards et les mauvais soldats qui quittaient les rangs, impressionnés défavorablement par la nouvelle du désastre de Sedan (4).

La 1ʳᵉ compagnie du 2ᵉ régiment du génie quitta Reims la dernière et, après le départ de toutes les troupes et l'évacuation sur Soissons de tout le matériel de guerre

---

(1) *Historique manuscrit* du 8ᵉ de marche.
(2) *Journal* de marche de la division d'Exéa.
(3) *Historiques manuscrits* des 5ᵉ, 6ᵉ, 7ᵉ, 8ᵉ régiments de marche.
(4) Avant de quitter Reims, les troupes avaient appris le désastre de Sedan ; aussi, à 4 kilomètres de Reims, la mission du peloton d'arrière-garde devient difficile. Les traînards de toutes armes encombrent la route, les uns refusent d'aller plus loin, les autres abandonnent leurs fusils, leurs sacs, jusqu'à leurs chaussures pour aller plus vite. Les dragons, loin d'être ébranlés par ce spectacle affligeant, vont jusqu'à frapper de coups de plat de sabre ceux de ces malheureux qui se montrent par trop récalcitrants (*Historique manuscrit* du 6ᵉ régiment de dragons).

de Reims, elle fit sauter complètement le pont du chemin de fer sur le canal, à l'Ouest de la ville.

En arrivant à Fismes, l'infanterie s'arrêta et s'embarqua en chemin de fer pour gagner Soissons, tandis que la cavalerie, l'artillerie et les bagages continuaient leur route vers cette place qu'ils atteignirent à 8 heures du soir, après une étape de 55 kilomètres environ.

Toute la division d'Exéa se trouva par suite réunie à Soissons, ainsi que le IIIe bataillon des Volontaires de la Seine et le IIIe bataillon de mobiles de la Marne. Ces deux fractions avaient évacué Reims par voie ferrée, sur l'ordre du général de Liniers, commandant la 4e division militaire, qui avait transporté son siège de commandement à Soissons (1) et qui, le lendemain, prescrivit aux mobiles de la Marne de partir pour Abbeville, par voie ferrée, en passant par Paris (2).

Le général d'Exéa, arrivé à Soissons vers 8 heures du matin, avait télégraphié aussitôt au Ministre pour lui demander s'il devait arrêter sa division dans cette place. Il lui signalait que Soissons n'avait pas de vivres pour ses troupes. A 10 h. 30, le Ministre lui répondit d'attendre, s'il le pouvait, le général Vinoy qui était à Laon, de se replier ensuite avec lui sur Paris et de faire sauter après son départ toutes les communications aux environs de Soissons (3).

Les deux bataillons du 7e de marche, détachés à

---

(1) Le 8 septembre, le général de Liniers fut appelé à Paris pour y commander une division de mobiles.

(2) On craignait que la ligne Amiens—Laon—Tergnier ne fût déjà coupée et la Compagnie du Nord évacuait ses gares au Nord de Laon. Le IIIe bataillon de mobiles de la Marne comptait 1,600 hommes armés du fusil à tabatière (*Historique manuscrit* du IIIe bataillon de mobiles de la Marne).

(3) Le Ministre de la Guerre au général d'Exéa, D. T., Paris, 4 septembre, 10 h. 30 matin.

Épernay, reçurent également du général d'Exéa l'ordre de battre en retraite, et, le 4, ils furent transportés directement à Paris, où ils arrivèrent vers 3 heures du soir.

Ainsi, le 4 au soir, il ne restait plus de troupes françaises à l'Est de la ligne Marle, Laon, Soissons, Château-Thierry, et tout le 13e corps se trouvait échelonné de Marle à Soissons (1).

La nuit du 4 au 5 fut assez tranquille (2). Cependant la nouvelle se répandit à Marle et à Laon qu'un détachement de cavalerie adverse d'une trentaine de chevaux était arrivé vers une heure du matin à Sissonne, puis s'était replié (3). D'autre part, le poste de mobiles, envoyé par la 7e compagnie du IIIe bataillon de l'Aisne à Loivre, se laissa surprendre vers 9 heures par une colonne d'environ 150 uhlans, alors que de nombreux

---

(1) 1re division à Soissons ; 2e division à Laon ; 3e division et réserve d'artillerie à Marle. La division de Maud'huy, bivouaquée près de la gare de Laon, s'était couverte par des avant-postes. Un bataillon, placé à l'Est du faubourg de Vaux, avait des grand'gardes sur les routes de Maubeuge et de Sissonne, se reliant, à droite, avec des grand'gardes dans le faubourg d'Ardon, et, à gauche, à un bataillon campé au Nord-Ouest de la gare et détachant des postes sur le chemin d'Aulnois et dans le faubourg de la Neuville. En outre, des fractions de mobiles étaient toujours détachées aux gares de Saint-Erme et de Coucy-les-Eppes, et une compagnie occupait Crépy-en-Laonnois (*Registre* de correspondance de la division de Maud'huy).

(2) Général Vinoy, *loc. cit.*, p. 93.

(3) La 6e division de cavalerie, partie le 4 septembre au matin d'Attigny et arrivée à Château-Porcien vers midi, fit partir à 8 h. 30 du soir un peloton du *16e* hussards commandé par un officier, et composé de chevaux choisis, dans la direction de Laon, pour arrêter, sur l'ordre du maréchal de Moltke, le préfet de l'Aisne, M. Ferrand, qui excitait vivement les populations à la résistance. Ce peloton, parvenu à Sissonne dans la nuit du 4 au 5, apprit que Laon était occupé par des troupes de toutes armes, et que la station d'Eppes était gardée. Sa mission devenant inexécutable, il rentra à Château-Porcien le 5, à 8 h. 45 du matin (*Kriegsgeschichtliche Einzelschriften*, Hefte 20 et 21, p. 235 et 240).

hommes étaient allés dîner et que l'officier lui-même était absent. Le sergent à qui était resté le commandement perdit la tête; les mobiles se dispersèrent dans différentes directions et 5 d'entre eux tombèrent entre les mains de l'ennemi. Dès qu'il apprit ces faits, le capitaine qui commandait la 7e compagnie restée à Guignicourt partit avec 40 hommes en voitures réquisitionnées au secours du poste attaqué, mais, à l'approche de cette petite troupe, les cavaliers allemands se retirèrent (1).

La nouvelle de l'arrivée de cavalerie prussienne à Sissonne causa une certaine émotion à Marle, parmi les troupes du général Blanchard. Toutefois, elles se mirent en route, le 5 au matin, en bon ordre, mais, par mesure de prudence, leur chef les fit passer par Crécy-sur-Serre, au lieu de suivre la route directe de Laon. Parties à 3 heures du matin, elles n'arrivèrent à destination que vers 2 heures du soir et bivouaquèrent près de la gare (2).

Pendant ce temps, la 2e division commençait son embarquement à la gare de Laon. Dès que le 4, dans la matinée, le général de Maud'huy avait appris le mouvement de retraite de la division d'Exéa sur Soissons, il avait prié la Compagnie du Nord de réunir le matériel nécessaire à l'enlèvement de ses troupes. D'autre part, la compagnie avait reçu directement de Paris, l'ordre de se préparer à ramener dans la capitale tout le corps Vinoy. Grâce à ces mesures, on put réunir assez rapidement à Laon un certain nombre de wagons et commencer dans la nuit du 4 au 5 l'embarquement de la

---

(1) *Rapport* du capitaine Bouxin, commandant la 7e compagnie du IIIe bataillon de mobiles de l'Aisne, 6 septembre.
(2) Pendant le séjour du 13e corps à Laon, les troupes du général Vinoy et un certain nombre d'habitants pillèrent des approvisionnements de vivres et des effets d'habillement réunis à la gare (*Rapport* du général d'Autemarre sur la capitulation de Laon).

division de Maud'huy (1). Le mouvement commença par le 9ᵉ de marche dont les premiers éléments partirent à 2 heures du matin. Il continua toute la journée. Entre les diverses fractions de la 2ᵉ division, on embarqua les services administratifs, le génie, le parc d'artillerie, de sorte que, le 5 au soir, il ne restait plus à enlever de cette division que deux bataillons et demi du 12ᵉ de marche. Mais, à 6 heures du soir, la Compagnie du Nord cessa d'envoyer des trains sur Laon, car le général d'Exéa avait évacué Soissons vers midi, et, après son départ, on avait interrompu la circulation entre ces deux villes (2). Dans la nuit cependant, on put faire venir de Tergnier le matériel d'un train qui emmena le 6, à 7 heures du matin, un bataillon et demi du 12ᵉ de marche (3), mais le IIIᵉ bataillon et les bagages de ce régiment durent quitter Laon à la même heure par voie de terre et aller s'embarquer à Tergnier (4).

Il y avait hâte, en effet, à évacuer Laon, car dans l'après-midi du 5, le Iᵉʳ bataillon du 12ᵉ, aux avant-postes au faubourg de Vaux, et le IIᵉ, au Nord de la gare, avaient été mis en alerte par l'apparition dans la plaine de quelques cavaliers ennemis ; c'est pourquoi, dès le 5 au soir, le général Vinoy avait prescrit à la réserve d'artillerie et au 6ᵉ hussards, arrivés de Marle dans l'après-midi, de doubler l'étape pour gagner le soir même La Fère (5).

---

(1) Ernouf, *loc. cit.*, p. 120.
(2) D'après Ernouf, *loc. cit.*, p. 121, on aurait fait partir de Laon, du 4 au soir au 6 à 8 heures du matin, 14,500 hommes en 9 trains de 45 voitures chacun ; en outre, trois trains d'artillerie auraient été chargés à La Fère.
(3) *Historique manuscrit* du 12ᵉ régiment de marche.
(4) Le général Blaise au général de Maud'huy, Paris, 6 septembre.
(5) Le 4ᵉ escadron du 6ᵉ hussards était cependant laissé à Laon à la disposition du général Blanchard (*Historique manuscrit* du 13ᵉ corps).

Cette colonne, placée sous les ordres du général Renault d'Ubexi, se rendit le 6 à Noyon (1), le 7 à Pont-Sainte-Maxence, le 8 à Luzarches et le 9 à Paris. Le mouvement des troupes montées se fit sans incident (2) et, à leur arrivée, elles allèrent bivouaquer avenue de la Grande-Armée. La division de Maud'huy s'installa sur l'avenue de Neuilly.

Quant à la division Blanchard, sur l'ordre du général Vinoy, elle quitta Laon le 6, à 7 heures du matin, par voie de terre et passa par Crépy et La Fère pour aller s'embarquer à Tergnier (3). L'opération commença dans cette gare à 2 heures de l'après-midi et ne fut terminée qu'à 1 heure du matin, après le départ successif de dix trains partant d'heure en heure (4). Toute la division arriva à Paris le 7 au matin et alla bivouaquer avenue de la Grande-Armée.

Le commandant du 13e corps avait quitté lui-même Laon le 6 au matin, par le dernier train se dirigeant sur La Fère. Quelques heures après, un peloton de uhlans, comme on le verra ultérieurement, se présentait aux portes de Laon.

Le même jour, dans l'après-midi, le général Vinoy arriva à Paris (5).

La division d'Exéa et le 6e dragons restés à Soissons ne devaient pas quitter cette ville le 5. Le général Vinoy

---

(1) A Tergnier, cette colonne fut rejointe par la 15e batterie d'artillerie de marine, du 12e corps, qui avait battu en retraite avec la 2e division et qui, plus tard, remplaça la 3e batterie du 12e, restée à Mézières.

(2) Général Vinoy, *loc. cit.*, p. 96.

(3) *Ibid.*

(4) Ces trains enlevèrent 12,500 hommes, 340 chevaux et 41 wagons de canons et mitrailleuses (Ernouf, *loc. cit.*, p. 121).

(5) Général Vinoy, *loc. cit.*, p. 97.

avait en effet prescrit le 4 à 11 h. 30 du matin au général d'Exéa de rester à Soissons et d'y attendre ses ordres (1).

Dans la matinée du 5, un escadron du 6ᵉ dragons et un bataillon du 6ᵉ de marche furent envoyés en reconnaissance sur la route de Fismes. Cette reconnaissance ne recueillit d'autres renseignements que la nouvelle de l'arrivée de l'ennemi à Reims, la veille, dans l'après-midi. Mais, en cours de route, elle reçut l'ordre de rentrer immédiatement à Soissons (2). En effet, vers midi, le général d'Exéa avait reçu un avis inexact de l'arrivée des Prussiens à Fismes et il avait décidé de battre en retraite immédiatement sur Paris (3).

L'état-major de la division, les 6ᵉ et 8ᵉ régiments de marche, le IIIᵉ bataillon du 7ᵉ de marche, le IIIᵉ bataillon de Volontaires de la Seine et la compagnie du génie, partirent dans l'après-midi par voie ferrée pour Dammartin où ils débarquèrent à la nuit, tandis que le général Mattat, commandant la 1ʳᵉ brigade, faisait route par voie de terre avec le 5ᵉ régiment de marche, l'artillerie, tous les bagages et voitures et trois escadrons du 6ᵉ dragons, suivis bientôt par l'escadron et le bataillon envoyés en reconnaissance (4). Toutes ces troupes bivouaquèrent à Villers-Cotterets, où, après une marche assez défectueuse (5), elles arrivèrent entre 7 et 9 heures du soir.

Le 6, les troupes de cavalerie et d'artillerie qui étaient

---

(1) Le général d'Exéa au Ministre de la Guerre, D. T., Soissons, 4 septembre, 1 h. 12 soir.

(2) *Historique manuscrit* du 6ᵉ de marche.

(3) Le général d'Exéa au général Vinoy, D. T., Dammartin, 5 septembre.

(4) Sur un ordre du Ministre, la division laissa à Soissons 1 officier et 30 hommes de la 1ʳᵉ compagnie du 2ᵉ régiment du génie pour concourir aux travaux de défense de la place.

(5) Le 5ᵉ régiment de marche laissa 800 traînards que les compagnies d'arrière-garde eurent beaucoup de mal à pousser devant elles (*Historique manuscrit* du 5ᵉ régiment de marche).

à Villers-Cotterets, vinrent à Dammartin, tandis que le 5ᵉ régiment de marche était transporté en chemin de fer à Livry.

Dans l'après-midi, les unités d'infanterie arrivées la veille à Dammartin se rendirent à Livry. Mais le général d'Exéa, resté à Dammartin, se débarrassa, dès le 6, du IIIᵉ bataillon de Volontaires de la Seine (1). En raison de son indiscipline, il lui rendit sa liberté et celui-ci rentra immédiatement à Paris. Le 7, les régiments d'infanterie firent séjour à Livry et furent rejoints par les unités de cavalerie et d'artillerie venant de Dammartin.

Toute la division d'Exéa se trouva, par suite, réunie ce jour-là, à Livry. Le lendemain, elle se mit en marche à 6 heures du matin et entra dans Paris à 3 heures du soir, à l'exception du 6ᵉ dragons qui, contournant la capitale, se rendit à Versailles (2). Les troupes de la division allèrent bivouaquer à Neuilly (avenue du Roule et boulevard d'Argenson) (3).

La retraite du 13ᵉ corps et l'annonce des premiers coureurs ennemis avaient déterminé également la retraite d'une partie des fractions de mobiles énumérées plus haut.

Le 5, la compagnie du Vᵉ bataillon de mobiles de l'Aisne, détachée à Vervins, rejoignit à Guise son bataillon, qui se maintint cependant dans cette ville jusqu'au 12 septembre et se replia alors sur Ham (4).

Le 5 également, les compagnies détachées en avant de La Fère par le IVᵉ bataillon de l'Aisne rentrèrent dans la place.

---

(1) *Historique manuscrit* du 13ᵉ corps.
(2) Le 14 septembre, le 6ᵉ dragons quitta Versailles pour aller rejoindre l'armée de la Loire (*Historique manuscrit* du 6ᵉ dragons).
(3) *Historique manuscrit* du 13ᵉ corps.
(4) *Historique manuscrit* du Vᵉ bataillon de mobiles de l'Aisne.

Le Ier bataillon de l'Aisne, resté à Villers-Cotterets, se replia le même jour sur Dammartin et s'y embarqua le lendemain pour Paris (1).

Le 6, les 400 mobiles qui étaient à Hirson se retirèrent sur Landrecies, ne pouvant gagner Laon, en raison de la rupture des voies ferrées (2).

Le Ier bataillon de la Marne qui était à Château-Thierry, reçut, le 5 septembre, du général de Liniers, l'ordre de se rendre à Amiens. La voie ferrée étant coupée à Nanteuil, il vint coucher, le 5 au soir, à la Ferté-sous-Jouarre, et le 6, à Meaux où il prit le chemin de fer, mais en passant à Paris, un ordre du gouverneur l'y fit débarquer (3).

Sur la Marne, les postes avancés du IIe bataillon de Seine-et-Marne s'étaient repliés sur Meaux le 4 au soir, puis, le 6, la garnison de cette ville reçut ordre de partir pour Paris (4). Les petits dépôts du 7e corps quittèrent Meaux par voie ferrée, mais le bataillon de mobiles

---

(1) *Historiques manuscrits* des Ier et IVe bataillons de mobiles de l'Aisne.

(2) Le capitaine Kuhlmann, commandant les mobiles d'Hirson, au Ministre de la Guerre, Landrecies, 7 septembre.

(3) Dès que le Gouverneur de Paris avait appris que ce bataillon de mobiles avait quitté Meaux, il avait prescrit au Directeur des chemins de fer de l'Est de l'arrêter immédiatement et de le ramener à Meaux (Le Gouverneur au Directeur des chemins de fer de l'Est, Paris, 6 septembre).

« A son entrée en gare de la Villette, à 8 heures du soir (le 6), le bataillon est arrêté par un inspecteur général de la Compagnie de l'Est qui veut le faire rétrograder sur Meaux. Ne pouvant y consentir sans ordre écrit et voulant mettre sa responsabilité à l'abri, le commandant dut se rendre à la place de Paris, chez le Gouverneur, qui, par l'entremise de son chef d'état-major, le retint à Paris. Le bataillon passa la nuit en wagon dans la gare de Pantin et ne débarqua que le lendemain à la Villette » (*Historique* du 1er bataillon de mobiles de la Marne).

(4) *Historique manuscrit* du 38e régiment de garde mobile (Seine-et-Marne).

reçut ordre de s'y maintenir car plusieurs régiments de cavalerie, sous les ordres du général Reyau étaient envoyés à l'Est de Meaux pour surveiller les abords de la capitale et fournir des renseignements sur la marche de l'ennemi (1).

Pour terminer ces mouvements de retraite des troupes françaises sur Paris, après la bataille de Sedan, il convient de dire quelques mots des diverses fractions et isolés qui, échappés à l'enveloppement des troupes allemandes, se réunirent tout d'abord au corps du général Vinoy. Dans son ouvrage sur le siège de Paris, le commandant du 13e corps évalue à 10,000 le nombre des fuyards de toutes armes qui, dans la soirée du 1er septembre et dans la nuit suivante, vinrent se grouper auprès de ses troupes (2). Outre cette masse d'isolés, il y avait d'assez nombreuses fractions de cavalerie, des régiments presque entiers (3), réunis sous les ordres du général Michel, des caissons d'artillerie, des fractions de batteries, une partie du parc d'artillerie du 4e corps, etc.

Le général Vinoy fit prendre à toute cette masse de composition si hétérogène la route d'Hirson (4). Les hommes à pied s'arrêtèrent en partie dans cette gare où ils prirent le chemin de fer, d'autres s'éparpillèrent vers Valenciennes, Douai et les villes du Nord; la cavalerie alla s'embarquer, en grande partie, à Landrecies (5). Quelques régiments gagnèrent Albert, sur la ligne d'Amiens à Arras. Toutes ces fractions utilisèrent les

---

(1) Le Gouverneur de Paris au Général commandant à Melun et au Chef de bataillon de la garde mobile à Meaux, D. T., Paris, 6 septembre; *Historique manuscrit* du 38e régiment de garde mobile.

(2) Général Vinoy, *loc. cit.*, p. 55.

(3) 2e, 5e, 6e lanciers, 7e, 11e, 12e chasseurs, 3e hussards.

(4) Général Vinoy, *loc. cit.*, p. 60.

(5) Dans cette gare s'embarquèrent 2,700 hommes et 2,380 chevaux (Ernouf, *loc. cit.*, p. 123).

voies ferrées du réseau du Nord et se dirigèrent sur Paris, où s'arrêtèrent tout d'abord les isolés, tandis que les fractions constituées et notamment les régiments de cavalerie étaient envoyés sur leurs dépôts, pour s'y reconstituer (1).

---

(1) Au total, la Compagnie du Nord transporta 7,350 hommes et 5,550 chevaux, sous la rubrique « isolés venant de Sedan » (Ernouf, *loc. cit.*, p. 123).

CHAPITRE III

Marche des armées allemandes du 4 au 9 septembre.

§ 1ᵉʳ. — *Ordre donné à la IIIᵉ armée et à l'armée de la Meuse de reprendre, le 4 septembre au matin, leur marche sur Paris.*

Comme on a pu le remarquer, les cantonnements des troupes allemandes, le 3 au soir (1), sauf ceux du VIᵉ corps et des 5ᵉ et 6ᵉ divisions de cavalerie, ne faisaient préjuger en rien les directions de marche ultérieures des deux armées. Ils avaient été arrêtés, du reste, dans la journée du 2, après la signature de la capitulation de Sedan et n'avaient d'autre but que de permettre aux troupes de prendre un peu de repos dans des cantonnements assez larges, au lieu du bivouac auquel beaucoup avaient été contraintes les jours précédents.

Mais l'état-major allemand n'hésita pas longtemps à reprendre la marche sur Paris, but primitif assigné aux armées du prince royal de Prusse et du prince royal de Saxe, par l'ordre du 19 août (2).

Bien que rentré à 1 heure du matin seulement, le 3 septembre, à son quartier général de Vendresse (3),

---

(1) Voir plus haut, p. 44.
(2) *Correspondance militaire du maréchal de Moltke*, t. I, p. 286 et 299.
(3) *Kriegsgeschichtliche Einzelschriften*, Heft 19, *König Wilhelm*

après sa visite du champ de bataille, le roi de Prusse avait décidé le mouvement sur Paris dans la matinée, et ses ordres, comme on le verra, étaient expédiés dès midi.

Cependant, autour de lui, tous ses conseillers n'avaient pas été unanimes à proposer cette solution (1). Le parti militaire considérait Paris comme le but final de toute guerre en France, en raison de l'importance politique et militaire de la capitale et de son influence sur la province, et il entrevoyait une marche rapide vers l'Ouest comme le meilleur moyen de terminer la lutte.

Dans toute l'armée, du reste, on croyait à la fin prochaine de la guerre, car il semblait que la France, ayant perdu son armée normale, ne pouvait plus résister (2).

Le prince de Bismarck, au contraire, eût voulu laisser la France à elle-même après la catastrophe de Sedan et établir les armées allemandes sur une position défensive en Alsace-Lorraine, en attendant l'attaque éventuelle des Français (3).

Le chancelier expliqua toute sa pensée dans une lettre qu'il écrivit, le 7 septembre, de Reims, à son fils Herbert :

« La République est proclamée à Paris ; il est à voir si elle se maintiendra et comment elle se développera. Mon désir serait que nous laissions ces gens mijoter un peu dans leur sauce et que nous nous installions commodément dans les départements conquis avant d'avan-

---

auf seinem Kriegszuge in Frankreich 1870. Von Mainz bis Sedan, p. 80.

(1) *Ibid.*

(2) *Geschichte des Bergischen Lanziers Westfälischen Husaren-Regiments Nr. 11,* p. 388.

(3) Dr. Wilhelm Busch, *Das deutsche grosse Hauptquartier und die Bekämpfung von Paris im Feldzuge* 1870-71, p. 9.

cer plus loin. Si nous nous avançons trop tôt, nous empêcherons par là qu'ils ne se brouillent entre eux (1)..... »

L'opinion de Bismarck ne prévalut pas, et la marche immédiate sur Paris fut décidée. Mais les mouvements des jours précédents avaient amené l'armée de la Meuse à l'Est et presque au Sud de la III⁰ armée. Si, pour les mettre en marche, on se fût contenté de leur faire faire face au Sud-Ouest, la III⁰ armée se serait trouvée à la droite de l'armée du prince royal de Saxe, ce qui aurait amené un croisement de leurs lignes d'étapes et causé, peut-être, de grands embarras (2). Pour éviter toute confusion à ce sujet, il parut nécessaire de faire reprendre aux deux armées leurs places respectives par des mouvements préparatoires (3).

---

(1) *Lettres* de Bismarck à sa femme, trad. française par Schroeder et Bruck-Gilbert, p. 76.

Deux mois plus tard, ses idées ne s'étaient guère modifiées à ce sujet. Il écrivait à sa femme, dans une lettre datée des 16 et 17 novembre : « Nos canons se taisent toujours après qu'on en a amené a peu près trois fois plus qu'on n'en peut utiliser pour le moment. Je n'étais pas, dès le commencement, c'est-à-dire il y a deux mois, pour le siège de Paris, mais pour d'autres méthodes de guerre; cependant, puisque notre grande armée se trouve clouée ici et que l'enthousiasme s'en va en fumée chez nous tandis que le Français arme de nouveau, il faut bien que le siège soit mené jusqu'au bout » (*Ibid.*, p. 132).

Au début de la guerre, après Wœrth et Spicheren, le prince de Bismarck avait, au contraire, reconnu la nécessité de marcher sur Paris et avait demandé si le matériel de siège nécessaire était prêt, « les conditions, disait-il, étant tout autres qu'en 1866 ». On sait, en effet, qu'à cette époque, il avait agi, de toute son autorité, auprès du Roi, pour empêcher la marche des armées prussiennes jusqu'à Vienne, après leur victoire à Sadowa (Dr. Vilhelm Busch, *loc. cit.*, p. 7).

(2) *Correspondance militaire du maréchal de Moltke*, t. I, p. 350.

(3) La III⁰ armée avait, le 18 août, installé à Nancy son inspection générale d'étapes, et, dès le 21, l'exploitation de la voie ferrée Wissembourg, Haguenau, Vendenheim, Sarrebourg, Lunéville, était assurée jusqu'à Nancy. Par là, la III⁰ armée recevait tous les approvisionne-

L'ordre ci-après eut précisément pour but d'arrêter les dispositions nécessaires et d'orienter les deux commandants d'armée sur les opérations ultérieures.

Quartier général de Vendresse, le 3 septembre, midi.

« Les opérations des derniers jours ont amené des inversions par suite desquelles, à la reprise de la marche sur Paris, la subdivision d'armée de S. A. le prince royal de Saxe, se trouverait à la gauche de la

---

ments qui, à destination de ses corps, arrivaient sur le Rhin à Mannheim, Bruchsal et Landau par toutes les voies ferrées de Silésie, de Saxe, de l'Allemagne du Sud et de la Bavière, mises à sa disposition.

En raison de la place de Toul, la voie ferrée ne pouvait être exploitée au delà de Frouard; par suite, quand l'armée se mit en marche sur Paris, une route d'étapes fut organisée par Colombey, Void et Bar-le-Duc, où l'inspection d'étapes se transporta le 26 août. Quand l'armée prit la direction du Nord, une route d'étapes fut tracée de Bar-le-Duc sur Clermont, Varennes et Buzancy, et une autre de Void sur Saint-Mihiel, d'où elle rejoignait, par Beauzée ou par Fresnes, les routes d'étapes de l'armée de la Meuse tracées à l'Ouest et à l'Est de cette rivière.

Les communications des Ire et IIe armées allemandes investissant Metz étaient assurées par les routes d'étapes tracées à travers l'Eifel et le Hunsrück pour la Ire armée, puis par les voies ferrées aboutissant par Sarrebrück à Remilly (d'où une route d'étapes menait à Pont-à-Mousson), par la ligne Sarrebourg, Nancy, Frouard, Pont-à-Mousson, enfin par la ligne Mannheim, Deux-Ponts, prolongée depuis cette localité par une route d'étapes jusqu'à Pont-à-Mousson par Sarreguemines et Delme.

Quand on forma l'armée de la Meuse avec des corps empruntés à la IIe armée, Pont-à-Mousson, où l'on organisait des magasins, fut provisoirement tête d'étapes de cette nouvelle armée, dont la ligne de communication fut d'abord tracée par Thiaucourt, Saint-Mihiel et Vaubecourt. Lorsque le prince de Saxe marcha vers le Nord, sa ligne de communication passa par Saint-Mihiel, Beauzée, Clermont, Varennes, puis, quand le XIIe corps se fut transporté sur la rive droite de la Meuse, une nouvelle ligne fut organisée, le 27 août, par Thiaucourt, Étain, Damvillers, Dun, Stenay et Mouzon.

C'est cette dernière route qui, au 3 septembre, était la ligne de com-

IIIᵉ armée. En entamant ce mouvement, qui va s'exécuter sur un front très développé, il importe de remédier au plus tôt à une situation de nature à compromettre le service régulier des lignes d'étapes.

« La IIIᵉ armée laisse provisoirement deux corps autour de Sedan et a dû porter dès aujourd'hui sur Reims le VIᵉ corps et la 5ᵉ division de cavalerie, ainsi que le prescrivait l'ordre de l'armée en date d'hier ; elle aura à régler ensuite les itinéraires du Vᵉ corps, du IIᵉ corps bavarois, de la division wurtembergeoise, des 2ᵉ et 4ᵉ divisions de cavalerie, de manière à diriger sa droite sur Dormans, par Rethel et Reims. Les queues de colonnes devront avoir dégagé la ligne Montigny-Vendresse pour le 4 de ce mois, et la ligne Rethel-Attigny pour le 5.

« S. A. le prince royal de Prusse, commandant en chef de la IIIᵉ armée, dirigera la 6ᵉ division de cavalerie par Château-Porcien sur Laon, en la prévenant qu'elle rentre désormais sous les ordres de S. A. le prince royal de Saxe.

« La subdivision d'armée de S. A. le prince royal de Saxe réglera ses marches de telle façon que les têtes de colonnes ne dépassent pas la ligne Malmy-Stonne pour la journée du 4, et la ligne Poix-Le Chêne pour celle du 5. L'aile droite se portera ensuite sur Laon ; l'aile gauche ne devra pas déborder la ligne Attigny, Rethel, Château-Porcien, Roizy et Loivre. Les queues de colonnes feront en sorte de dégager la ligne Poix-Attigny pour le 8 de ce mois, afin qu'il soit possible de faire suivre

---

munication normale de l'armée de la Meuse, tandis que celle de la IIIᵉ armée passait par Saint-Mihiel, Clermont-en-Argonne, Buzancy.

L'inspection générale d'étapes de l'armée de la Meuse, constituée à Pont-à-Mousson, s'était avancée successivement, le 23 à Saint-Mihiel, le 26 à Clermont, le 30 à Bantheville, le 31 à Dun, le 3 septembre à Mouzon (*Historique du Grand État-Major prussien*, IIᵉ partie, p. 916).

les corps de la IIIe armée laissés à Sedan. L'aile droite de ces corps prendra alors sa direction par Attigny.

« LL. AA. le prince royal de Prusse et le prince royal de Saxe voudront bien établir au plus tôt leurs tableaux de marche d'après les données ci-dessus, de façon à permettre au grand quartier général de donner les instructions relatives à la continuation du mouvement, qui se poursuivra à même hauteur à partir de la ligne Laon-Fismes-Dormans-Sézanne.

« Le grand quartier général de Sa Majesté le Roi viendra, le 4, à Rethel et, le 5, à Reims. La IIIe armée sera chargée de pourvoir à sa sécurité.

Signé : DE MOLTKE (1) ».

Les deux armées allemandes, prenant comme axe de marche la route Rethel—Reims—Dormans, devaient, d'après cet ordre, se diriger au plus court vers la vallée de la Marne, c'est-à-dire vers la grande voie ferrée Nancy—Châlons-sur-Marne—Château-Thierry, que l'on comptait utiliser pour les ravitaillements dès la chute de Toul.

. Pour que les deux armées fussent placées à même hauteur, les corps du prince royal de Prusse devaient d'abord se porter au Sud de l'Aisne, puis s'y arrêter, pendant que ceux du prince royal de Saxe s'avanceraient vers l'Ouest, en passant au Nord des premiers.

La disparition de la dernière armée régulière française permettait d'espérer que la marche sur Paris s'effectuerait sans difficultés. L'état-major allemand s'attendait à ne rencontrer aucune résistance sur sa route (2)

---

(1) *Historique du Grand État-Major prussien*, Supplément LXI.

(2) Le 7 septembre, Verdy du Vernois écrit de Reims : « L'ennemi pourra à peine s'opposer à notre marche en rase campagne. C'est pourquoi, jusqu'à Paris, l'opération aura plutôt le caractère d'un voyage

et à se présenter devant une capitale en proie à la révolution. « Nous n'avons pas jusqu'ici de nouvelles de Paris, écrivait le maréchal de Moltke, le 5 septembre, au général de Stiehle. Une révolution est inévitable depuis que l'Empereur a quitté la terre de France. Bazaine est une de ses créatures et aura peut-être en vue des considérations plus particulières que l'intérêt de la France (1). » Paroles prophétiques qui montrent combien le chef du grand état-major prussien avait une connaissance approfondie de la situation politique et de la valeur du commandement chez son adversaire. Toutefois, il se trompait sur le degré de résistance qu'il allait rencontrer, mais il ne faisait en cela que partager l'erreur commune de toute l'armée qui, depuis le haut commandement jusqu'aux soldats, croyait, après Sedan, à une conclusion prochaine de la paix. C'est pourquoi l'état-major allemand regardait comme indispensable de hâter la marche sur Paris pour dicter la paix sous les murs de la capitale, qu'il n'estimait pas capable d'une résistance sérieuse. « Une ville comme Paris, écrivait Verdy du Vernois, le 3 septembre, n'a pas besoin d'être assiégée. On se déploie autour d'elle et, avec une nombreuse cavalerie, on lui coupe tout secours. Si bien approvisionnés qu'ils soient dès maintenant, les habitants, dans quinze jours au plus tard, se tueront entre eux à l'intérieur de la ville (2). » Quelques jours après, cependant, il croyait qu'un effort sérieux serait à faire devant Paris, mais d'autres officiers, au grand quartier général, pensaient que rien d'important ne se produirait et que la place ouvrirait ses portes (3).

---

d'agrément » (Verdy du Vernois, *Im Grossen Hauptquartier* 1870-71, p. 169).
(1) *Correspondance militaire du maréchal de Moltke*, t. I, p. 351.
(2) Verdy du Vernois, *loc. cit.*, p. 166.
(3) *Ibid.*, p. 171.

§ 2. — *Considérations générales sur les marches des troupes allemandes dans leur mouvement sur Paris.*

La certitude qu'avait le commandement de ne rencontrer aucune résistance sérieuse, lui permit de donner aux troupes d'assez grandes facilités de marche, et d'étendre considérablement les zones réservées à chaque corps d'armée.

Chacun d'eux disposa, pour se mouvoir et pour cantonner, d'une zone de 6 à 10 kilomètres de largeur, ce qui lui permit de marcher toujours en plusieurs colonnes, par divisions et même quelquefois par brigades, celles-ci étant suivies immédiatement par leurs bagages et les convois.

Les divisions de cavalerie, particulièrement les 2e, 5e et 6e, prirent des cantonnements très spacieux, ne mettant qu'un demi-régiment, quelquefois même qu'un seul escadron dans un village. Elles marchèrent, le plus souvent, à une journée ou une demi-journée de marche en avant des corps d'armée, à l'exception toutefois de la division saxonne et de celle de la Garde qui restèrent presque constamment au contact de leurs corps d'armée respectifs.

Cette cavalerie ne rencontra aucune résistance, sauf aux abords de Paris; elle traversa presque sans coup férir toute la région accidentée entre l'Oise et la Marne où, cependant, les nombreuses forêts de Saint-Gobain, Reims, Villers-Cotterets, Compiègne, etc., auraient permis l'action de corps de partisans ou facilité les résistances locales. Toutes les populations des départements traversés avaient reçu de nombreuses armes. Sur la demande de membres du Parlement qui voulaient que l'on armât toute la nation, le Gouvernement impérial avait fait distribuer des milliers de fusils aux gardes sédentaires du plus grand nombre des localités (1). Par plusieurs circulaires, l'Empire avait invité les préfets et les populations à retarder le plus possible la marche de l'ennemi et le Gouvernement de la Défense nationale avait renouvelé ces recommandations (2). Tout cela ne fut d'aucune utilité, et c'est là un enseignement à retenir.

Cela prouve, d'une manière évidente, que pour arrêter l'invasion, il ne suffit pas d'inviter les habitants à défendre leur sol natal, ni de distribuer des armes aux populations, même les plus énergiques et les plus patriotiques, comme celles de l'Est. Le manque d'organisation, de cohésion, la crainte des représailles ont vite fait de paralyser toute tentative de résistance.

A leur arrivée dans les cantonnements, les troupes de cavalerie allemandes eurent grand soin de se faire remettre les armes détenues par les habitants. Les municipalités firent peu d'opposition, et toutes les armes livrées furent immédiatement détruites. Les cavaliers faussaient les culasses et les canons, brisaient les crosses et les fûts, ou les brûlaient.

D'une manière générale, les marches ne furent pas très longues et furent coupées par plusieurs séjours, nécessités non seulement par le besoin de repos pour certaines unités mais aussi par l'obligation de permettre

---

(1) Au 2 septembre 480,981 fusils avaient été répartis entre 56 départements, non compris les 200,000 fusils qui étaient déjà entre les mains des pompiers de beaucoup de communes ou de villes (*Note* du 1er Bureau de l'Administration générale départementale du Ministère de l'Intérieur, remise à Tours, le 19 septembre, à la Délégation du Gouvernement).

(2) Le Ministre de la Guerre aux Généraux commandant les divisions et subdivisions territoriales, Paris, 1er septembre; le Président du Gouvernement de la Défense nationale aux Préfets, D. T., Paris, 6 septembre, 3 h. 52 et 4 h. 20.

aux différents corps d'arriver à même hauteur. Elles furent contrariées par le temps très souvent pluvieux, surtout dans les premiers jours. Aussi, la traversée des Ardennes, particulièrement pour l'armée de la Meuse (1), et celle des plaines de Champagne pour la IIIe armée, furent-elles assez pénibles; toutes les routes suivies au début avaient déjà été parcourues par l'armée du maréchal de Mac-Mahon, puis par les armées allemandes ; le sol était, par suite, défoncé, adhérait aux pieds des hommes et des chevaux et rendait assez difficile la marche de l'artillerie et des convois (2).

Dans certains corps d'armée, particulièrement au IVe corps et dans la Garde, l'artillerie de corps, à laquelle avait été adjoint un bataillon d'infanterie, effectuait son mouvement isolément, après les autres troupes (3).

Les convois administratifs (*Proviant-Kolonnen*) (4), les hôpitaux de campagne, n'étaient pas toujours rejetés en

---

(1) « La marche sur Paris eût été une véritable promenade, si nous avions eu meilleur temps, et avant tout, de meilleurs gîtes. Comme déjà en Lorraine, la division n'eut pour sa marche aucune route principale, mais suivit de mauvais chemins ou des chemins de traverse à peine utilisables, et sous beaucoup de pluie » (*Das Garde-Fusilier-Regiment von seinem Ursprung bis zur Gegenwart*, p. 15).

(2) *Geschichte des Preussischen Ersten Garde-Regiments zu Fuss*, p. 187.

(3) L'artillerie de corps dut le plus souvent marcher l'après-midi, car les routes n'étaient pas libres pour elle auparavant (*Die Königlich Preussische Garde-Artillerie*, t. I, p. 206).

(4) L'organisation des services administratifs dans les corps d'armée bavarois différait un peu de celle des corps prussiens. Chaque division, chaque réserve de corps d'armée (c'est-à-dire les éléments non endivisionnés) était pourvue d'un détachement d'administration de campagne (*Feld-Verpflegs-Abtheilung*) comprenant un état-major, une boulangerie de campagne, une boucherie de campagne (*Feldmetzgerei*), un magasin de campagne (*Feldmagasin*), un convoi (*Proviant-Kolonne*).

La boulangerie disposait de deux fours de campagne et de 40 bou-

queue de colonne. Comme ils venaient souvent cantonner le soir auprès des troupes, même de celles qui occupaient la tête des cantonnements, ils repartaient le lendemain avec elles, intercalés entre les derniers éléments de la division ou de la brigade à laquelle ils étaient affectés. Dans d'autres corps, au contraire, les convois ne se mettaient en route qu'après 1 heure de l'après-midi (1).

En approchant de Paris, les colonnes trouvèrent de nombreux ponts rompus sur l'Aisne, l'Ourcq, la Marne; beaucoup de routes étaient dépavées, d'autres étaient obstruées par des barricades, mais comme tous ces obstacles n'étaient pas défendus ou avaient été créés en des points peu judicieux, ils furent facilement surmontés ou tournés (2).

Les équipages légers de pont, marchant avec la cavalerie et les avant-gardes, ou bien les équipages de pont,

---

langers. Les deux fours, avec 17 hommes, pouvaient fabriquer 3,000 livres de pain en vingt-quatre heures. Les autres boulangers, en utilisant les fours des localités, pouvaient fabriquer 5,000 livres, ce qui donnait, au total, 8,000 livres par jour, soit seulement trois quarts de livre par homme et par jour. Le surplus devait être demandé aux approvisionnements de réserve ou à la réquisition.

La boucherie avait un personnel de 18 bouchers pouvant livrer en six heures la viande nécessaire à la division.

Le magasin de campagne était un organe particulier chargé de tirer des magasins de l'armée ou de se procurer par réquisitions les vivres nécessaires autres que le pain et la viande, c'est-à-dire les légumes, le sel, les boissons, l'avoine. Ces vivres étaient transportés sur 8 voitures.

Le convoi d'une division portait des vivres pour deux ou trois jours.

Au total, le détachement d'administration de campagne d'une division avait un effectif de 11 officiers, 217 hommes de troupe, 238 chevaux, 53 voitures et celui des éléments non endivisionnés, 11 officiers, 168 hommes de troupe, 149 chevaux et 32 voitures (*Darstellungen aus der boyerischen Kriegs und Heeres-Geschichte*, Heft 2, Munich, Lindauer, 1893, in-8°).

(1) *Geschichte des Preussischen Garde-Train-Bataillons*, p. 170.
(2) IVe partie, garde et rupture des voies de communication, p. 1.

appelés en temps utile de la queue à la tête des colonnes (1), permirent de créer des points de passage sur les rivières, et ce travail se fit d'autant plus facilement, qu'il était exécuté dans des conditions de tranquillité presque complète. La marche ne se trouva donc pas retardée, sauf cependant pour les 4e, 5e et 6e divisions de cavalerie qui subirent un retard de plusieurs heures quand elles eurent à franchir l'Oise et la Seine.

Les mesures de sûreté en station et en marche furent très réduites, jusqu'au moment où les corps se rapprochèrent de Paris. A part les troupes qui passèrent à proximité des places fortes, les autres se contentèrent de faire garder les cantonnements.

Dans un certain nombre de corps d'armée, il semble que les divers éléments d'une division se rassemblaient ou se rapprochaient chaque matin pour recevoir les ordres et la désignation des cantonnements qui n'était pas toujours faite dans l'ordre de la veille. Aussitôt, les campements qui n'avaient pu se mettre en route dès l'aube partaient, souvent en voitures (2), pour préparer les cantonnements; puis les unités se dirigeaient directement sur les localités qui leur étaient assignées.

Grâce à l'étendue des cantonnements, les troupes purent presque toujours vivre sur le pays. En quittant Sedan, cependant, elles eurent des difficultés à se procurer du pain et de la viande (3), la région ayant été épuisée par les nombreux corps français et allemands qui y opéraient depuis plusieurs jours, mais ce fut une exception. Il est juste de remarquer que les armées ennemies arrivaient immédiatement après la récolte, et

---

(1) *Geschichte des Magdeburgischen Pionier-Bataillons Nr. 4*, p. 133.
(2) *Geschichte des Preussischen 2. Garde-Regiments zu Fuss*, p. 277.
(3) *Geschichte des Preussischen Grenadier-Regiments Graf Kleist von Nollendorf Nr. 6*, p. 141.

que, si les habitants évacuèrent de nombreuses localités, et emmenèrent parfois leur bétail, ils ne purent enlever les grains et approvisionnements divers qui emplissaient alors les granges (1). Du reste, les patrouilles de cavalerie ou des détachements constitués *ad hoc*, trouvèrent parfois dans les bois les habitants et le bétail qui s'y étaient réfugiés. Malgré cela, l'armée de la Meuse qui traversa la dernière le département des Ardennes, dans les journées des 5 et 6 septembre, eut quelques difficultés à vivre complètement sur le pays.

Le Gouvernement de la Défense nationale avait prescrit aux habitants des départements avoisinant la capitale de faire le vide devant l'ennemi, et d'enlever tous leurs approvisionnements ou de les brûler, mais cette mesure n'avait pas été appliquée dans toute son étendue (2). Les troupes allemandes trouvèrent les localités abandonnées, de plus en plus grand nombre, à mesure qu'elles approchaient de Paris (3), mais, comme il y avait encore de nombreuses ressources dans les greniers, basses-cours et caves, elles en devinrent complètement maîtresses, et ne purent en jouir que plus largement.

Quelquefois, la viande était abattue dans la nuit, par les soins des municipalités, et distribuée le matin avant le départ, de sorte que les hommes, en arrivant le soir au gîte d'étape, pouvaient préparer de suite leur nourriture (4).

---

(1) *Geschichte des Preussischen Garde-Train-Bataillons*, p. 170.
(2) IIe partie, p. 176.
(3) « L'impression que faisaient les villes et villages abandonnés, lorsque nous entrions dans la sphère de Paris, était particulière. Aucune cheminée ne laissait échapper de fumée, aucun chien n'aboyait à notre approche. Tout était désert et mort » (*Geschichte des 6. Sachsischen Infanterie-Regiments Nr. 105*, p. 71).
(4) *Geschichte des Preussischen Garde-Pionier-Bataillons*, p. 107.

En principe donc, la nourriture de la troupe était assurée par les habitants prévenus par les maires, dès l'arrivée des campements; à défaut, on avait recours aux réquisitions et, exceptionnellement, aux convois qui se ravitaillaient eux-mêmes immédiatement sur le pays (1). Quand les communes ne pouvaient fournir les approvisionnements en nature, elles avaient à payer une indemnité représentative, par homme, de 30 centimes pour le pain, 70 centimes pour la viande, 20 centimes pour le tabac et le café, 40 centimes pour le vin (2).

Les boulangeries de campagne n'ayant pas encore rejoint (3), tout au moins dans la première partie de la marche sur Paris, le pain était demandé en nature aux communes, et, à cet effet, les campements emmenèrent

---

(1) « Les troupes furent constamment en possession de leurs vivres du sac au complet et même de victuailles pour plusieurs jours » (*Geschichte des Preussischen Garde-Train-Bataillons*, p. 168).

(2) *Geschichte der Sächs. Jäger-Brigade und des daraus hervorgegangenen Sächs. Schützen- (Füsilier-) Regiments Prinz Georg Nr.* 108, p. 168.

(3) La boulangerie du IVe corps, restée à Kaiserslautern jusqu'au 31 août, fut transportée le lendemain, par voie ferrée, à Nancy; elle en repartit le 6 septembre, et par Strouve, Void, Ligny, Bar-le-Duc (séjour), Revigny, Vitry-la-Ville, Châlons (séjour), Vaudemanges, Reims, Fismes (séjour), Fère-en-Tardenois, Essommes, les Brûlis, May-en-Multien (séjour), Trilbardon, vint s'installer en arrière de son corps d'armée, le 25 septembre, au Mesnil-Aubry (*Geschichte des Train-Bataillons Nr.* 4, p. 260).

La boulangerie du corps de la Garde, restée à Sarreguemines jusqu'au 26 août, puis transportée en chemin de fer jusqu'à Pont-à-Mousson, gagna Saint-Mihiel le 29 août et y séjourna jusqu'au 8 septembre. A cette date, elle se mit en route et, par Nubécourt, Neuville près Grandpré, Bergnicourt, Craonne, Braisne, Oulchy-le-Château, La Ferté-Milon, Acy-en-Multien, arriva le 18 septembre au Mesnil-Amelot, où elle resta jusqu'en mars 1871 (*Geschichte des Preussischen Garde-Train-Bataillons*, p. 273).

La boulangerie du VIe corps, maintenue à Wissembourg, en partit le 14 septembre par voie ferrée jusqu'à Nancy. De là, elle fit route avec

souvent avec eux le nombre de soldats boulangers nécessaires pour sa fabrication. A défaut, des distributions de farine furent faites fréquemment aux hommes qui durent se confectionner eux-mêmes des galettes à l'arrivée aux cantonnements.

Les troupes trouvèrent partout d'importants approvisionnements en vin, dont elles usèrent largement, et celles qui traversèrent Reims et Épernay reçurent des distributions en vin de Champagne assez abondantes (1).

Enfin, elles rencontrèrent dans la campagne une grande quantité de fruits, souvent pas encore mûrs, dont elles abusèrent et eurent à souffrir. De nombreux cas de diarrhée et de dysenterie se manifestèrent; il fallut laisser en route un certain nombre de malades, et les commandants d'armées durent, à plusieurs reprises, interdire la consommation des fruits. Un ordre même du grand quartier général fit des recommandations à ce sujet (2) et les commandants de division prescrivirent de pourvoir les hommes, autant que possible, de ceintures de flanelle, de donner une double ration de café aux soldats en bonne santé et de l'eau de riz aux malades.

La cavalerie, grâce à l'étendue de ses cantonnements,

---

une partie du *82º* régiment jusqu'à Châlons, où elle arriva le 27. Elle alla s'installer au camp, et y fonctionna jusqu'au 1ᵉʳ février 1871 (*Geschichte des Schlesischen Train-Bataillons Nr. 6*, p. 44).

La boulangerie du XIᵉ corps l'avait suivi dans sa marche initiale sur Paris; le 25 août, elle était à Vitry. Quand le XIᵉ corps se dirigea sur Sedan, elle revint en arrière; elle était, le 29, à Dommartin-la-Planchette, le 1ᵉʳ septembre à Tonnay et le 3 à Floing. Elle fabriqua à Sedan jusqu'au 10 et suivit, le 11, son corps d'armée dans sa marche sur Paris (*Hessisches Train-Bataillon Nr. 11*, p. 46).

Les renseignements manquent, dans les *Historiques* des bataillons du train des autres corps d'armée, pour donner des indications analogues sur leurs boulangeries.

(1) *1. Niederschlesisches Infanterie-Regiment Nr. 46*, p. 204.
(2) *Correspondance militaire du maréchal de Moltke*, t. II, p. 374.

y trouva presque toujours ou tout au moins dans les villages voisins, les fourrages nécessaires. Elle eût toutefois quelques difficultés pour l'avoine, que les cavaliers durent plusieurs fois battre eux-mêmes en arrivant à l'étape. Quand les régiments faisaient séjour, la nourriture des chevaux devenait plus difficile, et il fallait envoyer des détachements en réquisition dans les localités avoisinantes.

La réquisition ne s'exerça pas seulement sur les vivres, les troupes eurent besoin de produits divers, notamment de cuir pour réparer les chaussures (1), qui avaient été beaucoup détériorées pendant les marches sur Sedan et que la précipitation des étapes, depuis le 25 août, avait empêché de bien entretenir. Il en était de même pour les harnachements, notamment dans l'artillerie (2).

Lors de la mise en marche des troupes, l'état sanitaire n'était pas très satisfaisant. Le mauvais temps des derniers jours d'août, les efforts demandés aux hommes, la nourriture irrégulière pendant la bataille de Sedan et les journées qui l'avaient précédée et suivie immédiatement, enfin l'accumulation de tous ces hommes sur un petit espace avaient causé de nombreux cas de fièvre, de dysenterie et même de typhus. Il fallut laisser un certain nombre d'hommes en arrière, et l'état général ne s'améliora pas beaucoup au début de la marche, en raison du mauvais temps persistant, et, comme on l'a dit, de l'abus des fruits. Chaque jour, les corps amenèrent en voitures,

---

(1) Le 8 septembre, 451 paires de bottes ont besoin de réparations urgentes au IIe bataillon du *3e* grenadiers de la Garde (*Geschichte des Königin Elisabeth Garde-Grenadier-Regiments Nr. 3*, p. 227).

(2) L'*Historique* du régiment d'artillerie de la Garde rapporte que la journée de repos accordée au corps de la Garde, le 12, fut précisément employée à remettre tout en ordre dans les batteries et à faire en particulier de nombreuses réparations au harnachement (*Die Königlich Preussiche Garde-Artillerie*, p. 206).

au lieu de rassemblement de la brigade ou de la division, leurs malades de la veille, et ceux-ci furent évacués sur les lignes d'étapes de l'arrière ou soignés dans certaines localités par des hôpitaux de campagne, temporairement immobilisés, en tout ou en partie, à cet effet.

Mais les effectifs ne diminuèrent pas. Au contraire, durant la première quinzaine de septembre, beaucoup de régiments furent rejoints par des détachements d'hommes de remplacement, ce qui permit de reconstituer les régiments qui avaient été les plus éprouvés, notamment ceux de la Garde (1).

Les équipages des corps s'étaient considérablement accrus dans la marche sur Sedan, soit pour porter les sacs, comme dans la Garde, soit pour porter d'autres bagages. Des instructions furent données tout d'abord pour rejeter toutes ces voitures aux convois auxiliaires (*Fuhrparks-kolonnen*) (2), puis pour faire reprendre les sacs à tout le monde, et enfin, pour ramener les équipages aux nombres réglementaires. Mais, peu à peu, au cours de la marche sur Paris, les équipages s'accrurent

---

(1) Le *1er* régiment de la Garde à pied reçoit, le 14 septembre, 84 hommes, et le 17, 24 sous-officiers, 8 musiciens, 565 hommes sous la conduite d'un capitaine (*Geschichte des Ersten Garde-Regiments zu Fuss*, p. 187).

Le 2e régiment de la Garde à pied reçoit, le 14, à Braine, un détachement de 3 officiers, 1 porte-épée, 1 vice-feldwebel, 21 sous-officiers, 605 hommes de troupe. Ce détachement, transporté de Potsdam à Pont-à-Mousson par voie ferrée, avait fait route par étapes, tantôt à pied, tantôt en voiture, du 4 au 14 septembre. En ces dix jours, il avait laissé en route 4 sous-officiers et 171 hommes (*Das 2. Garde-Regiment zu Fuss*, p. 278).

On trouvera dans les *Historiques* des autres régiments de la Garde et des autres corps d'armée, l'indication de l'arrivée de semblables détachements.

(2) *Geschichte des Ersten Garde-Regiments zu Fuss*, p. 187.

de nouveau. Comme les troupes ne rencontraient aucune résistance, elles ne virent aucun inconvénient à se faire suivre de nombreuses voitures pour transporter les vivres requis au passage dans les localités, alléger les hommes, etc. Lorsque le 17, on approcha de Paris, les équipages furent ramenés de nouveau au chiffre réglementaire (1) ou, tout au moins, les voitures en excédent furent rejetées en arrière des troupes.

Pour terminer ces considérations générales, il faut ajouter que les troupes allemandes, dans les régions qu'elles traversèrent, rencontrèrent de la part des populations, peu de résistances à leurs demandes. Plusieurs *Historiques* racontent que, peu d'instants après leur arrivée dans les cantonnements, et après que les habitants leur avaient tout d'abord déclaré ne plus rien avoir, les officiers et les hommes réussissaient à se faire donner par eux tout ce dont ils avaient besoin (2). Enfin, quelques personnes se laissèrent aller avec les officiers qu'elles recevaient à des conversations familières au cours desquelles elles donnèrent des renseignements trop complets sur l'état des forces ou la situation morale du pays (3).

§ 3. — *Journée du 4 septembre* (4).

IIIe armée. — Le 4 septembre (5) au matin, la IIIe armée tout entière (6) se conformant à l'ordre du grand quar-

---

(1) *Geschichte des Anhaltischen Infanterie-Regiments Nr. 93*, t. II, p. 124.
(2) *Das Füsilier-Regiment von Steinmetz Nr. 37*, p. 170.
(3) *Geschichte des Infanterie-Regiments Nr. 50*, p. 281; Hermann Vogt, *Kriegstagebuch eines Truppenoffiziers*, p. 60.
(4) Voir la carte d'ensemble destinée à l'étude de la marche des armées allemandes de Sedan sur Paris (deux feuilles).
(5) Journée pluvieuse.
(6) Tous les mouvements des armées allemandes dans leur marche

tier général, entama sa marche vers le Sud-Ouest, dans la direction de Reims qui constituait le premier objectif assigné à la 5ᵉ division et au VIᵉ corps.

D'après l'ordre de l'armée du 2 septembre (1), ces deux unités devaient, le 4, atteindre la région de Lavannes et le lendemain seulement marcher sur Reims. Comme les renseignements, parvenus le 3 au soir, avaient fait connaître que cette ville était fortement occupée, les mouvements prescrits pour le 4 n'avaient pour but que de concentrer ces troupes à proximité de Reims.

Le général de Rheinbaben avait fixé le départ de ses régiments à 8 heures du matin. La brigade de Redern devait venir à Pomacle et Fresnes, faire occuper Witry-lez-Reims par quatre escadrons, et chercher de là à recueillir des renseignements. Pendant ce temps, la brigade Bredow gagnerait Auménancourt, Bourgogne, Boult-sur-Suippe et ferait couper la voie ferrée de Reims à Laon tandis que la brigade Barby viendrait à Isles-sur-Suippe et Bazancourt où devait s'installer le quartier général.

Le mouvement s'exécuta dans ces conditions et, sans

---

de Sedan sur Paris ont été reconstitués d'après les renseignements trouvés dans les *Historiques* des régiments appartenant aux différents corps d'armée et divisions de cavalerie. Les ordres journaliers donnés par la IIIᵉ armée et l'armée de la Meuse n'ayant pas été publiés, il n'a pas été possible de retracer aussi complètement qu'on l'eût voulu la marche de ces armées.

Pour ne pas multiplier les notes, on n'a pas indiqué chaque fois le numéro de l'*Historique* dans lequel les renseignements donnés ont été puisés. Mais il suffira, en général, de se reporter à ceux des régiments composant la division considérée.

(1) *Kriegsgeschichtliche Einzelschriften*, Heft 20 et 21, p. 204. — Voir dans cette monographie le détail des mouvements des 5ᵉ et 6ᵉ divisions de cavalerie et du VIᵉ corps pendant les journées des 1ᵉʳ, 2, 3, 4 et 5 septembre.

attendre d'avoir des renseignements plus précis sur la situation autour de Reims, le général de Rheinbaben laissa ses régiments s'installer, de bonne heure dans la matinée du 4, dans les cantonnements ci-dessus qu'ils conservèrent jusqu'au lendemain, sauf cependant la brigade de Redern.

Partis à 8 heures de l'Ecaille, les régiments de cette brigade étaient arrivés deux heures plus tard dans leurs cantonnements, l'état-major, le 10e hussards et la batterie à cheval à Pomacle, le 17e hussards à Fresnes et le 11e hussards à Witry-lez-Reims, ce dernier ayant poussé son 1er escadron vers Reims.

Vers 10 h. 30, un premier renseignement fit connaître qu'un peloton du 11e hussards, en reconnaissance vers Lavannes, avait eu un homme tué devant cette localité.

Deux escadrons du 10e hussards et la batterie furent envoyés immédiatement de Pomacle dans cette direction, mais ces unités revinrent bientôt, l'avant-garde du VIe corps ayant eu raison de la résistance rencontrée à Lavannes.

Vers midi, le 17e hussards annonçait que, d'après le récit d'un voyageur, Reims aurait été évacué dans la nuit; enfin à 2 heures, le général de Redern reçut à Pomacle un compte rendu du colonel du 11e hussards faisant connaître que le 1er escadron était près de Reims, que le maire était venu au-devant du capitaine-commandant et l'avait assuré que la ville était évacuée et que les habitants ne songeaient pas à la résistance. Le colonel demandait s'il pouvait aller occuper Reims immédiatement avec son régiment (1).

Le général de Redern répondit par l'affirmative et envoya un de ses officiers à Bazancourt demander pour

---

(1) *Kriegsgeschichtliche Einzelschriften*, Heft 20 et 21, p. 246.

sa brigade la même autorisation. Le général de Rheinbaben la lui donna. Il venait précisément de recevoir du commandant du VIe corps un avis daté de Caurel-lez-Lavannes, 1 h. 40 soir, l'informant que le général de Tümpling était décidé à occuper Reims, de toutes façons, le jour même et que, d'après les renseignements qui lui étaient parvenus, la ville n'offrirait aucune résistance. Dans ces conditions, on peut s'étonner que le général de Rheinbaben ne se soit pas décidé à porter toute sa division immédiatement en avant et à aller, le premier, occuper cette ville. C'était là une mission tout indiquée pour la cavalerie et le commandant de la division, dont le service d'exploration avait été le matin insuffisant et la prise des cantonnements prématurée, avait, devant lui, encore assez d'heures de jour pour effectuer ce mouvement.

Le 1er escadron du *11e* hussards, toujours isolé, avait réussi, vers 2 heures, à pénétrer dans Reims; il s'était porté au galop jusqu'à la mairie (1), et, par une attitude énergique, avait maintenu la foule accourue et quelque peu menaçante. Cet escadron resta dans cette situation en attendant le gros du régiment. Vers 3 h. 30, les trois escadrons arrivèrent, en même temps que l'avant-garde de la *11e* division; vers 4 heures, le *10e* hussards et la 2e batterie à cheval suivirent. Le *11e* hussards, deux escadrons du *10e* et la batterie cantonnèrent dans Reims, avec l'avant-garde du VIe corps. Un escadron du *10e* hussards alla à Cernay-lez-Reims; enfin, le *17e* hussards, arrivé à Reims ultérieurement, n'y trouva plus de place et retourna à Bétheny.

Dans l'après-midi, un escadron du *13e* uhlans avait repoussé de Loivre un poste de mobiles de l'Aisne, lui

---

(1) *Bergische Lanziers Westphalische Husaren Nr. 11.*

avait fait 5 prisonniers puis avait détruit près de ce point un pont de la voie ferrée de Reims à Laon (1).

L'avant garde du VI⁰ corps avait quitté Aussonce à 8 heures du matin (2) et le commandant du corps d'armée était parti de Juniville à 8 h. 30, avec le gros de la *11ᵉ* division, suivi de l'artillerie de corps. Au lieu de suivre l'avant-garde sur Heutrégiville, le général de Tümpling dirigea son gros sur Warmeriville, de sorte que la *11ᵉ* division se trouva formée en deux colonnes.

Dès 3 heures du matin, le *8ᵉ* dragons avait envoyé d'Aussonce sur Reims, des reconnaissances d'officier. Le commandant de l'avant-garde reçut, en arrivant sur la Suippe, un premier renseignement de l'une d'elles, indiquant que les 25,000 à 30,000 hommes qui occupaient Reims, la veille, avaient dû en partir entre 4 h. 30 et 8 heures du matin, moitié par voie de fer, moitié par voie de terre, dans la direction de Soissons et qu'il ne restait plus que 2,000 à 2,500 mobiles (3).

Une de ces reconnaissances ayant été accueillie par des coups de feu près de Lavannes et ayant rendu compte que ce village était occupé par de l'infanterie soutenue par les habitants armés, le commandant de l'avant-garde fit entrer en action la 1ʳᵉ batterie, vers

---

(1) Chapitre II, p. 56 et 57.

(2) Ordre de marche de l'avant-garde : 1ᵉʳ et 4ᵉ escadrons du *8ᵉ* dragons, *6ᵉ* bataillon de chasseurs, 1ʳᵉ batterie du *6ᵉ*, Iᵉʳ et IIIᵉ bataillons du *38ᵉ*, *51ᵉ* régiment d'infanterie. En flanc-garde à gauche : 3ᵉ escadron du *8ᵉ* dragons (*Kriegsgeschichtliche Einzelschriften*, Heft 20 et 21, p. 248).

(3) Ces renseignements, en grande partie exacts, sauf les exagérations d'effectif, avaient été recueillis par trois hommes et une femme, arrivés en voiture à Reims la veille, à 11 heures du soir, et que rencontra le lieutenant Wentzky, du *8ᵉ* dragons (*Kriegsgeschichtliche Einzelschriften*, Heft 20 et 21, p. 248). — Il semble que ces quatre personnes n'étaient autres que des espions, envoyés d'Aussonce par l'avant-garde du VIᵉ corps.

10 h. 45 du matin. Celle-ci lança sur le village, à 1,800 mètres, 63 projectiles qui incendièrent quelques maisons. Pendant ce temps, le *6*ᵉ bataillon de chasseurs s'était déployé; il entra dans le village sans coup férir, tandis que le gros de l'avant-garde se rassemblait près de la route et que le régiment de dragons cherchait à contourner la localité pour couper la retraite aux défenseurs. Mais les chasseurs ne trouvèrent qu'un fantassin français; les autres, au nombre de 20 ou 30, d'après le dire du prisonnier, et de 10 seulement, d'après les habitants, avaient disparu. Les troupes prussiennes incendièrent le village pour venger la mort du cavalier du *11*ᵉ hussards (1).

L'avant-garde poussa quelques détachements vers Caurel-lez-Lavannes et s'arrêta dans ces deux villages, ainsi que le prescrivait l'ordre de la veille. Le gros fit halte, toujours d'après le même ordre, sur la Suippe, près de Warmeriville.

Le général de Tümpling reçut, bientôt après, de nouveaux renseignements lui confirmant l'évacuation de Reims. Il résolut alors d'occuper cette ville le jour même, et remit son gros en marche pour rejoindre l'avant-garde. Toute la colonne déboucha, vers 1 h. 30, de Caurel-lez-Lavannes et l'avant-garde atteignit Reims vers 3 h. 30. Après avoir fait mander les autorités municipales aux portes de la ville et leur avoir déclaré qu'il les rendait responsables de l'attitude des habitants, le commandant du VIᵉ corps fit son entrée à la tête de la *11*ᵉ division, et y établit ses troupes au cantonnement.

D'après l'ordre expédié par le général de Tümpling, le 3 dans l'après-midi, la *12*ᵉ division devait venir le 4 à Warmeriville. Comme l'étape à parcourir était assez longue, le commandant de cette division avait prescrit

---

(1) *Kriegsgeschichtliche Einzelschriften*, Heft 20 et 21, p. 249.

aux troupes cantonnées à Novion-Porcien et Provizy (1), sous les ordres du colonel Gündell, de se mettre en route de manière à atteindre Tagnon vers midi, de s'y arrêter et d'y faire la soupe, puis aux autres unités, cantonnées à Chaumont-Porcien, Givron, Bégny, Wasigny, Doumely, Herbigny, de se concentrer à 11 heures du matin à Château-Porcien et d'y faire la soupe. Afin de faciliter la marche, des voitures devaient être requises pour transporter les sacs (2).

Ces mouvements s'exécutèrent dans les conditions prévues et, après un long repos, les troupes de Tagnon se remirent en mouvement, vers 4 heures, et arrivèrent à 9 heures du soir à Heutrégiville où elles cantonnèrent. Le gros de la division quitta Château-Porcien à 3 h. 30 (3) et, par Bergnicourt et Ménil-Lépinois, arriva à 11 heures du soir à Warmeriville, où il ne trouva que des cantonnements insuffisants.

Cette longue marche, succédant aux journées de combats et de poursuite du corps du général Vinoy, avait passablement épuisé cette division.

Sous la protection de la division Rheinbaben et du VIe corps qui, ce jour-là, constituaient une sorte d'avant-garde générale pour la IIIe armée, les autres éléments effectuèrent leur marche presque en toute tranquillité.

---

(1) État-major, *23e* brigade, *22e* régiment d'infanterie (moins les 5e et 6e compagnies restées à Rethel), un peloton du *15e* dragons, 5e batterie.

(2) La forte marche (plus de 40 kilomètres) imposée ce jour-là à la *12e* division paraît avoir été le résultat d'une erreur de nom. Le général de Tümpling aurait cru cette division, le 3 au soir, autour de Château-Porcien, et non de Chaumont-Porcien. Il rendit compte, en effet, de Reims, le 4 septembre, au commandant de la IIIe armée, que la *12e* division avait eu un engagement, le 3, près de Château-Porcien.

(3) Avant son départ, cette division avait vu arriver à Château-Porcien la *6e* division de cavalerie, venant d'Attigny.

La 2ᵉ division de cavalerie, partant de la région de Poix, gagna l'Aisne entre Thugny et Attigny, où elle établit son quartier général (1).

La division würtembergeoise, venant de Guignicourt (2), atteignit Novy par la grande route et cantonna de part et d'autre de celle-ci jusqu'à Rethel (3) où elle plaça son 2ᵉ bataillon de chasseurs et où vinrent, dans la journée, le Roi et le grand quartier général (4).

Le Vᵉ corps dont la tête des cantonnements était, la veille, à Boulzicourt, suivit la division würtembergeoise, probablement en deux colonnes, car, le soir, le quartier général cantonna à Saulces, la 10ᵉ division à Saulces, Corny-la-Ville, Novion-Porcien (5), Faissault, Puiseux, tandis que la 9ᵉ s'établissait dans les villages à l'Est de la route, Sorcy, Auboncourt, Vauzelles, Monclin, Wignicourt.

Le quartier général du IIᵉ bavarois vint de Malmy à Charbogne, au Nord d'Attigny.

La 4ᵉ division occupa Ecordal, Alland'huy, Charbogne, Saint-Lambert; la 3ᵉ division s'établit plus en arrière à Tourteron et environs.

---

(1) 3ᵉ brigade et artillerie : Attigny, Sainte-Vaubourg, Chuffilly; 4ᵉ brigade : Thugny, Ambly; 5ᵉ brigade : Saulces-Champenoises.

(2) Au Sud-Ouest de Mézières.

(3) Novy (quartier général), Coucy, Doux, Rethel, Arnicourt, Bertoncourt.

(4) Le Roi et son quartier général quittèrent Vendresse le 4 au matin et gagnèrent Rethel après s'être arrêtés pour déjeuner à Launois où les avaient précédés les 9ᵉ et 10ᵉ compagnies du 7ᵉ régiment. Ces deux compagnies restèrent à Launois le 4, tandis que les 11ᵉ et 12ᵉ se rendirent de Vendresse à Tourteron; tout le bataillon se réunit le lendemain à Juniville où il rejoignit le régiment.

(5) L'*Historique* du 46ᵉ donne pour chaque jour ses heures de départ et d'arrivée. A défaut de renseignements plus précis, ceux-ci permettront de se faire une idée de la durée de la marche pour le Vᵉ corps.

Journée du 4 : le 46ᵉ part de Flize à 6 h. 30 du matin, arrive à Novion-Porcien à 5 h. 30 du soir. Forte chaleur.

Le Prince royal et son état-major se rendirent à Attigny.

D'après l'ordre du 3 septembre, la *6ᵉ* division de cavalerie, détachée à la IIIᵉ armée depuis le 19 août, devait passer sous les ordres du Prince royal de Saxe, et être dirigée sur Laon. Dès le 4, en effet, elle quitta la zone de marche de la IIIᵉ armée, et gagna Château-Porcien où elle arriva bien avant le départ de la *12ᵉ* division. Elle prit ses cantonnements (1) aux environs et y séjourna les 5 et 6, attendant que l'armée de la Meuse soit venue se placer derrière elle à une journée de marche (2).

De Château-Porcien, cette division lança immédiatement des fractions de cavalerie vers l'Ouest : l'une d'elles entrait dans Sissonne, dans la nuit du 4 au 5, et son apparition causait quelque émotion parmi les troupes du 13ᵉ corps réunies à Marle et à Laon (3).

Armée de la Meuse. — Étant donnés les cantonnements occupés par les deux armées, le 3 septembre au soir, il est facile de voir, que l'armée de la Meuse, dont les têtes de colonnes, d'après l'ordre du grand quartier général, ne devaient pas dépasser le 4, la ligne Montigny—Vendresse, ne pouvait faire que peu de mouvements ce jour-là. Ce fut donc, pour cette armée, une journée de

---

(1) Cantonnements : Château-Porcien (quartier général), Herpy, Condé-lez-Herpy, Écly, Barby, Nanteuil.

(2) Avec cette division de cavalerie, marchait le convoi administratif n° 3 du IIIᵉ corps. Les 4, 5 et 6 septembre, il est à Château-Porcien et souffrit beaucoup au bivouac, sous la pluie et le vent. Pendant ces trois jours, presque tous les chevaux prirent la gourme ; les hommes souffrirent de diarrhée et de douleurs rhumatismales ; bref, hommes et chevaux offraient un triste aspect (*Geschichte des* **Train-Bataillons** *Nr. 3*, p. 199).

(3) Chapitre II, p. 57.

repos, qui fut utilisée par les différents régiments pour se reformer, répartir les cadres entre leurs diverses unités, remettre de l'ordre dans les vêtements, les chaussures, compléter les munitions, etc. Les bagages restés en arrière, notamment ceux de la Garde, et les voitures portant les sacs de l'infanterie de ce corps d'armée rejoignirent les troupes.

§ 4. — *Journée du 5 septembre.*

IIIe armée. — Le gros de la *5e* division de cavalerie restée sur la Suippe se porte vers Reims et y entre vers 9 heures du matin. Tandis que l'état-major de la division reste dans cette ville, les régiments et batteries vont cantonner au dehors : les *11e* et *12e* brigades à l'Ouest, dans la vallée de la Vesle, dans la zone Champigny, Courcelles-Sapicourt, Rosnay, Muizon ; la *13e* brigade au Sud-Ouest, aux Mesneux, Bezannes, Ormes.

La *12e* division se rassembla à 7 heures du matin, à Warmeriville et se dirigea sur Reims par la grande route. Vers 10 heures, elle prit une formation massée de revue, à l'entrée de la ville, le long de la grande route, pour attendre le passage du Roi. Mais, celui-ci ne devant arriver que plus tard, le général de Tümpling la fit entrer dans Reims, vers 1 heure.

A 4 heures du soir, seulement, le Roi, venant de Rethel, arriva en voiture et s'installa à l'archevêché. Le commandant de la IIIe armée vint également s'établir à Reims où il resta jusqu'au 9 (1).

La 2e division de cavalerie, couvrant la marche du Ve corps et du IIe bavarois, se porta de l'Aisne sur la Suippe et fit vraisemblablement sa marche sur un grand

---

(1) Verdy du Vernois, *Im Grossen Hauptquartier*, loc. cit., p. 125.

front, ses trois brigades à même hauteur. La *4e* brigade vint de Thugny à Heutrégiville et Lavannes, la *5e* de Saulces-Champenoises à Pont-Faverger, la *3e* de Sainte-Vaubourg à Saint-Hilaire-le-Petit, et l'état-major de la division, d'Attigny à Heutrégiville.

La division würtembergeoise transporta son quartier général de Novy à Bazancourt et, d'après ses cantonnements (1), effectua son mouvement, semble-t-il, par Avançon et Saint-Loup-en-Champagne, pour laisser la grande route au Roi, à son état-major et à la colonne principale du Ve corps.

Le quartier général de ce dernier fut transféré de Saulces à Juniville. La *9e* division prit ses cantonnements à Aussonce, La Neuville, Juniville, Alincourt, tandis que l'état-major de la *10e* division s'installait à Tagnon, et que ses régiments et l'artillerie de corps occupaient des cantonnements très étendus dans la zone Neuflize, Le Châtelet-sur-Retourne, Saint-Remy-le-Petit, Bergnicourt, Tagnon, Ménil-Annelles, Annelles (2).

Quant au IIe bavarois, ses têtes de colonne arrivèrent à hauteur de celles du Ve corps, son quartier général à Machault, sa *3e* division à Cauroy, Machault et plus au Nord, sa *4e* division à l'Est de la *3e*, à Semide, Mont-Saint-Martin, les queues de colonnes au Sud de l'Aisne.

Armée de la Meuse. — En raison de la situation de ses

---

(1) Isles-sur-Suippe, Bazancourt (quartier général), Roizy, l'Écaille, Saint-Loup-en-Champagne, Avançon.

(2) Le *46e* (*10e* division), parti à 5 h. 30 du matin de Novion-Porcien, s'installa dans ses cantonnements, Saint-Remy-le-Petit et Tagnon à 4 heures du soir. Forte chaleur dans la journée (*Geschichte des Infanterie-Regiments Nr. 46*).

Le IIIe bataillon du *50e*, qui, le 3, assurait la garde du quartier général de la IIIe armée à Donchery, et avait fait étape, le 4, à Villiers-le-Tourneux, s'arrêta, le 5 et le 6, à Rethel.

cantonnements et de l'obstacle de la Meuse, que deux de ses corps avaient à franchir, l'armée du Prince royal de Saxe ne pouvait, dans sa première marche, gagner que peu de terrain dans la direction qui lui avait été indiquée. C'est pourquoi le quartier général fut maintenu à Mouzon. Celui du IV° corps se transporta à Vendresse et les unités de ce corps d'armée se trouvèrent échelonnées, en fin de marche, de Poix et Yvernaumont à la Neuville-à-Maire. Pour effectuer ce déplacement, la 7e division, cantonnée la veille de Raucourt à Stonne, s'était rassemblée entre 8 et 9 heures du matin aux environs de Chémery, puis, passant par Vendresse, avait gagné Singly où s'était établi son état-major (1). Elle s'était couverte par des avant-postes, au Nord d'Yvernaumont et Balaives, dans la direction de Mézières.

La *8e* division venant d'Haraucourt et Augecourt, avait franchi le canal des Ardennes également à Chémery et s'était installée aux environs de Vendresse (2).

Au XIIe corps, le quartier général vint à la Besace, la *23e* division, franchissant la Meuse à Mouzon, s'avança par Yoncq et Stonne vers les Petites et les Grandes Armoises où s'arrêtèrent ses têtes de colonnes. La *24e* division qui avait passé au pont de Pouilly marcha, par Beaumont, sur Osches, la Berlière et environs.

La *12e* division de cavalerie, partant de Stenay et

---

(1) Troupes de la division : Poix, Yvernaumont, Balaives, Villers-le-Tilleul, La Horgne.

(2) 8e division : Omont, Vendresse, Terron, Malmy, La Neuville à Maire.

Les convois bivouaquèrent à Singly (Proviant-Kolonnen nos 1 et 3), Poix-Terron (P.k. n° 2), Vendresse (P.k. n° 4), Villers-le-Tilleul (P.k. n° 5); dépôt de chevaux et escadrons d'encadrement du train à Connage.

Ambulances n° 1, Les Trois-Maisons; n° 2, Vendresse; n° 3, Omont.
Hôpitaux de campagne n° 2, Les Trois-Maisons; n° 12, Vendresse.

passant par Inor, Pouilly, Beaumont, Sommauthe, Saint-Pierremont vint cantonner vers Brieulles-sur-Bar.

Pour se porter vers l'Ouest, le corps de la Garde avait à franchir la Chiers dont les points de passage avaient été détruits en aval de Carignan, puis la Meuse au pont de Mouzon. Son mouvement vers l'Ouest ne pouvait donc être considérable. D'autre part, les reconnaissances envoyées le 3 et le 4, dans la direction de Montmédy, ayant fait connaître que cette place ne paraissait gardée que par de la mobile, le commandant de l'armée de la Meuse décida de faire tenter par une brigade de la Garde, fortement renforcée en artillerie, une attaque brusquée de cette forteresse qui barrait une voie ferrée dont on aurait pu se servir comme voie de communications, notamment pour les ravitaillements en vivres et fourrages.

En conséquence, le 5, le gros du corps d'armée de la Garde, réduit à la valeur d'une division (1), se contenta de gagner la ligne de la Meuse.

La *4e* brigade, partant de la région de Pouru-aux-Bois vers 6 heures du matin, vint, par Carignan, à Mouzon et Autrecourt (2). La *1re* brigade ne fit qu'une courte marche pour se porter de Carignan à Euilly. Le régiment de fusiliers, détaché de la *3e* brigade vint à Amblimont, le quartier général du corps d'armée, à Mouzon, l'équipage de pont, les convois et les sections de munitions à Sailly (3).

---

(1) La *3e* brigade escortait des prisonniers et était déjà en marche vers Damvillers.

(2) A son passage à Mouzon, le *4e* régiment de grenadiers laissa 100 malades.

(3) Le corps d'armée de la Garde n'emmenait avec lui que les hôpitaux de campagne n°s 1, 5 et 8, mais il fut rejoint par d'autres, en cours de route.

L'hôpital de campagne n° 1 envoya, le 12 septembre, à Neufchâtel-

La division de cavalerie de la Garde, se maintenant au Sud du corps d'armée et sur la rive droite de la Meuse, cantonna à Moulins et Autreville.

§ 5. — *Bombardement de Montmédy (5 septembre).*

Le général commandant le corps d'armée de la Garde avait désigné le général prince de Hohenlohe-Ingelfingen, commandant l'artillerie, pour diriger l'opération ordonnée contre Montmédy qui, par deux fois, avait refusé de capituler (1).

Il avait mis à sa disposition :

La *2*[e] brigade d'infanterie de la Garde (*2*[e] et *4*[e] régiments à pied) (2) ;

Deux escadrons du *1*[er] uhlans de la Garde ;

---

sur-Aisne, sa 2e section qui y resta jusqu'au 18 octobre. La 1re section s'arrêta à Neuilly-Saint-Front le 15 septembre et y resta jusqu'au 30 du même mois ; l'hôpital n° 2, resté à Sedan, en repartit le 9 septembre pour rejoindre le corps d'armée ; l'hôpital n° 3, resté à Doncourt-en-Jarnisy jusqu'au 30 août, rejoignit le corps d'armée le 11 septembre ; l'hôpital n° 4 resta à Sedan jusqu'au 4 octobre ; l'hôpital n° 5 était arrivé à Francheval le 2 septembre, venant de Jouaville ; les hôpitaux n°s 6 et 7, maintenus à Sainte-Marie-aux-Chênes, en repartirent le 2 septembre ; l'hôpital n° 8 était arrivé à Francheval le 2 septembre, venant de Sainte-Marie-aux-Chênes ; l'hôpital n° 9, maintenu à Daigny, en partit le 7 septembre ; l'hôpital n° 10 fut immobilisé à Pont-à-Mousson jusqu'au 16 septembre ; l'hôpital n° 11 ne quitta la Moncelle que le 8 septembre ; l'hôpital n° 12 fut maintenu à Sedan jusqu'au 23 septembre.

(1) Un officier de dragons puis un officier de uhlans de la Garde étaient venus en parlementaire à Montmédy, les 2 et 3 septembre, au nom du Prince royal de Saxe, puis du général de Goltz, commandant la division de cavalerie de la Garde. Le trompette qui accompagnait l'officier de uhlans, le 3, avait été tué par un tirailleur du 57e, qui n'avait pas aperçu le drapeau blanc (*Journal* du commandant de la place de Montmédy).

(2) Le régiment de fusiliers resta avec le corps d'armée.

Le *3*ᵉ régiment de uhlans de la Garde ;

L'artillerie de la *1*ʳᵉ division (1) ;

L'artillerie de corps (2) ;

La *1*ʳᵉ compagnie de pionniers avec l'équipage de pont léger.

Le 4 septembre, dès 5 heures du soir, le prince de Hohenlohe donnait ses ordres.

La 2ᵉ brigade d'infanterie devait se mettre en route de manière que sa tête de colonne fût le lendemain, à 6 heures du matin, à l'entrée de Thonnelle ; les six escadrons de uhlans, placés sous les ordres de son frère, le colonel prince de Hohenlohe (du *3*ᵉ uhlans), recevaient l'ordre de se porter vers Montmédy et de fournir, à l'heure et à l'endroit indiqués ci-dessus, des renseignements sur la nature des hauteurs au Nord de Montmédy, sur la viabilité, pour les troupes de toutes armes, du terrain à l'Est de la route Thonnelle—Montmédy jusqu'à la Chiers, et à l'Ouest de cette route, sur la hauteur au Nord de Vigneul et à l'Ouest de Thonne-les-Prés.

L'artillerie de corps devait suivre l'artillerie divisionnaire.

En raison de l'éloignement de ses cantonnements (3), la 2ᵉ brigade d'infanterie se mettait en marche un peu après minuit et, à 6 heures du matin, sa tête de colonne atteignait Thonnelle et s'y arrêtait.

Le prince de Hohenlohe y était aussi dès 5 heures, avec son frère, et, sous la protection de leurs escadrons, tous deux s'étaient portés sur la croupe 321, au Nord de Montmédy, d'où ils avaient fait la reconnaissance de

---

(1) 1ᵉʳ abteilung : batteries Iʳᵉ, IIᵉ, 1ʳᵉ et 2ᵉ de la Garde.

(2) 2ᵉ abteilung : batteries IIIᵉ, IVᵉ, 3ᵉ et 4ᵉ de la Garde ; 1ʳᵉ, 2ᵉ et 3ᵉ batteries à cheval de la Garde.

(3) Les deux régiments étaient cantonnés à Pure.

la place. Cette mesure permettait au Prince de donner, un peu après 6 heures, les ordres ci-après :

« La colonne de droite, sous les ordres du général de Medern, comprenant un escadron, trois bataillons du 4e régiment à pied et cinq batteries (IIIe, IVe, 3e, 4e et 3e batterie à cheval) traversera le bois de Géranvaux par le chemin qui sort du bois près de Thonne-les-Prés. L'infanterie occupera la lisière de ce bois, face à Montmédy, pour protéger les batteries. Celles-ci suivront le chemin qui vient de Thonne-le-Thil (1). La cavalerie se portera dans la vallée de la Chiers, en aval de la place.

« La colonne de gauche (colonel prince de Hohenlohe), composée du IIIe bataillon du 2e régiment à pied et de trois escadrons, couvrira, jusque dans le fond de Grand-Verneuil, le flanc gauche de tout le détachement.

« Le premier abteilung, suivi des 1re et 2e batteries à cheval, guidés par « mon adjudant » se déploieront sur la hauteur au Nord de Montmédy, de telle sorte qu'elles ne puissent être vues de la place.

« Deux bataillons du 2e régiment de la Garde à pied et deux escadrons resteront à Thonnelle, en réserve, à ma disposition.

« Dès que les batteries du général de Medern ouvriront le feu, celles du centre entreront en action aussitôt (2). »

A 7 heures, la colonne de droite se mit en marche.

Pendant que le 4e régiment à pied fouillait le bois de Géranvaux et en garnissait la lisière Sud, les Ier et IIe bataillons à l'Ouest du chemin de Thonne-les-Prés, et le IIIe à l'Est, les cinq batteries qui le suivaient restaient tout d'abord au Nord des bois, puis venaient

---

(1) Ces batteries appartenaient à l'artillerie de corps et avaient marché en queue de colonne. Elles étaient, par suite, arrêtées à l'Ouest de Thonne-le-Thil.

(2) *Die Königlich Preussische Garde-Artillerie*, t. II, p. 202.

ensuite prendre position entre les IIe et IIIe bataillons, à cheval sur le chemin de Thonne-les-Prés (1).

Au centre, les six batteries avaient réussi à venir se déployer (2) sur la croupe, appelée le Haut-de-Forêts, au nord de Montmédy, où elles se trouvaient à peu près au même niveau que la place, et à une distance d'elle de 2,300 à 2,600 mètres. Pour couvrir cette ligne d'artillerie, les 9e et 12e compagnies du 2e régiment à pied se portèrent dans un bouquet de bois en avant de sa droite, la 10e resta en réserve à 200 pas en arrière, et la 11e se porta à la gauche, sur le bord oriental du plateau, d'où elle pouvait, au besoin, servir de repli aux escadrons du *3e* uhlans, envoyés vers la Chiers, Grand et Petit Verneuil et la gare.

Le Ier bataillon du 2e régiment à pied se plaça, en réserve, à 500 mètres au Sud de Thonnelle, tandis que le IIe bataillon se maintenait dans cette localité avec deux escadrons du *1er* uhlans.

A 9 h. 30, le premier coup de canon fut tiré de la lisière du bois de Géranvaux et les 65 pièces (3) en batterie (24 de 6 et 41 de 4) ouvrirent le feu sur la place, prenant particulièrement pour objectif les batteries, l'église, les édifices et les maisons les plus élevées.

Le déploiement de toutes ces troupes allemandes n'avait pas échappé à la place. Le capitaine Reboul, qui la commandait à cette date et qui, malheureusement, ne disposait que d'un personnel et d'un matériel insuffisants, surtout en pièces rayées (4), avait fait prendre les armes à la garnison et fit répondre au feu de l'assail-

---

(1) De l'Ouest à l'Est : IIIe, IVe, 3e et 4e, 3e à cheval.

(2) De l'Ouest à l'Est : deux sections de la Ire, IIe, une section de : la Ire, 2e et 1re, 1re et 2e à cheval de la Garde.

(3) La 1re batterie de 4 avait eu une de ses pièces mise hors de service à Sedan.

(4) La garnison ne comprenait que le IIIe bataillon de mobiles de la

lant (1). Le tir des pièces de la place, particulièrement celui d'une pièce de 24, fut dirigé tout d'abord sur les batteries prussiennes situées au Nord-Est. Sept projectiles de 24 tombèrent rapidement sur la IIe batterie, blessèrent un homme et deux chevaux seulement, mais causèrent beaucoup de dégâts au matériel (2).

Vers 10 heures, les 1re et 2e batteries à cheval s'avancèrent jusque près de la ferme de Vaux, et furent remplacées, à la gauche de l'artillerie, par la Ire batterie qui était auparavant à l'aile droite.

Le tir de cette nombreuse artillerie ne tarda pas à produire des dégâts matériels dans la place où s'allumèrent de nombreux incendies.

A 11 h. 30, le prince de Hohenlohe, croyant avoir produit un effet moral suffisant et voulant ménager ses munitions, suspendit le feu et envoya en parlementaire vers la place, pour la sommer de se rendre, le maire de Thonnelle. Le prince menaçait de reprendre le feu à 1 heure si le commandant de la place ne lui avait pas envoyé un officier pour traiter.

Meuse, une batterie d'artillerie de mobiles et une compagnie de dépôt du 57e de ligne, composée surtout de recrues.

La place était armée de deux canons de 24 rayés de place, dix canons de 16 lisses, six canons de 12 rayés de place, quatorze canons-obusiers de 12, huit mortiers de 27, quatre de 22, huit de 15, onze obusiers de 22 et deux de 15.

L'armement de la place, la composition de la garnison, les approvisionnements, etc., seront indiqués avec plus de détail quand on fera l'étude complète du siège de Montmédy.

(1) D'après l'*Historique* du *2e* régiment à pied, c'est la place qui aurait pris l'initiative du feu, après 8 heures (*Geschichte des 2. Garde-Regiments zu Fuss*, p. 273).

(2) *Die Königlich Preussische Garde-Artillerie*, t. II, p. 203. — Cet *Historique* n'indique pas la nature et l'importance des dégâts matériels. D'après le *Journal* du siège de Montmédy, il s'agirait de l'explosion d'un ou plusieurs caissons.

Le capitaine Reboul, donnant un bel exemple de fermeté, refusa de répondre. L'artillerie de la Garde reprit son feu vers 1 h. 30. De son côté, l'artillerie de la défense répondit aux deux lignes de batteries prussiennes, et ses projectiles contraignirent à plusieurs déplacements les compagnies du 2ᵉ régiment à pied (10ᵉ et 11ᵉ) qui protégeaient la ligne de batteries du Haut-de-Forêts. Au bout d'une heure, le prince de Hohenlohe, constatant l'échec de son coup de main, ordonna de cesser le feu et replia ses troupes vers Thonnelle.

Les onze batteries avaient lancé sur la place 3,812 projectiles (1) et avaient eu un canonnier tué, deux blessés et 3 chevaux tués. L'infanterie n'avait eu aucune perte. La cavalerie avait eu quelques cavaliers et chevaux blessés.

Les pertes de la garnison s'élevaient à deux hommes tués, quatre blessés et quinze blessés légèrement. Mais les dégâts, dans la ville, étaient considérables et on ne peut que louer, en cette circonstance, le commandant de la place, la garnison et les habitants, qui ne se laissèrent influencer ni par l'intensité du tir de l'artillerie ni par les incendies.

A 3 heures, les troupes du prince de Hohenlohe étaient rassemblées vers Thonnelle, et, après un repos de deux heures, elles reprirent la route de Carignan, traversèrent la Chiers et allèrent cantonner, l'artillerie vers Mouzon, les régiments d'infanterie à Vaux et Malandry.

---

(1) Consommation des batteries : 1ʳᵉ, 280 projectiles; IIᵉ, 313; 1ʳᵉ, 469; 2ᵉ, 389; IIIᵉ, 312; IVᵉ, 252; 3ᵉ, 346; 4ᵉ, 498; batteries à cheval : 1ʳᵉ, 351; 2ᵉ, 237; 3ᵉ, 367.

Le ravitaillement se fit avec beaucoup de peine; les batteries lourdes purent remplacer leurs munitions le soir même, mais les autres ne purent remplir leurs coffres que quelques jours plus tard (*Die Königlich Preussische Garde-Artillerie*, p. 205).

§ 6. — *Journée du 6 septembre.*

La III⁰ armée ayant, depuis le 5 au soir, tous ses corps au Sud de l'Aisne, et ayant, par suite, dégagé tout le terrain que devait traverser l'armée de la Meuse, se trouvait en avance de cette dernière et pouvait accorder un jour de repos à ses troupes.

En fait, aucun des corps de l'armée du prince royal de Prusse ne fit mouvement le 6 ; seule, la 5ᵉ division de cavalerie transporta son quartier général à Neufchâtel et cantonna ses régiments dans la zone Condé-sur-Suippe, Avaux, Saint-Étienne-sur-Suippe, Bourgogne, Loivre (1). Ce mouvement avait été exécuté en vertu d'un ordre du grand quartier général qui mettait cette division de cavalerie à la disposition du commandant de l'armée de la Meuse (2). En prévenant le prince royal de Saxe de cette décision, le 6 septembre, à 8 heures du soir (3), le maréchal de Moltke l'invitait à pousser en avant, aussi loin et aussi tôt que possible, les 5ᵉ et 6ᵉ divisions de cavalerie en les faisant soutenir par l'artillerie à cheval disponible et un bataillon d'infanterie ou de chasseurs transporté sur voitures. Le commandant de l'armée de la Meuse était, en outre, prié d'activer sa marche autant qu'il le pourrait, sans supprimer les séjours.

Un ordre du grand quartier général, daté d'Attigny, le 4 septembre, avait prescrit au général de Tümpling de ne laisser dans Reims qu'une brigade et de cantonner

---

(1) Des reconnaissances furent envoyées sur Balham et Saint-Germainmont pour entrer en liaison avec la 6ᵉ division de cavalerie.

(2) *Historique du Grand État-Major prussien*, supplément LXI, Ordre du 3 septembre.

(3) *Correspondance militaire du maréchal de Moltke*, t. II, p. 357.

le reste de ses troupes en dehors de la ville (1). Cet ordre était parvenu le 5, trop tard pour être exécuté. D'autre part, le commandant du VIe corps était désireux de laisser à ses troupes une journée de repos, en particulier à la *12e* division. Celle-ci était très fatiguée encore par sa longue marche de l'avant-veille et avait besoin d'une journée pour faire remettre tout en état dans ses corps. En conséquence, le général de Tümpling prit sur lui de ne déplacer que la *11e* division et l'artillerie de corps (2), qui, le 6, au matin, vinrent cantonner sur la route de Dormans, l'avant-garde ayant poussé sur la montagne de Reims jusqu'à Sainte-Euphraise et Bouilly (3).

Armée de la Meuse. — Après la marche du 5, le corps de la Garde, resté en partie sur la rive droite de la Meuse, se trouvait très en arrière par rapport aux deux autres corps d'armée et particulièrement au IVe. Aussi, dans la marche du 6, le IVe et le XIIe corps gagnèrent peu de terrain vers l'Ouest, mais continuèrent à obliquer vers le Nord et le Sud, pour laisser au corps de la Garde la place nécessaire pour venir s'intercaler entre eux. Les divisions de cavalerie de la Garde et du XIIe corps restèrent, on ne sait pour quelle cause, à proximité de leurs corps d'armée, au lieu de se porter franchement à une certaine distance en avant.

Le quartier général de l'armée se transporta à Vendresse.

Le IVe corps, effectuant sa marche par brigades, tout

---

(1) *Kriegsgeschichtliche Einzelschriften*, Heft 20 et 21, p. 254.
(2) *Ibid.*, p. 255.
(3) Exactement Clairizet et Onrézy, localités qui ne figurent pas sur la carte au 1/200,000^e et qui touchent les deux villages indiqués dans le texte.

au moins à la 7ᵉ division (1), en passant par Vendresse, Villers-le-Tilleul, Singly, Villers-sur-le-Mont (2), vint cantonner dans la zone Launois, Hocmont, Yvernaumont, la Horgne, Neuvizy (3). Le quartier général occupa Poix. Les régiments cantonnés à Launois (*26ᵉ*), Hocmont et Touligny (*86ᵉ*) se couvrirent par des avant-postes dans la direction de Mézières (4), tandis que le *66ᵉ*, à Neuvizy, gardait la route de Paris. En outre, la 2ᵉ compagnie du *4ᵉ* bataillon de chasseurs fut chargée de fouiller les environs de Champigneul et de Boulzicourt (5).

Les convois bivouaquèrent à Launois (Proviant Kolonnen nᵒˢ 1, 2, 3), Poix-Terron (P. K. nᵒ 4), Villers-le-Tourneur (P. K. nᵒ 5); dépôt de chevaux à Butz (6).

Au XIIᵉ corps, le quartier général vint au Chesne; les têtes de colonnes s'arrêtèrent sur l'Aisne à Terron et à Neuville-et-Day.

La *12ᵉ* division de cavalerie, passant par Châtillon, Noirval, Quatre-Champs, Ballay, Vandy vint cantonner sur la rivière à Semuy, Voncq, Mont-de-Jeux et Rilly.

Le corps de la Garde franchit la Meuse à Mouzon et prit la direction de Vendresse. Venant le dernier, il eut sa marche retardée pour plusieurs raisons. Les routes et

---

(1) *Geschichte des Anhaltischen-Infanterie-Regiments Nr. 93*, t. II, p. 120.

(2) Forte pluie pendant la marche.

(3) Dans cette marche, certains éléments du IVᵉ corps se heurtèrent à des colonnes du train et de bétail de la division würtembergeoise (*Die ersten 15. Jahre des 3. Magdeburgischen Infanterie-Regiments Nr. 66*, p. 197).

(4) *Geschichte des Füsiliers Infanterie-Regiments Königin Nr. 86*, p. 84.

(5) Pendant les marches du 6 et du 7, les 1ʳᵉ, 3ᵉ et 4ᵉ compagnies furent rattachées à la *15ᵉ* brigade et la 2ᵉ compagnie à la *16ᵉ* (*Geschichte des Jäger-Bataillons Nr. 4*, p. 200).

(6) *Geschichte des Train-Bataillons Nr. 4*, p. 154.

chemins étaient défoncés; en outre, ce corps eut devant lui, tout au moins pendant ses deux premières marches, les trains et convois des deux autres corps d'armée, particulièrement ceux du IVe (1). Enfin, il croisa plusieurs colonnes de prisonniers français. Ces différentes causes réunies entravèrent et retardèrent quelque peu son mouvement (2).

A la fin de la marche du 6, le quartier général était à Vendresse; les troupes occupaient Villers-le-Tilleul, Connage, Chémery, la Neuville-à-Maire, la Cassine, Omont.

Les colonnes de munitions, l'équipage de pont, parcs et convois, s'arrêtèrent à Artaise-le-Vivier, Maisoncelle et Villers-devant-Raucourt; les convois, arrivés tard, bivouaquèrent en colonne sur la route même.

La division de cavalerie de la Garde, avec l'équipage de pont léger, gagna la vallée de la Bar et cantonna, au Nord du corps d'armée, à Omicourt, Connage, Chéhery.

§ 7. — *Journée du 7 septembre.*

IIIe armée. — A partir du 7 septembre, la IIIe armée, ne disposant plus que d'une division de cavalerie la porta sur son flanc gauche, tandis que le VIe corps, maintenu toujours à une certaine distance en avant du gros, continuait à constituer une sorte d'avant-garde générale.

En conséquence, la 2e division de cavalerie, restée les 5 et 6 sur la Suippe, s'avança, le 7, dans la direction de Châlons. L'état-major s'arrêta à Mourmelon-le-Grand.

---

(1) Pendant les marches des 5 et 6, une partie des convois du IVe corps bivouaqua près des localités occupées par des régiments de la Garde.

(2) Le 2e régiment à pied, parti de Vaux à 7 heures du matin, arriva à la Neuville-à-Maire à 2 heures du soir.

La *4ᵉ* brigade (Barnekow), partant de Heutrégiville et Lavannes, passant par Nauroy et Thuizy, vint occuper la Veuve et les Grandes-Loges; la *5ᵉ* brigade (Baumbach), quittant Pont-Faverger, gagna Bouy, Cuperly (1) et Vadenay; la *3ᵉ* brigade (de Colomb) cantonna à Mourmelon-le-Grand et Mourmelon-le-Petit (2).

Le VIᵉ corps continua sa marche sur Dormans. Son avant-garde s'arrêta à hauteur d'Anthenay, son quartier général à Ville-en-Tardenois. et ses cantonnements se répartirent des deux côtés de la grande route, dans la zone Anthenay, Lhéry, Tramery, Bouilly, Pourcy, Neuville-aux-Larris, les deux divisions l'une derrière l'autre, la *11ᵉ* en tête.

La division württembergeoise gagna Reims, sa cavalerie et son artillerie occupant les faubourgs et les villages sur la Vesle, à l'Est de la ville, Cormontreuil et Taissy. Dans la journée, un ordre du grand quartier général prévenait que cette division serait maintenue sur ses emplacements jusqu'à l'arrivée des autres troupes encore en arrière (3), c'est-à-dire du XIᵉ corps.

Comme on le verra, les troupes württembergeoises restèrent en effet à Reims jusqu'au 14, à l'exception cependant du régiment de grenadiers de la reine Olga (nº *119*) qui, dans l'après-midi du 9, reçut l'ordre de partir immédiatement avec le *2ᵉ* bataillon de chasseurs et un escadron, pour Épernay, où la population manifestait

---

(1) A Cuperly, les 1ᵉʳ et 2ᵉ escadrons du 6ᵉ hussards trouvèrent deux escadrons du 5ᵉ chevau-légers bavarois (Hermann Vogt, *Kriegstagebuch eines Truppenoffiziers*, p. 61).

(2) De ces cantonnements, les divers régiments envoyèrent à Châlons et Vitry, pour y former dépôt, 10 chevaux malades indisponibles par escadron, chiffre maximum fixé par l'ordre de la division. Mais le nombre des chevaux blessés et à éliminer était beaucoup plus considérable.

(3) *Correspondance militaire du maréchal de Moltke*, t. II, p. 361.

quelque agitation. Ces unités arrivèrent dans cette ville à 9 heures du soir, et y restèrent jusqu'au 13 (1).

Le Ve corps, par une assez forte marche, vint cantonner à cheval sur la Vesle, au Sud-Est de Reims, son quartier général à Sillery, la *10e* division et les éléments de corps dans la zone Sillery, Puisieulx, Verzenay, Thuizy, Prosnes, Nauroy, Beine, la *9e* division plus au Sud, à Mailly, Verzy, Villers-Marmery, Courmelois, Sept-Saulx, les Petites-Loges, Billy-le-Grand (2).

Le IIe bavarois, prenant comme axe de marche la grande route d'Attigny à Châlons, transporta son quartier général à Suippes. Sa cavalerie atteignit la Vesle à Cuperly et la Cheppe; ses têtes de colonnes s'arrêtèrent sur la Suippe, de Somme-Suippe à Auberive-sur-Suippe.

Armée de la Meuse. — Après la marche du 6, les deux divisions de cavalerie maintenant affectées à l'armée du prince royal de Saxe, se trouvaient sur l'Aisne, l'une derrière l'autre, la *5e* à Neufchâtel, la *6e* à Château-Porcien, en avant de l'aile gauche de l'armée. Pour couvrir cette dernière dans sa marche ultérieure, il était nécessaire de les placer à même hauteur et de les répartir sur le front. C'est vraisemblablement pourquoi (3), le 7, tandis que la *5e* division se maintenait sur ses emplacements, la *6e* après s'être rassemblée à 10 heures

---

(1) *Aus der Geschichte des Grenadier-Regiments Königin Olga Nr. 119*, p. 52.

(2) Le *46e*, parti de Tagnon et du Châtelet-sur-Retourne à 6 h. 45 du matin, arrive à 3 h. 30 du soir à Puisieulx, Sillery, Verzenay, Beaumont. Forte pluie.

(3) Le mouvement de la *6e* division aurait été déterminé par les nouvelles reçues de l'échec subi par la patrouille du lieutenant Reimer, du *15e* uhlans, devant la place de Laon, le 6 septembre au soir (*Kriegsgeschichtliche Einzelschriften*, Heft 20, p. 242).

du matin à Saint-Fergeux, alla cantonner à cheval sur la grande route de Reims à Montcornet, son état-major à Saint-Quentin, ses régiments dans la zone Lappion, Sévigny, Hannogne, Bannogne, Nizy-le-Comte, la Selve (1), envoyant de là des partis vers Laon (2).

Le quartier général de l'armée vint à Launois.

Quant aux corps d'armée, ils avaient encore à parcourir le terrain mouvementé et couvert qui s'étend au Nord de Rethel, sépare la vallée de l'Aisne de celle de la Meuse. En outre, chacun d'eux n'avait pas encore sa zone de marche complètement séparée.

Le quartier général du IVᵉ corps gagna Signy-l'Abbaye et la marche fut réglée de telle sorte qu'à 10 heures du matin tous les éléments dépassaient Poix où allait venir la Garde (3). Comme celle-ci devait pousser jusqu'à Launois, les cantonnements du IVᵉ corps furent un peu serrés et compris dans la zone Montmeillant, Signy-l'Abbaye, Dommery, Wagnon, Wasigny, Draize (4). Des avant-postes furent placés et des patrouilles envoyées sur le flanc droit, en raison toujours de la proximité de Mézières. Les convois rejoignirent les troupes à Draize (nº 1), Wagnon (nᵒˢ 2 et 4), Launois (nº 3), Lalobbe (nº 5). Le dépôt de chevaux et l'escadron d'encadrement du train vinrent à Dommery. Les ambulances nº 1 à

---

(1) Son convoi administratif à Bannogne les 7 et 8.

(2) Le lieutenant Rohr, du *15ᵉ* uhlans, fut envoyé à Eppes avec son peloton pour y relever le peloton du lieutenant Reimer. On reviendra sur ces reconnaissances un peu plus loin, à propos de la capitulation de Laon (*Geschichte des Schleswig-Holsteinschen Ulanen-Regiments Nr. 15*, p. 60).

(3) *Geschichte des Train-Bataillons Nr. 4*, p. 153.

(4) *13ᵉ* brigade : Montmeillant, la Romagne ; *14ᵉ* brigade : Wasigny, la Neuville-lez-Wasigny ; *15ᵉ* brigade et trois compagnies du *4ᵉ* chasseurs : Signy-l'Abbaye ; *16ᵉ* brigade et une compagnie de chasseurs : Wagnon, Grandchamp.

Draize, n° 2 à Grandchamp, n° 3 à Lalobbe; les hôpitaux de campagne n° 2 à Draize, n° 12 à Grandchamp.

La division de cavalerie de la Garde gagna Launois, Jaudun, Barbaise.

Le corps de la Garde (1) transporta son quartier général à Poix; la 4ᵉ brigade, toujours en tête, s'installa à Launois, Raillicourt, Montigny-sur-Vence, Poix; la 1ʳᵉ division et les autres éléments à Villers-le-Tourneur, Mazerny, Baalons, la Horgne.

Les convois bivouaquèrent à Villers-le-Tilleul (2).

Les sections de munitions et l'équipage de pont à Omont (3).

La vallée de l'Aisne formant, jusqu'à Rethel, la limite Sud de la zone réservée à l'armée de la Meuse, le XIIᵉ corps dut remonter un peu vers le Nord. Son quartier général s'installa à Écordal, au Nord d'Attigny, et les troupes dans la zone Saint-Loup, Wignicourt, Saulces, Amagne, Saint-Lambert, Tourteron.

La 12ᵉ division de cavalerie, par Saint-Lambert, Attigny et Ambly, se porta à l'Est de Rethel, dans la vallée de l'Aisne à Pargny, Doux, Thugny, Seuil.

§ 8. — *Journée du 8*.

Le 8, la IIIᵉ armée tout entière, continua son mouvement vers le Sud-Ouest, à l'exception de la division würtembergeoise maintenue à Reims pour occuper la ville,

---

(1) A partir du 7, l'infanterie de la Garde reporta le sac; les voitures sur lesquelles les sacs avaient été chargés les jours précédents furent congédiées ou utilisées pour ramener des malades ou blessés vers Mouzon et Carignan.

(2) *Geschichte des Garde-Train-Bataillons*, p. 272.

(3) *Geschichte des Garde-Pionier-Bataillons*, p. 201.

garder le Roi, le grand quartier général et celui de la III⁰ armée, car les troupes d'étapes étaient devenues insuffisantes pour garder les communications sur les derrières (1).

Le VI⁰ corps vint cantonner en entier dans la vallée de la Marne; son quartier général à Dormans, son avant-garde fournie par la *11⁰* division à Crézancy, Mézy, Chartèves, sa queue à Châtillon-sur-Marne et Mareuil-le-Port; quelques patrouilles de cavalerie poussèrent jusqu'à Château-Thierry. Ainsi placé, il était échelonné sur la grande route de Paris par la vallée de la Marne qu'il devait suivre ultérieurement en tenant la droite de l'armée. Mais il lui fallait attendre dans ces cantonnements que les autres corps, pivotant autour de lui, aient atteint dans la journée du 10, comme ils en avaient reçu l'ordre, le front Condé-en-Brie, Montmirail, Orbais, Champaubert (2).

La *2⁰* division de cavalerie se rassembla sur la Marne, à 7 h. 30 du matin, auprès de Vraux, pour franchir le canal et la rivière entre Châlons et Épernay, aux ponts de Matougues et Aulnay, puis, par Champigneul et Rouffy, se diriger sur Vertus.

La *3⁰* brigade occupa cette localité et Voipreux ; la *4⁰*, Bergères-les-Vertus (3) et Colligny; la *5⁰*, Aulnizeux et Pierre-Morains (4).

Le quartier général du V⁰ corps se transporta de Sillery à Épernay. L'avant-garde de la *10⁰* division, s'en-

---

(1) *Historique du Grand État-Major prussien*, 2⁰ partie, p. 15.
(2) *Correspondance militaire du maréchal de Moltke*, t. II, p. 356.
(3) Le village de Bergères-les-Vertus était à peu près abandonné, et les cavaliers du *1ᵉʳ* hussards durent aller à Loisy requérir l'avoine nécessaire (*Geschichte des Leib-Husaren-Regiments Nr. 1*, p. 527).
(4) Le *6⁰* hussards devait cantonner à Chaintrix, mais trouvant ce village occupé par les Bavarois, il gagna Aulnizeux (Hermann Vogt, *loc. cit.*, p. 63).

gageant sur la route d'Orbais, cantonna à Moussy, Pierry ; le gros à Épernay et Mardeuil (1).

La *9e* division gagna Oiry, Chouilly, Mareuil, Avenay, Mutigny, Dizy, Hautvillers, Champillon.

Le IIe bavarois atteignit Châlons où s'établit son quartier général; ses troupes occupèrent la ville et les localités environnantes : Recy, Coolus, Sarry, Saint-Memmie. Sa brigade de cavalerie et l'avant-garde s'échelonnèrent sur la route de Montmirail : deux escadrons du *5e* chevau-légers à Bergères-les-Vertus (2), et le reste à Chaintrix et Thibie.

Armée de la Meuse. — Dans leurs cantonnements autour de Neufchâtel et de Saint-Quentin, les 5e et *6e* divisions de cavalerie se trouvaient à assez grande distance en avant de la tête des cantonnements occupés le 7 par les corps de l'armée de la Meuse. C'est pourquoi, sans doute, dans la journée du 8, elles furent maintenues sur leurs emplacements, à l'exception des détachements poussés sur Laon par la *6e* division.

Cette place paraissant peu défendue, le duc de Mecklembourg envoya la *15e* brigade et une batterie à cheval pour sommer le gouverneur de se rendre. Cette brigade dont on reparlera plus loin en retraçant la capitulation de Laon, s'arrêta, le 8 au soir, à Athies et Eppes. D'autre part, la *6e* division fut rejointe à Saint-Quentin par le *4e* bataillon de chasseurs et la 2e batterie à cheval du *4e* régiment.

A la suite de la marche du 8, le prince royal de Saxe installa son quartier général à Novion-Porcien.

Le IVe corps continuant à s'avancer sur un large front

---

(1) Le 46e parti à 5 h. 30 du matin arrive à 3 h. 45 du soir à Épernay et Mardeuil. Pluie torrentielle.

(2) *Geschichte des Leib-Husaren-Regiments Nr. 1*, p. 527.

atteignit avec ses têtes de colonnes la grande route de Rozoy à Rethel, et cantonna dans la zone Rocquigny, Wadimont, Fraillicourt, Seraincourt, Remaucourt, Doumely, Givron, son quartier général à Chaumont-Porcien la 7ᵉ division à l'Ouest de la *8ᵉ*.

Les convois à Seraincourt (n° *1*), Draize (n° 2), Givron (nᵒˢ 3 et 4), Rocquigny (n° 5). Escadron d'encadrement du train : Rubigny (1); ambulances : Fraillicourt, Givron, la Hardoye; hôpitaux de campagne : Fraillicourt, Givron.

La Garde, toujours un peu en arrière, occupa Son, Herbigny, Hauteville avec sa division de cavalerie. Le quartier général du corps d'armée se rendit à Sery. Les éléments de la 2ᵉ division rassemblés le matin à Launois se portèrent par Dommery et la petite forêt de Signy sur la Neuville-lez-Wasigny, Wasigny, Grandchamp, pendant que la *1*ʳᵉ division et l'artillerie de corps gagnaient la zone Wagnon, Mesmont, Séry, Corny-la-Ville, Novion-Porcien. Les sections de munitions et l'équipage de pont à Wagnon ; l'équipage de pont léger à la Bourinerie (1,200 mètres N.-E. de Novion-Porcien); les convois à Machéroménil.

Le XIIᵉ corps se maintenant dans la vallée de l'Aisne, la *12*ᵉ division de cavalerie s'arrêta autour de Château-Porcien, tandis que le quartier général du corps d'armée occupait Rethel, et que les troupes s'échelonnaient de Nanteuil-sur-Aisne à Amagne.

---

(1) D'après l'*Historique* du 4ᵉ bataillon du train, le dépôt de chevaux aurait stationné le 8 au soir à Ligny. C'est évidemment une erreur car il n'existe aucun nom de localité de ce genre dans les environs. Peut-être faut-il lire Bégny. Le cantonnement de l'escadron d'encadrement du train, à Rubigny, paraît également erroné (*Geschichte des Train-Bataillons Nr. 4*, p. 261).

§ 9. — *Ordres donnés par le maréchal de Moltke du 4 au 8 septembre.*

Le maréchal de Moltke profita des quelques jours de stationnement du grand quartier général à Reims pour prendre les mesures nécessaires pour assurer, en arrière des armées marchant sur Paris, la garde des territoires traversés, l'organisation des lignes de communication, et, en même temps, pour établir les projets d'investissement de la capitale.

Dès le 6 septembre, il envoyait au général von der Tann, à Sedan, l'ordre de diriger le plus tôt possible, sur Paris, la 4ᵉ division de cavalerie, le XIᵉ corps et le Iᵉʳ bavarois; il l'invitait aussi à faire une tentative sur Mézières pour chercher à s'emparer de cette forteresse, qui commandait la voie ferrée Sedan—Reims (1).

Le 8, il prescrivait au corps d'armée, créé sous les ordres du grand-duc de Mecklembourg-Schwerin (2) et arrivé devant Metz depuis peu, de continuer sa marche, pour venir « occuper d'une façon permanente la zone située entre l'armée de Metz et celles qui marchent sur Paris, et assurer la sécurité des communications de ces dernières armées (3) ». A cet effet, le Maréchal ordonnait qu'une des divisions s'arrêterait devant Toul, et chercherait à s'emparer de cette place dont il était « de la plus haute importance, pour l'utilisation de la voie ferrée, d'obtenir rapidement la reddition défini-

---

(1) Cette tentative n'eut pas lieu, car le général von der Tann avait conclu une sorte d'armistice avec le commandant de la place de Mézières pour faciliter la nourriture des prisonniers français et l'évacuation des blessés (*Correspondance militaire du maréchal de Moltke*, t. II, p. 355).

(2) Ce corps d'armée venait d'être organisé avec la *17ᵉ* division d'infanterie prussienne et la *2ᵉ* division de landwehr.

(3) *Correspondance militaire du maréchal de Moltke*, t. II, p. 361.

tive (1) ». L'autre division continuerait sur Reims et Châlons, occuperait chacune de ces villes par une forte garnison, organiserait des colonnes mobiles pour empêcher tout soulèvement des populations. Le grand-duc établirait son quartier général à Reims.

Dans une note datée également du 8 (2), le chef du grand état-major, envisageant dans leur ensemble les mouvements des deux armées en marche sur Paris, estimait que la IIIe armée avec ses trois corps et sa division de cavalerie, représentant une masse de 70,000 à 80,000 hommes, arriverait dans la région de Meaux le 15 septembre et y formerait comme une grosse avant-garde, couvrant le mouvement de l'armée de la Meuse, et envoyant des partis pour couper les voies ferrées à Chantilly et à Pontoise.

Pendant ce temps, l'armée du prince de Saxe formant également une masse de 70,000 à 80,000 hommes, pourvue d'une nombreuse cavalerie, continuerait sa marche vers la ligne Senlis—Nanteuil-le-Haudouin qu'elle n'atteindrait que vers le 20 septembre.

« Dans le cas invraisemblable, écrivait le Maréchal, où l'ennemi prendrait l'offensive, les deux armées (150,000 à 160,000 hommes) peuvent être concentrées, savoir : en un jour sur leur centre; en deux jours sur l'une des ailes ».

Ces armées pouvaient en outre être renforcées par le XIe corps, le Ier bavarois ou la division würtembergeoise, « Donc, continuait la note, 200,000 hommes sont disponibles pour une marche immédiate sur Paris. Jusqu'au 28 septembre, époque à laquelle cela sera possible, il y a encore trois semaines pendant lesquelles les affaires dans Paris peuvent prendre une tournure déterminée;

---

(1) *Correspondance militaire du maréchal de Moltke*, t. II, p. 362.
(2) *Ibid.*, p. 363.

ce délai peut être utilisé pour une action diplomatique avant qu'on entreprenne une attaque sur la capitale ennemie (1). »

Le Maréchal ne précise pas autrement la tournure que, selon lui, devaient prendre « les affaires dans Paris ». Peut-être escomptait-il des difficultés politiques et l'indiscipline dans les troupes, ce qui à ses yeux rendait la défense de la capitale moins sérieuse. Le passage ci-après d'une lettre qu'il écrivait au général de Stiehle, à Corny, le 12 septembre, et où il explique la situation, fausse sur plus d'un point, qu'il se faisait de ce qui se passait à Paris, permettrait de le supposer : « Les nouvelles qui nous parviennent de Paris indiquent que le désordre s'y accroît. Les gens riches et raisonnables semblent s'en aller. Le Gouvernement républicain ne rencontre pas une adhésion absolue chez les officiers de l'armée permanente. Dans les troupes, l'indiscipline prend le dessus.

« Dans ces circonstances, il est douteux qu'on en vienne à une lutte sérieuse ; en tout cas, nous y pensons et nous nous préoccupons de faire venir des pièces de siège (2) ».

En effet, le maréchal de Moltke avait, dès le 8, écrit au général de Roon, Ministre de la Guerre, pour l'informer que l'attaque sérieuse de Paris commencerait du 25 au 30 septembre, et l'inviter à hâter l'envoi de matériel de siège et de troupes d'artillerie de forteresse, par voie ferrée jusqu'aux environs de Toul. De là, si cette place n'était pas tombée, le matériel devait être acheminé par voie de terre au moyen d'attelages fournis par le Gouverneur général de Nancy (3).

---

(1) *Correspondance militaire du maréchal de Moltke*, t. II, p. 364.
(2) *Ibid.*, p. 369.
(3) *Ibid.*, p. 364.

§ 10. — *Journée du 9 septembre.*

IIIe armée. — Pendant que le VIe corps se maintenait dans ses cantonnements de la vallée de la Marne, continuant à envoyer des patrouilles vers Château-Thierry, la 2e division de cavalerie, ne faisant qu'une courte étape, transportait son quartier général à Champaubert; la 4e brigade gagnait Champaubert et Fromentières d'où elle poussait à Montmirail des détachements qui arrêtaient les opérations de la conscription ; la 3e brigade s'installait à Congy et Villevénard ; la 5e, formant colonne séparée, passait au Sud des marais de Saint-Gond, et en fin de marche s'échelonnait de Charleville à Reuves par la Villeneuve. Elle jetait, en outre, quelques fractions vers Sézanne.

Le Ve corps, continuant sa marche en deux colonnes, gagna Orbais, où s'établit son quartier général avec le gros de la 10e division, dont l'avant-garde (19e brigade) occupa Verdon et le Breuil ; la 9e division s'arrêta à Montmort, Mareuil-en-Brie et environs (1).

Ainsi placé, le Ve corps se trouvait presque en avant de la 2e division de cavalerie, dont on s'explique mal la courte marche ce jour-là ; il semble que son gros eût dû atteindre, au moins, Montmirail.

Le IIe bavarois, franchissant la Marne, gagna Vertus (quartier général) et échelonna ses cantonnements au Nord de la grande route, de Bergères-les-Vertus à Pocancy et Thibie (2).

---

(1) Ce corps d'armée laissa à Boursault les 6e et 7e compagnies du *37e* pour assurer la garde du quartier général de la IIIe armée (*Das Füsilier-Regiment Nr. 37*, p. 261). — Le *46e* quitta Épernay et Mardeuil à 6 h. 15 du matin et arriva à 3 heures du soir au Breuil. Forte pluie dans la journée.

(2) Le IIe corps bavarois laissa à Châlons, comme garnison, le

Armée de la Meuse. — D'après l'ordre du 3 septembre, l'aile droite de l'armée du prince royal de Saxe devait se diriger sur Laon et son aile gauche ne pas s'étendre au delà de la ligne Attigny—Rethel—Château-Porcien —Roizy—Loivre. Le gros de ses forces était, par suite, obligé de passer entre Laon et Reims, c'est-à-dire, après être arrivé à hauteur de Château-Porcien, de converser vers la gauche pour se rapprocher de la vallée de la Marne.

Un ordre du 7 septembre (7 heures soir) (1) avait complété ces premières instructions : « On a l'intention, y était-il dit, de porter ultérieurement la subdivision d'armée de la Meuse contre le front Nord de Paris. Dans ces conditions, l'aile gauche de cette armée devra, pendant le mouvement en avant, se tenir, d'une façon générale, au Nord de la route qui court dans la vallée de la Marne. L'extension du front vers l'aile droite dépendra des renseignements que la cavalerie pourra donner sur les mouvements éventuels de l'ennemi. »

Le 9 au matin, la 5ᵉ division de cavalerie, quittant la région de Neufchâtel et suivant la vallée de l'Aisne par Pontavert, transporta son quartier général à Beaurieux. La *11ᵉ* brigade cantonna à Bourg-et-Comin, Œuilly, Jumigny ; la *12ᵉ* à Beaurieux et Maizy. La *13ᵉ* brigade (de Redern), où tout au moins une partie, cantonnée les jours précédents à Loivre et plus au Nord, se porta à Fismes, se reliant au gros de la division par Merval.

Pour se couvrir vers l'Ouest, le général de Rheinbaben avait envoyé un escadron du *13ᵉ* uhlans à Chavonne et lui avait donné mission de recueillir des renseignements sur la place de Soissons.

IIIᵉ bataillon du *15ᵉ* régiment, fortement atteint de dysenterie. Ce bataillon ne reprit sa route sur Paris que le 21 septembre (*Geschichte des bayer. 15. Infanterie-Regiments König Albert von Sachsen*, p. 59).

(1) *Correspondance militaire du maréchal de Moltke*, t. II, p. 357.

Cet escadron, parti de Prouvais, à 7 heures du matin, arriva à Chavonne après 2 heures de l'après-midi. Laissant un peloton entre cette localité et Vailly, son chef se remit en marche à 4 h. 30 avec les trois autres et se dirigea sur Soissons. En cours de route, il requit le maire de Bucy-le-Long, de l'accompagner en voiture, et, après que ses éclaireurs eurent reçu quelques coups de feu, il envoya ce magistrat municipal en parlementaire, pour sommer la place de se rendre. Mais, en approchant en voiture de la porte de la ville, vers 9 heures du soir, celui-ci reçut un coup de feu dans l'épaule.

Après cet incident, le commandant de l'escadron qui, dans l'intervalle, avait entendu des signaux d'alarme à l'intérieur de la ville, jugea prudent de se retirer sur Vailly, où il reçut l'ordre de rejoindre le régiment le lendemain matin (1).

Pendant que la 5ᵉ division gagnait Beaurieux, la 6ᵉ, renforcée par le 4ᵉ bataillon de chasseurs et une batterie à cheval, s'était portée vers Laon, et son chef, le duc de Mecklembourg obtenait la capitulation de la place dans des circonstances qui seront retracées plus loin, après que l'on aura indiqué les mouvements effectués, le 9, par les autres troupes de l'armée de la Meuse.

Le IVᵉ corps, pour faire de la place à la Garde et peut-être aussi pour éviter la région boisée et marécageuse de Sissonne, remonta un peu vers le Nord. Son quartier général occupa Montcornet.

La 7ᵉ division, précédant toujours la 8ᵉ, s'installa dans la zone Agnicourt, Montigny-le-Franc, Bucy-lès-Pierrepont, la Ville-aux-Bois, Montcornet; la 8ᵉ dans la zone Viney, Montloué, le Thuel, Renneville, Rozoy-sur-Serre.

Les convois à Clermont-les-Fermes (nᵒˢ 1 et 3), Noir-

---

(1) *Geschichte des Ulanen-Regiments Nr. 13.*

court (nos 2 et 4), Montcornet (no 5); dépôt de chevaux et escadron du train, Berlise; ambulances, Montigny, Soize, Lislet; hôpitaux de campagne à Montigny (no 2), Soize (no 12).

La division de cavalerie de la Garde vint à Dizy-le-Gros, Lappion, la Selve. Le quartier général du corps d'armée à Sévigny.

La 2ᵉ division, toujours la plus au Nord, se répartit dans les villages de Hannogne, Seraincourt, Logny-les-Chaumont, Adon, Chaumont-Porcien. Le gros du corps d'armée dans ceux de Saint-Quentin, Nizy-le-Comte, le Thour, Bannogne, Saint-Fergeux, Son (1).

La *12ᵉ* division de cavalerie, passant par Blanzy, Asfeld-la-Ville et Brienne, remplaça la 5ᵉ à Neufchâtel et ses environs.

Le XIIᵉ corps, à cheval sur l'Aisne, s'échelonna dans la zone, Asfeld, Saint-Germainmont, Ecly, Nanteuil-sur-Aisne, Avançon; son quartier général, à Château-Porcien.

Le prince de Saxe et son état-major gagnèrent Seraincourt.

---

(1) Convois et dépôt de chevaux au bivouac à Hauteville; équipage de pont et colonne de munitions, Justine; escadron d'encadrement du train, au bivouac à Hauteville.

CHAPITRE IV

Capitulation de Laon.

§ 1ᵉʳ. — *Situation matérielle de la place.*

« La ville de Laon est située sur le faîte Nord d'un plateau très élevé, sur une longueur de 2,500 mètres environ et sur une profondeur variant de 250 à 400 mètres; à l'extrémité Ouest de la ville, le plateau se prolonge vers le Sud, jusqu'à une distance de 1,800 mètres, appelée pointe Montot, se dirige de ce point vers l'Est, à une distance de 700 mètres, appelée pointe Saint-Vincent, retourne brusquement de l'Est à l'Ouest, remonte ensuite vers le Nord jusqu'à la ville, de là se prolonge vers l'Est jusqu'au glacis de la citadelle qui est bâtie sur l'extrémité Est du plateau... Les pentes sont très raides, accidentées, coupées par des escarpements ou de profonds ravins qui en rendent l'accès très difficile. La ville n'étant entourée que d'un mur d'enceinte ne peut offrir de résistance sérieuse, mais si des batteries puissantes étaient construites sur les pointes de Glasson à l'Ouest, à la pointe Montot et Saint-Vincent au Sud, pointes qui dominent la plaine, elles forceraient l'ennemi à se tenir à une grande distance... La citadelle a environ 200 mètres sur sa face Est et Ouest, 250 à la face Nord, 175 à la face Sud. Il existe un bastion à chaque angle plus un cinquième sur la face Est. Elle contient une caserne voûtée à l'épreuve, une tour carrée, un magasin à poudre, un magasin de l'artillerie... Le seul point d'attaque possible est sur la face Ouest (côté de la ville), les trois autres côtés étant presque inaccessibles (1) ».

Laon est donc une position très forte, facile à défendre et importante par sa situation au carrefour des routes nationales Paris—Maubeuge, Cambrai—Châlons-sur-Marne, et au croisement des voies ferrées de Tergnier à Reims, et de Hirson à Soissons et Paris. « Au 1er septembre, sur les vingt-sept pièces que possédait la citadelle (2), quinze avaient été mises en batterie sur les cinq bastions (3) ».

A la même date, la garnison était composée uniquement de mobiles : le bataillon d'infanterie et le dépôt du 15e de ligne, qui se trouvaient dans la place au commencement d'août, avaient été appelés à Soissons; les deux brigades de gendarmerie de Laon les suivirent bientôt et gagnèrent Château-Thierry où furent concentrés tous les gendarmes du département.

Il ne restait donc plus aucune troupe régulière à la disposition du général Théremin d'Hame, du cadre de réserve, appelé, le 18 août, au commandement de la subdivision de l'Aisne, en remplacement du général de Gerbrois, placé à la tête d'une brigade de cavalerie du 14e corps (4).

Quelques pompiers, le IIIe bataillon de mobiles de

---

(1) *Rapport* du général d'Autemarre sur la capitulation de Laon.

(2) L'armement de la place comprenait : onze canons lisses de 16 ou de 8, quatre canons rayés de 12 de place, six canons-obusiers de 12, six obusiers de 22 ou de 16 et huit mortiers de 22 ou de 15.
L'approvisionnement en boulets, bombes ou obus de tous calibres dépassait 20,000 projectiles; la poudrière renfermait 20,000 kilogrammes de poudre à canon ; il y avait 3,400 fusils à tabatière ou à percussion et 2,000,000 de cartouches.

(3) *Rapport* du général d'Autemarre sur la capitulation de Laon.

(4) Le général de Gerbrois avait lui-même remplacé à Laon le général Brayer, parti avec une brigade active et tué à Rezonville.

l'Aisne, concentré à Laon le 14 août, et 600 gardes nationaux sédentaires, à peine armés, constituèrent la garnison de la place jusqu'au 3 septembre (1).

Les 1,500 mobiles étaient armés de fusils à tabatière, mais la pénurie et l'ignorance des cadres empêchèrent leur instruction. Ils étaient logés en très grande partie dans la citadelle et à la caserne Saint-Martin ; très peu l'étaient chez l'habitant.

Le 3 septembre, arriva de La Fère, la 2ᵉ batterie de la garde mobile de l'Aisne, forte de 4 officiers et 111 hommes de troupe. La veille, la division de Maud'huy, arrêtée dans son mouvement sur Mézières, avait été débarquée à Laon.

Le 4 au soir, le général Vinoy, venant de Marle, y arriva par chemin de fer et on sait que le 5, le gros du 13ᵉ corps (2ᵉ division et la réserve de l'artillerie) fut réuni sous les murs de la place (2). Mais ces unités actives en partirent le lendemain, laissant le général Théremin avec ses seules troupes de mobiles.

Le départ du 13ᵉ corps provoqua une grande consternation dans la population civile et le conseil municipal jugea, dès lors, que la défense devenait difficile (3).

Certes, les vieilles murailles entourant la ville étaient défectueuses ; en certains points, leur hauteur était telle

---

(1) Le général Théremin, tenu, d'après les règlements, d'adresser chaque jour au Ministre de la Guerre un rapport sur l'état du matériel et du personnel de la place, ne manqua jamais à cette obligation. Le Préfet, de son côté, informa à diverses reprises le Ministre de l'Intérieur de la situation réelle de la place et du département.

(2) Chapitre II, p. 52 et 53.

(3) *Rapport* du général d'Autemarre sur la capitulation de Laon ; G. Dupont, *L'explosion de la citadelle de Laon*, p. 151 (Ce travail a été vraisemblablement rédigé sous l'inspiration de M. Ferrand, ancien préfet de l'Aisne, qui fut nommé, à son retour de captivité, préfet du Calvados. Il y a donc lieu de faire à son sujet les réserves qui sont

qu'on en pouvait faire l'escalade sans échelle ; plusieurs entrées de la ville manquaient de clôture en maçonnerie, et la plupart des portes, faites en claires-voies, pouvaient céder à quelques coups de hache. Mais les remparts de la citadelle étaient en bon état, et sa position élevée rendait presque inefficace tout tir d'artillerie de campagne dirigé contre elle.

Le général Théremin d'Hame avait réuni, le 20 août, le comité de défense. Le capitaine du génie Vauthier « lut un rapport faisant ressortir les avantages qui résulteraient pour la défense de la ville d'établir des batteries à la pointe Saint-Vincent, au Sud, et sur celle de Glasson, à l'Ouest, car, réduite à la citadelle seule, la ville était sans défense ; il ne fut pas donné suite à cette proposition, mais il fut décidé que des coupures avec parapet seraient faites en avant de la porte de Vaux (route de Vervins et de Reims), porte Saint-Martin (route de Soissons), à l'angle de la Préfecture (route d'Ardon et de Reims), porte Saint-Jean, sur la promenade du Sud. Un pont mobile en bois était jeté sur le milieu du fossé et assurait le passage. Ces travaux avaient pour but d'empêcher une surprise par un parti de cavalerie (1) ».

On les commença de suite, et les mobiles vinrent renforcer la main-d'œuvre civile recrutée par le service du génie. Mais les travaux furent peu considérables. Du côté de la citadelle, rien n'avait encore été ajouté aux défenses extérieures lorsque la place fut menacée. On s'était contenté de refaire, à l'intérieur, une palissade à l'entrée du pont, de blinder la poudrière et de refaire les parapets et plates-formes des pièces.

---

nécessaires quand il s'agit d'un personnage mêlé de si près aux événements. Néanmoins, le mémoire en question est accompagné de pièces justificatives officielles, publiées pour la première fois par lui, qui sont précieuses pour l'histoire de la capitulation de Laon).

(1) *Rapport* du général d'Autemarre sur la capitulation de Laon.

En ce qui concerne les vivres, le Comité de surveillance des approvisionnements s'était réuni le 18 août pour en constater le néant et « aviser l'autorité militaire supérieure (1) ». Des marchés furent passés immédiatement et des provisions de toutes espèces (riz, sel, café, sucre, lard, bestiaux, pain, farine, vin, bois de chauffage, fourrages), qui, d'ailleurs, devinrent la proie de l'ennemi, furent accumulées avant le 9 septembre, dans la place, de manière à répondre « aux besoins prévus par ordre ministériel (2) ».

Telle était l'organisation matérielle de la place, défectueuse comme on le voit et réduite, en résumé, à la citadelle, armée de 15 canons, et pourvue d'une garnison de 1,500 hommes disposant de 30 jours de vivres (3). En faisant abstraction de la ville, le général Théremin d'Hame aurait pu, au moins, chercher à utiliser ces faibles ressources ; malheureusement le moral de ses troupes et celui des habitants laissaient beaucoup à désirer.

§ 2. — *État moral des habitants et de la garnison.*

On sait qu'après le 6 août le Gouvernement impérial avait fait appel, dans une proclamation au pays, à l'énergie de tous les citoyens pour arrêter les progrès et entraver la marche de l'envahisseur (4). Dans l'Aisne, le préfet, M. Ferrand, se multiplia pour exalter le patriotisme des habitants, organiser les bataillons de mobiles et armer la garde sédentaire. Il lui aurait fallu

---

(1) Procès-verbal de la séance, Laon, 18 août.
(2) *Rapport* de l'intendant Lari au Ministre de la Guerre, au sujet des approvisionnements de la citadelle de Laon, Tulle, 13 octobre 1871.
(3) *Rapport* du général d'Autemarre sur la capitulation de Laon.
(4) *Journal officiel* du mardi 9 août.

70,000 fusils pour les gardes nationaux des deux catégories; le préfet en réunit à peine 24,000 (1). Plus tard, les 23 et 25 août, de nouvelles circulaires furent adressées aux préfets des départements du Nord-Est, leur enjoignant de tenir devant l'ennemi, de retarder sa marche par tous les moyens et de prévenir le plus rapidement possible les populations afin qu'elles puissent organiser la résistance ou, si c'était impossible, essayer de sauver les récoltes (2).

Mais les moyens matériels manquaient pour faire œuvre utile et, devant l'absence de toute organisation rationnelle, les populations, qu'effrayait d'autre part la menace des représailles ennemies, pliaient devant l'invasion et abandonnaient la défense.

A Laon, le Conseil municipal, dans une délibération du 22 août, déclara que « la ville, déclassée par décret du 23 mars 1866 et n'ayant plus dès lors entretenu ses anciennes fortifications, ne pourrait, sans le concours d'une force militaire suffisante, songer à se mettre en état de défense (3) ».

Le 28 août, le même corps réuni de nouveau en séance prit la décision suivante : « Après s'être éclairé de la manière la plus complète sur l'insuffisance avérée des moyens jusqu'alors pris par l'autorité militaire »,

---

(1) Avant la loi du 12 août, il y avait dans l'Aisne : 8,500 fusils (pompiers, garde nationale). Du 12 au 25 août, 15,500 fusils furent expédiés par l'Administration de la guerre dans les chefs-lieux d'arrondissement, cela faisait un total de 24,000 fusils avec lesquels il fallut déjà armer cinq bataillons de mobiles. A raison de 36 cartouches par homme, il aurait fallu 2,500,000 cartouches pour 70,000 mobiles; on était fort loin de compte (G. Dupont, *loc. cit.*, p. 207).

(2) Le Ministre de l'Intérieur aux Préfets, D. T., Paris, 23 août, 2 h. 45 soir et 25 août, 12 h. 15 matin.

(3) Extrait du registre des délibérations du Conseil municipal de la ville de Laon, séance du 22 août (G. Dupont, *loc. cit.*, p. 208).

considérant que « la ville, pénétrée du sentiment de ses devoirs civiques et de sa dignité, a toujours été fermement résolue à se défendre contre un coup de main », mais qu' « une défense sérieuse et durable ne se comprend qu'avec l'établissement de redoutes et de batteries sur certains points du plateau et une garnison bien armée pour soutenir l'artillerie ; qu'aucune mesure à cet égard n'a été entreprise par l'autorité militaire,..... en l'absence de ces dispositions, le Conseil considère comme son premier devoir de rester neutre et de laisser au Conseil de défense toute la responsabilité de ses actes (1) ».

Une délégation du Conseil municipal se rendit chez le général commandant la place pour lui remettre une copie de cette délibération.

Mais le découragement se manifesta surtout dans la place lorsqu'après le 4 septembre le 13ᵉ corps quitta Laon, se dirigeant sur Paris. Le général Vinoy, avant son départ, ranima les courages et parvint « à faire comprendre à la population qu'elle ne devait se rendre qu'à un ennemi assez considérable pour que sa capitulation ne fût pas déshonorante (2) ». Des cartouches devaient être distribuées à la garde nationale, aux mobiles, aux pompiers, à tous les hommes de bonne volonté.

Mais l'indiscipline gagnait les mobiles ; d'autre part, quelques membres du Conseil municipal, émus de plus en plus des dangers auxquels l'approche de l'ennemi exposait la ville, s'étaient établis en permanence à l'hôtel de ville, pour protester contre l'abandon de Laon à ses propres ressources (3).

---

(1) Extrait du registre des délibérations du Conseil municipal de la ville de Laon, séance du 28 août (G. Dupont, *loc. cit.*, p. 214).
(2) Général Vinoy, *loc. cit.*, p. 97.
(3) G. Dupont, *loc. cit.*, p. 152.

Le 6 septembre, le même Conseil décidait qu'il n'y aurait plus qu'un poste de garde nationale sédentaire à l'hôtel de ville, et que les postes fournis par la mobile et la garde nationale aux portes de l'enceinte de la ville seraient supprimés, celles-ci seraient simplement fermées (1). Ce même jour, l'approche d'un peloton de uhlans ayant été signalée, une partie du poste de mobiles et de gardes nationaux qui se trouvait à la porte de Vaux abandonna son poste ; il n'y resta que 5 hommes (2).

§ 3. — *Approche de l'ennemi et capitulation.*

Dans les premiers jours de septembre, comme on l'a vu (3), la 7ᵉ compagnie du IIIᵉ bataillon de la garde mobile de l'Aisne avait été envoyée dans la direction de Reims, à Guignicourt, pour garder le pont du chemin de fer. Elle avait détaché un poste à Loivre, village situé deux lieues plus loin. Le 5 septembre, ce poste fut surpris par 150 uhlans de la 5ᵉ division ; à son tour, celui de Guignicourt, après s'être porté au secours du poste attaqué, jugea prudent de ne pas attendre l'ennemi et se retira sur Laon, en marchant toute la nuit, oubliant de couper le pont sur lequel passe la voie ferrée de Reims à Laon (4). Ces mobiles confirmèrent la nouvelle annoncée quelques jours plus tôt de l'occupation de Rethel par un corps de 10,000 Prussiens.

La 6ᵉ division de cavalerie, cantonnée autour de Château-Porcien, avait envoyé le 4 septembre, dans la

---

(1) Le Général commandant la 4ᵉ division militaire au Ministre de la Guerre, D. T., Soissons, 6 septembre, 5 h. 25 soir.
(2) *Ibid.*
(3) Vᵉ partie, chapitre Iᵉʳ, p. 41, note 1.
(4) *Ibid.*, p. 534.

direction de Laon, 25 cavaliers du *16ᵉ* hussards, sous les ordres du lieutenant Dörr; cet officier était chargé, d'après un ordre du grand quartier général, de ramener prisonnier M. Ferrand, préfet de l'Aisne, accusé d'exciter les populations à la résistance. Mais le lieutenant Dörr, parti à 8 h. 30 du soir de Château-Porcien, ne put exécuter sa mission, car il trouva Eppes occupé par une compagnie. Il rentra à Château-Porcien le lendemain à 8 heures du matin, rendant compte que, d'après le dire des habitants, un camp français était dressé au pied de la montagne de Laon (1).

Une autre reconnaissance, commandée par les lieutenants Reimer et Jäger, partis de Herpy à la tête de 30 cavaliers du *15ᵉ* uhlans, arriva le 5, vers 9 heures du soir à Eppes qu'elle trouva évacué et où elle bivouaqua après avoir laissé 1 sous-officier et 8 cavaliers, comme relais à mi-chemin entre Herpy et Laon.

Le 6 au matin, ces officiers dirigèrent sur la place 1 sous-officier et 5 cavaliers qui apprirent que de nombreuses troupes en étaient parties dans la matinée par chemin de fer. Laissant le lieutenant Jäger à Eppes, le lieutenant Reimer se porta en avant, et rencontra un détachement d'ambulance volontaire qui se rendait sur le champ de bataille de Sedan; il l'arrêta et le personnel lui fit connaître que selon toutes apparences, le commandant de la place de Laon se rendrait sans combattre. Il apprit aussi que la citadelle n'était armée que de 20 pièces et que les mobiles qui l'occupaient avaient ordre de ne pas tirer (2). A 4 heures de l'après-midi, ce peloton de uhlans se présenta à la porte de Vaux après avoir traversé tranquillement le faubourg du même nom. Un feu violent, dirigé de la porte qui avait été réoc-

---

(1) *Kriegsgeschichtliche Einzelschriften*, Heft 20 et 21, p. 240.
(2) *Geschichte des Ulanen-Regiments Nr. 15*, p. 59.

cupée et du mur d'enceinte, désarçonna plusieurs de ces cavaliers dont trois furent faits prisonniers ; le reste s'enfuit au galop. Quelques-uns se réfugièrent à Eppes, mais le lieutenant Reimer, blessé au genou, parvint à s'échapper et gagna en voiture Herpy. Le lieutenant Jäger rendit compte de ces faits dans la nuit du 6 au 7 au commandant de la 6ᵉ division de cavalerie. Celui-ci fit partir aussitôt pour Eppes le lieutenant Rohr, du 15ᵉ uhlans, avec un peloton.

Cet officier devait relever la reconnaissance du lieutenant Reimer et envoyer le maire d'Eppes comme parlementaire à Laon pour sommer la place de se rendre (1).

Le 7 au matin, le général Théremin d'Hame rendit compte au Ministre des incidents de la veille et ajouta : « J'ai fait rentrer dans la citadelle tous les hommes présents et j'y suis enfermé avec tous les officiers de la garde nationale mobile, sans un seul homme de troupe (2) ». Il semble qu'en réponse à cette dépêche, le Ministre aurait télégraphié au général de se retirer sur Soissons s'il était menacé par des forces supérieures (3). Celui-ci allait exécuter ce mouvement quand un parlementaire allemand vint dans l'après-midi et demanda l'évacuation de la place (4).

En effet, dès son arrivée à Eppes, le lieutenant Rohr

---

(1) *Kriegsgeschichtliche Einzelschriften*, Heft 20 et 21, p. 242.

(2) Le Général commandant la subdivision de l'Aisne au Ministre de la Guerre, D. T., Laon, 7 septembre, 7 h. 55 matin.

(3) Le texte de cette dépêche n'a pas été retrouvé, il n'a même pas pu être présenté à la Commission des capitulations. Mais un télégramme du général Théremin au Ministre de la Guerre, daté de Laon, 7 septembre, sans heure de dépôt mais expédié le 8 à 1 h. 43 du matin, confirme son existence. Ce télégramme en effet débute par ces mots : « J'allais exécuter l'ordre de me retirer à Soissons, conformément à votre télégramme de ce matin... ».

(4) Le Général commandant la subdivision de l'Aisne au Ministre de

s'était présenté en parlementaire aux portes de Laon. Reçu par le général et le préfet, il les avait sommés de rendre la ville, déclarant qu'il précédait une armée de trois corps venant de Rethel, Château-Porcien et Reims, laquelle bombarderait la place si la capitulation n'était pas signée dans les 24 heures. Cet officier annonçait, en outre, que le roi de Prusse, qui était arrivé la veille à Rethel, en était reparti le matin même (1). Le général Théremin d'Hame avait appris, d'autre part, la présence à Sissonne de l'avant-garde d'un corps d'armée. Dans ces conditions, sa décision avait été un peu ébranlée, et il réclama un sursis jusqu'au lendemain 5 heures du soir. Il télégraphia alors au Ministre, mais reçut le 8, vers 7 heures du matin, la réponse suivante : « Je ne comprends pas votre télégramme; vous devez tenir jusqu'à votre dernier biscuit, votre dernier boulet, votre dernier soldat (2) ». Le général se résolut par suite à la défense.

De son côté, le Conseil, municipal télégraphia au Gouvernement, exposant qu'une résistance serait inutile et n'aurait pour effet que d'occasionner l'anéantissement de la ville sans aucun profit pour le pays (3). Pendant ce temps, le duc de Mecklembourg avait été informé, le 7 septembre dans la soirée, des négociations du lieutenant Rohr qui lui avait annoncé que la reddition paraissait vraisemblable et qu'elle était demandée à la fois par les habitants et par les mobiles composant la garnison (4). Pour hâter la solution, le commandant de la

---

la Guerre, D. T., Laon, 7 septembre, sans heure de dépôt, expédiée le 8 septembre à 1 h. 43 du matin.

(1) *Kriegsgeschichtliche Einzelschriften*, Heft 20 et 21, p. 242.
(2) G. Dupont, *loc. cit.*, p. 159.
(3) Le Maire de Laon au Ministre de la Guerre, D. T., Laon, 8 septembre, 10 h. 55 matin.
(4) *Kriegsgeschichtliche Einzelschriften*, Heft 20 et 21, p. 242.

6ᵉ division (1) envoya, le 8 au matin, la *15ᵉ* brigade de cavalerie (*16ᵉ* hussards, *15ᵉ* uhlans) et une batterie à cheval (2) à Athies. A 3 heures de l'après-midi, le colonel von Alvensleben, commandant cette brigade, se présenta aux portes de Laon et remit au général Théremin une sommation écrite du duc de Mecklembourg d'avoir à livrer la place, sous la menace d'un bombardement de la ville (3). Sur le refus du général, le colonel se rendit à l'hôtel de ville où le Conseil municipal était assemblé ; celui-ci demanda au parlementaire de ménager la population civile ; mais le colonel n'avait pas mission d'entrer en pourparlers avec d'autres autorités que les autorités militaires (4).

Le général Théremin communiqua télégraphiquement au Ministre les conditions qui lui étaient imposées (5). Le maire, de son côté, expliqua, par un télégramme au général Trochu, l'état des esprits, la surexcitation de la population contre le général, et supplia le Gouvernement, au nom du Conseil municipal et au sien, de sauver

---

(1) Dès la réception du compte rendu du lieutenant Jäger, la 6ᵉ division avait quitté les environs de Château-Porcien, le 7, vers 11 heures du matin, et s'était avancée vers Saint-Quentin et Sévigny (*Kriegsgeschichtliche Einzelschriften*, Heft 20 et 21, p. 243).

(2) Probablement la batterie Wittstock (2ᵉ batterie à cheval du *3ᵉ*).

(3) G. Dupont, *loc. cit.*, p. 166.

(4) *Rapport* du général d'Autemarre sur la capitulation de Laon.

(5) Le Général commandant à Laon au Ministre de la Guerre, D. T., Laon, 8 septembre, 6 h. 25 soir. — Ces conditions étaient les suivantes :

« 1° Tous les officiers et soldats de l'armée active ainsi que les officiers de la garde mobile seront prisonniers de guerre ;

« 2° Toutes les troupes de la garnison quitteront la ville aussitôt et mettront bas les armes ; le colonel von Alvensleben est autorisé de *relâcher* (sic) la garde mobile si elle promet de ne plus prendre les armes pendant cette guerre ;

« 3° Les canons, toutes les armes et les provisions de guerre, quelque nom qu'elles portent, seront à livrer ».

la ville de l'incendie et du pillage (1). Dans la nuit, le Ministre répondit au général et au Conseil municipal :

« Agissez devant la sommation selon les nécessités de la situation (2). »

Le général Théremin d'Hame se décida alors à capituler et la nouvelle en fut portée le 9, à 10 heures du matin, à Eppes, au quartier général prussien, par le commandant de Chézelles (3).

Certes, la place de Laon n'était pas armée comme elle aurait dû et pu l'être. Mais néanmoins, par sa situation et malgré ses faibles ressources, la citadelle pouvait résister quelque temps. En raison même de la topographie, l'artillerie de campagne, obligée de rester dans la plaine, n'aurait eu aucun effet sur la place.

Lorsque le commandant de Chézelles se rendit à Eppes, les effectifs ennemis menaçant Laon s'élevaient à une division de cavalerie, un bataillon de chasseurs et 12 pièces.

En effet, sur la demande du duc de Mecklembourg (4),

---

(1) Le Maire de Laon au général Trochu, D. T., Laon, 8 septembre, 7 h. 20 soir.

(2) Le Ministre de la Guerre au Général commandant à Laon et au Conseil municipal, D. T., Paris, 8 septembre, 10 h. 45 soir.

(3) Le Conseil d'enquête sur les capitulations, dans sa séance du 6 novembre 1871, considérant que le général Théremin n'avait à sa disposition qu'un bataillon et une batterie de gardes mobiles peu instruits et portés à la désertion, que la population épouvantée par les menaces de bombardement « avait voulu l'arrêter et le livrer à l'ennemi », qu'il n'avait cédé d'autre part qu'à l'autorisation de capituler implicitement contenue dans une dépêche ministérielle, se borna à regretter que le commandant de la place de Laon, avant de capituler, n'ait pas fait enclouer ses canons, noyer ses poudres, détruire les deux millions de cartouches qui existaient dans la place.

D'autre part, la municipalité de Laon a vivement protesté en 1872, contre l'accusation portée par le Conseil d'enquête, lequel avait déclaré que la population avait voulu livrer le général à l'ennemi.

(4) *Kriegsgeschichtliche Einzelschriften*, Heft 20 et 21, p. 242.

le quartier général de l'armée de la Meuse avait prescrit de renforcer la *6ᵉ* division de cavalerie par le *4ᵉ* bataillon de chasseurs et la *2ᵉ* batterie à cheval du *4ᵉ* (1).

Le *4ᵉ* bataillon de chasseurs, cantonné le 7 au soir à Signy-l'Abbaye (trois compagnies) et Wagnon (une compagnie), reçut l'ordre de se mettre, dans la matinée du 8, à la disposition du commandant de la *6ᵉ* division de cavalerie. Après s'être rassemblé à Signy, le 8 au point du jour, et avoir chargé ses bagages sur des voitures de réquisition, le *4ᵉ* bataillon rompit de cette localité à 5 heures du matin, se dirigeant à pied sur Lalobbe, Draize, Givron. Un officier monté, envoyé à l'avance sur la route de marche, réussit, avec l'aide de quelques patrouilles de cavalerie, à réquisitionner dans les localités traversées un nombre suffisant de voitures pour le transport des hommes. Aussi, après un repos à Logny-lez-Chaumont, le bataillon tout entier put-il continuer sa marche en voitures par Hannogne. En cours de route, il reçut l'ordre de continuer jusqu'à Eppes où il arriva à 10 heures du soir, après un parcours de plus de 60 kilomètres (2).

Le gros de la *6ᵉ* division, reprenant sa marche le 9 au matin, se dirigea sur Laon. Informé de la capitulation de la place, le duc de Mecklembourg envoya la *15ᵉ* brigade à Eppes, et, après la conclusion des négociations donna des ordres pour l'entrée des troupes allemandes à Laon.

Tout d'abord, la *14ᵉ* brigade et les deux batteries à cheval s'installèrent, vers 11 heures, au Nord de la chaussée, en avant de Vaux. Pendant ce temps, la *15ᵉ* brigade occupa les issues de la ville, envoyant des patrouilles dans tous les environs, et le duc de Mecklembourg, suivi de son état-major et du bataillon de chas-

---

(1) Capitaine Mann (*Geschichte des Feld-Artillerie Regiments Nr. 4*, p. 312).

(2) *Geschichte des Jäger-Bataillons Nr. 4*, p. 200.

seurs, se porta sur la ville, précédé de la 1re compagnie comme avant-garde. La 4e compagnie fut laissée à Vaux, pour occuper le faubourg et la gare ; les 2e et 3e compagnies s'arrêtèrent sur la place du Marché d'où elles envoyèrent des détachements aux portes de la ville ; la 1re compagnie pénétra dans la citadelle, relevant à l'entrée le poste des mobiles français.

Dans la cour de la citadelle, 1,500 mobiles, qui attendaient sans armes, défilèrent devant le duc de Mecklembourg, auquel le général Théremin avait remis son épée (1).

Six compagnies des mobiles, sur huit, étaient déjà sorties, lorsqu'une formidable explosion ébranla l'air : c'était la poudrière qui sautait avec ses 24 tonnes de poudre. Une confusion inexprimable s'ensuivit dans la place.

Du côté français, 300 hommes étaient tués ou blessés (2) ; le général Théremin était grièvement blessé à la tête et devait en mourir quelques semaines plus tard ; le duc de Mecklembourg était légèrement contusionné. Les troupes prussiennes perdirent 3 officiers et 39 hommes tués, 12 officiers et 60 hommes blessés. Grâce à leur éloignement relatif de la poudrière (ils étaient postés entre la caserne et le bastion 3), les chasseurs prussiens avaient été moins atteints que les mobiles.

Un moment on put craindre des représailles. Dix otages furent réclamés qui répondirent sur leur vie de l'ordre public. Le général Théremin, le préfet et tous les officiers français furent arrêtés. Mais l'enquête, qui dura dix jours, ne put établir la complicité des autorités militaires ou administratives qui, du reste, se dévouèrent pour soigner les blessés des deux nationalités. La catas-

---

(1) L'acte authentique de la capitulation n'a pu être retrouvé.
(2) Parmi lesquels 11 officiers tués et 10 blessés.

trophe fut attribuée au garde d'artillerie Henriot qui, seul, avait les clefs de la poudrière et dont on n'a plus retrouvé la trace.

Les officiers furent mis en liberté (1), mais le préfet, M. Ferrand, accusé par les Allemands d'avoir armé les populations rurales de l'Aisne et procédé aux opérations de la conscription dans un département envahi, fut retenu prisonnier de guerre et envoyé dans une forteresse allemande (2).

Dans la soirée, les chasseurs allemands se répandirent dans les maisons, par groupes de huit à dix, et ne quittèrent la ville que le dimanche 11 septembre, à 6 heures du matin.

La *6ᵉ* division de cavalerie cantonna également autour de Laon, le 9 au soir, et y séjourna le 10 ; la *14ᵉ* brigade à l'Ouest de la place : *6ᵉ* cuirassiers à Crépy et Bucy-lès-Cerny, *3ᵉ* uhlans à Etouvelles et Vaucelles ; la *15ᵉ* brigade à l'Est : *15ᵉ* uhlans à Chambry, *16ᵉ* hussards à Athies.

---

(1) *Rapport* du général d'Autemarre sur la capitulation de Laon.
(2) Enfermé d'abord à la citadelle d'Ehrenbreitstein, il fut libéré sous conditions à la fin du mois de septembre et retenu prisonnier sur parole à Coblentz jusqu'à l'armistice (G. Dupont, *loc. cit.*, p. 176).

CHAPITRE V

Envoi des divisions de cavalerie Reyau et de Champéron à l'Est de Paris.

Les mouvements des armées allemandes avaient rapidement été connus à Paris dans leur ensemble, tant par les renseignements particuliers venus de tous les points de la zone envahie que par les informations données par la presse, notamment par la presse étrangère. Le 4 septembre, on avait appris l'entrée des Allemands dans Reims, après le départ de la division d'Exéa, puis l'arrivée d'autres corps à Rozoy-sur-Serre et à Château-Porcien (1). Le lendemain, des partis de cavalerie étaient signalés à Loivre, Fismes et aux environs de Laon (2). Un télégramme de Londres (3) annonçait que le Prince royal de Prusse et le Prince royal de Saxe marchaient sur Paris, avec le Roi et le prince de Bismarck, et que le Ier corps bavarois restait à Sedan.

Le 6, la présence de cavalerie ennemie près de Laon était confirmée (4), et Gambetta télégraphiait aux pré-

---

(1) Le Préfet de l'Aisne aux Ministres de l'Intérieur et de la Guerre, D. T., Laon, 4 septembre, 1 h. 20 soir.

(2) Le Général commandant la 4e division militaire au Ministre de la Guerre, D. T., Soissons, 5 septembre, 2 h. 45 soir ; le Préfet de l'Aisne aux Ministres de la Guerre et de l'Intérieur, D. T., Laon, 5 septembre, 9 h. 10 matin.

(3) Dépêche adressée à l'agence Havas, Londres, 5 septembre, 1 h. 45 soir.

(4) Le Préfet de l'Aisne aux Ministres de l'Intérieur et de la Guerre, D. T., Laon, 6 septembre, 9 heures soir.

fets que l'ennemi se rapprochait de plus en plus de Paris, et que nos troupes se repliaient sur la capitale.

Le 7, les renseignements recueillis signalaient toujours l'ennemi vers Laon, à Crépy-en-Laonnois (1), au camp de Châlons, et quelques cavaliers à Épernay (2). D'autres télégrammes assuraient qu'il occupait probablement Château-Thierry (3), mais qu'il n'avait pas encore paru dans le département de l'Aube.

Tous ces renseignements, si vagues qu'ils fussent, ne permettaient pas de douter de l'apparition prochaine de la cavalerie ennemie devant Paris, précédant, à quelque distance, le gros des forces allemandes. C'est pourquoi le nouveau Ministre de la Guerre, le général Le Flô, après entente avec le général Trochu, décida, le 7 septembre (4), d'envoyer à une certaine distance de Paris la division de cavalerie Reyau, destinée au 13e corps, et la division de Champéron, affectée au 14e corps, formées toutes deux avec des régiments déjà arrivés aux abords de la capitale ou devant y venir à très bref délai.

En répartissant cette cavalerie sur les directions principales, par lesquelles l'ennemi pouvait se présenter, le Ministre espérait, sinon retarder sa marche, tout au moins arrêter ses coureurs et recueillir des renseignements sur ses mouvements.

Le général Reyau, chargé de la direction générale de

---

(1) Le Directeur général des Télégraphes au Ministre de la Guerre, D. T., Paris, 7 septembre, 1 h. 55 matin.

(2) Le Maire de la Ferté-sous-Jouarre au Préfet de Seine-et-Marne, D. T., 7 septembre, 4 heures soir.

(3) Le Sous-Préfet de Meaux au Préfet de Seine-et-Marne, D. T., Meaux, 7 septembre, midi 25.

(4) Le Ministre de la Guerre au Général commandant le 13e corps, Paris, 7 septembre ; le Ministre de la Guerre au Président du Gouvernement, 7 septembre.

ces opérations (1), devait s'établir en réserve à Meaux avec la brigade de cuirassiers (9e cuirassiers et 1er cuirassiers de marche), tandis que la brigade Ducoulombier (6e hussards et 6e dragons) irait vers Senlis, la brigade Cousin (1er et 9e chasseurs, 1 escadron de spahis (2), vers la Ferté-sous-Jouarre, et la brigade de Gerbrois (1er et 2e dragons de marche) à Nangis (3).

Le IIe bataillon de mobiles de Seine-et-Marne, maintenu à Meaux (4), celui de Melun, quelques compagnies de gardes forestiers, de francs-tireurs, serviraient de soutien à ce rideau de cavalerie.

L'instruction ci-après, adressée par le Ministre au général Reyau, indiquait les services demandés aux régiments placés sous ses ordres.

Instruction pour la cavalerie destinée à couvrir Paris (5).

« Il est formé un commandement de cavalerie destiné à concourir à la défense du territoire situé au Nord de la Seine, dans l'arc de cercle de Mantes à Montereau, et spécialement dans la partie comprise entre l'Oise et la Seine.

« Le centre de ce commandement sera établi à Meaux.

---

(1) Le Ministre de la Guerre au général Reyau, Paris, 7 septembre.
(2) Cet escadron était composé de 4 officiers dont 1 capitaine, 60 sous-officiers et cavaliers du 1er spahis arrivés à Paris le 3 septembre; 1 officier, 34 cavaliers du 2e spahis arrivés à Paris le 7; 2 officiers, 50 cavaliers du 3e spahis arrivés le 2. Au total, 7 officiers et 144 cavaliers (effectif au départ d'Afrique). Cet escadron fut caserné tout d'abord à la caserne Bonaparte.
(3) Le Ministre de la Guerre au général Reyau, Paris, 7 septembre.
(4) Le Gouverneur de Paris au Commandant des mobiles de Meaux, D. T., Paris, 7 septembre.
(5) Le Ministre de la Guerre au général Reyau, Paris, 7 septembre.

Il sera divisé en quatre brigades, qui auront les cantonnements suivants :

« **1ʳᵉ brigade**. — Centre d'opérations : Senlis.

« *Rayon de reconnaissances et d'observation.* — *Creil*. — Très important comme nœud de chemins de fer ; détachements sur la rive droite de l'Oise, jusqu'à Clermont.

« *Senlis*. — Reconnaissances jusqu'à Verberie et débouchés de la forêt de Compiègne.

« *Nanteuil-le-Haudouin*. — Reconnaissances sur Crépy (chemin de fer de Soissons), et jusqu'à la rivière l'Authonne.

« Dans les forêts de Compiègne et de Laigue, se trouve une compagnie organisée de gardes forestiers, sous le commandement de M. de La Panouze, inspecteur à Compiègne, à employer comme guides ou francs-tireurs au besoin (68 hommes).

« **2ᵉ brigade**. — Centre d'opérations : la Ferté-sous-Jouarre.

« *Rayon de reconnaissances et d'observation.* — *La Ferté-Milon*. — Très important. Débouchés de la route de Soissons. Reconnaissance de la forêt de Villers-Cotterêts et de la rive gauche de l'Ourcq, jusqu'à Oulchy-le-Château.

« *La Ferté-sous-Jouarre*. — Reconnaissances jusqu'à Château-Thierry, point de réunion possible de partis ennemis venant de Soissons, Reims et Châlons. S'assurer de la destruction complète du chemin de fer. Cette mesure, *de la plus haute importance*, devra être commune à toutes les retraites de la cavalerie.

« *Coulommiers*. — Reconnaissances sur la route de Montmirail, par Rebais, sur la Ferté-Gaucher.

« **3ᵉ brigade**. — Centre d'opérations : Nangis.

« *Rayon de reconnaissances et d'observation.* — *Jouy-le-Châtel.* — Reconnaissances sur la route de Sézanne.

« *Nangis.* — Reconnaissances sur Provins et le chemin de fer de Mulhouse.

« *Montereau.* — Reconnaissances sur le cours de la Seine et de l'Yonne et sur le chemin de fer de Lyon.

« A Fontainebleau et Mormant, 84 forestiers, sous les ordres de M. l'inspecteur de La Rue, à Mormant.

« **4ᵉ brigade.** — Formera la réserve à Meaux. Elle devra se tenir en communication avec les autres brigades, aux centres desquelles la relient des routes directes. Elle aura, de plus, à soutenir, sur l'Ourcq, la 2ᵉ brigade très avancée sur la route de Soissons.

« Il est entendu que les points indiqués plus haut, occupés en principe, doivent surtout être des centres de rayonnement. L'initiative la plus absolue doit être laissée aux chefs de détachement, qui préviendront de leurs mouvements le commandant en chef. Le but de notre cavalerie ne peut être d'arrêter complètement l'ennemi, mais d'enlever ses coureurs, de retarder sa marche, en le harcelant sans cesse, et surtout d'être parfaitement renseigné sur ses mouvements.

« En cas de retraite, toujours en éclaireurs, la 1ʳᵉ *brigade* se retirerait : la gauche, de Creil par la vallée de l'Oise ; le centre, de Senlis sur Gonesse ; la droite, de Nanteuil sur Dammartin.

« La 2ᵉ *brigade :* la gauche, par la vallée de l'Ourcq, de la Ferté-Milon sur Meaux ; le centre, de la Ferté-sous-Jouarre sur Meaux (chemin de fer de Strasbourg) ; la droite, de Coulommiers sur la forêt de Crécy et d'Armainvilliers (chemin de fer de Coulommiers).

« La 3ᵉ *brigade :* la gauche, de Jouy-le-Châtel sur Rozoy-en-Brie, Chaumes et Brie-Comte-Robert (chemin de fer de Mulhouse) ; le centre, de Nangis sur Mormant et Brie-Comte-Robert ; la droite, de Montereau par la vallée de la Seine, éclairant les forêts de Fontainebleau et de Sénart (chemin de fer de Lyon).

« La 4ᵉ *brigade*, après avoir été ralliée par la 2ᵉ brigade, descendra la Marne vers Lagny, en éclairant les deux rives.

« Si toutes ces troupes sont définitivement forcées de reculer, elles contourneront Paris, pour se reformer à Versailles, où elles recevront de nouveaux ordres.

« Les préfets des départements de l'Oise, de Seine-et-Oise et de Seine-et-Marne ont reçu les pouvoirs les plus absolus, pour faire toutes les réquisitions nécessaires à la défense du pays (1). Ils devront s'entendre avec les chefs des détachements de cavalerie, pour opposer à la marche de l'ennemi tous les obstacles possibles tels que : destruction des chemins de fer, des ponts, abattis d'arbres sur les routes ».

C'était là une mission bien vaste et bien complexe pour de si faibles effectifs de cavalerie. En outre, ces instructions tardives n'allaient malheureusement pas pouvoir être exécutées entièrement, bien que le général Reyau ait transmis, dès le 8 au matin, les ordres d'exécution.

En effet, la plupart de ses régiments n'étaient pas en état de faire leur mouvement, ce que le commandement ignorait vraisemblablement, ne connaissant pas la situation exacte de chacun d'eux. Dans la brigade Ducoulombier, le 6ᵉ dragons faisait route le 8, de Livry à Versailles (2)

---

(1) Le Président du Gouvernement aux Préfets de l'Oise, Seine-et-Oise, Seine-et-Marne, D. T., Paris, 6 septembre, 4 heures soir.
(2) Ce régiment avait battu en retraite avec la division d'Exéa par voie de terre.

où il restait jusqu'au 14, on ne sait pour quelle cause ; le 6ᵉ hussards, arrivé à Luzarches le 8, en repartit le lendemain pour Senlis (1), et envoya, le 10, un escadron à Creil, un autre à Villeneuve-sur-Verberie, un troisième à Pont-Sainte-Maxence, gardant le quatrième à 1 kilomètre en avant de Senlis (2). Le général Ducoulombier accompagna ce régiment à Senlis, où, le 11, arriva de Paris une compagnie de francs-tireurs, dits « Carabiniers du XIᵉ arrondissement (3) », qui fut envoyée à Pont-Sainte-Maxence et Verberie. En avant de ces troupes, se trouvaient, dans la forêt de Compiègne, une compagnie de gardes forestiers, et, à Compiègne même, les IIIᵉ et IVᵉ bataillons de mobiles de l'Aisne. Mais ces deux dernières unités quittèrent cette ville le 10, et se retirèrent à Beauvais (4).

Des deux régiments de la brigade du général Cousin, un seul, le 9ᵉ chasseurs, était arrivé en entier à Versailles. Le général partit avec ce régiment, le 8, à 4 heures du soir, et arriva à Lagny dans la nuit. La route directe de Lagny à Meaux étant coupée, il dut aller passer par Claye et atteignit Meaux le 9, vers midi, ayant fait 80 kilomètres environ depuis la veille, à 4 heures (5).

Le même jour, arrivèrent à Meaux le général Reyau, l'escadron de spahis (6), le général Ressayre, le 9ᵉ cui-

---

(1) Un télégramme du Ministre de la Guerre, du 7 septembre, avait prescrit au général Ducoulombier, commandant la brigade de cavalerie du 13ᵉ corps, de rester à Senlis avec le 6ᵉ hussards.
(2) *Historique manuscrit* du 6ᵉ hussards.
(3) Effectif : 150 hommes.
(4) *Historiques manuscrits* des IIIᵉ et IVᵉ bataillons de mobiles de l'Aisne.
(5) *Historique manuscrit* du 9ᵉ chasseurs.
(6) L'escadron de spahis avait fait étape, le 8, à Lagny, et le 9ᵉ cuirassiers à Claye. Les spahis avaient rencontré sur la route de nombreux paysans fuyant vers Paris, emportant ce qu'ils avaient de plus précieux (*Historique* du détachement du 2ᵉ spahis).

rassiers et les IIIe et IVe bataillons de volontaires de la Seine, envoyés par le Gouverneur pour appuyer la cavalerie et placés sous les ordres du colonel Lafon.

Les 1er et 2e régiments de dragons de marche (1) arrivèrent, par voie ferrée, à Melun, dans les journées des 8 et 9 septembre ; ils y furent rejoints, le 9, par le général de Gerbrois, commandant la brigade et, le 10, par le général de Champéron, commandant la division formée avec cette brigade et celle du général Cousin.

Dans la nuit du 9 au 10, arriva également à Melun le bataillon des francs-tireurs de Paris du commandant Aronsohn (2).

---

(1) Le 1er régiment de dragons de marche, colonel L'Hotte, avait été formé à Tours avec un escadron de chacun des 1er, 3e, 9e et 10e dragons ; il en partit, le 7 septembre, pour Versailles, y débarqua le 8, se rendit à Saint-Cyr et s'y rembarqua, le 9 au matin, pour Melun. Le 2e régiment, lieutenant-colonel Bonaparte, fut formé à Cambrai avec un escadron de chacun des 2e, 4e, 5e et 8e dragons ; il en partit, le 8, pour Versailles, puis un changement de destination, survenu en cours de route, l'amena à Melun (*Historiques manuscrits* des 1er et 2e régiments de marche).

(2) M. Aronsohn avait obtenu, dès le commencement d'août, l'autorisation de former trois bataillons de francs-tireurs de Paris, chacun à dix compagnies de 100 hommes. Le 1er bataillon se constitua à l'École Turgot, rue de Turbigo, 69. Le 3 septembre, ce bataillon est armé du fusil modèle 1866. Le lendemain, il marche, baïonnette au canon, sur le Corps législatif, puis vient à l'Hôtel de ville ; il fut désigné pour garder l'Hôtel de ville, les Ministères de l'Intérieur et des Affaires étrangères. Enfin, le 9 septembre, à 9 heures du soir, il quitta Paris par voie ferrée pour Melun, en repartit, le 11 à 2 heures du soir, et bivouaqua au Châtelet, puis, le 12 à Valence, le 13 près de Moret, le 14 à Moret et une compagnie à Fontainebleau, le 15 à Fontainebleau, les 16 et 17 à Melun, le 18 à Milly et Dannemois. De là, il battit en retraite sur Orléans. On le retrouvera en étudiant les opérations sur la Loire.

Pendant ce temps, le IIe bataillon s'organisait à Paris (Lieutenant-colonel Ledeuil, *Les Défenseurs de Châteaudun, Francs-Tireurs de Paris*, p. 23 et suiv.).

Pendant que ces unités effectuaient ces mouvements, les armées allemandes avaient continué leur marche, mais les nouvelles recueillies et transmises à Paris ne permettaient de se rendre compte qu'imparfaitement de leurs progrès.

Les renseignements parvenus à Paris, le 8, étaient presque nuls. Laon paraissait investi; la marche des armées allemandes semblait s'être ralentie pour une concentration entre Châlons et Reims (1). D'autres télégrammes, venus de divers points, étaient empreints d'exagération. Certains signalaient la présence de troupes allemandes à Sommesous, Montmirail, Château-Thierry (2).

Le 9, le Ministre de l'Intérieur télégraphiait aux préfets que trois corps d'armée ennemis marchaient sur Paris, que l'un d'eux était à Sissonne et avait poussé son avant-garde devant Laon. Il ajoutait que les communications télégraphiques étaient interrompues avec Épernay et Château-Thierry, ce qui faisait croire à la présence de l'ennemi sur ces deux points.

D'autres dépêches annonçaient le passage, la veille, à Vitry-le-François d'une colonne de 4,000 hommes (3) et la prochaine entrée des éclaireurs prussiens à la Ferté-sous-Jouarre (4).

---

(1) Bulletin de renseignements du 8 septembre, rédigé au Cabinet du Ministre de la Guerre.

(2) Le Sous-Préfet de Meaux au général Trochu et au Ministre de l'Intérieur, D. T., Meaux, 8 septembre, 9 h. 7 soir; le Préfet de l'Aube au Ministre de l'Intérieur, D. T., Troyes, 8 septembre, 10 h. 40 soir.

(3) Le Préfet de l'Aube au Ministre de l'Intérieur, D. T., Troyes, 9 septembre, 8 h. 20. — Il s'agissait vraisemblablement des troupes et services de l'Inspection générale d'étapes de la IIIe armée, venant de Bar-le-Duc et se rendant à Châlons-sur-Marne.

(4) Le Maire de la Ferté-sous-Jouarre au Ministre de l'Intérieur, D. T., la Ferté, 9 septembre.

Le 9 au soir, la situation des troupes françaises à l'Est de Paris était la suivante :

Compiègne. — Compagnie de gardes forestiers (forêts de Compiègne et de Laigue), IIIe et IVe bataillons de mobiles de l'Oise.

Senlis. — Général Ducoulombier et 6e hussards (1).

Meaux. — Généraux Reyau, Ressayre et Cousin : escadron de spahis, 9e chasseurs, 9e cuirassiers, IIIe et IVe bataillons de volontaires de la Seine, IIe bataillon de mobiles de Seine-et-Marne.

Nangis. — IVe bataillon de mobiles de Seine-et-Marne.

Melun. — Général de Pointe de Gévigny, commandant la subdivision de Seine-et-Marne ; Général de Gerbrois : 1er et 2e régiments de dragons de marche, IIIe bataillon de mobiles de Seine-et-Marne ; Ier bataillon de francs-tireurs de Paris.

Fontainebleau. — Ier bataillon de mobiles de Seine-et-Marne.

Montereau. — 8e compagnie du 4e bataillon de chasseurs, quatre compagnies des IIIe et IVe bataillons de mobiles de Seine-et-Marne.

---

(1) L'autre régiment de cette brigade, le 6e dragons, avait battu en retraite avec le 13e corps, et était à Versailles (Voir plus haut, p. 140).

CHAPITRE VI

Journée du 10 septembre.

§ 1ᵉʳ. — *Mouvements des troupes françaises.*

Dès son arrivée à Meaux, le 9 septembre, le général Reyau prescrivit d'envoyer le lendemain matin deux escadrons du 9ᵉ chasseurs et les spahis sur la Ferté-sous-Jouarre et Château-Thierry, puis, les deux autres escadrons de chasseurs sur la Ferté-Milon (1). Mais le pont de Trilport ayant été détruit, le général Cousin gagna, avec ses cinq escadrons, Lizy-sur-Ourcq (2), où il établit, dans l'après-midi, son bivouac à l'Est de la localité après avoir envoyé un officier et 12 spahis sur la Ferté-sous-Jouarre, un peloton de spahis sur la Ferté-Milon, puis le capitaine d'Agon et 35 cavaliers du 9ᵉ chasseurs vers Château-Thierry. Ce dernier détachement quitta Lizy vers 3 heures, gagna d'abord Montreuil-aux-Lions, où il apprit que Château-Thierry avait été occupé le matin par 400 à 500 cavaliers du *8ᵉ* dragons et 1,500 hommes du *51ᵉ* d'infanterie et que d'autres troupes se trouvaient à Jaulgonne et Crézancy (3). Informé, vers

---

(1) Le général Reyau au général Cousin, Meaux, 10 septembre.

(2) Le général Reyau au Ministre de la Guerre, Meaux, 10 septembre.

(3) *Rapport* du capitaine d'Agon, 14 septembre. — Cet officier apprenait aussi que de l'artillerie, qui descendait par le canal de la Marne, avait été embourbée, par suite de la destruction des écluses et de l'écoulement des eaux.

6 heures du soir, qu'un escadron prussien venait d'arriver à Charly-sur-Marne, le capitaine d'Agon se porta alors à Crouttes, d'où il envoya quelques patrouilles vers Charly. Celles-ci se heurtèrent, vers 8 heures du soir, presque à la sortie de Crouttes, à des cavaliers allemands avec lesquels elles échangèrent quelques coups de feu (1). Le gros de la reconnaissance leur donna la chasse pendant quelque temps, mais, craignant de s'aventurer trop loin, le capitaine d'Agon ramena ses cavaliers à la bifurcation des routes à l'Ouest de Montreuil-aux-Lions. Il s'y établit en grand'garde jusque vers 2 heures du matin puis repartit à cette heure vers Chamigny, où de la cavalerie adverse lui avait été signalée. N'ayant rien trouvé dans cette direction, il regagna Lizy-sur-Ourcq et Congis, où se trouvait son régiment.

En effet, le général Cousin, ayant été informé, dans l'après-midi du 10, de l'occupation de Château-Thierry, ne s'était pas cru en sûreté à Lizy et avait levé son bivouac pour aller s'établir à Congis.

Le général Reyau avait envoyé, le 10 également, un escadron du 9e cuirassiers à Dammartin avec ordre de détacher un peloton vers Nanteuil-le-Haudouin pour le relier à la brigade Ducoulombier (2). Puis, il avait dirigé deux escadrons du même régiment sur Coulommiers, sous les ordres du commandant de Benque, pour éclairer vers la Ferté-Gaucher et assurer la liaison avec la brigade de Gerbrois (3). Mais l'annonce de l'arrivée de détachements ennemis, dans la nuit du 10, à la Ferté-sous-Jouarre (renseignement inexact), à Rebais et à la Ferté-Gaucher, détermina le commandant de Benque à quitter Coulommiers dans la nuit avec ses deux escadrons

---

(1) Un cavalier reçut une balle à la tête (blessure sans gravité).
(2) Le général Reyau au général Ressayre, Meaux, 10 septembre.
(3) *Ibid.*

du 9ᵉ cuirassiers et à se replier, conformément aux instructions du général Reyau, sur Quincy et Couilly, au Sud de Meaux (1).

Après le départ du général Cousin pour Lizy et du commandant de Benque pour Coulommiers, le général Reyau ne disposait plus à Meaux, comme troupes de cavalerie, que d'un escadron du 9ᵉ cuirassiers (2); mais, dans la journée, il fut rejoint par l'état-major et les 1ᵉʳ et 4ᵉ escadrons du 1ᵉʳ chasseurs (3).

Sur des renseignements transmis par le Ministre, le commandant des troupes de Meaux envoya, le 10 au soir, le général Ressayre et son dernier escadron du 9ᵉ cuirassiers à Claye, pour garder le pont sur le canal (4). En même temps, il ordonna au colonel Lafon de se porter le lendemain, avec ses deux bataillons de volontaires de la Seine, vers Dammartin avec ordre de se replier, le cas échéant, sur Claye et de défendre les bois, le long de la route qui, de cette localité, mène à Paris (5).

A 6 heures du soir, le général Reyau télégraphiait au général Trochu que la Ferté-sous-Jouarre était occupée par 3,500 hommes d'infanterie et de cavalerie ennemies et qu'un détachement de même force se portait de Montmirail à Rebais.

---

(1) Le commandant de Benque au général Reyau, D. T., Coulommiers, 10 septembre, 9 h. 40 soir; le général Reyau au commandant de Benque, D. T., Meaux, 10 septembre, 11 h. 15 soir.

(2) Le général Reyau au Ministre de la Guerre, Meaux, 10 septembre.

(3) Ces deux escadrons avaient quitté Sidi-Bel-Abbès le 28 août, étaient arrivés à Versailles le 6 septembre, avaient fait étape le 9 à Lagny. Les deux autres escadrons (5ᵉ et 6ᵉ) venant également d'Algérie arrivèrent à Versailles seulement le 10, couchèrent le 11 à Boissy-Saint-Léger et rejoignirent le gros du régiment le 12 à Pomponne, près de Lagny.

(4) Le général Reyau au général Ressayre, Meaux, 10 septembre.

(5) Le colonel Lafon au général X..., Meaux, 10 septembre.

Les troupes réunies à Melun ne firent aucun mouvement le 10 : on ignore pour quelles causes. Peut-être n'avaient-elles reçu aucune instruction, le général de Champéron n'étant arrivé qu'à cette date à Melun. En tout cas, le général Reyau ne connaissait rien de leur situation (1).

Quant à celles de Senlis, on a dit plus haut que le 6ᵉ hussards faisait occuper, le 10, Creil, Villeneuve-sur-Verberie et Pont-Sainte-Maxence par un escadron.

A Compiègne, les deux bataillons de mobiles de l'Oise se replièrent sur Beauvais. Rien ne justifiait la retraite hâtive de ces bataillons qui auraient pu, au contraire, occuper un certain temps les lisières orientales des forêts de Laigue et de Compiègne (2).

Les renseignements parvenus dans la journée du 10 à Paris faisaient connaître que cinq corps d'armée prussiens étaient en marche sur Paris et que deux corps, restés sous Sedan, avaient reçu l'ordre de les rejoindre (3).

L'ennemi était en outre signalé en marche vers Compiègne et Crépy. Sa présence était annoncée à Château-Thierry (détachement de 1,500 hommes), à la Ferté-sous-Jouarre, Montmirail, Rebais, Villenauxe, Sézanne (4).

Des renseignements concordants, parvenus dans la nuit du 9 au 10, de Stockholm et de Vienne, faisaient connaître que l'ennemi serait sous Paris dans trois jours et qu'il concentrerait tous ses efforts sur un seul point (5).

---

(1) Le général Reyau au Général commandant la cavalerie à Melun, Meaux, 10 septembre.

(2) Le Général commandant à Beauvais au Ministre de la Guerre, D. T., Beauvais, 10 septembre, 2 h. 50 soir.

(3) Dépêche de l'agence Havas, Bruxelles, 10 septembre, 9 h. 24 matin.

(4) Les Archives de la Guerre possèdent de nombreux télégrammes des autorités locales.

(5) Dépêche de l'agence Burgraff, Vienne, 9 septembre, 11 h. 30

§ 2. — *Mouvement des armées allemandes.*

Dans la journée du 9, le maréchal de Moltke, traduisant sous forme d'ordre la note qu'il avait établie la veille (1), envoya aux commandants d'armée les instructions ci-après :

Reims, le 9 septembre 1870.

Pour l'investissement de Paris, la subdivision d'armée de S. A. R. le Prince royal de Saxe s'établira au Nord de Saint-Denis, la IIIe armée au Sud, vers Sceaux et Choisy. La liaison entre les deux armées sera asssurée par les troupes laissées en arrière autour de Sedan et Reims, qui devront être poussées le plus tôt possible sur Claye et Lagny.

Pour l'exécution du mouvement, la subdivision d'armée de S. A. R. le Prince royal de Saxe disposera des routes Laon—Compiègne—Creil—Argenteuil et Cormicy—Fismes—Lizy—Saint-Denis, ainsi que de tous les chemins parallèles se trouvant entre ces deux routes. De même, la IIIe armée disposera des routes Dormans—Meaux—Choisy et Vertus—Sézanne—Provins—Villeneuve (2), ainsi que des chemins entre ces deux routes.

Une offensive partant de Paris paraissant invraisemblable pour le moment, les troupes pourront marcher par division, sur un grand front, sous la protection de la cavalerie qu'on poussera en avant et qu'on fera soutenir par des détachements d'infanterie. On ménagera ainsi les troupes et l'on pourra assurer leur subsistance par des réquisitions qu'on réglera et qu'on surveillera sévèrement.

Afin de paraître devant Paris en même temps et avec des forces suffisantes, les corps de première ligne de la IIIe armée s'arrêteront à hauteur de Meaux, jusqu'à ce que les têtes du IVe corps, de la Garde et du XIIe corps aient atteint à peu près la ligne Senlis-Meaux. Ceci ne pourra guère arriver avant le 19 ou le 20 courant. A ce moment, le XIe corps et le Ier corps bavarois, arrivant par Reims et Épernay, se seront réunis à la IIIe armée aux environs de Meaux, et la division

---

soir ; dépêche de l'agence Fournier, Stockholm, 9 septembre, 4 h. 50 soir.

(1) Voir plus haut, p. 113.
(2) Villeneuve-les-Bordes, au Sud de Nangis.

würtembergeoise aura été relevée à Reims par le corps du grand-duc de Mecklembourg.

Il peut arriver que la situation dans Paris permette de lancer en avant les corps de première ligne de la III⁰ armée ; cependant rien ne le fait prévoir encore (1).

III⁰ Armée. — Comme on le voit, la III⁰ armée pouvait ne faire que de courtes marches ou prendre le temps d'amener tous ses corps à la même hauteur. C'est vraisemblablement pourquoi les V⁰ et VI⁰ corps ne firent aucun mouvement le 10, à l'exception des fractions envoyées en reconnaissance et, au VI⁰ corps, d'un assez gros détachement qui devait comprendre le *8*⁰ dragons et des éléments du *51*⁰ d'infanterie (2), et qui vint occuper Château-Thierry. Ce détachement lança vers la Ferté-sous-Jouarre le parti de cavalerie qui se heurta près de Crouttes à la reconnaissance du 9⁰ chasseurs indiquée plus haut.

La *2*⁰ division de cavalerie, passant par Montmirail, transporta son quartier général à Viels-Maisons. La *4*⁰ brigade, toujours en tête, occupa Hondevilliers, les Fans, Viels-Maisons et les hameaux intermédiaires (3). La *3*⁰ s'arrêta à la Haute-Épine (4). La *5*⁰, marchant toujours isolément, vint cantonner dans la vallée du Petit-Morin, à Bellot, Villeneuve-sur-Bellot, Verdelot, d'où le *6*⁰ hussards envoya des reconnaissances sur Rebais, Coulommiers et la Ferté-Gaucher (5).

---

(1) *Correspondance militaire du maréchal de Moltke*, t. II, p. 365.

(2) Le *51*⁰ d'infanterie était cantonné depuis le 8 à Varennes et Crézancy. Son *Historique* ne fait pas mention toutefois, de l'envoi de détachements, le 10, à Château-Thierry.

(3) *Schwarze Husaren*, t. I, p. 527.

(4) Général-major von Colomb, *Aus dem Tagebuche*, p. 27.

(5) Le Préfet de Seine-et-Marne au Ministre de l'Intérieur, D. T., Melun, 10 septembre, 5 h. 37 soir.

Le II° bavarois, à l'aile gauche, s'avança de Vertus à Sézanne, et cantonna au Sud des marais de Saint-Gond, dans la zone Sézanne, Broyes, Broussy-le-Petit, Bannes, Connantre.

Ses éclaireurs parurent à Esternay et vers Villenauxe (1). Le Prince royal maintint son quartier général à Boursault.

Armée de la Meuse. — La 5ᵉ division de cavalerie ne fit qu'une courte étape pour gagner les environs de Braine. La *13*ᵉ brigade, passant sur la rive gauche de la Vesle, cantonna à Vasseny, Couvrelles et Lesges; la *12*ᵉ brigade s'installa à Braine avec le quartier général et à Brenelle (2), tandis que la *11*ᵉ s'arrêtait à Courcelles, Vauxtin et Vauxcéré (3). De là, la division observait Soissons.

Quant à la *6*ᵉ division de cavalerie, elle se maintint aux environs de Laon, dans ses cantonnements de la veille, se contentant d'envoyer des fractions en reconnaissance vers la Fère et Soissons.

Mais elle fut renforcée, le 10, par le Iᵉʳ bataillon du *26*ᵉ qui avait reçu, à 6 heures du matin, à Bucy-lès-Pierrepont, l'ordre de se porter le plus rapidement possible vers Laon. Il y arriva à 11 heures du matin, ayant

---

(1) Le Préfet de Seine-et-Marne au Ministre de l'Intérieur, D. T., Melun, 10 septembre, 5 h. 5 soir.

(2) Un escadron du *19*ᵉ dragons fut détaché à Presles dans la vallée de l'Aisne.

(3) Ces villages étaient en partie abandonnés par leurs habitants. Les troupes n'y trouvèrent que peu de vivres, en suffisance cependant pour un jour, mais pour assurer la nourriture du lendemain pendant leur séjour, particulièrement pour se procurer de l'avoine, elles durent envoyer des réquisitions dans les localités avoisinantes (*Geschichte des Ulanen-Regiments Nr. 16*).— Au 11 septembre, le *16*ᵉ uhlans comptait 15 officiers, 50 sous-officiers et brigadiers, 10 trompettes, 291 hommes de troupe, 3 infirmiers, 304 chevaux.

fait porter, pendant une partie de la route, ses sacs sur des voitures que le régiment avait requises, aussitôt l'ordre de départ arrivé et qui l'avaient rejoint en chemin (1). Le commandant du IV⁰ corps envoya aussi à Laon l'hôpital de campagne n° 2 et une section de l'ambulance n° 1, pour y soigner les blessés de l'explosion de la veille (2).

Le IV⁰ corps, ce même jour, se dirigea sur Laon. Le quartier général s'établit à Notre-Dame-de-Liesse ; la 8⁰ division, passant par Montcornet, Montigny, Pierrepont, se dispersa dans les villages de Monceau-le-Wast. Grandlup, Vesles, Pierrepont, Mâchecourt. La 7⁰ division qui, de Bucy-lès-Pierrepont s'était avancée par la grande route de Laon, cantonna à Athies, Samoussy, Gizy, Notre-Dame-de-Liesse (3).

La division de cavalerie de la Garde, se portant au Sud-Est de Laon, vint s'établir sur la grande route de Reims, de Festieux à Corbény. Le quartier général du corps de la Garde gagna Sissonne ; la 1ʳᵉ division s'échelonna de Saint-Erme, Ramecourt et Outre à Lor, en passant par la Malmaison. La 4⁰ brigade et les éléments non endivisionnés cantonnèrent à Sissonne, Saint-Preuve, Boncourt et Lappion (4).

---

(1) *Geschichte des Infanterie-Regiments Nr. 26*, t. II, p. 176.

(2) *Geschichte des Train-Bataillons Nr. 4*, p. 157.

(3) Les convois nᵒˢ 1 et 3 à Gizy, nᵒˢ 2 et 4 à Pierrepont, n° 5 à Chivres ; l'escadron d'encadrement du train et le dépôt mobile à Goudelancourt.

Ambulances : n° 1 à Gizy et Laon, n° 2 à Machecourt, n° 3 à Chivres.

Hôpitaux de campagne : n° 2 à Montigny-le-Franc, n° 12 à Machecourt (*Geschichte des Train-Bataillons Nr. 4*, p. 293).

(4) Les convois vinrent à Nizy-le-Comte, Saint-Quentin et le Thour ; l'escadron d'encadrement du train à Sévigny, l'équipage de ponts à le Thour, l'équipage de ponts léger à Fleuricourt (ferme à 4 kilomètres Ouest de la Malmaison). Ambulances : Lor, Boncourt, la Selve (*Geschichte des Garde-Train-Bataillons*, p. 272 ; *Geschichte des Garde-Pionier-Bataillons*, p. 201).

La *12ᵉ* division de cavalerie, continuant à suivre la vallée de l'Aisne, et gagnant un peu de distance en avant de son corps d'armée, vint à Roucy, Concevreux, Chaudardes.

Le XIIᵉ corps ne fit qu'une courte marche puisqu'il se trouvait au pivot de la conversion qu'avait à exécuter l'armée de la Meuse. Il transporta son quartier général à Neufchâtel-sur-Aisne (1) et cantonna ses unités dans la zone Guignicourt, Asfeld, Roizy, Bertricourt, Condé-sur-Suippe.

Le quartier général de l'armée de la Meuse gagna Marchais.

---

(1) Bornemann, *Marschtafel der deutschen Heeresteile im Kriege 1870-71.*

CHAPITRE VII

Journée du 11 septembre.

§ 1ᵉʳ. — *Mouvement des troupes françaises.*

Avant de décrire les mouvements des troupes françaises dans la journée du 11, il importe d'appeler l'attention sur les défauts d'organisation du commandement de toutes les unités chargées de couvrir Paris. Le général Reyau en avait la haute direction, d'après les ordres du Ministre (1), mais il semble qu'il exerçait son autorité surtout sur les troupes de cavalerie et qu'il s'occupait peu des troupes d'infanterie à proximité de ses cavaliers. Ce qui est certain, c'est que les opérations des uns et des autres manquaient de cohésion, et qu'infanterie et cavalerie obéissaient souvent à des ordres différents.

Ainsi, on a vu, le 10, les deux bataillons de mobiles de Compiègne évacuer cette ville et se replier sur Beauvais, sur l'ordre sans doute du général commandant le département de l'Oise, tandis que le 6ᵉ hussards restait isolé à Senlis et environs, sous le commandement du général Ducoulombier, qui ignorait ce qu'était devenu son deuxième régiment, le 6ᵉ dragons. A Meaux, le général Reyau, qui dispose cependant pour l'aider dans son commandement des généraux Cousin et Ressayre dont les brigades sont incomplètes, utilise peu ou point les

---

(1) Voir plus haut, p. 137.

bataillons de mobiles et de volontaires de la Seine qu'il a auprès de lui. A Melun, trois généraux, le général de Champéron, commandant la division de cavalerie, le général de Gerbrois, commandant la brigade de dragons, le général de Pointe de Gévigny, commandant la subdivision, et le préfet se partagent le commandement. Aux ordres que donnent ces diverses autorités il faut ajouter ceux qui viennent directement de Paris. De là un certain désordre, du décousu dans les opérations, un mauvais emploi des troupes qui ressortent des faits eux-mêmes et que le général de Pointe de Gévigny mettait en lumière dans une lettre qu'il adressait au Ministre de la Guerre. Après avoir indiqué que son entente avec le Préfet était complète, il ajoutait que, malgré l'inertie des habitants « la position serait encore tenable sans la diffusion des ordres et contre-ordres adressés de Paris directement à chacun ». Le général continuait : « Ainsi, pendant qu'il arrive des troupes qui devraient se porter en avant, le génie, en exécution des ordres qu'il a directement reçus, fait sauter les ponts et couper les routes par lesquelles les troupes pourraient se porter en avant et se retirer ensuite.

« Les brigades de gendarmerie, en exécution d'ordres qui me sont même inconnus, se replient sur moi en se retirant sur Paris. La garde mobile qui, en dehors de moi, a aussi reçu des ordres et contre-ordres, s'ébranle, s'inquiète..... Des corps francs arrivent sans que j'en sois prévenu, venant de je ne sais où et ayant ou n'ayant pas des instructions spéciales qui les mettent hors de mon commandement et de ma direction..... (1) ».

Le commandant de la subdivision de Melun proposait de mettre directement sous les ordres du général Reyau,

---

(1) Le général de Pointe de Gévigny au Ministre de la Guerre, Melun, 10 septembre.

les bataillons de mobiles, et d'en placer un sur chacun des trois points occupés par les trois généraux de cavalerie.

D'après les instructions communiquées par le général Reyau au général de Champéron, ce dernier devait se porter avec la brigade de Gerbrois à Nangis (1) et, de là, éclairer vers Jouy-le-Châtel, Provins, Bray et Montereau. Mais, dans la soirée du 10, quelques renseignements étaient parvenus à Melun et allaient empêcher l'exécution complète de ces ordres.

On avait appris que la compagnie des chemins de fer de l'Est repliait son matériel en arrière de la station d'Armainvilliers, que la gendarmerie avait évacué Coulommiers, que le bataillon de mobiles qui était à Meaux se repliait le lendemain sur Lagny, parce que l'ennemi était entré à la Ferté-sous-Jouarre. Des éclaireurs prussiens avaient été vus à Villenauxe; un important corps de cavalerie, qui avait été signalé à Viels-Maisons, Montmirail (2), avait envoyé ses patrouilles à Rebais et à la Ferté-Gaucher (3). A la réception de ces nouvelles, les généraux de Champéron, de Gerbrois, de Pointe de Gévigny et le préfet se réunissaient dans la soirée du 10 à la préfecture de Melun, et, après examen de la situation, estimaient que la brigade de dragons ne pouvait se porter à Nangis et devait se borner à éclairer les environs de manière à faciliter la retraite des gardes mobiles sans s'écarter. Les ponts ayant sauté (4), les routes étant coupées, les têtes de lignes repliées,

---

(1) Le général Reyau au Ministre de la Guerre, Meaux, 10 septembre.

(2) Le général Reyau au général Trochu, D. T., Meaux, 10 septembre, 4 h. 30 soir.

(3) Le Préfet de Melun au Ministre de l'Intérieur, D. T., 10 septembre, 5 h. 5 soir et 5 h. 37 soir.

(4) En réalité, les ponts n'étaient pas encore détruits le 10 au soir. Ils ne sautèrent que le 12 (Voir plus haut, p. 24).

l'ennemi menaçant de couper les lignes de retraite, de plus les populations s'étant retirées, il n'y avait aucun moyen de faire vivre la troupe en dehors des grands centres. En conséquence, le préfet et les généraux étaient d'avis de maintenir la réunion de la brigade à Melun, en faisant faire des reconnaissances dans les environs, et demandaient des ordres.

« Leur préoccupation principale est de ne pas laisser couper la ligne de retraite et de faciliter la réunion en arrière des troupes et gardes mobiles établis en postes peu nombreux sur différents points (1) ». Telle était la fin du télégramme collectif adressé par les généraux et le préfet aux Ministres de la Guerre et de l'Intérieur, à l'issue de leur réunion. Certes, la brigade du général de Gerbrois ne pouvait à elle seule arrêter la cavalerie adverse, qui lui était supérieure en nombre, mais rien ne l'empêchait de gagner Nangis où se trouvait encore un bataillon de mobiles (2), de risquer quelques coups de sabre pour rapporter des renseignements et arrêter les coureurs adverses. Cette brigade aurait pu être soutenue par le bataillon des francs-tireurs de Paris, qui n'avait peut-être pas donné à Melun, dans la journée du 10, l'exemple de la discipline mais qui aurait certainement pu rendre des services s'il eût été bien employé. Au reste, les coureurs ennemis, signalés à Rebais, la Ferté-Gaucher et Villenauxe, étaient trop éloignés pour empêcher la brigade de Gerbrois d'atteindre Nangis sans coup férir. Quant à la question de la subsistance de cette faible troupe, il n'y avait pas lieu de s'en inquiéter. Dans cette partie de la Brie, la cavalerie était sûre de trouver

---

(1) Les autorités civiles et militaires, MM. Rousseau, préfet, de Pointe de Gévigny, de Champéron, de Gerbrois au Général Président du Gouvernement et aux Ministres de la Guerre et de l'Intérieur, D. T., Melun, 11 septembre, 1 heure matin.
(2) 1er bataillon de mobiles de Seine-et-Marne.

ce dont elle avait besoin. La façon dont les troupes prussiennes vécurent sur le pays, quelques jours après, le prouve suffisamment.

En exécution de la décision prise la veille au soir, le général de Champéron se borna, le 11 au matin, à envoyer ses escadrons en reconnaissance. Le 1er régiment de dragons de marche se porta dans la direction de Montereau. Il s'avança jusqu'au carrefour de l'Écluse, au Nord-Ouest de Valence (1) et envoya des patrouilles vers Villeneuve-les-Bordes, Montigny-Lencoup, Donnemarie-en-Montois. Les quatre escadrons rentrèrent le même soir à Melun. Il en fut de même des deux escadrons envoyés par le 2e régiment vers Nangis et des deux autres dirigés sur Mormant (2). Le IIIe bataillon de mobiles de Seine-et-Marne quitta Melun dans l'après-midi et gagna Brie-Comte-Robert (3). Le bataillon de francs-tireurs de Paris se mit en route à 2 heures de l'après-midi, se porta d'abord à Sivry, d'où il envoya des reconnaissances dans toutes les directions, et vint coucher au Châtelet (4). Quant au IVe bataillon de mobiles de Seine-et-Marne, il quitta Nangis à 1 heure de l'après-midi et s'arrêta, vers 6 heures du soir, à Tournan, après avoir détaché deux compagnies à Gretz.

Plus au Nord, dans la forêt de Crécy, se trouvaient toujours les gardes forestiers du commandant de La Rue.

Dans la soirée, le général de Champéron télégraphia au Ministre qu'il se retirerait le lendemain sur Cor-

---

(1) Journal de marche de la brigade de Gerbrois.
(2) *Historiques manuscrits* des 1er et 2e régiments de marche de dragons.
(3) Le Préfet de Seine-et-Marne au Ministre de l'Intérieur, D. T., Melun, 11 septembre, 10 h. 22 soir.
(4) *Note* du franc-tireur de Paris Gustave Charié-Marsaine, Nevers, 21 septembre.

beil (1); de son côté, le général commandant la subdivision annonçait qu'il faisait replier, le 12 au matin, toutes les fractions sur la rive gauche de la Seine (2), qu'il ferait sauter tous les ponts sur le fleuve, de Montereau à Sainte-Assise, que le détachement de Montereau et les bataillons de mobiles de Brie et Tournan se repliaient sur Paris et Noisy-le-Sec.

Ainsi, le commandement ordonnait la retraite de toutes ces troupes alors que les coureurs ennemis étaient signalés à plus de 40 kilomètres de Melun, car ils n'étaient pas encore entrés à Provins et n'avaient pas dépassé Coulommiers. Cette retraite fut d'autant plus inutile que précisément ce jour-là, la 2e division de cavalerie ne fit aucun mouvement.

Le 11 au matin, le général Reyau n'avait plus auprès de lui à Meaux que deux escadrons du 1er chasseurs. Le général Cousin était à Congis avec quatre escadrons du 9e chasseurs et l'escadron de spahis. Un escadron de cuirassiers était à Dammartin, deux autres, avec le commandant de Benque, se trouvaient au Sud de Meaux, à Couilly et Quincy, enfin, le général Ressayre était à Claye avec un escadron du 9e cuirassiers.

Les deux bataillons de volontaires de la Seine avaient quitté Meaux, le matin même, et s'étaient dirigés vers Dammartin.

Le IIe bataillon de mobiles de Seine-et-Marne évacua également Meaux dans la matinée et gagna Lagny. Il y arriva vers 2 heures, et télégraphia au général commandant la place de Paris : « Par ordre du général de brigade, j'arrive à Lagny. Pas de logement, municipalité

---

(1) Le général de Champéron au Ministre de la Guerre, D. T., Melun, 11 septembre, 4 h. 48 soir.

(2) Le Général commandant la subdivision au Général commandant la 1re division militaire, D. T., Melun, 11 septembre, 5 h. 15 soir.

au désespoir, pas de vivres. Les francs-tireurs ont tout pillé à Lagny. Dois-je poursuivre ma route et où aller? Télégraphe de la ville coupé, administration chemins de fer sur point supprimer dernier train et télégraphe. Le maire et moi craignons qu'on fasse sauter les ponts des routes; alors, toute retraite coupée... (1) ».

Ce télégramme montre l'état d'esprit qui régnait alors dans cette région.

Dans la matinée, le général Reyau avait envoyé un escadron du 1er chasseurs en reconnaissance vers Coulommiers (2). Cet escadron se porta jusqu'à Sancy, et annonça, de là, l'entrée de uhlans à Coulommiers. Dès 8 heures du matin, le général Reyau avait renvoyé en arrière, à Fresnes, tous les bagages (3), puis, ayant appris que l'ennemi était en force à la Ferté-sous-Jouarre, que ses coureurs s'avançaient vers Meaux et que le pont de Claye, sur l'Ourcq, venait de sauter, il se décida à évacuer immédiatement Meaux (4). Or, ces renseignements étaient faux en partie, car l'ennemi n'était pas en force à la Ferté-sous-Jouarre. Il n'y avait que des fractions de cavalerie et si quelques uhlans étaient apparus à Coulommiers, le général Reyau savait que la Ferté-Milon était libre. D'autre part, le pont de Claye n'avait pas été détruit (5). La retraite n'était donc pas menacée. En tout cas, le général Reyau aurait pu attendre, pour se replier,

---

(1) Le Commandant des mobiles de Meaux au Général commandant la place de Paris, D. T., Lagny, 11 septembre, 2 h. 45 soir.

(2) Le général Reyau au Commandant de Benque, à Quincy, Meaux, 11 septembre.

(3) Le général Reyau au colonel du 1er chasseurs, Meaux, 11 septembre.

(4) Le général Reyau au Ministre de la Guerre, D. T., Meaux, 11 septembre, 3 h. 50 soir.

(5) Le Général Reyau au Ministre de la Guerre, D. T., Claye, 11 septembre.

que les détachements de sa cavalerie, envoyés en avant, eussent pris réellement contact avec l'ennemi où eussent été refoulés. Or ici, comme l'avait fait la veille à Coulommiers le commandant de Benque et le général de Champéron à Melun, le général Reyau ordonnait la retraite sur la simple annonce, par les paysans ou les renseignements télégraphiques, de la prochaine arrivée de l'ennemi.

Cependant, les instructions données par le Ministre et le général Trochu étaient formelles : la cavalerie du général Reyau devait « enlever les coureurs de l'ennemi, retarder sa marche en le harcelant sans cesse », et surtout être parfaitement renseignée sur ses mouvements (2). Il est hors de doute que, malgré son infériorité numérique, la cavalerie française, opérant sur son propre pays, aidée par les autorités locales et les habitants, pouvait sans danger se montrer audacieuse et active et remplir la mission qui lui était confiée. Elle ne le fit ni à Melun, ni à Meaux, ni à Senlis.

A 4 heures du soir, le général Reyau se replia sur Claye, après avoir envoyé le colonel du 1er chasseurs chercher à Sancy l'escadron de ce régiment qui y avait été détaché, puis, à Quincy, les deux escadrons du 9e cuirassiers et lui avoir ordonné de ramener ces trois unités à Lagny et Pomponne.

Pour surveiller Meaux, le général Reyau ordonna, à la tombée de la nuit, à l'escadron du 1er chasseurs qui était venu à Fresnes d'aller s'établir à 500 mètres à l'Ouest de Meaux (1). D'autre part, le général Cousin, se croyant menacé à Congis, avait quitté cette localité avec ses cinq

---

(2) Instructions du général Trochu pour la cavalerie destinée à couvrir Paris. Voir plus haut, p. 137.

(1) Le Général Reyau au Ministre de la Guerre et au général Trochu, Claye, 11 septembre.

escadrons et s'était replié sur Saint-Soupplets, ainsi que le lui avait prescrit le général Reyau (1).

Du coté de Senlis, aucun événement important ne se produisit. Le général Ducoulombier ne disposait toujours que du 6ᵉ hussards, l'autre régiment de sa brigade, le 6ᵉ dragons, était à Versailles et ne devait pas le rejoindre.

Dans la journée, arriva la compagnie des Carabiniers du XIᵉ arrondissement, envoyée par le général Trochu. Cette compagnie, dont l'effectif était d'environ 150 hommes, se porta, d'après les indications du sous-préfet, vers Verberie et Pont-Sainte-Maxence.

Le général Ducoulombier n'avait recueilli aucun renseignement sur l'ennemi, dont les coureurs étaient encore à plus de 50 kilomètres de Senlis, mais, dans la soirée, le maire de Senlis reçut un télégramme du maire de Meaux, lui annonçant l'entrée des Prussiens dans cette dernière ville (2). Immédiatement, le général Ducoulombier décida d'évacuer Senlis le lendemain matin, et de se replier sur Saint-Denis, par Chantilly, Luzarches et Écouen (3).

§ 2. — *Mouvements des troupes allemandes.*

IIIᵉ armée. — La 2ᵉ division de cavalerie se maintint, le 11, dans ses cantonnements de la veille, mais envoya quelques reconnaissances (4).

Le 1ᵉʳ hussards dirigea sur Trilport un peloton de

---

(1) Le général Reyau au général Cousin, Meaux, 11 septembre.
(2) Renseignement inexact.
(3) Le général Ducoulombier au Ministre de la Guerre, D. T., Senlis, 11 septembre, 10 heures soir.
(4) Pour se procurer l'avoine nécessaire, les régiments, dans certains villages, durent faire battre le grain par leurs cavaliers.

trente cavaliers qui rentra le soir sans avoir rien rencontré (1).

Une reconnaissance d'officiers du *6e* hussards vint à Coulommiers, y fit des réquisitions, saisit les caisses publiques et recueillit quelques nouvelles.

Après trois jours de repos, le VIe corps reprit sa marche, descendant la vallée de la Marne, ses divisions l'une derrière l'autre, la *11e* en tête, chacune en deux colonnes et une colonne sur chaque rive (2). Le quartier général s'arrêta à Château-Thierry, les têtes de colonne à Chézy-sur-Marne et Bonneil, les derniers éléments à Fossoy et Gland. L'avant-garde poussa ses éclaireurs jusqu'à la Ferté-sous-Jouarre.

Le Ve corps qui, le 10, avait fait séjour à Orbais et Montmort, transporta son quartier général à Montmirail; la *10e* division vint dans la zone Essises, Montlevon, Pargny, Artonges, Fontenelle, Montfaucon (3); la *9e* division à Montmirail, Corrobert, Vauchamps, Mécringes, Rieux et la Celle.

Se conformant à un ordre du grand quartier général, les pionniers du Ve corps coupèrent, près du village de Pargny, l'aqueduc amenant à Paris les eaux de la Dhuys (4).

---

(1) *Schwarze Husaren*, t. I, p. 528.

(2) Certains régiments étaient eux-mêmes fractionnés. Ainsi, le 11, le Ier bataillon du *38e* fait partie de l'avant-garde de la colonne de droite qui comprend également le *6e* bataillon de chasseurs, le Ier bataillon du *51e* et une batterie lourde; le IIIe bataillon du *38e* marche au contraire à l'avant-garde de la colonne sur la rive gauche. Le IIe bataillon était resté à Saint-Dizier (*Geschichte des Füsilier-Regiments General-Feldmarschall Graf Moltke Nr. 38*, p. 212).

(3) Le *46e*, parti à 4 heures du matin, arriva à midi 30 à Viffort, Montfaucon, Essises. Marche par beau temps (*Geschichte des Infanterie-Regiments Nr. 46*, p. 207).

(4) *Correspondance militaire du maréchal de Moltke*, t. II, p. 366. — La destruction de cet ouvrage d'art devait être faite de manière qu'en

Quant au IIe bavarois, il fit séjour dans ses cantonnements de Sézanne et environs.

Le Prince royal resta encore ce jour-là à Boursault (1).

Armée de la Meuse. — Dans ses cantonnements autour de Braine, la 5e division de cavalerie, à l'aile gauche de l'armée de la Meuse, se trouvait en avance sur la 6e restée, le 10, à l'Ouest de Laon. C'est pourquoi, le 11, la 5e ne fit aucun mouvement, tandis que la 6e, suivie du 4e bataillon de chasseurs (2), se portait à Coucy-le-Château, en passant par Anizy-le-Château. Les régiments de cette dernière occupaient Folembray, Verneuil, Coucy-la-Ville, Auffrique, Autreville, Pierremande et Champs. Le 3e hussards, revenant des environs de Longuyon et qui avait fait étape à Craonne le 10, s'arrêta, le 11, à Anizy-le-Château et reprit sa place dans sa division (3).

Dès le matin, cette division avait envoyé vers la Fère des patrouilles qui avaient également fouillé la forêt de Saint-Gobain ; en outre, le 2e escadron du 6e cuirassiers, accompagné d'un peloton de chasseurs à pied transporté sur voitures, s'était rendu à Chauny, y avait désarmé la garde nationale et coupé la voie ferrée (4), puis avait rejoint la division après avoir ordonné au maire de s'opposer au rétablissement de la voie ferrée et l'avoir rendu responsable (5).

---

cas d'occupation prochaine de la capitale par les troupes allemandes, il fût possible de le réparer en peu de temps.

(1) *Historique du Grand État-Major prussien*, Supplément LX.

(2) Au départ de Laon, le bataillon comptait 10 officiers et 650 hommes. Les sacs des chasseurs furent transportés sur voitures tant que le bataillon resta attaché à la 6e division de cavalerie.

(3) *Geschichte des Zietenschen-Husaren-Regiments*, p. 625.

(4) Le service des chemins de fer du Nord s'arrêta, d'une part, à Appilly et, de l'autre, à Saint-Quentin (Le Commissaire administratif du chemin de fer au général Trochu, D. T, Compiègne, 11 septembre, 3 h. 30 et 5 h. 20 soir).

(5) Le maire s'opposa en effet, le 14, au rétablissement du service

Le IVe corps ne fit dans son ensemble qu'une assez courte marche. Le quartier général vint à Laon ; la *8e* division, rassemblée le matin à Monceau-le-Wast, traversa Laon et se répartit à l'Ouest de la ville, dans les villages de Bucy-les-Cerny, Cessières, Laniscourt, Mons-en-Laonnois, Clacy, Molinchart et Cerny. Elle se couvrit par des avant-postes, particulièrement dans la direction de la Fère, fournis principalement par le *86e*, cantonné à Bucy-les-Cerny et Clacy (1). La 7e division occupa Laon et les villages au Sud et à l'Est de la ville (2), Etouvelles, Chivy, Vorges, Bruyères, Athies (3).

La division de cavalerie de la Garde, restant toujours à courte distance en avant du corps d'armée et occupant des cantonnements couvrant à peu près le front de ceux de la Garde, atteignit la zone Chevregny, Braye-en-Laonnois, Verneuil, Courtecon, Pancy.

Le quartier général du même corps d'armée vint à Craonne, la *1re* division dans la zone Cerny-en-Laonnois, Ailles, Corbény, Pontavert, Chaudardes, Beaurieux, Mou-

---

que voulait faire un ingénieur de la compagnie (Archives de la Compagnie des chemins de fer du Nord).

(1) *Geschichte des Füsilier-Regiments Nr. 86*, p. 85.

(2) Le *93e* qui était en queue de colonne de la 7e division se rendit seulement de Gizy à Athies, en escortant le train de combat, les trains régimentaires, deux sections de convois (*Geschichte des Infanterie-Regiments Nr. 93*, p. 121).

(3) Ambulances : Bruyères, Clacy, Athies.

Hôpitaux de campagne : n° 2, une section à Bruyères, une section à Laon ; n° 12, Clacy.

Convois : faubourg d'Ardon, près Laon (nos 1 et 3), Laon (n° 4), Athies (n° 5).

Dépôt mobile, Samoussy.

Escadron d'encadrement du train : Besny.

A partir de cette date, cet escadron du train reçut mission de surveiller les convois auxiliaires (*Fuhrparks-kolonnen*) car la population paraissait plus hostile (*Geschichte des Train-Bataillons Nr. 4*, p. 154).

lins ; la 2ᵉ division, dans le périmètre Chamouille, Martigny, Orgeval, Montchâlons, Arrancy, Bouconville (1).

Dans la soirée, la 1ʳᵉ compagnie de pionniers fut envoyée à Œuilly pour réparer les points de passage sur l'Aisne, mais le pont de pierre et le pont suspendu sur le canal furent trouvés intacts et les chambres de mines vides (2). Ces deux ponts furent utilisés le lendemain par la cavalerie et la 1ʳᵉ division de la Garde.

Au XIIᵉ corps, la 12ᵉ division de cavalerie vint, par Ventelay et Courlandon, cantonner autour de Fismes, à Blanzy, Baslieux, Saint-Gilles, Perles, c'est-à-dire au contact de la 5ᵉ division.

Le quartier général du corps d'armée occupa Cormicy, et les troupes s'installèrent dans un large périmètre limité par les villages de Roucy, Berry-au-Bac, Condé-sur-Suippe, Auménancourt, Loivre et Bouvancourt.

Le prince royal de Saxe resta encore à Marchais le 11 (3).

---

(1) L'équipage léger de pont à Beaurieux ; l'équipage de pont à Saint-Erme.
Ambulances : La Vallée-Foulon, Bièvre, Courtrizy.
Convois nᵒˢ 1 et 3, Saint-Erme; nᵒ 2, ferme Fleuricourt; nᵒ 4, Montaigu; nᵒ 5, Goudelancourt.
Dépôt mobile : ferme de Geoffroicourt.
Escadron d'encadrement du train : Corbény.
Moitié de l'hôpital de campagne nᵒ 1 fut envoyée à Neufchâtel-sur-Aisne où elle fonctionna dès le 12 septembre et jusqu'au 18 octobre.
(2) *Geschichte des Garde-Pionier-Bataillons*, p. 106.
(3) *Historique du Grand État-Major prussien*, supplément LXII.

CHAPITRE VIII

Journée du 12 septembre.

---

§ 1ᵉʳ. — *Mouvements des troupes françaises.*

Les renseignements parvenus à Paris le 11 au soir signalaient un mouvement général mais lent des armées allemandes. L'aile droite, commandée par le duc de Mecklembourg, dont le quartier général était à Laon, avait fait occuper Chauny, couper la voie ferrée et le télégraphe. On en concluait que l'armée du Nord semblait se diriger sur Paris en passant par Noyon, Compiègne et Senlis (1).

Les coureurs de l'armée du Sud étaient signalés aux portes de Meaux et de plus gros détachements à la Ferté-sous-Jouarre, Rebais, Coulommiers, la Ferté-Gaucher. D'autres éclaireurs avaient paru à Villiers-Saint-Georges et Villenauxe.

Les télégrammes reçus annonçaient également que le siège de Toul avait été repris, le 10, par une forte canonnade, et qu'un corps de 15,000 hommes, venant du Nord de l'Allemagne, rejoignait les armées en passant par Nancy (2).

---

(1) Bulletin de renseignements (Cabinet du Ministre de la Guerre), 11 septembre.

(2) Il s'agissait du XIIIᵉ corps, qui, en vertu d'un ordre du grand quartier général en date du 8, devait immédiatement quitter le siège de Metz, où il venait d'arriver récemment venant d'Allemagne, pour

Tels étaient les renseignements généraux que possédaient le Ministre et le général Trochu.

A Melun, les généraux de Champéron et de Pointe de Gévigny avaient été informés des mouvements des premiers détachements sur le front de la III⁰ armée et savaient notamment que si un certain nombre de cavaliers avaient été vus à Coulommiers, la Ferté-Gaucher, précédant une troupe assez forte cantonnée plus en arrière, à Rebais et dans la vallée du Petit-Morin, par contre, on n'avait signalé au Nord-Ouest de Provins que neuf uhlans à Villiers-Saint-Georges, neuf autres à Sancy, et que ces dix-huit cavaliers s'étaient repliés vers l'Est (1).

Ces renseignements auraient dû permettre aux généraux de se rendre compte que rien ne les pressait d'évacuer Melun ni la rive droite de la Seine, d'autant plus que, la destruction des ponts étant préparée, il leur était possible, en cas de retraite, de mettre rapidement entre eux et l'ennemi un obstacle sérieux, capable d'arrêter ce dernier pendant quelques heures.

Mais il n'en fut rien. Le commandant de la division de cavalerie et le commandant de la subdivision renouvelèrent, le 11 au soir, aux diverses troupes qui dépendaient d'eux, l'ordre de battre en retraite le lendemain sur Paris.

Le 12 au matin, les généraux de Champéron, de Gerbrois et la brigade de dragons quittèrent Melun à 6 heures du matin et gagnèrent Corbeil par la rive gauche de la

---

aller garder la région à l'Ouest de la Moselle. Les 12 et 13 septembre, la *17ᵉ* division d'infanterie, la *17ᵉ* brigade de cavalerie et trois batteries de la *21ᵉ* division de landwehr arrivaient en effet devant Toul (*Historique du Grand État-Major prussien*, II⁰ partie, p. 15 et 84).

(1) Le Sous-Préfet de Provins au Général commandant à Melun, D. T., 11 septembre, 3 h. 50 du soir.

Seine (1). Les deux régiments bivouaquèrent à l'entrée de la ville, après avoir détaché un escadron à Ris-Orangis et un autre à Essonnes. La brigade étant chargée de défendre le pont, il semble que son chef, considérant sa mission toute défensive, ne fit passer aucune fraction sur la rive droite. Tout au moins, le Journal de marche ne le mentionne pas, tandis qu'il indique l'escadron envoyé à Essonnes. Dans l'après-midi, le Ministre télégraphia au général de Champéron de ne se retirer que devant des forces supérieures et de se replier sur Versailles, le cas échéant (2) ; mais cette dépêche, adressée à Melun, ne parvint pas à son destinataire, qui n'était plus dans cette ville (3).

Le général de Pointe de Gévigny resta à Melun toute la journée du 12.

Le Ier bataillon de mobiles de Seine-et-Marne (4), venu la veille de Fontainebleau, quitta Melun à 10 heures du matin, par voie ferrée, et se rendit à Paris.

Le IIIe bataillon vint de Brie-Comte-Robert à la gare de Combs-la-Ville et s'y embarqua dans la soirée pour Paris. Le IVe bataillon évacua Gretz et Tournan et partit pour Noisy-le-Sec par voie de terre (5).

Le bataillon de francs-tireurs de Paris, abandonné à la propre inspiration de son chef, employa toute sa journée à se porter du Châtelet à Panfou (8 kilomètres), subis-

---

(1) Le Général commandant à Melun aux Ministres de la Guerre et de l'Intérieur, au Gouverneur de Paris et au Général commandant la 1re division militaire, D. T., Melun, 12 septembre, 3 h. 20 soir.

(2) Le Ministre de la Guerre au Général commandant la cavalerie à Melun, D. T., Paris, 19 septembre, 4 h. 15 soir.

(3) Le Chef de station de Melun au Directeur du Cabinet du Ministre de la Guerre, D. T., Melun, 12 septembre, 8 h. 45 soir.

(4) Effectif : 1,095 hommes, fusils modèle 1867.

(5) *Historiques manuscrits* des bataillons de mobiles de Seine-et-Marne.

sant encore trop l'effet du manque de cohésion qui régnait dans ses rangs. Le capitaine Kastner partit cependant avec le lieutenant de La Cecilia et 32 hommes en voitures pour Nangis où il passa la nuit.

La 1re compagnie des gardes forestiers du commandant de La Rue se maintint seule à proximité de l'ennemi, ayant des postes échelonnés à l'Est de Tournan, à Guignes, Verneuil, Chaumes, Fontenay, Marles, et, plus au Nord, à la lisière de la forêt de Crécy, vers Mortcerf (1).

Le pont du chemin de fer sur la Seine à Saint-Germain-Laval, près de Montereau, ayant sauté dans la journée, les cinq compagnies qui se trouvaient dans cette petite ville se replièrent sur Paris dans la nuit du 12 au 13.

Sur la Marne, le général Reyau envoya, le 12 au matin, l'escadron de cuirassiers qui était à Claye renforcer l'escadron du 1er chasseurs, posté en observation à l'Ouest de Meaux, et plaça ces deux escadrons sous les ordres du colonel Gérard (2). D'autre part, il prescrivit à l'escadron de spahis de se rendre à Nanteuil-le-Haudouin pour remplacer le 6e dragons, toujours non arrivé, et assurer la liaison avec le général Ducoulombier (3). Mais on a vu que ce dernier évacua, dès le 12 au matin, Senlis avec le 6e hussards et se replia sur Saint-Denis, où il entra à 2 heures de l'après-midi. En arrivant à Nanteuil, les spahis ne trouvèrent plus le peloton du 9e cuirassiers, qui y avait été envoyé les jours précédents; celui-ci s'était replié également vers le Sud.

---

(1) Le commandant de La Rue, au général X..., Chaumes, 12 septembre, 10 heures du matin.

(2) Le général Reyau au Ministre de la Guerre, D. T., Claye, 12 septembre. — Le soir de ce même jour, l'escadron de chasseurs bivouaqua à Charmentray, et celui de cuirassiers à Fresnes.

(3) Le général Reyau au général Cousin à Saint-Soupplets, Claye, D. T., 12 septembre.

D'autre part, le général Cousin et le 9ᵉ chasseurs, se croyant trop exposés à Saint-Soupplets, s'étaient retirés, dans la nuit du 11 au 12, sur le Plessis-aux-Bois (1), se rapprochant ainsi des volontaires de la Seine du colonel Lafon qui erraient vers Dammartin. De Saint-Soupplets, le général Cousin envoya des reconnaissances sur l'Ourcq avec mission de détruire les ponts. Celui de Lizy sauta, mais celui de Congis fut occupé par l'ennemi (2).

Sur l'ordre du général Reyau, un des deux escadrons (5ᵉ et 6ᵉ) du 1ᵉʳ chasseurs qui, venant de Versailles, avaient fait étape à Boissy-Saint-Léger dans la nuit du 11 au 12, se porta sur Tournan (3). Cet escadron rencontra en route le IVᵉ bataillon de mobiles, évacuant cette localité ; il gagna néanmoins Tournan, où il passa une partie de la nuit avec une fraction de la 1ʳᵉ compagnie des gardes forestiers (4) ; mais le général Reyau, craignant qu'il ne fût coupé de Lagny, « l'ennemi occupant la forêt de Crécy », lui envoya l'ordre de rejoindre à Pomponne dans la nuit même (5).

Dans la région de Senlis, il ne restait, le 12 au soir,

---

(1) L'émotion s'était transmise plus en arrière. A 1 h. 30 du matin, le 12, l'officier de grand'garde au pont du chemin de fer de Noisy-le-Sec rendait compte que le chef de gare venait de l'informer que le fil télégraphique et la voie avaient été coupés près de Noisy, et que l'on commençait à évacuer la station.

(2) Le général Reyau au Ministre de la Guerre, Claye, 13 septembre.

(3) Le général Reyau au Commandant de la cavalerie à Versailles, Meaux, 11 septembre.

(4) Le commandant de La Rue au général X..., Fontenay, 13 septembre.

(5) Le général Reyau au Ministre de la Guerre, Claye, 13 septembre. — L'ennemi n'occupait pas encore la forêt de Crécy, à la lisière de laquelle se trouvaient encore au contraire des gardes forestiers et des francs-tireurs, comme on l'a vu plus haut.

que les Carabiniers du XIe arrondissement (1), qui se maintinrent à Verberie et Pont-Sainte-Maxence jusqu'au 16 septembre et rentrèrent à cette date à Paris par voie ferrée, sur l'ordre du sous-préfet. Il faut y ajouter une compagnie de francs-tireurs de Londres et de Boulogne-sur-Mer (commandant Glimeur), dont on ignore la force, l'armement et les opérations, mais qui, présente à Creil le 12, demandait à cette date à être transportée par voie ferrée à Pont-Sainte-Maxence (2).

§ 2. — *Mouvements des armées allemandes.*

IIIe *armée.* — Le prince royal de Prusse transporte, le 12, son quartier général de Boursault à Montmirail (3).

La 2e division de cavalerie, partant de Hondevilliers et Viels-Maisons et passant par Boitron et la Trétoire, gagne Rebais, où s'arrête l'état-major. La *3e* brigade s'installe dans Rebais, Saint-Léger, Petit et Grand-Marché. La *4e* brigade, qui avait formé l'avant-garde, occupe les hameaux sur la route de Coulommiers, à l'Ouest de Rebais, jusqu'à Champ-Colin. La *5e* brigade se répartit au Sud dans Saint-Denis-lès-Rebais, Menillot, les Limons, Montmogis (4). Comme on peut s'en rendre compte, cette division de cavalerie n'avançait que lentement et ne montrait pas la hardiesse que

---

(1) Le Commandant des Carabiniers du XIe arrondissement au général Trochu, Senlis, 13 septembre.

(2) Le commandant Glimeur, des francs-tireurs de Londres et de Boulogne-sur-Mer, au Comité de Défense nationale, D. T., Creil, 12 septembre, 9 h. 15 du soir.

(3) *Historique du Grand État-Major prussien*, Supplément LX.

(4) Toutes ces localités sont en partie abandonnées et ne peuvent fournir les vivres en suffisance pour les hommes et les chevaux; il faut faire des fourrages dans des villages voisins, à Boissy notamment (*Schwarze Husaren*, t. I, p. 528).

l'on s'est plu quelquefois à accorder à la cavalerie prussienne. C'est à peine si, le 12, elle déplace ses cantonnements d'une dizaine de kilomètres, et elle ne lance aucun détachement à grande distance. Ses coureurs ne sont pas signalés au delà de Faremoutiers et Mauperthuis, à l'Ouest de Coulommiers, qu'ils avaient déjà visités la veille.

Le VIe corps ne gagne que peu de terrain vers l'Ouest; son quartier général s'arrête à Nogent-l'Artaud (1). Il cantonne toujours sur les deux rives de la Marne : ses premiers éléments à la Ferté-sous-Jouarre, ses derniers vers Château-Thierry.

Le Ve corps oblique un peu vers le Sud. Son quartier général vient à Viels-Maisons, sa *10e* division dans la zone Hondevilliers, Sablonnières, Verdelot, l'Épine, Viels-Maisons (2); la *9e* plus au Sud, à Saint-Barthélemy, Mont-Dauphin, Bellot, Montolivet, Montenils.

Le IIe bavarois, suivant la grande route de Sézanne à Rozoy, occupe Montceaux-lès-Provins avec son quartier général; ses avant-gardes s'arrêtèrent à Vieux-Maisons, Cerneux, Villiers-Saint-Georges, et la queue de ses troupes à Champguyon, Esternay, Châtillon-sur-Morin, les Essarts-le-Vicomte.

Sa cavalerie poussa à Villenauxe (3), Provins (4), Nogent-sur-Seine (5) même, des détachements qui ne restèrent que quelques heures dans ces localités, mais

---

(1) *Historique du Grand État-Major prussien*, supplément LX.

(2) Le *46e* se met en marche à 6 h. 15 du matin et arrive à midi 15 à Sablonnières et Hondevilliers. Beau temps (*Geschichte des Infanterie-Regiments Nr. 46*, p. 207).

(3) L'Inspecteur des télégraphes de l'Aube au Directeur général à Paris, D. T., Troyes, 12 septembre, 11 h. 45 matin.

(4) L'Employé des télégraphes au Directeur du bureau central à Paris, D. T., Provins, 12 septembre, 11 heures matin.

(5) Le Préfet de l'Aube au Ministre de l'Intérieur, D. T., Troyes, 12 septembre, 7 h. 10 soir.

annoncèrent l'arrivée pour le lendemain de colonnes de 15,000 à 20,000 hommes (1).

Armée de la Meuse. — La journée du 12 fut une journée de repos pour le gros de l'armée de la Meuse.

Toutefois, le quartier général du prince royal de Saxe quitta Marchais et vint à Corbény (2).

La 5ᵉ division de cavalerie se déplaça de quelques kilomètres seulement, et se porta au sud de Soissons, à cheval sur la grande route de cette ville à Château-Thierry, son quartier général à Muret (3), la *11*ᵉ brigade à Vierzy, Villemontoire, Ambrief, Chacrise, la *12*ᵉ, à Muret, Arcy-Sainte-Restitue, Maast-et-Violaine, la *13*ᵉ brigade à Hartennes, Parcy-Tigny, Saint-Rémy.

De là, le général von Rheinbaben, envoya des patrouilles vers Soissons et Villers-Cotterêts.

La *6*ᵉ division fit occuper Chauny par des cuirassiers (4), et la voie ferrée Paris—Tergnier fut coupée à Noyon et à Chauny (5).

On remarquera qu'à cette date du 12 les divisions de l'armée de la Meuse formaient un grand demi-cercle autour de Soissons ; la *6*ᵉ division, la plus au Nord, à Coucy-le-Château, la cavalerie de la Garde à Braye-en-Laonnois, la cavalerie saxonne à Fismes, et la 5ᵉ division à Muret.

---

(1) Le Sous-Préfet de Fontainebleau au Ministre de l'Intérieur et au Préfet de Melun, D. T., Fontainebleau, 12 septembre, 5 h. 15 soir.
(2) *Historique du Grand État-Major prussien*, supplément LXII.
(3) *Ibid.*
(4) Le maire de Chauny au Ministre de l'Intérieur, D. T., Tergnier, 12 septembre, 5 h. 15 soir.
(5) La compagnie du Nord fit évacuer la gare et le dépôt des machines de Tergnier. Saint-Quentin devint tête de ligne (L'Inspecteur Murel à l'Inspecteur principal à Amiens, Saint-Quentin, 12 septembre).

CHAPITRE IX

Journée du 13 septembre.

§ 1er. — *Mouvement des troupes françaises.*

Le 13 au matin, le général Reyau fit venir de Lagny à Charmentray un nouvel escadron du 1er chasseurs (1). Appuyés par l'escadron du 9e cuirassiers maintenu à Fresnes, ces cavaliers devaient observer et explorer Meaux, entrer en relations avec les autorités civiles et chercher à enlever les faibles partis ennemis qui essayeraient de pénétrer dans la ville (2). Un des escadrons de chasseurs s'avança jusqu'à Meaux. Il y entra par l'Ouest, en même temps qu'une patrouille de trois cavaliers du 5e hussards prussiens y entrait par le Sud. Un peloton de chasseurs arriva sur la place de l'Hôtel-de-Ville au moment où les trois hussards mettaient pied à terre et les fit prisonniers après avoir blessé le sous-officier chef de patrouille et un cavalier (3).

Mais, dans la matinée, le général Reyau reçut ordre de diriger la brigade de cuirassiers sur la Loire. En

---

(1) Le général Reyau au Colonel du 1er chasseurs, D. T., Claye, 13 septembre, 2 heures matin.

(2) Le général Reyau au Commandant du 1er chasseurs à Charmentray, Claye, 13 septembre.

(3) Renseignements fournis à la Section Historique, en 1900, par le commandant du Broc de Segange qui, en 1870, était sous-lieutenant au 1er chasseurs.

effet, le général Trochu avait écrit au Ministre, la veille, que, dans la situation actuelle, il lui paraissait préférable de faire rentrer dans Paris l'une des divisions de cavalerie placées sous les ordres du général Reyau, et de diriger l'autre sur la Loire (1).

En conséquence, le général Reyau prescrivit au général Ressayre de réunir, le 13, le 9ᵉ cuirassiers à Chelles et de gagner Villejuif le 14 et Palaiseau le 15 (2).

Mais le général Reyau pensait encore se maintenir à l'Est de Paris avec la brigade Cousin ; il ordonnait, l'après-midi, au colonel du 1ᵉʳ chasseurs de quitter Pomponne à 5 heures du soir, de réunir tout son régiment à Fresnes, et de se porter le lendemain avec ses quatre escadrons à Charmentray, pour observer Meaux (3). En même temps, il rappelait à Claye le 9ᵉ chasseurs, dont le colonel déclarait ne pouvoir se maintenir à Plessis-aux-Bois, cette localité et les villages voisins ayant été abandonnés par les habitants (4).

Peu de temps après, ayant peut-être reçu l'ordre ferme de se replier sur Paris, le général Reyau annulait ses premières instructions (5). Le 1ᵉʳ chasseurs en entier vint bivouaquer le soir même à Chelles, le 9ᵉ à Claye, les spahis à Villepinte. Le 14, le 1ᵉʳ chasseurs gagna Vincennes, le 9ᵉ chasseurs et les spahis, Bondy ; le 15, ces derniers vinrent eux-mêmes à Vincennes.

Les deux bataillons de volontaires de la Seine se

---

(1) Le Gouverneur au Ministre de la Guerre, Paris, 12 septembre.

(2) Le général Reyau au général Ressayre, à Gournay, Claye, 13 septembre.

(3) Le général Reyau au Colonel du 1ᵉʳ chasseurs, Claye, 13 septembre.

(4) Le général Reyau au général Cousin, Claye, 13 septembre.

(5) Le général Reyau au Colonel du 1ᵉʳ chasseurs et au commandant du détachement du même régiment, Claye, 13 septembre.

replièrent également ; le 14, ils étaient vers Villeparisis et le 15, le III⁰ bataillon vint occuper Coubron, Montfermeil, Gagny et Neuilly-sur-Marne, tandis que le IV⁰ s'établissait à Livry et Sévran.

Quant à la brigade de dragons de Gerbrois, elle se maintint le 13 à Corbeil jusqu'à ce que le pont sur la Seine ait été détruit, puis elle en partit le lendemain (1) et rentra à Paris où elle vint bivouaquer sur le Cours-la-Reine.

Le bataillon de francs-tireurs de Paris, continuant sa marche sans objet défini, quitta Panfou le 13 au matin, et se dirigea sur Montereau, après avoir envoyé quelques fractions sur son flanc gauche, vers Coutençon. Il arriva à Montereau vers 8 heures du matin et devait y séjourner, mais, après quelques difficultés avec la municipalité, les officiers, que le commandant Aronsohn n'avait pas encore rejoint, décidèrent, vers 3 heures du soir, de se replier vers l'Ouest. Le bataillon prit à 4 heures la route de Moret et s'arrêta en pleine campagne, à peu de distance de Montereau (2).

Pendant ce temps, le capitaine Kastner et le lieutenant de La Cécilia, depuis la veille à Nangis, s'attendaient à voir arriver la cavalerie ennemie qui, le 12, était venue à Provins. Ils avaient disposé leurs 32 francs-tireurs à l'Est de Nangis, à la ferme du Pré-Boudrot, près de la bifurcation de la grande route et du chemin de la Croix-

---

(1) Le général de Champéron au Ministre de la Guerre, D. T., Corbeil, 13 septembre, 7 h. 50 soir.

D'après le Journal de marche de la brigade, dans la nuit du 13 au 14, un brigadier du 2⁰ régiment, appartenant à une des grand'gardes chargées de couvrir les derrières des bivouacs, aurait eu son cheval blessé et lui-même aurait été blessé. Certainement ce coup de feu, tiré sur la rive gauche de la Seine, ne provenait pas de troupes allemandes. Il fut sans doute le résultat d'une méprise.

(2) Note du franc-tireur Charié-Marsaine, Nevers, 21 septembre.

en-Brie. Vers 11 heures du matin, en effet, ils firent le coup de feu contre un détachement d'une cinquantaine de cavaliers, tuèrent l'un d'entre eux et blessèrent deux chevaux (1). Le capitaine Kastner rejoignit le bataillon dans l'après-midi.

Les renseignements parvenus à Paris le 13 au soir signalaient que Chauny avait été évacué (2), que le gros des forces ennemies, passant à l'Est de la forêt de Saint-Gobain, semblait s'avancer entre Soissons et Compiègne (3) et que de la cavalerie était arrivée dans cette dernière ville à 4 heures du soir (4).

Sur le front de la IIIe armée, des détachements de cavalerie avaient été vus à Coupvray, Courtevroult, à l'Est de Lagny, puis à Mormant (5) et Nangis. Le 2e uhlans était signalé comme ayant traversé Provins à 10 heures du matin, en marche vers Nangis (6). Un autre télégramme signalait la présence à Châlons-sur-Marne, le 12, de 8,000 hommes (cuirassiers, hussards, pionniers (7).

Enfin, le Ministre des Affaires étrangères communiquait au général Le Flô un renseignement venu de

---

(1) Le Commandant du bataillon des francs-tireurs de Paris au général Trochu, Montereau, 13 septembre, 7 h. 15 soir. — Ledeuil parle de 2 tués et 5 blessés (*Les Défenseurs de Châteaudun*, p. 40).

(2) Le Chef de gare de Chauny au Ministre de l'Intérieur, D. T., Appilly, 13 septembre, 7 heures soir.

(3) Le colonel du génie Fervel au Ministre de la Guerre, D. T., Paris, gare du Nord, 13 septembre, 4 h. 20 soir.

(4) Le Commissaire administratif de Compiègne à l'Inspecteur général du contrôle à Paris, D. T., Creil, 13 septembre, 8 h. 20 soir.

(5) Le Chef de service à la gare de Lyon au Directeur des télégraphes, D. T., Paris, gare de Lyon, 13 septembre, 5 h. 50 soir.

(6) Le Préfet de Melun au Ministre de l'Intérieur, D. T., Melun, 13 septembre, 10 h. 19 matin. — Il s'agissait du 2e uhlans bavarois comptant à la brigade de cavalerie attachée au IIe corps bavarois.

(7) Le Directeur des postes à Troyes au Directeur général des postes à Paris, D. T., Troyes, 13 septembre, 8 h. 10 matin.

Bruxelles, d'après lequel l'ennemi devait porter son attaque principale sur la rive gauche de la Seine et chercher à s'emparer de plusieurs points au Sud de Paris, pour pouvoir bombarder la ville (1).

§ 2. — *Mouvements des troupes allemandes.*

IIIe armée. — La 2e division de cavalerie ne fit encore qu'une très courte étape pour gagner Coulommiers. La 4e brigade, sur la rive droite du Grand-Morin vint à Mouroux et Giremoutiers, et occupa, par ses avant-postes, Vauxpleux, Grand-Montmarin et Corbeville. La *5e* brigade se dispersa dans les hameaux au Sud-Ouest de Coulommiers et sur la rive droite de l'Aubetin, détachant sur la rive gauche deux escadrons du 4e hussards comme avant-postes, l'un à Faremoutiers, et l'autre au Sud de Mauperthuis.

La *3e* brigade s'arrêta à Coulommiers et dans les hameaux immédiatement au Nord et à l'Est.

Le 1er escadron du 4e hussards, envoyé en reconnaissance sur Mortcerf, avec mission de fouiller la forêt de Crécy et de pousser jusqu'à Villeneuve-le-Comte, reçut des coups de fusil en arrivant devant le village et la station de Mortcerf (2). L'escadron put pénétrer assez vite dans la localité et un peloton mit ensuite pied à terre pour répondre au feu parti de la gare. Celle-ci fut bientôt évacuée et les défenseurs disparurent dans la forêt.

Le commandant de l'escadron apprit qu'il avait eu devant lui deux compagnies de francs-tireurs (3), mais

---

(1) Le Chargé d'Affaires de France en Belgique au Ministre des Affaires étrangères, Bruxelles, 10 septembre.
(2) Major Poten, *Braune Husaren in Frankreich*, p. 14.
(3) On ne sait quelles étaient ces compagnies de francs-tireurs. Mais ce renseignement paraît exact, car on verra aux Documents, à la date

il prétendit que les habitants avaient pris part à la défense. Pour les punir, il fit incendier une maison d'où était parti un coup de feu, et dans laquelle, cependant, ses cavaliers n'avaient découvert aucun soldat (1).

D'autre part, le 5ᵉ hussards avait lancé deux escadrons en reconnaissance vers Crécy. Une patrouille qui poussa jusqu'à Meaux se heurta à un peloton du 1ᵉʳ chasseurs et eut un sous-officier et un cavalier blessés qui furent faits prisonniers (2). D'autres fractions parurent à Coupvray et Courtevroult (3).

Le quartier général du VIᵉ corps gagna la Ferté-sous-Jouarre, et l'avant-garde se dirigea sur Meaux. Mais, à partir de la Ferté, le corps d'armée ne forma plus qu'une colonne sur la rive gauche et les premiers éléments continuèrent leur route par Saint-Jean-les-Deux-Jumeaux et Trilport. Le pont de la Marne, près de cette dernière localité, étant coupé, la 1ʳᵉ compagnie de pionniers (4) jeta un pont sur lequel passa l'avant-garde, et

---

du 13 septembre, une lettre écrite de Fontenay par le commandant de La Rue, de la 1ʳᵉ compagnie des gardes forestiers, qui parle de deux compagnies de francs-tireurs auxquelles le Général commandant la subdivision lui a prescrit de transmettre des ordres. M. de La Rue déclare cependant ne les avoir jamais vues, bien qu'il batte le pays depuis dix-huit jours. D'autre part, une communication du maire de Brie-Comte-Robert, parvenue le 14 à 5 h. 30 du matin au Préfet de Melun, signalait que des francs-tireurs qui venaient de passer à Brie avaient eu un engagement à Mortcerf (Le Préfet de Seine-et-Marne au Ministre de l'Intérieur, D. T., Melun, 14 septembre, 3 heures soir).

(1) *Braune Husaren in Frankreich*, p. 14.
(2) Voir plus haut, p. 173.
(3) Le commandant de La Rue, des gardes forestiers, au général X..., Coubert, 14 septembre, 7 heures du matin.
(4) L'artillerie qui était sur la rive droite franchit la Marne sur le pont suspendu de Nogent-l'Artaud. Ce mouvement s'effectua pièce par pièce. L'arrivée dans les cantonnements fut par suite très retardée et l'artillerie dut bivouaquer sous une forte pluie (*Geschichte des Feld-Artillerie-Regiments Nr. 6*, p. 273).

celle-ci n'arriva à Meaux qu'à 9 h. 30 du soir, ayant dû contourner par le Sud le canal de l'Ourcq, dont les points de passage étaient détruits. Elle bivouaqua dans la ville. Le Ier bataillon du *38*^{e}, envoyé à la gare, plaça des avant-postes sur la route de Paris; le IIIe bataillon assura la surveillance vers le Sud (1).

Le Ve corps transporta son quartier général à la Ferté-Gaucher. La *10*^{e} division vint dans la zone Doué, Saint-Germain-sous-Doué, Chauffry, Saint-Siméon, Rebais (2). La *9*^{e} occupa Saint-Remy, la Ferté-Gaucher, Lescherolles, Saint-Martin-des-Champs, Saint-Barthélemy et les hameaux intermédiaires.

Le IIe bavarois, à l'aile gauche de l'armée, installa son quartier général à Jouy-le-Châtel (3). Ses troupes cantonnèrent dans le périmètre Pécy, Vaudoy, Amillis, Chevru, Leudon, Saint-Mars, les Marets, avec des avant-postes vers Chenoise, la Croix-en-Brie, Clos-Fontaine, Gastins. Sa cavalerie envoya des détachements à Provins, Donnemarie-en-Montois, Villeneuve-les-Bordes, Nangis, Mormant, Rozoy, Vilbert (4). L'un d'eux se heurta, comme il a été dit, au détachement de francs-tireurs du capitaine Kastner (5).

Le Prince royal maintint son quartier général à Montmirail.

Armée de la Meuse. — Le 13, tous les éléments de

---

(1) *Geschichte des Füsilier-Regiments Nr. 38*, p. 210.

(2) Le *46*^{e} quitte ses cantonnements à 7 h. 45 du matin et arrive à midi 30 à Doué-Saint-Germain. Pluie légère (*Geschichte des Infanterie-Regiments Nr. 46*, p. 207).

(3) *Historique du Grand État-Major prussien*, supplément LX.

(4) Le Préfet de Seine-et-Marne au Ministre de l'Intérieur, D. T., Melun, 13 septembre, 10 h. 19 du matin; le commandant de La Rue au général X..., D. T., Coubert, 14 septembre, 7 heures matin.

(5) Le Commandant du bataillon des francs-tireurs de Paris au général Trochu, D. T., Montereau, 13 septembre, 7 h. 15 soir.

l'armée de la Meuse reprennent leur marche, les divisions de cavalerie du général von Rheinbaben et du grand-duc de Mecklembourg précédant les corps d'armée d'une forte étape.

La 5⁰ division de cavalerie atteint Villers-Cotterets où s'installe son état-major et sa *12⁰* brigade, tandis que la *11⁰* occupe Bonneuil-en-Valois, Éméville, Haramont et la *13⁰*, Vauciennes, Coyolles, Pisseleux. Avant de se mettre en marche, la *11⁰* brigade avait, dès le matin, envoyé des reconnaissances vers Soissons, notamment un peloton du *3⁰* uhlans qui dut se replier devant une sortie d'une fraction de la garnison (1). Dans la forêt de Villers-Cotterets, les patrouilles trouvèrent de nombreux habitants des régions voisines qui avaient fui leurs demeures.

A la nuit, la division se couvrit par des avant-postes, non seulement vers l'Ouest, mais aussi vers Soissons, et détacha, à cet effet, un escadron du *3⁰* uhlans à la sortie de la forêt sur la grande route, à la ferme Verse-Feuille.

La *6⁰* division de cavalerie se dirigea sur Vic-sur-Aisne, où s'installa son état-major avec le *4⁰* bataillon de chasseurs; ses régiments (2) dispersèrent leurs escadrons dans une zone très vaste, sur les deux rives de l'Aisne, comprenant les villages d'Autrèches, Berny-Rivière, Montigny-l'Engrain, Croutoy, Cuise-Lamotte, Attichy. La division poussa jusque dans Compiègne un détachement qui y entra vers 4 heures du soir (3). Après avoir endom-

---

(1) *Geschichte des Ulanen-Regiments Nr. 3*, p. 85.

(2) Le *3⁰* hussards resta encore isolé le 13, ne fit ce jour-là qu'une courte marche, mais on ne sait où il cantonna. Il ne rejoignit la division que le 14 près de Feigneux (*Geschichte des Husaren-Regiments von Zieten Nr. 3*, édition 1905, p. 350).

(3) La compagnie des francs-tireurs de Londres et de Boulogne est signalée en marche sur Compiègne vers 5 heures du soir par la route venant de Creil. Le service de la voie ferrée fut arrêté ce jour-là à Ver-

magé la voie ferrée et les lignes télégraphiques, il se retira, ayant annoncé pour le lendemain l'arrivée de cinq mille cavaliers et fantassins (1).

D'après les ordres de l'armée, les deux divisions de cavalerie devaient couper toutes les lignes télégraphiques, mais ne faire que des destructions sommaires, afin de pouvoir les rétablir et les utiliser ensuite à leur profit (2).

Quant aux deux autres divisions de cavalerie, seule, la *12e*, en se portant par Chéry à Fère-en-Tardenois, Cramaille, Saponay, Bruyères, Villeneuve et Villers-sur-Fère, se trouva en première ligne, à une douzaine de kilomètres en avant de la tête du XIIe corps. Elle laissa près de Fismes un escadron du *1er* régiment de cavalerie saxonne pour assurer les communications (3).

La division de cavalerie de la Garde resta, au contraire, immédiatement devant son infanterie. Après avoir traversé l'Aisne à Bourg-et-Comin, elle se porta sur la Vesle, la franchit en partie et s'arrêta à Jouaignes et Braine qu'allait atteindre également le corps de la Garde.

Le quartier général de l'armée se rendit de Corbény à Soupir, sur les bords de l'Aisne (4).

Le IVe corps se porta de Laon (5) vers Soissons en deux colonnes. La *8e* division, tenant toujours la droite, fit route par Molinchart, Faucoucourt, Anizy-le-Château, Pinon, d'où elle se disloqua sur Chavignon, Aizy, Jouy,

---

berie (Le Commissaire de Compiègne à l'Inspecteur général du contrôle à Paris, D. T., Creil, 13 septembre, 8 h. 20 du soir).

(1) Le Préfet de l'Oise au Ministre de l'Intérieur, D. T., Beauvais, 14 septembre, minuit 50.

(2) *Geschichte des Kürassier-Régiments von Seydlitz Nr. 7*, p. 71.

(3) *Historique du Grand État-Major prussien*, IIe partie, p. 204.

(4) *Historique du Grand État-Major prussien*, supplément LXII.

(5) Le Ier bataillon du *26e* resta à Laon comme garnison jusqu'au 4 octobre, date à laquelle il fut relevé par un bataillon du *52e* régiment de landwehr (*Geschichte des Infanterie-Regiments Nr. 26*, t. II, p. 177).

Sancy, Nanteuil-la-Fosse, Laffaux, en se couvrant vers Soissons. La 7e division, au contraire, suivit d'abord la grande route, puis, passant par Pargny-Filain, gagna Vailly et occupa la zone Chivres, Missy-sur-Aisne, Sermoise, Ciry, Chassemy, Vailly, où s'arrêta le quartier général du corps d'armée (1).

Le corps de la Garde se dirigea sur Braine, où s'établit le quartier général, tandis que le gros du corps d'armée (1re division et éléments non endivisionnés) s'arrêtait au Sud de l'Aisne dans la zone Presles, Vieil-Arcy, Longueval, Paars, Limé, Augy, Brenelle. La 2e division restait, au contraire, au Nord de l'Aisne, à Chavonne, Beaulne, Verneuil, Pargnan, Œuilly. Pour atteindre ces cantonnements, les troupes avaient franchi l'Aisne aux ponts de Bourg-et-Comin, Pont-Arcy et Chavonne. Quant à la 3e brigade de la Garde qui, laissée en arrière à l'escorte des prisonniers, était partie le 7 d'Étain pour rejoindre son corps d'armée, elle cantonna le 13 à Évergnicourt, Neufchâtel-sur-Aisne et Brienne (2).

---

(1) Les éléments passés sur la rive gauche de l'Aisne avaient franchi la rivière sur le pont suspendu de Vailly, car les ponts de Condé et de Missy avaient été détruits, en raison de leur proximité de la place de Soissons (Voir plus haut, p. 23).

Ambulances : Condé-sur-Aisne, Chavignon, Vailly.

Hôpitaux de campagne : n° 1, une section à Laon, l'autre à Bruyères ; nos 3 et 4, à Laon ; nos 5 et 12, à Chavignon ; n° 8, à Vailly.

Convois : nos 1 et 3, à Chassemy ; nos 4 et 5, à Vailly ; n° 2, à Sancy.

Dépôt mobile : Monampteuil.

Escadron d'encadrement du train : Pargny-Filain.

(2) Partie d'Étain le 7 septembre, elle avait fait étape à Damvillers, Dun, Buzancy (séjour), Vouziers, Juniville (*Geschichte des Garde-Grenadier-Regiments Nr. 1*, p. 175).

Ambulances : Longueval, Paissy, Pargnan.

Équipage léger de pont : Longueval.

Équipage de pont : Geny.

Convois : sur l'Aisne, à Beaurieux, nos 3 et 5 ; Cuiry-les-Chaudardes, n° 2 ; Concevreux, n° 1 et 4.

Le XIIe corps, se maintenant à hauteur de la Garde, vint dans les environs de Fismes, qu'occupa le quartier général (1); les troupes cantonnèrent dans la zone Bazoches, Blanzy-les-Fismes, Glennes, Ventelay, Pevy, Jonchery-sur-Vesle, Crugny.

Dépôt mobile : Beaurieux.
Escadron d'encadrement du train : Vendresse.
Colonne de boulangerie : Craonne.
La colonne de boulangerie était restée à Saint-Mihiel du 29 août au 7 septembre. A cette date, son chef, le lieutenant Menzel apprit que le corps de la Garde se dirigeait sur Laon. Il se mit en marche de sa propre initiative le 8, et, par Nubécourt, Longwé, Bergnicourt, arriva à Craonne le 13 (*Geschichte des Garde-Train-Bataillons*, p. 170).

(1) *Historique du Grand État-Major prussien*, supplément LXII.

CHAPITRE X

Journée du 14 septembre.

---

§ 1. — *Mouvements des troupes françaises.*

Il ne restait plus, le 14, aucune troupe constituée à l'Est de la Seine, en avant de Paris. Seuls, les deux compagnies de gardes forestiers de Seine-et-Marne, se trouvaient, la 1re vers Coubert, la 2e plus au Nord. Tandis que cette dernière se repliait sur Paris, le commandant de La Rue se décidait à continuer, avec la 1re, à observer l'ennemi (1).

Sur la Marne, il n'y avait plus que quelques corps de francs-tireurs, notamment les deux bataillons de la Seine vers Villeparisis. Plus au Nord, en avant de Senlis, la compagnie des Carabiniers du XIe arrondissement allait être renvoyée le jour même sur Paris, par le sous-préfet, en raison de son défaut de cohésion (2).

On ne pouvait donc avoir maintenant à Paris que des renseignements venant des autorités locales. Le 14, au

---

(1) Le commandant de La Rue, au général X..., Coubert, 14 septembre.

(2) « Cette troupe, écrivait le Sous-Préfet au Ministre de l'Intérieur, manque de discipline; tout le monde commande, personne n'obéit; le plus regrettable conflit a eu lieu aujourdhui entre le capitaine et le lieutenant. Les hommes ont mécontenté les populations par leurs exigences, leurs propos » (Le Sous-Préfet de Senlis au Ministre de l'Intérieur, Senlis, 14 septembre).

soir, l'on savait que Chauny était toujours libre (1), que Compiègne avait été évacué (2), qu'une forte colonne était arrivée dans la journée à Crépy-en-Valois et cantonnait dans les villages voisins, que des éclaireurs avaient été vus à Verberie, Nanteuil-le-Haudouin et Betz (3).

Dans la vallée de la Marne, on signalait un détachement de 2,000 cavaliers et fantassins venus à Lagny réparer le pont qui n'avait été détruit qu'en partie (4).

Plus au Sud, la situation restait sans changement. Les éclaireurs étaient toujours signalés vers Tournan, Mormant, Nangis (5), Nogent-sur-Seine (6). Enfin, des cavaliers avaient été rencontrés, vers Crisenoy, en marche sur Melun (7).

§ 2. — *Mouvements des troupes allemandes.*

IIIe armée. — La journée du 14 fut une journée de repos pour la IIIe armée, à l'exception du VIe corps.

Toutefois, dans l'après-midi, le *4e hussards (2e division de cavalerie)* reçut l'ordre de se porter à une journée de marche en avant de la division, pour reconnaître les points de passage de la Seine, se saisir du matériel du

---

(1) Le Maire de Chauny au Ministre de l'Intérieur, D. T., Chauny, 14 septembre, 9 h. 45 matin.

(2) Le Préfet de l'Oise au Ministre de l'Intérieur, D. T., Beauvais, 14 septembre, minuit 50.

(3) L'Ingénieur des Ponts et Chaussées de Senlis au colonel Fervel, D. T., Senlis, 14 septembre, 6 heures soir.

(4) Le Commandant du fort de Nogent au Gouverneur, D. T., Nogent, 14 septembre, 7 h. 50 soir.

(5) Le Préfet de Seine-et-Marne au Ministre de l'Intérieur, D. T., Melun, 14 septembre, 3 heures soir.

(6) Le Procureur de la République au Procureur général, D. T., Nogent-sur-Seine, 14 septembre, 2 h. 15 soir.

(7) Le Préfet de Seine-et-Marne au Ministre de l'Intérieur, D. T., Melun, 14 septembre, 6 h. 50 soir.

chemin de fer et recueillir des renseignements sur l'état des voies. Ce régiment se mit en marche de suite et alla coucher à Tournan (1).

Le VIe corps transporta son quartier général à Meaux ; son avant-garde, formée par la *23e* brigade, suivant la rive gauche de la Marne, atteignit Lagny vers midi. Le *22e* régiment plaça un de ses bataillons, avec des fractions du *15e* dragons, en avant-postes à l'Ouest et au Sud de la ville. Ces troupes réparèrent le pont de la Marne qui avait été imparfaitement détruit (2). Le reste du corps d'armée cantonna au Sud de la Marne, de Lagny à Meaux et sur la rive droite, dans les villages de Chauconin, Vignely, Villenoy, Iles-lès-Villenoy.

Le 14, le Roi quitta Reims, vers 11 heures du matin, avec deux escadrons du *1*er régiment de cavalerie würtembergeoise, et transporta, le même jour, son quartier général à Château-Thierry (3).

Ce déplacement se fit en voiture. Le grand quartier général partit vers 11 heures du matin, s'arrêta deux heures dans un château, près de Dormans, où un officier envoyé à l'avance avait fait préparer à déjeuner. Le Roi et le quartier général arrivèrent à Château-Thierry à 6 h. 30 du soir (4).

Dès le 12, le grand quartier général avait prévenu de ce mouvement le commandant de la division würtembergeoise (5) et l'avait chargé d'assurer la sécurité de la route que devait suivre le Roi. A cet effet, le régiment de grenadiers de la Reine Olga (n° *119*), quitta Épernay le 13, avec le *2e* bataillon de chasseurs würtembergeois

---

(1) *Braune Husaren in Frankreich*, loc. cit., p. 15.
(2) Le Commandant du fort de Nogent au Gouverneur, D. T., Nogent-sur-Marne, 14 septembre, 7 h. 50 soir.
(3) *Historique du Grand État-Major prussien*, IIe partie, p. 26.
(4) Verdy du Vernois, loc. cit., p. 172.
(5) *Correspondance militaire du maréchal de Moltke*, t. II, p. 367.

et l'escadron qui l'accompagnait. Ces unités vinrent à Dormans, et gagnèrent Château-Thierry le lendemain, de manière à y attendre l'arrivée du Souverain et à garder la route de la Marne entre ces deux localités (1).

D'un autre côté, le 7ᵉ régiment würtembergeois quitta Reims également le 13, avec deux escadrons du 1ᵉʳ régiment de cavalerie würtembergeoise, et alla coucher à Ville-en-Tardenois. Il gagna Dormans, le 14 au matin, pour assurer la sécurité du Roi et le quartier général pendant l'arrêt à proximité de cette ville (2).

Quant au gros de la division, il se mit en route le 14, en laissant toutefois dans Reims le 2ᵉ régiment (n° *120*), jusqu'à l'arrivée du XIᵉ corps venant de Sedan (3).

Il y laissa en outre le *3ᵉ* régiment würtembergeois qui, après avoir escorté des prisonniers de Sedan à Pont-à-Mousson, était arrivé le 13 au soir (4) et avait besoin de repos. Enfin, l'état-major et le Iᵉʳ bataillon du 5ᵉ régiment würtembergeois allèrent à Épernay pour concourir au service d'étapes; mais, dès le lendemain, ils quittèrent cette ville n'y laissant que la 4ᵉ compagnie et continuèrent leur route sur Paris (5).

Le 14 au soir, le gros de la division würtembergeoise se trouvait, par suite, sur la rive de la Marne, à Dormans, Tréloup, Passy et Barzy. Deux de ses régiments

---

(1) *Das württembergische 2. Jägerbataillon im Frieden und im Krieg*, p. 54; *Geschichte des Grenadier-Regiments Königin Olga*, p. 52.

(2) *Geschichte des Infanterie-Regiments (7. Württembergischen) Nr. 125*, p. 95.

(3) *Das Infanterie-Regiment (2. württ.) Nr. 120*, p. 243.

(4) Ce régiment était resté quelques jours à Pont-à-Mousson, en était reparti le 9 pour Apremont, et avait ensuite fait étape à Chaumont-sur-Aire, Sainte-Menehould et Saint-Hilaire (*Geschichte des 3. Württ. Infanterie-Regiments Nr. 121*, p. 376).

(5) *Geschichte des Grenadier-Regiments (5. Württembergischen) Nr. 123*, p. 74.

étaient encore à Reims et un bataillon à Épernay (1).

Enfin, il faut noter l'arrivée à Villenauxe, le 14, venant de Sézanne, de la tête de la *4e* division de cavalerie, c'est-à-dire du prince Albrecht, de son état-major, de la *10e* brigade de cavalerie, de l'artillerie et des services de la division (2). De Villenauxe, des détachements furent envoyés dans la vallée de la Seine, et notamment vers Nogent.

Armée de la Meuse. — Pendant que la division von Rheinbaben se maintenait aux environs de Villers-Cotterets, la 6e division, partant de Vic-sur-Aisne et passant par Pierrefonds et Feigneux, venait occuper Crépy-en-Valois. La 14e brigade se dispersait dans la zone Ormoy-Villers (3), Auger-Saint-Vincent, Trumilly, Rocquemont, Glaignes, Orrouy, Gilocourt, Béthancourt, tandis que la brigade de hussards (4) occupait Feigneux, Lévignen et Crépy-en-Valois où venait également le *4e* bataillon de chasseurs (5).

Les patrouilles chargées le matin de fouiller la forêt de Compiègne n'avaient rien rencontré, mais celles lancées sur Senlis avaient reçu quelques coups de fusil (6).

---

(1) Le corps des pionniers würtembergeois avait quitté Reims le 12 à 3 heures du soir, avait pris la direction d'Épernay, et s'était arrêté à Mailly et au château de Romont. Le 13, marchant vers l'Ouest, il cantonna à Sacy et Écueil ; le 14, il vint à Romigny, le 15 à Blesmes, près de Château-Thierry, après avoir traversé la Marne à Verneuil. Ces pionniers voyagèrent et cantonnèrent isolément pendant ces journées (*Geschichte des Württembergischen Pionier-Bataillons Nr. 13*, p. 328).

(2) On verra plus loin la marche de cette division depuis Sedan.

(3) L'Ingénieur des Ponts et Chaussées de Senlis au colonel Fervel, D. T., 14 septembre.

(4) Le 3e hussards rejoint cette division ce jour-là (*Geschichte des Husaren-Regiments Nr. 3*, p. 350).

(5) *Geschichte des Jäger-bataillons Nr. 4*, p. 208.

(6) Sans doute, des Carabiniers du XI e arrondissement, qui, d'après

Quelques éclaireurs se montrèrent aussi à Verberie (1).

Dans la 5ᵉ division, le *10ᵉ* hussards seul faisait mouvement et venait occuper Ivors et Boursonne pour mieux surveiller la lisière Sud de la forêt de Villers-Cotterets (2).

La place de Soissons barrait complètement la route sur laquelle le IVᵉ corps se trouvait engagé le 13 au soir, et, pour continuer sa marche sur Paris, ce corps devait contourner la place par l'Est et le Sud, afin de rester en liaison avec la Garde. Comme, d'autre part, Soissons, dans le fond de la vallée, se trouve dominé à courte distance par les hauteurs avoisinantes, il paraissait facile de bombarder la ville et de sommer la place de se rendre (3).

Le prince royal de Saxe confia cette mission au IVᵉ corps. La plus grande partie de la 7ᵉ division se trouvant cantonnée au Nord de l'Aisne, le général von Alvensleben fit jeter par les pionniers (4), dans la nuit du 13 au 14, un pont près de Missy-sur-Aisne. A 7 heures du matin, le 14, les éléments de la 7ᵉ division, cantonnés à Celles, Condé-sur-Aisne, Chivres, Missy-sur-Aisne, franchirent la rivière sur ce pont et toute la division se rassembla sur les hauteurs au Sud-Ouest de Sermoise, près la ferme du Pavillon; les trains furent arrêtés à l'Est de la gare de Sermoise (5).

---

la lettre déjà citée du Sous-Préfet de Senlis, tirèrent sur trois cavaliers prussiens.

(1) Le chef de gare de Verberie à M. Thouin, Paris, D. T., Verberie, 14 septembre, 6 h. 30 soir.

(2) *Geschichte des Husaren-Regiments Nr. 10.*

(3) *Historique du Grand État-Major prussien*, IIᵉ partie, p. 25.

(4) L'équipage léger de pont était insuffisant, on fit venir, dans la nuit du 13 au 14, l'équipage de pont arrêté la veille à Urcel. Avec ce matériel, les 1ʳᵉ et 3ᵉ compagnies du *4ᵉ* bataillon de pionniers construisirent le pont qui avait une longueur de 73 mètres environ (*Geschichte des Pionier-Bataillons Nr. 4*, p. 133).

(5) *Geschichte des Train-Bataillons Nr. 4*, p. 155.

La 7ᵉ division se porta ensuite par Acy sur les hauteurs au Sud de Belleu; le *26ᵉ*, qui formait l'avant-garde, couvrit la division sur son front tandis que le Iᵉʳ bataillon du *27ᵉ*, s'avançant par la grande route, vers Venizel et Villeneuve-Saint-Germain, gardait le flanc droit et que le IIIᵉ bataillon du même régiment surveillait de même le flanc gauche (1).

Arrivée au Sud de la place, la 7ᵉ division s'arrêta et le général von Alvensleben envoya le major von Wittich pour sommer le gouverneur de se rendre et le menacer d'un bombardement en cas de refus.

Pendant ce temps, la *8ᵉ* division et l'artillerie de corps qui avaient passé l'Aisne à Vailly, sur le pont suspendu, se dirigeaient, par Chassemy et Ciry, sur la ferme du Mont-de-Soissons (3 kilomètres Nord-Est de Nampteuil-sous-Muret) où elles se rassemblèrent (2) en attendant l'issue de l'attaque de la 7ᵉ division.

Le lieutenant-colonel de Noüe qui commandait la place de Soissons (3), ayant répondu au parlementaire qu'il ne capitulerait pas, le général von Alvensleben fit ouvrir le feu par quelques pièces des batteries de la 7ᵉ division. Mais ce feu fut interrompu presque aussitôt. Le commandant du IVᵉ corps et le prince royal de Saxe qui étaient présents se rendirent compte que les moyens dont ils disposaient étaient insuffisants pour s'emparer d'une

---

(1) *Geschichte des Infanterie-Regiments Nr. 27*, p. 533.

(2) *Geschichte des Infanterie-Regiments Nr. 71*, p. 160.

(3) La garnison comprenait (effectifs au 2 septembre) : Dépôt du 15ᵉ de ligne, deux compagnies (1,851 hommes); 8ᵉ d'artillerie (196 h.); IIᵉ et VIᵉ bataillons de mobiles de l'Aisne (2,517 h.); détachement du génie (30 h.); batteries de mobiles du Nord (242 h.); garde nationale sédentaire (650 h.).

La place était armée de : 7 canons rayés de 24 de place et 18 canons de 12 de place; 20 canons de 16 à âme lisse; 3 canons de 24 à âme lisse; 1 canon de 12 à âme lisse; 16 canons de 4 rayés de campagne; 2 mortiers de 32 de campagne; 6 mortiers de 27 de campagne; 2 mor-

place de ce genre (1). Ils en avaient du reste déjà fait l'expérience quand Verdun avait été bombardé par le XII⁰ corps le 24 août (2) et la place de Montmédy par la Garde, le 5 septembre (3). En conséquence, vers 1 heure de l'après-midi, les troupes prussiennes se retirèrent.

Le quartier général du IV⁰ corps gagna Muret. La 8⁰ division et les éléments non endivisionnés se dispersèrent dans la zone Vierzy, Villemontoire, Muret, Droizy, Launoy, le Plessier-Huleu, Saint-Remy. La 7⁰ division prit des cantonnements d'alerte au Sud de la place dans le périmètre Courmelles, Billy-sur-Aisne, Acy, Nampteuil-sous-Muret, Buzancy, et se couvrit par des avant-postes poussés vers Vauxbuin, Belleu, la ferme du Mont-de-Belleu et Venizel (4).

Au Sud du IV⁰ corps, la cavalerie de la Garde venait cantonner autour de Neuilly-Saint-Front, à Marizy-Saint-Mard, Latilly, précédant de fort peu le corps de la Garde dont le quartier général s'installait à Oulchy-le-Château et les premiers éléments à Rozet-Saint-Albin, la Croix. Le gros cantonnait en profondeur, resserré entre le IV⁰ corps et le XII⁰ ; la 1ʳᵉ division dans la zone Rozet-Saint-Albin, Billy-sur-Ourcq, Grand-Rozoy, Cramaille, Saponay, Nanteuil-Notre-Dame, la Croix ; la 2⁰ division à Arcy-Sainte-Restitue, Maast-et-Violaine et Limé.

---

tiers de 22 de campagne ; 11 obusiers de 22 à âme lisse ; 10 obusiers de 6 à âme lisse ; 2 obusiers de 15 à âme lisse ; 24 canons obusiers à âme lisse. En outre, il y avait 10 obusiers de 16 et 7 canons-obusiers qui n'avaient pas d'affûts ; soit au total 139 pièces dont 132 sur affût (*Journal de siège de Soissons*).

(1) *Geschichte des Infanterie-Regiments Nr. 27*, p. 533.
(2) *L'Armée de Châlons*, t. I, p. 112.
(3) Le bombardement de Toul, le 23 août, par des fractions du V⁰ corps n'avait pas donné plus de résultat.
(4) Ambulances : Acy, Tigny.
Hôpitaux de campagne : n⁰ 1, ferme du Mont-de-Belleu ; n⁰ 2, une

La *3ᵉ* brigade atteignait ce même jour Fismes, Baslieux et Courlandon et rejoignait le corps d'armée (1).

La 1ʳᵉ compagnie du génie et l'équipage léger de pont furent poussés à Latilly (2) dans les cantonnements de la division de cavalerie, pour permettre à celle-ci d'écarter plus facilement les obstacles qu'elle pourrait rencontrer les jours suivants dans sa marche (3).

La division de cavalerie saxonne, par Coincy et Grisolles, atteignit Bonnes et Epaux-Bézu, renforcée par la 3ᵉ compagnie de pionniers et l'équipage léger de pont.

Le quartier général du XIIᵉ corps occupa Fère-en-Tardenois et les régiments s'installèrent dans la zone Villeneuve-sur-Fère, Fère-en-Tardenois, Mareuil-en-Dôle, Arcy-le-Ponsart, Goussancourt, Courmont.

Le quartier général de l'armée vint se placer au milieu des cantonnements de la Garde à Arcy-Sainte-Restitue (4).

---

section à Acy, l'autre à Laon; nᵒˢ 3 et 4, à le Plessier-Huleu; nᵒ 5, à Tigny; nᵒ 8, à Servenay; nᵒ 12, à Chavignon.

Convois : nᵒˢ 1 et 3, à Écuiry; nᵒˢ 2 et 4, Vailly; nᵒ 5, Nampteuil-sous-Muret.

Dépôt mobile : Serches. Escadron d'encadrement du train : Couvrelles (*Geschichte des Train-Bataillons Nr. 4*, p. 294).

(1) *Geschichte des Garde-Grenadier-Regiments Nr. 1*, p. 178.

(2) *Geschichte des Garde-Pionier-Bataillons*, p. 201.

(3) Ambulances : Cugny, Mont-Notre-Dame, Lesges.

Équipage de pont : Tannières.

Convois nᵒˢ 1, 3, 4, 5, Jouaignes; nᵒ 2, Linné.

Dépôt mobile : Limé. Escadron d'encadrement du train : Cuiry-Housse.

Colonne de boulangerie : Braine (*Geschichte des Garde-Train-Bataillons*, p. 272).

(4) *Historique du Grand État-Major prussien*, Supplément LXII.

CHAPITRE XI

Journée du 15 septembre.

§ 1ᵉʳ. — *Mouvements des troupes françaises.*

Les marches exécutées le 15 par les troupes allemandes allaient amener les éclaireurs de l'armée de la Meuse à une étape à peine de Saint-Denis, et ceux de la IIIᵉ armée au contact des quelques troupes françaises laissées en avant-postes au delà des forts situés à l'Est de Paris. Ces troupes étaient, du reste, peu nombreuses. Les plus avancées, les deux bataillons de Volontaires de la Seine du colonel Lafon tenaient, le 15 au soir, l'un, le IIIᵉ : Montfermeil, Gagny, La Maison-Blanche, Coubron, Villemonble, Rosny-sous-Bois, Neuilly-sur-Marne; l'autre, le IVᵉ : Livry, Sévran, Notre-Dame-des-Anges et le Raincy (1). Au Sud-Est de Paris, les compagnies de francs-tireurs qui avaient tenu la campagne vers Brie-Comte-Robert s'étaient repliées sur Melun et la rive gauche de la Seine (2). Quelques Francs-tireurs de

---

(1) Le colonel Lafon au général X..., Villeparisis, 15 septembre.
(2) Un détachement de 30 hommes des gardes forestiers, dirigé par le capitaine en second Domet, était rentré dans Paris le 15 au matin, tandis que le commandant de La Rue, avec le reste de la compagnie, s'était retiré dans le bois de Villefermoy, au Sud-Ouest de Nangis (Le capitaine Domet, des gardes forestiers de Seine-et-Marne, à X..., Paris, 15 septembre; le général de Pointe de Gévigny au Gouverneur, Paris, 15 septembre).

Paris cependant tenaient le parc de Rubelles, près de Melun, sur la rive droite : ils arrêtèrent là des cavaliers bavarois vers 11 heures du matin, leur tuèrent un homme, deux chevaux et leur blessèrent deux cavaliers qui furent faits prisonniers (1).

On verra plus loin les dispositions prises par le général Trochu jusqu'à la date du 15, aux abords immédiats de Paris, mais l'on se rend compte déjà qu'à partir de cette date les mouvements des armées ennemies auront une répercussion immédiate sur ceux des troupes de la capitale. Dans cette journée, il n'y eut encore que quelques coups de feu échangés avec de faibles partis de cavalerie; cependant les renseignements parvenus, dont le nombre croissait, indiquaient suffisamment que le moment était proche où la prise de contact serait complète.

Le 15 au soir, l'on savait à Paris que l'ennemi avait été signalé à Creil (2), Mello (3), Boran, Saint-Leu d'Esserent (4), Villeneuve-sous-Dammartin, Le Plessis-aux-Bois ; qu'une colonne de 3,000 hommes était à Villers-Cotterets, une autre de 10,000 hommes à Nanteuil-le-Haudouin, que Soissons était bloqué par de la cavalerie (5). Un train avait été pris par l'ennemi à son arrivée à Senlis (6).

---

(1) Le Préfet de Seine-et-Marne au Ministre de l'Intérieur, D. T., Fontainebleau, 15 septembre, 6 h. 15 soir.

(2) Le Sous-Préfet de Pontoise au Ministre de l'Intérieur, D. T., Pontoise, 15 septembre, 4 h. 40 soir.

(3) Le Préfet de l'Oise au Ministre de l'Intérieur, D. T., Beauvais, 15 septembre, 4 h. 5 soir.

(4) Le Sous-Préfet de Pontoise aux Ministres de la Guerre et de l'Intérieur, D. T., Pontoise, 15 septembre, 7 h. 30 soir.

(5) Le Commandant supérieur de Saint-Denis au Gouverneur, D. T., Saint-Denis, 15 septembre, 9 h. 20 soir.

(6) Le Commissaire de surveillance de la gare du Nord au Ministre des Travaux publics, D. T., Paris, 15 septembre, 2 h. 30 soir.

Des éclaireurs avaient été vus à Claye (1); les Volontaires de la Seine avaient eu à repousser dans la forêt de Bondy quelques cavaliers (2). Des uhlans avaient été signalés près de Joinville-le-Pont avant 10 heures du matin. Un télégramme du chef de gare annonçait même qu'une colonne de 10,000 hommes était à une heure de marche de cette localité. Cette nouvelle était transmise au Gouvernement, et le Ministre de l'Intérieur la communiquait, sous toutes réserves d'ailleurs, à toutes les autorités à 9 h. 50 du matin (3). Elle causait une certaine émotion et les troupes des forts de l'Est prenaient les armes, mais l'on reconnaissait dans l'après-midi que le renseignement était inexact (4). Le maire de Vincennes signalait aussi que, la nuit précédente, deux uhlans avaient traversé Vincennes « ventre à terre » (5). Dans la soirée, un télégramme annonçait la présence de uhlans dans le bois de Vincennes (6).

Plus au Sud, des uhlans s'étaient avancés jusque près de Créteil et avaient sabré des maraudeurs, puis, repoussés par une fraction d'infanterie envoyée à la décou-

---

(1) Le contre-amiral Saisset au vice-amiral de La Roncière, D. T., fort de Noisy, 15 septembre, 9 h. 5 soir.

(2) Le contre-amiral Saisset au Gouverneur, D. T., fort de Noisy, 15 septembre, 3 h. 55 soir.

(3) *Note* autographiée du Ministre de l'Intérieur, Paris, 15 septembre, 9 h. 50 matin.

(4) Le Commandant de la place de Vincennes au Gouverneur, D. T., Vincennes, 15 septembre, midi 10; le Colonel commandant le fort de Charenton au Gouverneur, D. T., Charenton, 15 septembre, 12 h. 15 soir; le Maire de Vincennes au Gouverneur, D. T., Vincennes, 15 septembre, midi 50; le Commandant du fort de Nogent au Gouverneur, D. T., fort de Nogent, 15 septembre, 2 h. 17 soir.

(5) Le Maire de Vincennes au général Trochu, D. T., Vincennes, 15 septembre, midi 50.

(6) Jules Ferry au Gouverneur, D. T., Paris, 15 septembre, 5 h. 10 soir.

verte le long de la Marne par le commandant du fort de Charenton, avaient pris la fuite. 200 cavaliers, disait-on, étaient aux alentours de Mesly (1).

De Juvisy, des cavaliers étaient signalés sur la rive droite de la Seine, vers Draveil, puis à Juvisy même (2).

L'ennemi avait paru également en face de Corbeil (3) et devant Melun (4).

Plus au Sud encore, d'autres cavaliers avaient été vus, à l'Est de Montereau, vers Courcelles, où 12 d'entre eux avaient été faits prisonniers par les paysans, et à Bray (5). De Provins, on avait télégraphié le matin que le prince Albrecht et son état-major devaient arriver dans cette ville à midi avec de l'infanterie et de l'artillerie (6).

A part quelques exagérations, comme l'annonce de uhlans dans le bois de Vincennes, tous les renseignements ci-dessus cadraient, dans leur ensemble, avec les mouvements réellement effectués ce jour-là par les troupes adverses.

§ 2. — *Mouvements des troupes allemandes.*

IIIe armée. — Le *4e* hussards, poursuivant la mission

---

(1) Le Commandant du fort de Charenton au Gouverneur, D. T., ort de Charenton, 15 septembre, 2 h. 35 soir.

(2) Le Directeur du télégraphe de la gare de Paris-Orléans au Directeur général, D. T., Paris, gare d'Orléans, 15 septembre, 5 h. 55 et 8 h. 35 soir.

(3) Le Sous-Préfet de Corbeil au Président du Gouvernement, D. T , Corbeil, 19 septembre, 4 h. 50 soir.

(4) Le Préfet de Seine-et-Marne au Ministre de l'Intérieur, D. T., Melun, 15 septembre, 6 h. 15 soir.

(5) Le Sous-Préfet de Fontainebleau au Ministre de l'Intérieur, D. T., Fontainebleau, 15 septembre, 3 h. 45 et 11 heures soir.

(6) L'Employé du télégraphe au Ministre de la Guerre, D. T., Provins, 15 septembre, 9 h. 15 matin.

dont il avait été chargé la veille (1), porte son gros de Tournan à Brie-Comte-Robert. Pendant que le 2ᵉ escadron fournit les avant-postes, le 5ᵉ escadron s'avance vers la Seine pour reconnaître les points de passage entre Corbeil et Choisy-le-Roi. Le capitaine von Stegmann, commandant ce dernier escadron, se porte sur Draveil mais envoie un peloton sur sa gauche vers Corbeil et un autre sur sa droite vers Choisy-le-Roi, avec ordre à tous les deux de venir le rejoindre ensuite à Draveil en longeant le cours du fleuve (2).

Le peloton détaché sur Choisy-le-Roi se heurta à quelques patrouilles d'infanterie et une fraction dirigée sur Creteil fit, aux abords de cette localité, 10 prisonniers, mais dut se retirer devant un détachement envoyé en reconnaissance le long de la Marne par le commandant du fort de Charenton (3).

Le peloton dirigé sur Corbeil ne put entrer dans la ville, le pont étant détruit ; il ne fit, du reste, qu'une courte apparition dans le faubourg de la rive droite (4).

En arrivant à Draveil, le commandant de l'escadron dut faire mettre pied à terre à quelques hussards pour riposter au feu qui partait des habitations. En entrant dans le village, il fit prisonniers deux mobiles. Deux officiers, ayant essayé de passer la Seine, durent renoncer à leur tentative, après avoir eu deux chevaux blessés dans leur détachement (5). Ces diverses reconnaissances trou-

---

(1) Voir plus haut, p. 187.
(2) *Braune Husaren in Frankreich*, loc. cit., p. 15.
(3) *Ibid.*; le Commandant du fort de Charenton au Gouverneur, D. T., 15 septembre, 2 h. 35 soir. — Voir plus haut, p. 197.
(4) Au moment où ce peloton apparaissait devant Corbeil, il y avait dans la ville, sur la rive gauche, une petite compagnie de francs-tireurs qui se replia bientôt sur Essonnes.
(5) La compagnie Lavigne, du IIᵉ bataillon des francs-tireurs de Paris, tenait en effet la rive gauche et venait d'arriver à Juvisy, où elle passa la nuit du 15 au 16.

vèrent tous les ponts coupés et constatèrent l'impossibilité de franchir le fleuve.

Les hussards du 4e ayant été arrêtés l'avant-veille à Mortcerf, à la lisière orientale de la forêt de Crécy (1), la 2e division, pour se rendre à Tournan, contourna cette forêt par le Nord, passa par Crécy et Villeneuve-le-Comte puis occupa Favières, Gretz, Presles, Liverdy et Tournan. Ses patrouilles se relièrent vers le Sud avec la cavalerie du IIe bavarois, et, par les Chapelles-Bourbon et la Houssaye, avec le Ve corps.

Le Prince royal transporta son quartier général de Montmirail à Coulommiers (2).

Le VIe corps, toujours le plus avancé, se maintint à Meaux, mais le Ve vint à l'Ouest de Coulommiers en laissant dans cette ville le IIIe bataillon du 6e régiment d'infanterie comme garde du Prince royal. Le quartier général du Ve corps atteignit Crécy. La 10e division s'échelonna au Nord du Grand-Morin, sur la grand' route de Paris, de Courtevroult à Coulommiers. La 9e, au Sud de la rivière, occupa Tigeaux, Guérard, La Celle-sur-Morin, Faremoutiers, Mauperthuis, Saints, et quelques hameaux plus à l'Ouest.

Au IIe corps bavarois, le quartier général occupa Rozoy; les têtes de colonne atteignirent Fontenay, Chaumes et Mormant; la zone de cantonnement s'étendit au Sud jusqu'à Quiers et Saint-Just, et au nord jusqu'à Pezarches et Touquin. La cavalerie bavaroise poussa des fractions vers Bray-sur-Seine, Courcelles, Montereau et vers Melun. Une fraction se heurta, en avant de cette ville, devant le parc de Rubelles, au détachement de Francs-tireurs de Paris commandé par le capitaine Kastner et fort de 35 hommes (3).

---

(1) Voir plus haut, p. 179.
(2) *Historique du Grand État-Major prussien*, supplément LX.
(3) Après avoir rejoint le 13 au soir son corps à Montereau, le capi-

Le gros de la division würtembergeoise vint à Château-Thierry, Essômes, Bonneil et Azy. Le *3e* régiment d'infanterie würtembergeois quitta Reims et atteignit Dormans (1), ainsi que le Ier bataillon du 5e würtembergeois.

Le XIe corps, arrivant à Reims ce jour-là, libéra le 2e régiment würtembergeois qui, après avoir été remplacé par le *94e* d'infanterie comme garnison de Reims, se mit en route le 16 pour rejoindre sa division (2).

Armée de la Meuse. — Le quartier général de l'armée vient à Neuilly-Saint-Front (3).

La *6e* division de cavalerie se porte de Crépy-en-Valois à Senlis. Comme ses patrouilles s'étaient heurtées la veille à des francs-tireurs (4) aux environs de cette ville, le commandant de la division fit partir de Crépy-en-Valois, le 15 au matin, les 2e et 3e compagnies du 4e bataillon de chasseurs, en soutien des fractions de cavalerie précédant la division. Ces compagnies trouvèrent, à 11 heures du matin, Senlis complètement évacué, mais s'emparèrent à la gare d'un train en partance et de quelques locomotives. De Senlis, la 2e compagnie se dirigea dans l'après-midi avec le *15e* uhlans sur Chantilly dont elle occupa la gare et où ces deux unités cantonnèrent (5). Des patrouilles de uhlans furent lancées sur Luzarches.

La 3e compagnie se porta, avec le *3e* uhlans, de Senlis

---

taine Kastner était reparti le 14 pour Melun avec 35 hommes ; le 15 au soir, il rejoignit le bataillon qui s'était transporté à Fontainebleau (*Les Défenseurs de Châteaudun, loc. cit.*, p. 41).

(1) *Geschichte des 3. Württ. Infanterie-Regiments* n° *121*, p. 377.
(2) *Das Infanterie-Regiment Kaiser-Wilhelm (2. Württ.)* n° *120*, p. 243.
(3) *Historique du Grand État-Major prussien*, supplément LXII.
(4) Carabiniers du XIe arrondissement.
(5) *Geschichte des Jäger-Bataillons Nr. 4*, p. 209. — Voir plus haut, p. 196.

sur Creil, où la cavalerie entra vers 1 heure du soir, et détruisit la voie ferrée de Compiègne (1). Ces troupes cantonnèrent à Creil. Des fractions de uhlans se portèrent vers Rantigny (2), Mello, Saint-Leu d'Esserent, Boran, l'Isle-Adam (3).

Pendant ce temps, les autres régiments de la division et les 1re et 4e compagnies du 4e bataillon de chasseurs occupaient Senlis, Aumont, Apremont, Saint-Maximin, Saint-Firmin.

La 5e division de cavalerie, restée les 13 et 14 à Villers-Cotterets et environs, gagna Nanteuil-le-Haudouin. A plusieurs reprises, elle trouva la route coupée, mais la marche de la troupe ne fut pas entravée; seule, celle des bagages subit quelques retards, le pavé des routes ayant été enlevé (4). La division cantonna autour de Nanteuil-le-Haudouin, à Ormoy-Villers, Boissy, Chèvreville, Silly-le-Long, Versigny. Ses patrouilles s'avancèrent jusqu'à Villeneuve-sous-Dammartin et Le Plessis-aux-Bois (5).

---

(1) Dès le 13, le pont du chemin de fer sur l'Oise avait été détruit par la Compagnie du Nord et l'autorité militaire. Le service entre Paris et le Nord se faisait exclusivement par Pontoise.

(2) Le Préfet de la Somme au Ministre de l'Intérieur, D. T., Amiens, 15 septembre, 8 h. 15 soir.

(3) Ce sont ces patrouilles qui avaient été signalées au Gouverneur par le sous-préfet de Pontoise (voir plus haut, p. 196). — L'apparition de ces patrouilles sur la rive droite de l'Oise causa quelque émotion dans le département de l'Oise. A Beauvais, le trésorier-payeur général ferma sa caisse, le service télégraphique fut interrompu, la Compagnie du Nord replia son matériel sur Gournay et sur Breteuil. Cependant, aucun cavalier ennemi n'était entré dans Clermont. L'émotion gagna aussi le département de la Somme et, le 16 à 10 heures du matin, le préfet d'Amiens télégraphiait que le département allait être évacué, que le trésorier allait partir, etc...

(4) *Bergische Lanziers Westfälische Husaren Nr. 11*, p. 390.

(5) Le Commandant supérieur de Saint-Denis au Gouverneur, D. T., Saint-Denis, 15 septembre, 9 h. 20 soir. — Voir plus haut, p. 196.

Le quartier général du IV⁰ corps et celui de la *8ᵉ* division gagnèrent Villers-Cotterets ainsi que les éléments non endivisionnés.

La *8ᵉ* division, passant par Corcy, Fleury et Villers-Cotterets vint cantonner à Largny, Vauciennes, Coyolles, Pisseleux, se couvrant par des avant-postes sur la ligne Vez, Vaumoise, Ivors (1).

La 7ᵉ division, s'éloignant un peu de Soissons, resta à l'Est de la forêt de Villers-Cotterets et occupa Montgobert, Saint-Pierre-Aigle, Missy-aux-Bois, Chaudun, Vierzy, Longpont, se couvrant par quelques postes d'infanterie et des patrouilles du 7ᵉ dragons vers Soissons. Elle ne commença son mouvement qu'après 9 heures du matin pour couvrir la marche des convois, notamment de ceux restés à Vailly, sur la rive droite de l'Aisne, à Serches et à Couvrelles. Ces éléments se réunirent près de la ferme du Mont-de-Soissons (2) et firent route par Nampteuil-sous-Muret, Droizy et Hartennes (3).

La cavalerie de la Garde, franchissant l'Ourcq à La Ferté-Milon, s'installait en cantonnnements sur la rive droite, à Autheuil-en-Valois, Antilly, Mareuil-sur-Ourcq, Cuvergnon (4). Le quartier général de la Garde venait à La Ferté-Milon. La *1ʳᵉ* division y cantonnait également,

---

(1) *Geschichte des 3. Thüringischen Infanterie-Regiments Nr. 71*, p. 161.

(2) *Geschichte des Train-Bataillons Nr. 4*, p. 155.

(3) Ambulances : n° 1, Acy ; nᵒˢ 2 et 3, Coyolles, Pisseleux.
Hôpitaux de campagne : nᵒˢ 1, Villers-Cotterets ; 3 et 4, le Plessier-Hulen ; nᵒˢ 5 et 12, Coyolles.
Convois : nᵒˢ 1 et 3, Valsery (Ouest de Saint-Pierre-Aigle) ; nᵒˢ 2 et 4, Villers-Cotterets ; n° 5, Péroy.
Dépôt de chevaux : Saint-Rémy.
Escadron d'encadrement du train : Blanzy (au Nord de Saint-Rémy) (*Geschichte des Train-Bataillons Nr. 4*, p. 262 et 294).

(4) *Geschichte des 1. Garde-Dragoner-Regiments*, p. 151.

ainsi qu'à Marolles, Crouy-sur-Ourcq, Chézy-en-Orxois; l'état-major de la 2ᵉ division atteignait Neuilly-Saint-Front, avec la 4ᵉ brigade qui occupait aussi Troësnes et Noroy; enfin la 3ᵉ brigade venait à Oulchy-le-Château, Rozet-Saint-Albin (1), Grand-Rozoy, Beugneux et Cugny. Les éléments non endivisionnés s'intercalaient entre les deux divisions (2).

La 12ᵉ division de cavalerie s'avançant par Belleau, Bussiares et Gandelu, s'arrêta sur les bords de l'Ourcq, à Ocquerre, Fussy, Vendrest, Cocherel, les points de passage ayant été détruits. L'équipage léger de pont qui l'accompagnait en établit un à Ocquerre, sur lequel passa, le lendemain, la 23ᵉ brigade de cavalerie, tandis que la 24ᵉ franchissait la Marne à Mary (3).

Le XIIᵉ corps, dont le quartier général vint à Monthiers, poussa jusqu'à la route de La Ferté-Milon à Charly et cantonna dans la zone Neuilly-la-Poterie, Hautevesnes, Courchamps, Grisolles, Bézu-Saint-Germain, Bouresches, c'est-à-dire que l'aile gauche de ses cantonnements s'étendit à peu près jusqu'à la Marne.

Dans ces cantonnements du 15, les têtes de colonnes de l'armée de la Meuse ne se trouvaient plus qu'à une journée de marche plus en arrière que celles de la

---

(1) *Geschichte des Garde-Grenadier-Regiments Nr. 1*, p. 179.
(2) Ambulances : Mosloy, Billy-sur-Ourcq, Villers-le-Petit.
Équipage léger de pont : Thury-en-Valois.
Équipage de pont : Grand et Petit-Menil.
Convois : Latilly.
Colonne de boulangerie : La Ferté-Milon.
Escadron d'encadrement du train : Neuilly-Saint-Front.
La deuxième moitié de l'hôpital de campagne n° 1 s'installa à Neuilly-Saint-Front où elle resta immobilisée jusqu'au 30 septembre (*Geschichte des Garde-Train-Bataillons*, p. 170, 275, 278 et 279; *Geschichte des Garde-Pionier-Bataillons*, p. 201).

(3) *Aufzeichnungen über das 1. Sächsische Ulanen-Regiment Nr. 17*, p. 61.

IIIe armée et toutes deux étaient maintenant en liaison complète.

Le grand quartier général, quittant Château-Thierry dans l'après-midi, vint s'établir à Meaux (1).

---

(1) Verdy du Vernois, *Im grossen Hauptquartier*, p. 173.

CHAPITRE XII

Marche jusqu'au 15 septembre des unités allemandes laissées autour de Sedan.

Le 6 septembre, à 7 heures du soir, le maréchal de Moltke prescrivit au lieutenant-colonel de Brandenstein, chef de section à l'état-major du grand quartier général, de se rendre auprès du général von der Tann, pour lui communiquer « les projets de la direction supérieure sur les mouvements que doivent effectuer le XIe corps et le Ier corps bavarois, en vue de rallier l'armée d'opérations, ainsi que sur la tentative à faire pour s'emparer de la forteresse de Mézières (1) ».

On ne connaît pas la teneur exacte « des projets de la direction supérieure », mais on peut admettre que le lieutenant-colonel de Brandenstein était chargé de mettre le général von der Tann au courant de la marche de la IIIe armée et de l'armée de la Meuse, de lui prescrire de diriger vers Paris d'abord la 4e division de cavalerie, puis le XIe corps par Rethel et Reims, le Ier corps bavarois par Attigny et Épernay et de chercher à s'emparer de Mézières, pour permettre d'utiliser au plus tôt la voie ferrée Sedan-Reims.

Le général von der Tann ne put se conformer à cette dernière prescription, car, le 4 septembre, il avait passé une convention avec le commandant de la place de Mézières pour en recevoir les vivres nécessaires aux

---

(1) *Correspondance militaire du maréchal de Moltke*, t. II, p. 355.

prisonniers français encore dans la presqu'île d'Iges, et il avait été admis, de part et d'autre, que pendant un certain temps on s'abstiendrait de toute hostilité (1).

Le général von der Tann ne put tout d'abord faire partir qu'une partie de la *4*ᵉ division de cavalerie. Le 7 septembre, le prince Albrecht (père), commandant cette division, rassembla à Guignicourt et Yvernaumont son état-major, la *10*ᵉ brigade de cavalerie, les deux batteries à cheval et tous les services de la division (2). Leur ayant donné repos le lendemain (3), il se mit en route le 9 pour Rethel, atteignit le 10 Reims (4), le 11 Épernay (séjour), puis le 13 Sézanne, le 14 Villenauxe, le 15 Provins. Dès le 14, cette cavalerie se trouvait à l'aile gauche de la IIIᵉ armée, à hauteur des têtes de colonnes.

En partant de Sézanne, le 2ᵉ hussards avait envoyé sur l'Aube un peloton du 1ᵉʳ escadron avec mission de détruire la voie ferrée de Paris à Troyes. Ce peloton atteignit Anglure sans incidents, et de là envoya une patrouille vers Troyes, puis, franchissant l'Aube et la Seine, gagna Romilly et détruisit près de cette dernière

---

(1) *Historique du Grand État-Major prussien*, 1ʳᵉ partie, p. 1224.

(2) A la *4*ᵉ division était jointe la 2ᵉ section de l'ambulance nº 3 du XIᵉ corps (*Geschichte des Hessischen Train-Bataillons Nr. 11*, p. 29).

(3) La journée du 8 fut employée à battre de l'avoine de la dernière récolte, non seulement pour recompléter les vivres du sac, mais encore pour constituer pour plusieurs jours des approvisionnements, emmenés sur voitures (*Das 2. Leib Husaren-Regiment Nr. 2*, p. 90).

(4) La 10ᵉ brigade emmena jusqu'à Reims, à destination de la IIIᵉ armée, 1,350 chevaux pris sur le champ de bataille de Sedan. D'après l'*Historique* du *10*ᵉ uhlans, deux commissions avaient été créées pour rassembler les chevaux de prise, et les examiner. Elles attribuèrent environ 200 chevaux à chaque corps d'armée et 400 à chaque division de cavalerie. Les chevaux malades, blessés, furent réunis à Donchery et remis à un officier supérieur bavarois. Des détachements de chaque corps d'armée furent renvoyés à Reims après le 10 septembre pour chercher les chevaux qui leur étaient destinés (*Das Posensche Ulanen-Regiment Nr. 10*, p. 152).

localité la voie ferrée (1) et le télégraphe. Le lieutenant Mollard, commandant ce peloton, apprit que des détachements de mobiles avaient traversé la gare de Romilly (2), se dirigeant sur Paris et Orléans, et que deux compagnies de « Francs-tireurs des Vosges » avaient gagné Troyes le 12 septembre (3). Après avoir visité le bureau de poste, où il ne trouva aucune lettre, cet officier reprit avec son peloton la direction du Nord, franchit la Seine à Marcilly et passa la nuit dans une ferme près de ce village. Le lendemain matin, il fut rejoint par la patrouille envoyée vers Troyes, et après avoir rendu compte de sa mission et notamment de ce qu'il avait trouvé intacts les ponts sur l'Aube et la Seine, le lieutenant Mollard se porta par Conflans vers Nogent-sur-Seine, passa la nuit du 15 au 16 près de la Saulsotte, et, par Pigy et Provins, rejoignit la division le 16 à Nangis (4).

Avant de quitter Villenauxe, le 15 au matin, le prince Albrecht s'était fait précéder par un peloton du 3ᵉ escadron du 2ᵉ hussards commandé par le lieutenant Rothkirch, auquel il avait donné mission de se porter, par Provins et Nangis, sur Fontainebleau; de se procurer des renseignements sur les mouvements des troupes et particulièrement des compagnies de francs-tireurs adverses; de saisir les correspondances, de détruire les télégraphes et les voies ferrées, d'examiner les ouvrages d'art, en particulier les ponts et de préparer la subsis-

---

(1) Cette destruction était inutile puisque la voie avait été coupée le 26 août à Payns par la 2ᵉ division de cavalerie et le lendemain près de Nogent-sur-Seine par la destruction du pont de Bernières effectuée par les Français (Voir plus haut, p. 5).

(2) Les bataillons de mobiles de l'Aube qui, le 24 août, avaient été transportés de Troyes à Orléans et à Tours (Voir plus haut, p. 40).

(3) Il s'agissait probablement des compagnies de Francs-tireurs des Vosges formées à Paris et dirigées sur Belfort.

(4) *Das 2. Leib-Husaren-Regiment Nr. 2*, p. 92.

tance du gros de la division. C'était là une mission bien chargée pour un simple peloton. Le 15, le lieutenant Rothkirch s'avança jusqu'à Nangis et fit connaître que le tunnel de Courton (près Longueville) était détruit, que la Chapelle-Rablais et le bois de Villefermoy au Sud-Ouest de Nangis, au dire des habitants, n'étaient pas occupés par des francs-tireurs, et qu'un détachement du IIe corps bavarois, composé d'un escadron et demi et d'une batterie, se trouvait à Nangis (1).

Un peloton du 5e dragons qui, depuis le 12 septembre, avait été envoyé également dans la vallée de la Seine avec mission de détruire les voies ferrées et les lignes télégraphiques, s'était arrêté, le 15 au soir, dans la ferme la Muette, au Sud-Est de Courcelles, à 8 kilomètres à l'Est de Montereau. Il fut surpris par un groupe de gardes nationaux. Un sous-officier et 13 cavaliers furent faits prisonniers et dirigés sur Sens (2).

Les deux autres brigades de la division, restées à Sedan, quittèrent à leur tour cette ville les 9 et 12 septembre.

La 8e brigade de cavalerie (3) se rassembla le 9 vers Villers-le-Tilleul et Singly, se reposa le 10, puis canonna le 11 à Mazerny et Hagnicourt, le 12 à Château-Porcien, les 13 et 14 à Reims, le 15 à Moussy, Montheon, Pierry, au Sud d'Épernay; elle se trouvait donc à

---

(1) *Das 2. Leib-Husaren-Regiment Nr. 2*, p. 93.

(2) Adolf Kayser, *Erlebnisse eines rheinischen Dragoners*, p. 99; le sous-Préfet de Fontainebleau au Ministre de l'Intérieur, D. T., Fontainebleau, 15 septembre, 11 heures soir.

(3) Les 1er et 2e escadrons du *10e* uhlans avaient été chargés, avec deux compagnies du *83e*, de conduire jusqu'à Dun 600 prisonniers, 500 chevaux de prise destinés à l'armée de Metz; ils les remirent le 11 septembre à Dun au 9e uhlans, et rejoignirent leur régiment le 15, au Sud d'Épernay (*Das Posensche Ulanen-Regiment Nr. 10*, p. 152).

trois marches en arrière du gros de la division, qu'elle ne rejoindra que le 23 septembre à Pithiviers (1).

La *9e* brigade (2) partit à son tour le 12 septembre, fit étape ce jour-là à Singly, le surlendemain à Neuflize et arriva le 15 à Cernay-lès-Reims ; de là, elle continua par Mareuil-le-Port (sur la Marne, à l'Ouest d'Épernay), le Breuil, Saint-Barthélemy, Jouy-le-Châtel et Mormant où elle arriva le 20 (3).

Conformément aux ordres du grand quartier général, le XIe corps et le Ier bavarois quittèrent les environs de Sedan le 11.

Au XIe corps (4), la *21e* division s'échelonna sur la route de Rethel dans la zone Poix, Villers-sur-le-Mont, Boulzicourt, Saint-Marceau, Saint-Pierre-sur-Vence, Guignicourt, avec l'artillerie de corps à Yvernaumont et Boulzicourt. La *22e* division cantonna dans la zone Flize, Dom-le-Mesnil, Sapogne, Élan, Balaives (5).

---

(1) Cette brigade fit étape le 16 à Orbais et Janvilliers, les 17 et 18 à Rieux, Montdauphin, Saint-Barthélemy, Montolivet, à l'Ouest de Montmirail, le 19 à Chailly-en-Brie, le 20 à Nangis et le 21 à Melun.

(2) Le 6e uhlans n'était représenté que par l'état-major et le 2e escadron ; les trois autres escadrons étaient employés à l'escorte des prisonniers et le régiment ne se trouva réuni que le 4 octobre (*Geschichte des Thüringischen Ulanen-Regiments Nr. 6*, p. 254).

(3) Cette brigade ne rejoignit la division que le 23 à Pithiviers (*Ibid.*, p. 255).

(4) Le XIe corps avait fourni de nombreux détachements pour les escortes de prisonniers. Il laissa en outre le Ier bataillon du *94e* comme garnison de Sedan, de sorte qu'il ne se mit en route qu'avec 13 bataillons 1/2 et 5 escadrons. Ses effectifs furent renforcés, au cours de la marche sur Paris, par les hommes de remplacement venus d'Allemagne, par les unités revenant d'escorter les prisonniers. Toutefois, un certain nombre de ces dernières ne rejoignit que devant Paris et dans le courant d'octobre (*Historique du Grand État-Major prussien*, IIe partie, p. 28, n.).

(5) Ambulances : n° 1, Poix ; n° 2, Sapogne ; n° 3, Boulzicourt ;

Le Ier bavarois (1), se tenant à l'Est du XIe corps et prenant la direction d'Attigny, remonta le 11 la vallée de la Bar. Son quartier général s'arrêta à Chémery et

---

cette dernière était réduite de moitié et affectée à l'artillerie de corps. L'autre moitié était partie avec la *4e* division de cavalerie.

Boulangerie : Boulzicourt.

Convois : n{os} 2 et 4, Boutancourt.

Hôpitaux de campagne : n° 1, Guignicourt ; n° 8, Étrépigny ; n° 11, Sapogne.

Les 1re et 3e Proviant-Kolonnen s'étaient mises en route le 8 pour aller se ravitailler à Bar-le-Duc. A la suite d'une erreur de direction, elles étaient venues devant Mézières le 9, et y avaient été surprises par un détachement français. Après avoir perdu 13 hommes, 10 voitures et 34 chevaux, elles se replièrent sur Sedan, s'y recomplétèrent avec des chevaux et du matériel provenant de l'armée du maréchal de Mac-Mahon et atteignirent le Chesne le 11 et Bar-le-Duc le 14. Le 23 septembre, elles étaient de retour à Brie-Comte-Robert et Varennes.

Celle portant le n° 5 était partie de Sedan le 7 pour Bar-le-Duc ; elle arriva le 22 septembre à Brie-Comte-Robert.

Les hôpitaux de campagne n{os} 5, 6, 7, 9, 10 et 12 étaient encore immobilisés sur le champ de bataille de Sedan.

L'hôpital de campagne n° 2, resté à Spachbach jusqu'au 1er septembre et transporté en chemin de fer depuis Haguenau jusqu'à Pont-à-Mousson où il arriva le 5 septembre, était le 11 à Châlons-sur-Marne ; il arriva à Reims le 13 et y rejoignit le corps d'armée.

L'hôpital de campagne n° 3 fut maintenu à Wœrth jusqu'au 30 août. Le 11 septembre, il était à Vitry-le-François. Il rejoignit le corps d'armée à Reims le 15 (*Geschichte des Hessischen Train-Bataillons Nr. 11*, p. 46).

(1) Le Ier bavarois était considérablement réduit par les détachements qu'il avait fournis.

La *1{re}* division avait employé 26 compagnies 1/2 à l'escorte des prisonniers et la *2e* division 30 compagnies 3/4, de sorte qu'au départ de Sedan pour Paris, le corps d'armée ne comptait plus que 42 compagnies 3/4.

Le *13e* régiment était réduit à son état-major et un peloton chargé de la garde des drapeaux.

Le *2e* régiment n'était plus représenté que par une compagnie de remplacement ; son état-major avait été réuni à celui de la 2e brigade (Helvig, *Das I. Bayerische Armee-Corps von der Tann im Kriege 1870-1871*, p. 94).

son gros s'étendit du Vivier jusqu'à Chehéry, de part et d'autre de la grande route.

La brigade de cavalerie qui devait couvrir sa gauche gagna ce jour-là Sy et Tannay (1).

Le 12, les deux divisions du XIᵉ corps (2) marchèrent chacune pour leur compte, encadrant l'artillerie de corps formant une colonne au centre. La *21ᵉ* division atteignit la zone Novion-Porcien, Neuvizy, Faissault, Saulces-Monclin, Corny-la-Ville. L'artillerie de corps s'arrêta à Vieil-Saint-Remy et Launois. La *22ᵉ* division, dont la tête poussa jusqu'à Écordal, s'échelonna sur sa route de marche à Guincourt, Saint-Loup-Terrier, Bouvellemont, Baalons, Villers-le-Tilleul (3).

Le Iᵉʳ bavarois transporta son quartier général à Attigny (4); ses troupes vinrent, par Tannay et Le Chesne, occuper la zone Attigny, Voncq, les Alleux, Neuville-et-Day.

La brigade de cavalerie, toujours en avant, s'arrêta à Saulces-Champenoises.

Dans la journée du 13, le XIᵉ corps gagna l'Aisne. Son quartier général vint à Rethel avec l'artillerie de corps. La *21ᵉ* division cantonna à Château-Porcien, Taizy, Nanteuil-sur-Aisne, Acy-Romance, Arnicourt,

---

(1) *Das 1. Schwere Reiter-Regiment*, p. 246.

(2) Pour faciliter la marche en plusieurs colonnes, l'artillerie des divisions fut répartie entre les brigades.

(3) Ambulances : nᵒˢ 1 et 3, Launois ; nᵒ 2, Baalons.
Boulangerie : Faissault.
Dépôt de remonte mobile : Poix.
Escadron d'encadrement du train : Guignicourt.
Convois : nᵒ 2, Guincourt ; nᵒ 4, Boulzicourt.
Hôpitaux de campagne : nᵒ 1, Novy ; nᵒ 4, Boulzicourt ; nᵒ 8, Poix ; nᵒ 11, Baalons (*Geschichte des Hessischen Train-Bataillons Nr. 11*, p. 46).

(4) *Helvig*, loc. cit., p. 94.

Inaumont, Ecly; la 22ᵉ à Thugny, Seuil, Doux, Coucy, Amagne (2).

Le Iᵉʳ bavarois transféra son quartier général à Juniville. Les troupes s'échelonnèrent le long de la voie romaine, de Juniville jusqu'à Vaux-Champagne, et dans les villages plus au Sud. La brigade de cavalerie occupa Machault.

Le lendemain 14, la 21ᵉ division gagna la région Bourgogne, Boult-sur-Suippe, Auménancourt-le-Grand, Auménancourt-le-Petit, Roizy, Sault-Saint-Remy. La 22ᵉ division s'arrêta à Lavannes, Pomacle, Warmériville (1). Le quartier général du corps d'armée et l'artillerie du corps, vinrent à Isles-sur-Suippe et Bazancourt.

Le Iᵉʳ bavarois transféra son quartier général à Beine; l'avant-garde atteignit la Vesle à Sillery, Prunay et Beaumont-sur-Vesle; la brigade de cavalerie, plus à l'Est, cantonna à Sept-Saulx et Thuizy.

La marche du 15 amena le XIᵉ corps à Reims et le Iᵉʳ corps bavarois à Épernay.

Tandis que le quartier général du XIᵉ corps s'arrêtait à Reims, la 21ᵉ division tout entière allait cantonner au

---

(1) Ambulances : n° 1, Château-Porcien; n° 2, Amagne; n° 3, Rethel.
Boulangerie : Rethel.
Dépôt de remonte mobile et escadron du train : Launois.
Convois : n° 2, Rethel; n° 4, Launois.
Hôpitaux de campagne : n° 1, Barby; nᵒˢ 4 et 8, Launois; n° 11, Amagne (*Geschichte des Hessischen Train-Bataillons Nr. 11*, p. 46).

(2) Ambulances : n° 1, Bourgogne; n° 2, Warmériville; n° 3, Isles-sur-Suippe.
Boulangerie : Reims.
Dépôt de remonte mobile et escadron du train : Rethel.
Convois : n° 2, Bétheny; n° 4, Rethel.
Hôpitaux de campagne : n° 1, Boult-sur-Suippe; nᵒˢ 4 et 8, Rethel; n° 11, Warmériville (*Geschichte des Hessischen Train-Bataillons Nr. 11*, p. 46).

Sud-Ouest à Tinqueux, Ormes, Pargny-lès-Reims, Gueux, Thillois, Saint-Brice et Champigny. L'artillerie de corps restait dans Reims avec une partie de la 22ᵉ division qui se répandait aussi dans les villages au Sud-Est de la ville, notamment à Cormontreuil, Saint-Léonard et Taissy (1).

Le Ier corps bavarois, passant par Verzy, Avenay et Aÿ, transporta son quartier général à Épernay; ses troupes occupèrent cette ville ainsi que Aÿ et Avenay (2). La brigade de cavalerie s'arrêta sur la Marne à Oiry et Mareuil.

Situation sommaire des armées allemandes le 15 septembre au soir.

Grand quartier général : Meaux.
Quartier général de l'armée de la Meuse : Neuilly—Saint-Front.
6ᵉ division de cavalerie : Senlis (Q. G.), Creil, Chantilly.
    Patrouilles : Mello, Boran, Luzarches.
5ᵉ division de cavalerie : Nanteuil-le-Haudouin (Q. G.).
    Patrouilles : Villeneuve-sous-Dammartin, le Plessis-aux-Bois.
IVᵉ corps : Villers-Cotterets (Q. G.).
    Têtes de colonnes : Vez, Vaumoise, Ivors, Boursonne.
Division de cavalerie de la Garde : Autheuil, Mareuil-sur-Ourcq, Antilly.
Garde : La Ferté-Milon (Q. G.).
    Têtes de colonnes : La Ferté-Milon, Crouy-sur-Ourcq.
12ᵉ division de cavalerie : Ocquerre, Vendrest.
XIIᵉ corps : Monthiers (Q. G.).
    Têtes de colonnes : Neuilly-la-Poterie, Marigny-en-Orxois.

---

(1) Ambulances : n° 1, Gueux; n° 2, Taissy; n° 3, Reims.
Boulangerie : Reims.
Dépôt de remonte mobile et escadron du train : Lavannes. Convois : n° 2, Reims; n° 4, Lavannes.
Hôpitaux de campagne : n° 1, Tinqueux; n°s 2 et 3 (qui rejoignirent à cette date), Reims; n°s 4 et 8, Lavannes; n° 11, Taissy (*Geschichte des Hessischen Train Bataillons Nr. 11*, p. 46).

(2) *Geschichte des Bayerischen Infanterie-Leib-Regiments*, p. 282.

Quartier général de la IIIe armée : Coulommiers.
2e division de cavalerie : Tournan, Brie-Comte-Robert (4e hussards).
    Patrouilles sur la Seine : de Corbeil à Maisons-Alfort.
VIe corps : Meaux (Q. G.).
    Têtes de colonnes : Lagny.
    Patrouilles : Villeparisis.
Ve corps : Crécy (Q. G.).
    Têtes de colonnes : Courtevoult, Villeneuve-le-Comte.
IIe bavarois : Rozoy (Q. G.).
    Têtes de colonnes : Fontenay, Chaumes, Mormant.
    Patrouilles sur la Seine : de Bray-sur-Seine à Melun.
Division wûrtembergeoise : Château-Thierry (Q. G.).
4e division de cavalerie (moins les *8e* et *9e* brigades) : Provins.
    Patrouilles : La Saulsotte, Courcelles, Nangis.
    8e brigade de cavalerie : Moussy, Pierry, au Sud-Ouest d'Épernay.
    9e brigade de cavalerie : Cernay-lès-Reims.
XIe corps : Reims (Q. G.).
    Avant-garde : Pargny.
Brigade de cavalerie bavaroise : Oiry.
Ier corps bavarois : Épernay (Q. G.).

CHAPITRE XIII

Mouvements des troupes françaises dans Paris jusqu'au 15 septembre au soir.

---

§ 1er. — *Le 13e corps depuis son retour à Paris jusqu'au 14 septembre au soir.*

A leur rentrée à Paris, le 9 septembre au plus tard, tous les éléments du 13e corps, à l'exception de la brigade de cavalerie qui devait se porter vers Senlis (1), vinrent camper sur l'avenue de la Grande-Armée et son prolongement, l'avenue de Neuilly, de l'Arc-de-Triomphe au pont de Neuilly, sur le boulevard d'Argenson et les avenues du Roule et de Madrid (2).

Les généraux et chefs de corps s'empressèrent de remettre, dans leurs unités, l'ordre quelque peu détruit, au point de vue matériel comme au point de vue moral, par la retraite hâtive effectuée depuis Mézières.

Le 13e corps conserva ces emplacements jusqu'au 11 septembre, sauf la division de Maud'huy qui, arrivée la première à Paris, reçut, le 8, l'ordre de se porter le lendemain dans la presqu'île de Gennevilliers, la 2e brigade et l'artillerie au Rond-Point de Courbevoie, l'autre brigade envoyant un régiment, le 9e, à la ferme de la

---

(1) Voir plus haut, p. 137.
(2) Voir plus haut, p. 59 et 61.

Fouilleuse; le second régiment de cette 1re brigade, le 10e, était à Sèvres (1).

Les renseignements parvenus à Paris jusqu'au 9 avaient signalé le gros des forces allemandes au Nord de la Marne, s'étendant des environs de Laon jusqu'à Châlons et Épernay. Le général Trochu en conclut que l'ennemi arriverait probablement sous Paris par les routes du Nord et du Nord-Est. D'autre part, dans la nuit du 9 au 10, des renseignements concordants venus de Stockholm et de Vienne annonçaient que les Allemands seraient sous peu sous Paris et qu'ils porteraient leurs efforts sur un seul point en simulant une fausse attaque (2).

En conséquence, le général Trochu résolut de renforcer la défense des secteurs Nord. Il ordonna de construire une batterie aux Buttes Chaumont (3) pour canons à longue portée. Il décida aussi d'augmenter le nombre des troupes de première ligne en organisant, sous les ordres du général Carrey de Bellemare, un corps spécial à Saint-Denis (4) et en déployant le 13e corps sur la rive droite de la Seine, entre Saint-Denis et Sèvres.

Dès le 9, il donna des ordres dans ce sens au général Vinoy et l'invita à faire exécuter immédiatement les reconnaissances nécessaires, de manière que son corps d'armée fût en position le 11 au soir. Le Gouverneur recommanda en même temps au commandant du 13e corps de se mettre en relations avec le général de Bellemare.

« Il est bien entendu, écrivait-il, que c'est une posi-

---

(1) Le général Vinoy au Général commandant la 2e division du 13e corps, Paris, 8 septembre.
(2) Voir plus haut, p. 148.
(3) Voir 1er vol., p. 134.
(4) Décision du 8 septembre.

tion d'expectative que je donne à votre corps d'armée et qu'elle pourra être modifiée suivant les circonstances qui se produiront à l'apparition de l'ennemi. Il n'en convient pas moins d'étudier avec le plus grand soin les positions indiquées car il y aura certainement à combattre sur certains points ; il y aura lieu de s'assurer des dispositions prises pour faire sauter les ponts de la Seine tels que ceux de Sèvres, Saint-Cloud, Neuilly, etc..... J'ai prévenu M. le Ministre de la Guerre de ces dispositions qu'il a déjà approuvées (1) ».

Le 11 au matin, le 13e corps commença son mouvement et se déploya en avant des fortifications, le long de la Seine, depuis Saint-Ouen jusqu'au Point-du-Jour.

A droite, la division d'Exéa fut chargée de tenir les ponts de Saint-Ouen, Clichy et Asnières, d'occuper ce dernier village et de se relier à Saint-Denis (2).

Le 6e de marche, renforcé par la 3e batterie du 10e d'artillerie, occupa, à Saint-Ouen, les parcs de la princesse de Craonne et de M. Legentil ainsi que la maison Godillot (3). Il détacha son IIe bataillon en grand'garde à la tête du pont de Saint-Ouen et dans l'île de Saint-Ouen et se fortifia sur ses positions (4).

Le 5e de marche vint camper sur le boulevard de

---

(1) Le général Trochu au général Vinoy, Paris, 9 septembre.

(2) Le Général chef d'état-major du 13e corps au Général commandant la 2e division d'infanterie, Paris, 10 septembre.

(3) *Historique manuscrit* du 6e régiment de marche ; *Historique manuscrit* des 2e, 3e, 4e, 13e..... batteries du 10e d'artillerie.

(4) Un ordre du Gouverneur, en date du 14 septembre, plaça le 6e régiment de marche, de la brigade Mattat (1re brigade de la division d'Exéa), détaché à Saint-Ouen, sous les ordres du général de Bellemare, en raison de ce que la batterie de Saint-Ouen et la position de Saint-Ouen elle-même faisaient partie du système défensif de Saint-Denis.

Mais cette mesure blessa vivement le général Mattat qui, depuis trois jours, apportait tous ses soins à l'installation de ce régiment et à l'or-

Clichy-la-Garenne avec la 4e batterie du 10e d'artillerie (1).

Le 7e de marche et la batterie de mitrailleuses s'installèrent aux environs du pont de Clichy, envoyant quatre compagnies de l'autre côté de la Seine, dans la presqu'île de Gennevilliers (2).

Le 8e de marche s'établit au pont d'Asnières, le IIe bataillon en avant du pont, sur la rive gauche, les deux autres bataillons à droite et à gauche de la voie ferrée, sur la rive droite (3). Ce régiment se reliait, par sa gauche avec la division Blanchard, installée à Neuilly (4).

Les chasseurs à pied, la compagnie du génie, les réserves divisionnaires, les services administratifs, la trésorerie, la gendarmerie, etc., se placèrent derrière le 7e de marche.

La 3e division (Blanchard), occupant le centre du corps d'armée et ayant pour mission de tenir fortement

---

ganisation de la position qui lui avait été confiée. Il adressa au Ministre une demande de mise à la retraite.

En transmettant celle-ci, le général d'Exéa ajouta qu'il comprenait les sentiments de son subordonné et « qu'à sa place, il aurait agi de même ».

La division d'Exéa ayant quitté Saint-Ouen le 15 et le général Vinoy étant intervenu, l'incident n'eut pas de suite et le général Mattat conserva son commandement. Il importait néanmoins de signaler ce dissentiment pour faire remarquer, une fois de plus, tout le soin qui doit être apporté dans la répartition du commandement.

(1) *Historique manuscrit* du 5e régiment de marche; *Historique manuscrit* des 2e, 3e, 4e, 13e..... batteries du 10e d'artillerie.

(2) *Historique manuscrit* du 7e régiment de marche.

(3) Sur le bruit controuvé que le pont d'Asnières devait être incendié, le IIe bataillon reçut, le 13 septembre, à 9 heures du soir, l'ordre de se replier à la hâte sur la rive gauche. Ce bataillon reprit sa position primitive le 14, dès que ce malentendu eût été dissipé.

(4) *Historique manuscrit* du 8e régiment de marche.

le pont de Neuilly, s'étendit du pont du chemin de fer d'Asnières jusqu'à Madrid.

Le 13ᵉ régiment de marche, qui tenait la droite, avait sa gauche au village de Villiers (1).

Le 14ᵉ de marche campait avenue du Château, entre Villiers et Neuilly.

Le 35ᵉ de ligne avait porté deux bataillons au Rond-Point de Courbevoie, comme avant-postes et pour y aider à la construction d'une redoute qui devait barrer les routes de Bezons, de Chatou et de Saint-Germain en s'appuyant aux maisons voisines mises en état de défense. Le dernier bataillon du 35ᵉ bivouaqua sur l'avenue, près du pont de Neuilly.

Le 42ᵉ établit son camp avenue de Madrid et fournit des travailleurs pour la construction d'un barrage à Bezons (2) et pour les ouvrages du Rond-Point de Courbevoie (3). L'artillerie était répartie avenue Eugène, avenue Bineau et avenue de Neuilly.

La division de Maud'huy (2ᵉ) avait à couvrir un très grand front et, particulièrement, les ponts de Suresnes, Saint-Cloud et Sèvres.

Le 9ᵉ de marche bivouaqua sur le champ de courses de Longchamp et plaça des grand'gardes aux ponts de Suresnes et de Saint-Cloud. Le 14, sur l'ordre du Gouverneur, il envoya son IIᵉ bataillon à la redoute de Montretout et le IIIᵉ au château de Meudon, pour concourir aux travaux de défense (4).

---

(1) Aujourd'hui disparu et englobé dans Levallois-Perret. La rue de Villiers sépare maintenant Levallois et Neuilly.

(2) Ce barrage était destiné à élever le niveau des eaux pour la circulation de la flottille. Le 15 septembre, le Gouverneur prescrivit au général Blanchard de faire cesser immédiatement les travaux, ce barrage pouvant constituer un point de passage pour l'ennemi.

(3) *Historique manuscrit* du 42ᵉ de ligne.

(4) *Historique manuscrit* du 9ᵉ régiment de marche.

Le 10ᵉ de marche campa à Boulogne.

L'autre brigade, formée des 11ᵉ et 12ᵉ régiments de marche, bivouaqua également à Boulogne. Le 11ᵉ envoya des travailleurs à la redoute de Montretout. Le 12ᵉ détacha, le 13, son Iᵉʳ bataillon à la capsulerie au-dessus de Sèvres, son IIᵉ bataillon à Brimborion et le IIIᵉ à Meudon, pour fournir des travailleurs de jour et de nuit (1).

Le 13ᵉ corps garda ces emplacements jusqu'au 15 septembre dans l'après-midi.

§ 2. — *Le 14ᵉ corps jusqu'au 15 septembre au soir.*

Le Gouverneur avait prescrit, le 6 septembre, que le 14ᵉ corps se transporterait, le 8, sur les emplacements ci-après : la 1ʳᵉ division en avant de Saint-Denis où serait son quartier général, tenant les villages de Stains, Pierrefitte, Villetaneuse et Épinay ; la 2ᵉ division à Courbevoie (Q. G.), avec détachements à Gennevilliers et Colombes ; la 3ᵉ division à Vanves (Q. G.), faisant occuper Meudon, Châtillon, Clamart et Bagneux (2).

Mais, sans doute en raison de l'arrivée du 13ᵉ corps, ces mouvements ne furent pas exécutés.

Les divers éléments du 14ᵉ corps conservèrent leurs premiers emplacements, c'est-à-dire : le quartier général à l'École militaire, la 1ʳᵉ division au Champ-de-Mars, les 2ᵉ et 3ᵉ réparties dans divers casernements de la ville et de la banlieue, de Courbevoie à Maisons-Alfort.

Par suite de cet éparpillement, l'état sanitaire et moral de ces deux dernières divisions devint peu satisfaisant. Aussi, le 10, le général Renault demanda-t-il

---

(1) *Historiques manuscrits* des 11ᵉ et 12ᵉ régiments de marche.
(2) Le Gouverneur au Général commandant le 14ᵉ corps, Paris, 6 septembre.

au Ministre de les installer sur les boulevards extérieurs (1).

Quant à l'artillerie, les neuf batteries divisionnaires étaient campées au Champ-de-Mars, la réserve d'artillerie et le parc aux Tuileries.

Tels étaient les emplacements du 14ᵉ corps quand, le 11, le général Trochu prescrivit d'envoyer une de ses divisions au Sud de Paris, la droite à Meudon et la gauche à hauteur de la redoute en construction des Hautes-Bruyères. D'après les instructions du Gouverneur, cette division ne devait pas se subdiviser en plus de quatre fractions. Elle avait à s'éclairer sur son front et à fournir des travailleurs pour les ouvrages en cours d'exécution. Son artillerie devait être placée d'après les indications des généraux Guiod et de Chabaud la Tour. La brigade de cavalerie de Bernis (2) fut mise, tout d'abord, à sa disposition, mais elle fut bientôt remplacée par le régiment de gendarmerie à cheval. Enfin le Gouverneur prescrivit à toutes ces troupes d'emporter quatre jours de vivres (3).

La division de Caussade, désignée pour cette mission (4), quitta ses bivouacs le 13, à 8 h. 30 du matin et se porta au Sud de Paris. Le quartier général s'installa au carrefour de la route de Châtillon et du chemin stratégique.

Le 15ᵉ régiment de marche, les 1ʳᵉˢ compagnies des 3ᵉ et 4ᵉ bataillons de chasseurs, la batterie de mitrailleuses, les 1ᵉʳ et 2ᵉ escadrons de gendarmerie à cheval, établirent leurs bivouacs entre le viaduc de Meudon et

---

(1) Le Général commandant le 14ᵉ corps au Ministre de la Guerre, Paris, 10 septembre.
(2) 2ᵉ cuirassiers de marche et 1ᵉʳ régiment de cavalerie mixte formés en partie avec les escadrons de l'ex-Garde.
(3) Le général Renault au général de Caussade, Paris, 11 septembre.
(4) *Ibid.*

le fort d'Issy, de part et d'autre de la voie ferrée, face au Sud-Ouest. Le 16ᵉ régiment de marche se plaça en avant du fort de Vanves, la droite à la route de Clamart, la gauche vers Châtillon. Le 17ᵉ de marche appuya sa droite à la route de Châtillon, sa gauche étant en avant du fort de Montrouge. Les 3ᵉ et 4ᵉ escadrons de gendarmerie cantonnèrent à Châtillon et Bagneux ainsi qu'une batterie de 4. Le 18ᵉ de marche, une batterie et les 5ᵉ et 6ᵉ escadrons de gendarmerie se portèrent au Sud du fort de Bicêtre, la droite à la Bièvre, la gauche à la route d'Italie, à 200 mètres au Nord de Villejuif, la cavalerie établie dans ce dernier village. Des reconnaissances furent envoyées le jour même et le lendemain en avant du front, entre Versailles et Choisy-le-Roi (1).

En rendant compte de ces dispositions au Gouverneur (2), le général de Caussade en signalait, non sans raison, les nombreux inconvénients. Il faisait remarquer le développement excessif de son front, la proximité des hauteurs de Châtillon qui dominaient les emplacements de toutes ses troupes et qui étaient faciles à occuper par l'ennemi puisque les ouvrages en construction ne pouvaient être achevés ni armés en temps utile. Le général de Caussade terminait en disant que l'occupation, par des troupes de ligne, de plaines dominées et déjà gardées par des forts comme celles qu'il occupait lui paraissait « devoir ne rien ajouter aux ressources de la défense et présenter de graves inconvénients en cas d'une retraite précipitée qui pourrait exercer une influence fâcheuse jusque sur l'enceinte continue ».

En avant de cette division, se trouvait le VIIᵉ bataillon des mobiles de la Seine, dirigé le 8 septembre sur le

---

(1) Le Général commandant la 1ʳᵉ division du 14ᵉ corps au Gouverneur, Châtillon, 13 septembre.
(2) *Ibid.*

fort de Châtillon, encore en construction. Ce bataillon cantonnait dans les maisons avoisinant la tour de Croüy, se couvrant par trois grand'gardes. Le 15, par ordre du général Trochu, il fut rattaché momentanément à la division de Caussade.

A Paris, la 2ᵉ division qui, comme casernement et logement, était la plus dispersée, se concentra, le 13, au Champ-de-Mars et y remplaça la 1ʳᵉ.

Les quatre régiments d'infanterie de la 3ᵉ division restèrent dans les casernes de la Pépinière (23ᵉ de marche), Napoléon (24ᵉ), Prince Eugène (25ᵉ) et Reuilly (26ᵉ).

Enfin, le quartier général du corps d'armée se maintint à l'École militaire (1).

Des renseignements, recueillis à Bruxelles et arrivés à Paris le 13, firent connaître que l'attaque principale de Paris devait avoir lieu du côté Sud, sur la rive gauche de la Seine, et que le plan de l'ennemi était de s'emparer de plusieurs des forts situés dans cette zone pour pouvoir ensuite bombarder la ville (2). Il est probable que ces nouvelles ne furent pas étrangères à l'ordre que le général Trochu donna dans la journée du 14 de porter le 14ᵉ corps en entier au Sud de la place, la droite s'appuyant aux Moulineaux et la gauche à Vitry-sur-Seine. La brigade de Bernis, à laquelle fut rattaché le régiment de gendarmerie à cheval, lui fut alors adjointe en entier.

---

(1) Le Général commandant le 14ᵉ corps au Ministre de la Guerre, Paris, 13 septembre.

(2) Ces renseignements, partis le 11 de Bruxelles, furent envoyés officiellement le 13 par le Ministre des Affaires étrangères au Ministre de la Guerre, qui, à son tour, en envoya copie le 15 au Président du Gouvernement. Il est permis de supposer qu'une communication verbale avait mis ce dernier au courant dès le 13, les membres du Gouvernement se voyant journellement.

Arrivé sur ses emplacements, le général Renault devait mettre une partie de ses troupes à la disposition des commandants supérieurs de l'artillerie et du génie pour parfaire les travaux en cours. Le mouvement devait commencer le jour même par la division de Maussion tandis que la division d'Hugues ne devait se mettre en route que le lendemain (1).

Pour leur laisser de la place, la division de Caussade dut se resserrer sur sa droite. Ses éléments restèrent dans le même ordre, mais son régiment de gauche, le 18ᵉ de marche, dut venir camper à l'Ouest de la grande route de Châtillon, immédiatement au Sud du fort de Vanves (2).

La division de Maussion quitta vers 4 heures du soir ses casernements de Paris et alla occuper la position comprise entre la Bièvre, à hauteur d'Arcueil-Cachan et la Seine à Vitry-sur-Seine, en avant des forts de Bicêtre et d'Ivry. Le 23ᵉ de marche campa le long de la route d'Arcueil à Villejuif, se couvrant par une compagnie en grand'garde en avant de la redoute des Hautes-Bruyères. Le lendemain, ce régiment se porta entre cette redoute et Villejuif et avança sa grand'garde vers l'Hay.

Le 24ᵉ de marche s'établit, le 14 au soir, entre la redoute des Hautes-Bruyères et Villejuif, mais, le 15 au matin, il fut ramené un peu en arrière, au Sud du fort de Bicêtre.

Dans la 2ᵉ brigade, le 25ᵉ de marche occupa le terrain entre Villejuif (3) et Vitry tandis que le 26ᵉ envoyait son

---

(1) Le Gouverneur au Général commandant le 14ᵉ corps, Paris, 14 septembre.

(2) Le Général commandant le 14ᵉ corps aux généraux commandant les 1ʳᵉ, 2ᵉ et 3ᵉ divisions, Paris, 14 septembre.

(3) Le village de Villejuif, que l'on s'occupait de mettre en état de défense, était tenu par le VIIIᵉ bataillon de mobiles de la Seine et deux compagnies de ligne.

Ier bataillon à la gare de Vitry, le IIe entre la voie ferrée et Port-à-l'Anglais, le IIIe entre la route de Vitry à Port-à-l'Anglais et la Seine. Mais, le 15, le Ier bataillon du 26e de marche vint se placer entre le village de Villejuif et la redoute inachevée du Moulin-Saquet, le IIe bataillon derrière cette redoute, le IIIe bataillon à l'Est du Moulin-Saquet. Ce régiment se trouvait donc en avant du 25e de marche (1).

Quant à la division d'Hugues, elle quitta le Champ-de-Mars le 15 à 8 heures du matin pour venir se former entre les deux autres (2). Le 19e campa en bataille à l'Est de la grande route de Châtillon et à 500 mètres au Nord de ce village, ses grand'gardes sur le bord des pentes entre Châtillon et Bagneux. Le 20e fit occuper Bagneux par son Ier bataillon tandis que les IIe et IIIe campaient à quelque distance au Nord de ce village (3). Le 21e se plaça à sa gauche, détachant un bataillon à l'Est de Bagneux pour tenir la croupe à l'Est de ce village ; le 22e s'établit à cheval sur la route d'Orléans, à hauteur de la ferme de la Grange-Ory. La 17e batterie du 8e d'artillerie fut placée en arrière de la droite, la 17e du 13e en arrière de la gauche de la division, et la batterie de mitrailleuses, maintenue en réserve, derrière le centre. La brigade de cavalerie de Bernis, quittant Paris le 15 à 11 heures du matin, bivouaqua au Nord de la ligne d'infanterie : le 1er régiment de cavalerie mixte à l'Est du fort de Vanves (4), le 2e cuirassiers de marche à l'Ouest du même fort (5). Le premier de ces deux régi-

---

(1) *Historiques manuscrits* des 23e, 24e, 25e et 26e régiments de marche.
(2) *Journal de marche* du 14e corps.
(3) *Historiques manuscrits* des 19e et 20e régiments de marche.
(4) *Journal de marche* de la brigade de Bernis.
(5) *Historique manuscrit* du 2e régiment de marche de cuirassiers.
— Effectif du régiment : 515 hommes, 466 chevaux.

ments envoya, à 2 heures, un peloton en reconnaissance vers Sceaux par Châtillon et Fontenay-aux-Roses. Le 2ᵉ cuirassiers de marche lança deux pelotons, l'un sur Clamart, Villacoublay et Vélizy, l'autre par Châtillon, Bagneux, Fontenay-aux-Roses sur Robinson, Sceaux, Châtenay et la Croix-de-Berny (1).

Le régiment de gendarmerie à cheval, rattaché à la brigade de Bernis, alla cantonner en entier, le 15, à Villejuif et détacha, comme grand'garde, deux pelotons à la Belle-Épine. Deux escadrons, les 4ᵉ et 6ᵉ, se portèrent en reconnaissance à 6 heures du soir vers Villeneuve-Saint-Georges et Athis. Ils rentrèrent à Villejuif à 2 heures du matin après avoir appris que l'ennemi était signalé sur la rive droite de la Seine (2).

Le quartier général du 14ᵉ corps se transporta le 15, à 4 heures du soir, à Montrouge, route d'Orléans, n° 197 (3). La réserve d'artillerie, maintenue provisoirement aux Tuileries, vint, le 17 seulement, se former entre les forts de Vanves et de Montrouge.

§ 3. — *Mouvements du 13ᵉ corps le 15 septembre.*

Dans la matinée du 15, le général Trochu reçut du chef de gare de Joinville-le-Pont un télégramme l'informant que 10,000 Prussiens environ s'approchaient de

---

(1) Le 1ᵉʳ lanciers de marche, formé à Lyon et arrivé le 10 à Versailles, avait été affecté à la brigade de Bernis. Le 13 et le 14, ce régiment avait envoyé un escadron pour fouiller les bois de Verrières lorsqu'il reçut avis, le 14, de se rendre le jour même à Saint-Denis pour être mis à la disposition du général de Bellemare.

(2) *Journal de route* du 4ᵉ escadron du régiment de gendarmerie à cheval.

(3) Le général Renault au Gouverneur, Paris-Montrouge, 16 septembre.

cette localité et y arriveraient une heure plus tard (1). Il semble que cette dépêche ouvrit les yeux du Gouverneur et lui fit comprendre que l'ennemi aborderait la place d'abord par l'Est, et que c'est de ce côté qu'il devait placer une partie des forces disponibles. Aussitôt, il télégraphia au général Vinoy de prendre ses dispositions pour se porter le plus rapidement possible entre Vincennes et l'enceinte, en appuyant sa droite à Charenton et sa gauche vers Vincennes (2).

Dans quel but était donné cet ordre ? Était-ce pour refouler les têtes de colonnes prussiennes ? Le Gouverneur craignait-il au contraire que l'ennemi, franchissant la Marne en toute sécurité vers Ormesson et Chennevières, cherchât à atteindre le plateau de Vincennes, en passant par l'isthme de Saint-Maur ? Ce secteur était déjà défendu par la Marne, le fort de Charenton, les lignes de Saint-Maur, le fort de Nogent, et, en arrière, par le fort de Vincennes où était entassée une garnison assez considérable.

L'ordre du Gouverneur parvint au 13ᵉ corps vers midi (3) et fut transmis immédiatement aux divisions,

---

(1) Voir plus haut, p. 197; Général Vinoy, *Siège de Paris*, p. 126.

(2) Le général de Valdan au général Vinoy, Paris, 15 septembre (Vinoy, *loc. cit.*, p. 127).

(3) *Journal de marche* du 13ᵉ corps. — Dans son ouvrage (p. 127), le général Vinoy dit 3 heures. Il est possible que le général Vinoy n'ait été prévenu qu'à cette heure, car il devait se trouver à 2 h. 15 au Point-du-Jour pour inspecter les positions de la 2ᵉ division (Le général Vinoy au général de Maud'huy, Paris, 15 septembre).

L'ordre du Gouverneur fut reçu par le général de Valdan qui donna d'abord aux troupes les ordres nécessaires et rendit compte ensuite par lettre au général Vinoy de l'ordre reçu et des instructions données.

Le quartier général du 13ᵉ corps était resté à Paris et les troupes étaient dispersées le long de la Seine depuis Saint-Ouen jusqu'au Point-du-Jour. Or, d'après les *Historiques*, les régiments reçurent les ordres vers 3 h. 45 et commencèrent leurs mouvements entre 4 et 5 heures. Si

mais, comme on l'a vu, chacune d'entre elles (particulièrement les 2e et 3e) avait des fractions détachées en avant, non seulement comme avant-postes, mais encore comme travailleurs à Montretout, Brimborion, etc. (1).

Le rassemblement de ces unités demanda quelque temps et le mouvement ne commença qu'entre 4 et 5 heures du soir. La tête de la division Blanchard, rentrée dans Paris par l'avenue de la Grande-Armée, atteignit la place de l'Étoile, avec le général Vinoy, à 5 h. 30 et, par les Champs-Élysées, gagna la rue de Rivoli et le faubourg Saint-Antoine.

Derrière elle marchait la réserve d'artillerie, puis la division de Maud'huy, rentrée dans Paris par les portes de Passy, d'Auteuil et de Saint-Cloud (2). A partir de la Bastille cette dernière prit l'avenue Daumesnil (3). Pendant ce temps, la 1re division, venant de Saint-Ouen et Clichy, suivait les boulevards extérieurs jusqu'à la place du Trône où elle rejoignit la colonne principale.

Aucune disposition n'ayant été prise pour assurer la circulation des colonnes à l'intérieur de Paris, leur marche se fit assez lentement en raison de l'encombrement (4). Place du Trône, les têtes de colonnes s'arrêtèrent pour permettre aux divisions de s'engager l'une derrière l'autre sur l'avenue de Vincennes. Mais la divi-

---

le général Vinoy n'avait reçu qu'à 3 heures l'ordre du Gouverneur, la transmission de cet ordre n'aurait pu être aussi rapide, étant donnée la dispersion des bivouacs. Au reste, l'ordre donné par le général d'Exéa débute par ces mots : « A 3 heures, le mouvement commencera » (Ordre du Général commandant la 1re division, 15 septembre).

(1) Voir plus haut, p. 220.
(2) Le général de Maud'huy au général Vinoy, 15 septembre.
(3) Dans son ouvrage sur le siège de Paris, le général Vinoy dit que la division de Maud'huy passa par les quais. L'itinéraire fixé ci-dessus est celui indiqué dans une lettre du général Vinoy au Gouverneur, datée du 16 septembre.
(4) Général Vinoy, loc. cit., p. 128.

sion de tête trouva la porte de l'enceinte fermée. La nuit, en effet, était complète et le pont-levis était levé depuis la chute du jour. L'officier commandant le poste refusa tout d'abord de l'abaisser, n'ayant pas été officiellement prévenu du mouvement du 13e corps. Il fallut parlementer. De l'autre côté des fortifications, la voie était obstruée par de nombreuses voitures qui avaient voulu rentrer dans Paris et qui avaient été arrêtées, elles aussi, par la fermeture de la porte (1). Tous ces retards eurent pour résultat de ne faire arriver la tête de colonne à Vincennes qu'à 10 heures du soir. Le mouvement n'était terminé qu'à 2 heures du matin (2).

La division d'Exéa s'établit entre Saint-Mandé et Charenton, un peu au hasard, le 5e de marche près des buttes et face au polygone, le 6e de marche près de l'Asile impérial, face à la Marne, le 7e près de Charenton, le 8e près du lac de Saint-Mandé (3). La division de Maud'huy plaça sa droite aux tribunes du champ de courses, sa gauche vers la Pyramide, les deux brigades accolées, les 9e et 11e régiments de marche en tête, les 10e et 12e en seconde ligne. Le 9e poussa des avant-postes vers Saint-Maur et le 11e vers Joinville-le-Pont, sur la rive droite de la Marne. La division Blanchard, arrivée la dernière, s'arrêta près du fort de Vincennes : le 35e de ligne dans les bois à l'Est du fort, le 42e de ligne sur l'avenue Marigny, les 13e et 14e de marche sur les glacis du Fort-Neuf.

Les artilleries divisionnaires bivouaquèrent près de leurs divisions. La réserve d'artillerie s'installa sur l'avenue Daumesnil où était, depuis le matin, la brigade de cavalerie Cousin, revenue de Meaux et de Lagny. Le

---

(1) Général Vinoy, *loc. cit.*, p. 129.
(2) Le général Vinoy au Gouverneur, D. T., Vincennes, 16 septembre, 9 h. 55 matin.
(3) *Historiques manuscrits* des 5e, 6e, 7e et 8e régiments de marche.

train des équipages attaché au 13ᵉ corps campa sur l'avenue Daumesnil, derrière la réserve d'artillerie, à hauteur de la route de Charenton.

Le général Vinoy installa son quartier général à Saint-Mandé, Grande-Rue, n° 102. Enfin, l'escadron de chasseurs de l'ex-Garde, mis à la disposition du commandant du 13ᵉ corps par le Gouverneur (1), arriva à Vincennes le 16 au matin et campa avenue Herbillon où se trouvait déjà le génie du quartier général (2).

§ 4. — *Mouvements des bataillons de mobiles.*

En dehors des mouvements ordonnés au 13ᵉ et au 14ᵉ corps, le général Trochu avait complété ses dispositions par quelques recommandations aux commandants des forces de l'enceinte.

Il avait écrit au général Soumain que, l'ennemi étant à Créteil, à Champigny et dans la forêt de Bondy, il donnait l'ordre au commandant de la garde nationale de veiller particulièrement et qu'il consignait les troupes des forts (3).

En même temps, il avait prescrit au Iᵉʳ bataillon d'Ille-et-Vilaine de se rendre à Passy, à la croisée des rues Mozart et de l'Assomption et de s'y tenir à la disposition du commandant du 6ᵉ secteur; au général de Liniers d'envoyer un bataillon de mobiles armés de chassepots

---

(1) Cet escadron se composait de 80 cavaliers du dépôt du régiment de chasseurs de l'ex-Garde qui, primitivement désignés pour fournir les escortes du 14ᵉ corps, furent mis sur l'ordre du Ministre à la disposition du général Vinoy.

Indépendamment de ces 80 cavaliers, le dépôt avait formé un escadron qui était entré dans la composition du 1ᵉʳ régiment de cavalerie mixte.

(2) Le général Vinoy au Gouverneur, Paris, 16 septembre.

(3) Le général Trochu au général Soumain, 15 septembre.

à l'Arc de Triomphe à la disposition du général Ambert, commandant le 5e secteur ; au général de Beaufort d'Hautpoul d'envoyer un bataillon de mobiles, avec le même armement, à l'angle de la rue Marcadet et de l'avenue de Saint-Ouen, à la disposition du commandant du 4e secteur.

Enfin, le Gouverneur avait prescrit au général Tamisier de constituer les réserves de bataillons de gardes nationaux, d'après les indications données dans l'instruction sur l'organisation des réserves.

Le 15 septembre au matin, les IIe, IIIe et Ve bataillons de mobiles des Côtes-du-Nord, sous les ordres du lieutenant-colonel Chollet, furent envoyés sur le plateau d'Avron pour l'occuper et se mettre à la disposition du lieutenant-colonel Grévy, chargé par le Gouverneur de la défense de cette position (1). Mais le soir même, cet officier supérieur leur ordonna de se replier sur Rosny car l'ennemi était signalé à proximité et les mobiles n'avaient qu'un paquet de cartouches par homme (2). En conséquence, le IIe bataillon s'installa dans le village de Rosny qu'il mit en état de défense, le IIIe au château de Montreau et le Ve au Sud du fort de Rosny. Ces trois bataillons furent de suite employés à de nombreux ouvrages de terrassements pour couvrir et fermer la trouée entre les forts de Rosny et de Nogent, et à terminer l'installation des fougasses et torpilles en avant du premier de ces forts. Ils étaient les seuls bataillons de mobiles de province envoyés jusqu'alors à l'extérieur de Paris.

---

(1) *Historique manuscrit* du 20e régiment de mobiles.
(2) Le lieutenant-colonel Grévy au général Schmitz, D. T., Rosny, 15 septembre, 3 h. 10 soir ; le Commandant du fort de Rosny à l'amiral Saisset, D. T., Rosny, 15 septembre, 6 h. 50 soir ; le Gouverneur au lieutenant-colonel Grévy, D. T., Paris, 15 septembre.

Les bataillons de mobiles de la Seine avaient été dispersés le 8. Le 11, ils occupaient les emplacements suivants : le Ier bataillon était à Gennevilliers, employé aux travaux de la redoute dont il devait constituer la garnison. Les IIe et IIIe se trouvaient au Mont-Valérien. Les IVe et Ve étaient au fort d'Issy. Le VIe, caserné à Saint-Cloud, fournissait des travailleurs pour l'ouvrage de Montretout. Le VIIe, envoyé à Châtillon, s'était installé dans les maisons près de la tour de Croüy et participait aux travaux de la redoute en construction. Le VIIIe cantonnait dans le village de Villejuif qu'il mettait en état de défense et fournissait des travailleurs à l'ouvrage du Moulin-Saquet. Le IXe était au fort de Vanves. Le XIe campait dans la cour du fort de Vincennes. Le XVe était au fort de Nogent. Enfin les Xe, XIIe, XIIIe, XIVe, XVIe, XVIIe, XVIIIe bataillons faisaient partie du commandement de Saint-Denis et y étaient répartis comme il sera dit ci-après (1).

§ 5. — *Commandement de Saint-Denis.*

Sur la proposition du Gouverneur de Paris, le Ministre nomma, le 9 septembre, le général Carrey de Bellemare (2) au commandement supérieur de Saint-Denis et des forts qui l'environnent (la Briche, la Double-Couronne et le fort de l'Est). Une décision du 11 rattacha à

---

(1) *Historiques manuscrits* des bataillons de mobiles de la Seine.
(2) Le général Carrey de Bellemare, colonel du 78e de ligne au début de la campagne, nommé général de brigade après Frœschwiller, le 25 août, avait été fait prisonnier à Sedan. Après avoir, dans le conseil de guerre tenu le 2 septembre au matin, protesté avec le général Pellé contre les conditions de la capitulation, il s'échappa avec son officier d'ordonnance. Déguisés en paysans, tous deux traversèrent le pont de Glaire et gagnèrent la frontière belge qu'ils atteignirent le 6 vers midi. Ils arrivèrent à Paris dans la nuit du 7 au 8 septembre.

ce commandement le fort d'Aubervilliers. Le 12, on lui adjoignit la batterie de Saint-Ouen et enfin, le 17, l'ouvrage de Gennevilliers. Un état-major, comprenant un chef d'escadrons, un capitaine et deux sous-lieutenants, pris parmi les élèves de l'École d'état-major, fut mis à la disposition du général Carrey de Bellemare.

Dès qu'il fut pourvu de ce commandement, ce dernier déploya toute son activité pour organiser le secteur qui lui était confié. Il demanda au Gouverneur d'augmenter ses moyens de défense et sollicita notamment un renforcement d'artillerie, principalement en pièces de gros calibres. Le général Guiod, commandant en chef de l'artillerie, hésita à satisfaire à cette demande, mais le général de Bellemare insista à nouveau et, avec l'appui du Gouverneur, obtint que des pièces de 30 de la marine lui fussent envoyées (1).

L'autorité du général de Bellemare s'exerçait non seulement sur les forts et leurs garnisons, mais encore sur une certaine quantité de troupes mobiles en sorte que, le 15, il disposait de : vingt-trois compagnies de dépôt des régiments de ligne, vingt et une compagnies de la Garde, constituant le 28e de marche à trois bataillons, deux compagnies de dépôt de zouaves de la Garde, deux compagnies de dépôt des chasseurs à pied de la Garde, cinquante-deux compagnies appartenant à sept bataillons de mobiles de la Seine (Xe, XIIe, XIIIe, XIVe, XVIe, XVIIe et XVIIIe) (2), 3,000 hommes environ de la garde nationale sédentaire de Saint-Denis.

---

(1) Le général de Bellemare au Gouverneur, 9 septembre ; le général Guiod au Gouverneur, 13 septembre ; le Gouverneur au général Guiod, 14 septembre ; le général Guiod au général de Bellemare, 15 septembre ; le général Guiod au Gouverneur, 17 septembre ; le général de Bellemare au Gouverneur, D. T., Saint-Denis, 19 septembre, 8 h. 30 soir.

(2) Situation de la place de Saint-Denis au 15 septembre. — Les

Il avait, en outre, un régiment de cavalerie, le 1ᵉʳ régiment de marche de lanciers, mais il n'avait aucune batterie de campagne disponible et son artillerie se bornait, en personnel et en matériel, à ce qui existait dans les forts. Enfin, le 15 au soir, la compagnie des Carabiniers du XIᵉ arrondissement, renvoyée de Senlis par le sous-préfet, s'arrêta à Saint-Denis et se mit à la disposition du commandant supérieur.

Toutes ces troupes formaient, à cette date du 15 au matin, un ensemble de 398 officiers et 17,338 hommes de toutes armes ainsi répartis :

	Officiers.	Hommes de troupe.
Fort d'Aubervilliers	68	3,068
Fort de l'Est	49	2,132
Double-Couronne et Saint-Denis	239	10,719
Fort de la Briche	29	1,032
Saint-Ouen	13	387 (1)

Ces troupes étaient couvertes, vers le Nord-Ouest et le Nord par deux compagnies d'infanterie et les bataillons de mobiles, établis en grand'garde entre Épinay et Villetaneuse, puis par 500 hommes d'infanterie et 300 mobiles installés entre Pierrefitte et Stains. Ces avant-postes détachaient des postes avancés vers la Butte-Pinçon et vers Garges (2).

D'autre part, deux compagnies d'infanterie, deux compagnies de mobiles et un peloton de lanciers, éta-

---

bataillons de mobiles de la Seine étaient à 8 compagnies, sauf deux. Le XIIIᵉ, dont la 8ᵉ compagnie était restée comme dépôt à l'École militaire et dont les 6ᵉ et 7ᵉ étaient au fort de Nogent, n'avait donc que 5 compagnies à Saint-Denis. Le XVIIIᵉ, de son côté, n'avait que 7 compagnies, la 8ᵉ étant restée comme dépôt à l'École militaire.

(1) Situation de la place de Saint-Denis au 15 septembre.

(2) *Historique manuscrit* du 28ᵉ de marche ; *Rapport* du lieutenant-colonel commandant les grand'gardes du 15 au 16 septembre, Pierrefitte, 16 septembre.

blis à la Courneuve, avaient poussé des fractions à Dugny et au Bourget, avec postes intermédiaires (1). En outre, un détachement de deux compagnies de ligne et de quatre compagnies de mobiles tenait la station du Bourget, Drancy, Bobigny et la ferme de la Folie, sur la grande route de Claye (2).

Le 16, le général de Bellemare organisa toutes ses troupes en demi-bataillons de trois ou quatre compagnies et les affecta soit aux forts, soit à la défense de points intermédiaires, soit à la réserve (3). Avec ses vingt-trois compagnies de dépôt, il forma le demi-bataillon du fort de la Briche (4), celui du fort de l'Est (5) et les 1er et 2e demi-bataillons du fort d'Aubervilliers (6). Ces unités, à trois compagnies chacune, tiraient leurs noms des forts auxquels elles étaient affectées. Les compagnies restantes servirent à constituer les 1er, 2e, 3e et 4e demi-bataillons de Saint-Denis (7), ce dernier à deux compagnies seulement.

Le 28e de marche, les compagnies de dépôt de zouaves et de chasseurs à pied de la Garde, formèrent huit demi-bataillons portant les numéros 1 à 8 : les quatre pre-

---

(1) *Rapport* du chef de bataillon commandant le détachement composé des 4e et 5e compagnies du XVIe bataillon de mobiles de la Seine et de deux compagnies des 55e et 73e de ligne, fort de l'Est, 15 septembre.

(2) Le capitaine commandant Pelletent au Colonel commandant supérieur du fort d'Aubervilliers, 15 septembre.

(3) *Journal* de défense de Saint-Denis; Registre d'ordres, ordre n° 5, 16 septembre.

(4) Compagnies des 69e, 93e et 99e de ligne.

(5) Compagnies des 16e, 25e et 73e de ligne.

(6) 1er demi-bataillon : compagnies des 5e, 20e et 41e de ligne ; 2e demi-bataillon : compagnies des 43e, 55e et 64e de ligne.

(7) 1er demi-bataillon : compagnies des 19e, 24e et 33e de ligne ; 2e demi-bataillon : compagnies des 65e, 68e et 75e de ligne ; 3e demi-bataillon : compagnies des 87e, 91e et 97e de ligne ; 4e demi-bataillon : compagnies des 11e et 46e de ligne.

miers furent formés avec les six premières compagnies du Ier et du IIe bataillon, le 5e avec les deux septièmes compagnies de ces bataillons et les deux compagnies de zouaves; les 6e et 7e demi-bataillons furent constitués avec les six premières compagnies du IIIe bataillon, enfin le 8e demi-bataillon, avec la septième compagnie du IIIe bataillon et les deux compagnies de chasseurs à pied (1).

Les Xe, XIIe, XIVe, XVIe, XVIIe et XVIIIe bataillons de mobiles de la Seine formèrent chacun deux demi-bataillons à quatre compagnies, sauf le 2e demi-bataillon du XVIIIe qui n'en avait que trois (2); le XIIIe bataillon resta constitué en un seul bataillon de cinq compagnies (3).

Ces groupements particuliers et momentanés n'avaient d'autre but que de permettre la relève plus facile des unités aux avant-postes et la constitution des garnisons des forts en troupes de ligne et de mobiles. Les bataillons conservaient leur autonomie au point de vue administratif.

Par deux ordres du 17, le général de Bellemare détermina la composition de la garnison des forts, des positions intermédiaires, la réserve, la force et l'emplacement des grand'gardes à envoyer en avant (4).

---

(1) *Journal* de défense de Saint-Denis; Registre d'ordres, ordre n° 5, 16 septembre.

(2) La 8e compagnie du XVIIIe bataillon était restée comme dépôt de la 3e circonscription à l'École militaire (*Historique manuscrit* de la 8e compagnie du XVIIIe bataillon).

(3) La 8e compagnie du XIIIe était restée comme dépôt de la 2e circonscription à l'École militaire. Les 6e et 7e compagnies étaient restées au fort de Nogent d'où elles ne rejoignirent le bataillon que le 21 septembre (*Historique manuscrit* du XIIIe bataillon).

(4) *Journal* de défense de Saint-Denis; registre d'ordres, ordres n{os} 6 et 7, 17 septembre.

Cette répartition fut la suivante :

Fort de la Briche. — *Troupes de garnison :* demi-bataillon d'infanterie du fort de la Briche, 2ᵉ demi-bataillon du XVIIIᵉ bataillon de mobiles de la Seine.

Réserve. — Derrière le demi-bastion n° 6 : 1ᵉʳ demi-bataillon de Saint-Denis ;

En arrière du retranchement de la rigole de la Briche, depuis le fort jusqu'au chemin de fer du Nord : 1ᵉʳ demi-bataillon du XVIIIᵉ bataillon de mobiles.

Double-Couronne. — *Troupes de garnison :* 1ᵉʳ demi-bataillon du Xᵉ bataillon de mobiles, 8ᵉ demi-bataillon du 28ᵉ régiment de marche.

Réserve. — En arrière de la gorge, à droite : 2ᵉ demi-bataillon du Xᵉ bataillon de mobiles ;

En arrière de la gorge, à gauche : 3ᵉ demi-bataillon de Saint-Denis ;

Derrière le retranchement de la rigole de la Briche, depuis le chemin de fer de Chantilly jusqu'à la Double-Couronne : 2ᵉ demi-bataillon de Saint-Denis ;

Derrière le retranchement de la ligne du Crould, depuis la Double-Couronne jusqu'à la demi-batterie du chemin de Marville : XIIIᵉ bataillon de mobiles de la Seine.

Fort de l'Est. — *Troupes de garnison :* Demi-bataillon d'infanterie du fort de l'Est, 1ᵉʳ et 2ᵉ demi-bataillons du XVIᵉ bataillon de mobiles.

Réserve. — Derrière le fort de l'Est : 7ᵉ demi-bataillon du 28ᵉ de marche ;

Derrière la ligne du Crould, depuis la demi-batterie du chemin de Marville jusqu'au fort de l'Est : 1ᵉʳ demi-bataillon du XVIIᵉ bataillon de mobiles ;

Derrière le retranchement de la digue du Rû de Montfort, depuis le fort de l'Est jusqu'au canal de l'Ourcq : 2ᵉ demi-bataillon du XVIIᵉ bataillon de mobiles.

Village d'Aubervilliers. — *Lisière du village :* 1ᵉʳ demi-bataillon du XIIᵉ bataillon de mobiles.

Réserve. — En arrière du village : 2ᵉ demi-bataillon du XIIᵉ bataillon de mobiles.

Fort d'Aubervilliers. — *Troupes de garnison :* Les deux demi-bataillons du fort d'Aubervilliers, les deux demi-bataillons du XIVᵉ bataillon de mobiles.

Ile Saint-Denis. — 4ᵉ demi-bataillon de Saint-Denis (avant-postes dans la plaine de Gennevilliers).

Réserve de Saint-Denis. — Les six premiers demi-bataillons du 28ᵉ de marche.

La garde sédentaire de Saint-Denis qui, en cas d'attaque, devait envoyer 500 hommes à la redoute de l'écluse d'Aubervilliers, fournissait en outre chaque jour 100 hommes à la redoute précédente et à la batterie de Soissons et 50 hommes à la redoute de la Flâche.

A partir du 17 au matin, le service d'avant-postes fut réorganisé. Quatre grand'gardes, fortes chacune d'un demi-bataillon et d'un peloton de lanciers, furent fournies, les deux premières par la réserve de Saint-Denis, la troisième par le fort de l'Est, et la quatrième par celui d'Aubervilliers.

La première, installée au château de Villetaneuse, qu'elle devait mettre en état de défense, fractionna deux de ses compagnies en trois postes, l'un entre la Seine et la route d'Enghien, faisant occuper Épinay et la station du même nom, le deuxième dans Villetaneuse avec petits postes depuis la station d'Épinay jusqu'aux pentes Ouest de la Butte-Pinçon ; le troisième sur cette butte même, avec postes sur les deux versants, dans le village de Pierrefitte et au Barrage.

La deuxième grand'garde, installée au moulin de Stains (poste principal : une compagnie), avait aussi à placer trois postes secondaires, l'un à la station de Pierrefitte, l'autre aux premières maisons de Stains, le troisième au Moulin-Neuf, chacun d'eux couvert en avant par des petits postes.

La troisième grand'garde plaça son poste principal (une compagnie) à la Courneuve, et détacha deux postes avancés, l'un à 1 kilomètre en avant sur le chemin de Dugny, avec des fractions vers le Crould et au pont sur la Mollette, qui devait être détruit; l'autre à 1 kilomètre environ, sur le chemin du Bourget, avec des fractions sur la Mollette, puis dans le village et à la station du Bourget.

Enfin, la quatrième grand'garde se plaça sur la route de la Courneuve à Bondy, au Sud-Ouest de la ferme du Petit-Drancy, près de laquelle elle détacha un poste. Elle en envoya un autre dans Bobigny, s'appuyant au canal de l'Ourcq, au Moulin de la Folie.

Tout en organisant ce système de sûreté, le général de Bellemare envoyait en avant de son front des détachements en reconnaissance et s'occupait de faire rentrer ou détruire les approvisionnements dans les villages menacés d'être occupés par l'ennemi.

Le 13, il chargea une petite colonne, composée d'un bataillon du 28e de marche, d'aller incendier les fourrages et les meules de pailles abandonnés par les habitants dans les villages de Gonesse, Arnouville et Bonneuil (1).

Le 15, le sous-lieutenant Joannès, du 1er lanciers de marche, qui avait été détaché avec son peloton près de la grand'garde de la Courneuve, partit, vers une heure, avec six cavaliers bien montés pour recueillir des renseignements sur l'ennemi, et s'avança jusque près de

---

(1) *Journal de défense* de Saint-Denis, 13 septembre.

Villeneuve-sous-Dammartin. Il rentra à 9 heures du soir, ayant appris la présence d'éclaireurs ennemis au Plessis-aux-Bois et à Villeneuve, lesquels éclaireurs précédaient des détachements plus forts occupant Nanteuil-le-Haudouin et Villers-Cotterets (1).

§ 6. — *Cavalerie.*

La brigade de Gerbrois, rentrée de Corbeil le 14, s'installa dans les casernements de la capitale (2), et y resta inactive, ne fournissant que des détachements pour le service de place. De même, les quatre escadrons de la garde républicaine restèrent à l'intérieur de Paris et ne furent formés en régiment que le 21 septembre.

En résumé, le 15 au soir, la situation générale des forces françaises à l'extérieur de la place était la suivante : le 13e corps était massé sur le polygone de Vincennes ; les Éclaireurs Volontaires de la Seine, trois bataillons de mobiles des Côtes-du-Nord, quelques corps de francs-tireurs se trouvaient en avant des forts de Nogent, Rosny et Noisy.

Des avant-postes, dépendant du commandement de Saint-Denis, tenaient, entre le canal de l'Ourcq et Épinay-lès-Saint-Denis, une ligne de villages et de fermes, en avant des forts du Nord, à une distance variant de 2 à 4 kilomètres.

Le 1er bataillon de mobiles de la Seine et deux compagnies de ligne occupaient l'ouvrage en construction de Gennevilliers.

Au Sud de la Place, en dehors des bataillons de

---

(1) Le sous-lieutenant Joannès au Colonel commandant le 1er lanciers de marche, Saint-Denis, 16 septembre, 9 heures soir.
(2) Le général de Champéron au Gouverneur, Paris, 15 septembre.

mobiles employés aux travaux de Montretout, Brimborion et Meudon, le 14ᵉ corps tout entier était déployé depuis Meudon jusqu'à Vitry-sur-Seine mais à quelques centaines de mètres seulement au Sud de la ligne des forts.

CHAPITRE XIV

Journée du 16 septembre.

§ 1ᵉʳ. — *Mouvements des armées allemandes.*

Armée de la Meuse. — La 6ᵉ division de cavalerie, partant de Senlis et passant par Chantilly, gagna Beaumont-sur-Oise, où s'installèrent le quartier général, le 6ᵉ cuirassiers, l'artillerie et le 4ᵉ bataillon de chasseurs (1), tandis que le *15ᵉ* uhlans atteignait l'Isle-Adam, le *3ᵉ* uhlans, Presles, et la brigade de hussards, Saint-Martin-du-Tertre, Viarmes, Asnières-sur-Oise. Des patrouilles de uhlans furent lancées vers Pontoise et une cinquantaine de cavaliers parurent à Pierrelaye, ce qui obligea la Compagnie du Nord à arrêter à Ermont, à 3 heures, un train parti de Paris à 1 h. 25, et à limiter son trafic à Saint-Denis (1). Des reconnaissances du *3ᵉ* hussards se dirigèrent vers Saint-Denis. Elles se heurtèrent à des avant-postes français vers Écouen et Saint-Brice, et signalèrent des bivouacs près de Pierrefitte et de Montmagny (2).

---

(1) Le 17, la division resta sur ces emplacements, mais la 2ᵉ compagnie du 4ᵉ bataillon de chasseurs fut envoyée à l'Isle-Adam pour appuyer le *15ᵉ* uhlans. Elle détacha un peloton au château de Stors (*Geschichte des Magdeburgischen Jäger-Bataillons Nr. 4*, p. 210).

(1) Le Commissaire de surveillance de la gare du Nord au Ministre des Travaux publics, D. T., 16 septembre, 3 h. 35 soir et 4 h. 20 soir.

(2) *Historique du Grand État-Major prussien*, 11ᵉ partie, p. 26 ; *Geschichte des Husaren-Regiments von Zieten Nr. 3*, p. 351.

La division von Rheinbaben, ne faisant qu'une courte marche, transporta son quartier général de Nanteuil-le-Haudouin à Dammartin. La *11*ᵉ brigade occupa Moussy-le-Vieux, Moussy-le-Neuf, Dammartin, la *12*ᵉ, Juilly et Saint-Mard, tandis que la *13*ᵉ cantonnait à Thieux et Villeneuve-sous-Dammartin. Un régiment de cette brigade, le *11*ᵉ hussards, poussé au Mesnil-Amelot, plaça des avant-postes vers Mitry, Le Tremblay, Roissy et Louvres. Un demi-escadron de ce régiment s'avança par Roissy et Gonesse jusque vers Bonneuil, et un peloton, par le Tremblay, vers le Blanc-Mesnil. Ces deux détachements se heurtèrent, vers ces localités, à des fractions d'infanterie et de cavalerie, et le second prit vers Gonesse un convoi de fourrages rentrant vers Saint-Denis et accompagné par des lanciers dont un fut tué.

A leur retour, ces deux détachements furent suivis par de la cavalerie française, et une de leurs patrouilles laissa, à hauteur de Roissy, un prisonnier entre ses mains (1).

Le gros de l'armée de la Meuse, convergeant nettement vers Paris, s'arrêta en fin de marche sur le front Nanteuil-le-Haudouin, Lizy-sur-Ourcq.

Le IVᵉ corps, s'avançant par la grande route de Soissons, arrêta son avant-garde (*15*ᵉ brigade) à Lagny-le-

---

(1) « Tous les villages étaient déserts et vides..... Aucun être humain ne se montrait dans les champs; les animaux même semblaient avoir fui. C'est à peine si l'on entendait un oiseau gazouiller tant un silence de mort régnait partout. De tous côtés montaient vers le ciel de gros nuages de fumée; c'étaient les meules de blé que l'ennemi avait incendiées afin qu'elles ne puissent servir aux Prussiens maudits. Les chemins étaient fréquemment coupés, quoique d'une façon maladroite, les arbres abattus en travers des routes; enfin, partout se manifestait l'effort de créer le plus possible d'obstacles à la marche de l'ennemi et de transformer le pays en désert » (*Bergische Lanziers, Westfälische Husaren Nr. 11*, p. 391).

Sec, le Plessis-Belleville et Silly-le-Long ; le quartier général du corps d'armée occupa Nanteuil-le-Haudouin ; le gros de la *8*ᵉ division cantonna dans cette localité, puis à Montagny-Sainte-Félicité et Sennevières ; la *7*ᵉ division s'installa dans la zone Boissy-Fresnoy, Levignen, Crépy-en-Valois, Duvy, Ormoy-Villers (1).

En fin de marche, la division de cavalerie de la Garde atteignit Saint-Soupplets et y cantonna, ainsi que dans les villages plus au Sud, Montgé, Cuisy, le Plessis-l'Évêque. Le quartier général du corps d'armée s'arrêta à Acy-en-Multien. Le gros des troupes, passant presque tout entier sur la rive droite de l'Ourcq, occupa une surface assez large, la *1*ʳᵉ division dans la zone May-en-Multien, Manœuvre, Puisieux, Brégy, Ognes, Chèvreville, Vincy-Manœuvre ; la *4*ᵉ brigade à Rosoy-en-Multien, Acy-en-Multien, Réez, Étavigny ; la *3*ᵉ brigade à Neufchelles, La Ferté-Milon, avec le quartier général de la *2*ᵉ division dans cette dernière localité (2).

La cavalerie saxonne avait trouvé les ponts sur l'Ourcq de Lizy et d'Ocquerre détruits. Dès le 15, elle fit jeter un pont de bateaux, près de cette dernière localité,

---

(1) Ambulances : n° 1, Feigneux ; n° 2, Montagny ; n° 3, Peroy-les-Gombries.
Convois : n° 1, ferme Saint-Germain, près Crépy ; nᵒˢ 2 et 4, Nanteuil-le-Haudouin ; n° 3, Crépy ; n° 5, Mauregard.
Dépôt de chevaux : Ormoy-le-Davien.
Escadron du train : Gondreville.
Hôpitaux de campagne : 1ʳᵉ section du n° 1, Villers-Cotterets; 2ᵉ section du n° 1 et 1ʳᵉ section du n° 2, ferme Saint-Lazare près de Crépy ; 2ᵉ section du n° 2, restée à Laon ; nᵒˢ 3, 4 et 8, Villers-Cotterets ; n° 5, Versigny ; n° 12, Coyolles (*Geschichte des Train-Bataillons Nr. 4*, p. 262 et 294).

(2) Ambulances : n° 1, Fosse-Martin ; n° 2, Varinfroy ; n° 3, Betz.
Convois : n° 1, Neuville-sous-Thury ; nᵒˢ 2 et 3, Thury-en-Valois ; n° 4, la Grange-aux-Bois ; n° 5, la Villeneuve-sous-Thury.
Dépôt de chevaux : Thury.
Boulangerie : Acy-en-Multien.

par la 3ᵉ compagnie de pionniers qui l'avait rejointe, depuis le 14, avec l'équipage léger de pont (1). Le 16, à 7 heures du matin, la *23ᵉ* brigade de cavalerie utilisa ce point de passage. Le régiment de cavalerie de la Garde gagna Barcy, et le régiment de uhlans nᵒ *17* se dirigea sur Vareddes. Trouvant ce village occupé par des troupes prussiennes, il voulut gagner Germigny-l'Évêque, mais, comme le pont de cette localité était détruit, il dut aller utiliser le pont de bateaux jeté à Trilport par le VIᵉ corps (2).

La *24ᵉ* brigade avait franchi la Marne à Mary et s'était dirigée sur Trilport pour patrouiller vers Meaux (3).

L'avant-garde du XIIᵉ corps, vint à Congis, son quartier général à Lizy-sur-Ourcq. Le gros du corps d'armée cantonna dans la zone Lizy, Ocquerre, Vendrest, Coulombs, Montreuil-aux-Lions, Villemeneu. A Lizy, l'état-major saxon contraignit les habitants à rétablir le pont sur l'Ourcq qui avait été détruit (4).

Le commandant en chef de l'armée de la Meuse vint à Crouy-sur-Ourcq (5).

Escadron du train : Forfry (*Geschichte des Garde-Train-Bataillons*, p. 274 et 278).

Équipage léger de pont et 1ʳᵉ compagnie du génie : Saint-Soupplets.

Équipage de pont : Antilly (*Geschichte des Garde-Pionier-Bataillons*, p. 201).

(1) *Geschichte des Sächsischen Carabinier-Regiments vormaligen 3. Reiter-Regiments*, p. 102.

(2) *Aufzeichnungen über das 1. Sächsische Ulanen-Regiment Nr. 17*. p. 61.

(3) On s'explique mal les mouvements de cette division de cavalerie dont une partie passait sur la rive gauche de la Marne, et venait ainsi derrière le VIᵉ corps, dans la zone de marche de la IIIᵉ armée, pour explorer vers Meaux, occupé depuis plusieurs jours par les troupes prussiennes.

(4) *Historique du Grand État-Major prussien*, IIᵉ partie, p. 25.

(5) *Ibid.*, supplément LXII.

IIIe armée. — La division de cavalerie zu Stolberg, partant de Tournan vers 8 heures du matin, gagne Brie-Comte-Robert, le gros par la grande route, tandis que la brigade von Barnekow passe par Ozoir-la-Ferrière et Lésigny. Cette brigade cantonne à Santeny et Servon, détachant un escadron du *1er* hussards en avant-postes à Villecresnes et Marolles, lequel pousse à son tour deux reconnaissances d'officier, l'une par Limeil sur Choisy-le-Roi, l'autre par Vigneux sur Draveil. L'état-major de la division et la *3e* brigade s'installèrent à Brie-Comte-Robert. Les régiments du général von Baumbach allaient occuper des villages sur l'Yères, quand le général zu Stolberg fut informé par le *4e* hussards qui, depuis le matin, avait poussé des reconnaissances vers la Seine, que des trains circulaient sur la voie ferrée placée sur la rive gauche du fleuve et qu'il semblait facile d'intercepter cette voie à coups de canon. Aussitôt, le commandant de la division dirigea sur Villeneuve-Saint-Georges, par la grande route, la brigade von Baumbach, avec la batterie à cheval Ekensteen et lui-même accompagna ces unités. Arrivé, vers 1 h. 30 de l'après-midi, dans le voisinage de cette dernière localité, la brigade se porta près de la Maison-Blanche, à hauteur d'Ablon, et de là, la batterie ouvrit le feu sur le pont par lequel la voie ferrée franchit l'Orge au Sud de la station d'Athis. Le 5e escadron du *4e* hussards resta auprès de la batterie pour la protéger, le 3e avait été envoyé en avant-postes au Nord de Villeneuve-Saint-Georges, et les 1er et 2e avaient pris position entre Valenton et Boissy-Saint-Léger. Quelques fractions de cavalerie française (1) étant apparues vers le carrefour Pompadour, le 2e esca-

---

(1) Éclaireurs volontaires du commandant Franchetti (Le Colonel commandant le fort de Charenton au Gouverneur, D. T., Fort de Charenton, 16 septembre, 5 h. 30 soir).

dron les poursuivit jusque près de Maisons-Alfort où il fut arrêté par un feu d'infanterie (2).

Peu de temps après que la batterie eut ouvert le feu, un train venant de Paris s'arrêta à la gare d'Ablon. Pendant qu'il hésitait à continuer sa route et qu'un inspecteur partait avec une machine dans la direction de Juvisy pour explorer la voie, des francs-tireurs qui étaient dans le train en descendaient et ouvraient le feu sur le 5e escadron du 4e hussards, qui se replia bientôt ainsi que la batterie. Le train rétrograda de son côté sur Paris (3). Les trains venant du Sud, qui avaient été arrêtés à Juvisy, retournèrent à Brétigny et la circulation du réseau d'Orléans se trouva dès lors interrompue.

La brigade von Baumbach se retira par Montgeron et Brunoy et cantonna à Mandres, les Thibaudières, Périgny, Jarcy et Varennes.

Le VIe corps se maintint le 16 sur les emplacements qu'il occupait dans la vallée de la Marne, à Lagny et plus en arrière, depuis le 14.

Le Ve corps vint à Tournan remplacer la 2e division de cavalerie. La 9e division, poussant son avant-garde à

---

(1) *Braune Husaren in Frankreich*, loc. cit., p. 16.

(2) Ce train avait quitté la gare de Paris à 1 h. 40 de l'après-midi, transportant de nombreux voyageurs et des francs-tireurs.

L'artillerie prussienne n'avait pas réussi à couper complètement la voie : « Le pont, bien que sérieusement endommagé, était encore assez solide pour supporter le passage d'un train, et il n'y avait d'autre avarie à la voie qu'un rail cassé par un éclat d'obus. Après avoir fait remplacer ce rail par les ouvriers qui l'accompagnaient, M. Fayolle (l'inspecteur monté sur la machine d'exploration) poussa jusqu'à Juvisy où aucun ennemi n'avait paru. Le train aurait pu passer, et l'inspecteur retourna sur Ablon avec l'intention de lui faire continuer sa route, mais il ne l'y trouva plus..... Cet incident fit cesser prématurément la marche des trains. Ils auraient pu circuler encore sans danger d'un bout à l'autre sur les deux lignes de Paris à Tours par Orléans et Vendôme, au moins pendant toute la journée du 16 » (Ernouf, loc. cit., p. 252).

Ozoir-la-Ferrière et Chevry, cantonna à Gretz, Presles et Tournan; elle envoya, vers Champigny, des patrouilles qui ne rencontrèrent rien sur leur route. La 10ᵉ division eut son centre à Fontenay, et ses troupes se répartirent dans les villages de Liverdy, Châtres, Neufmoutiers, la Houssaye, Marles, les Bordes.

Le IIᵉ bavarois, se dirigeant de Rozoy sur Corbeil, par Guignes, atteignit la Seine par son avant-garde qui occupa Lieusaint et Saint-Germain-lès-Corbeil (1). Le quartier général s'établit à Moissy-Cramayel. Le gros du corps d'armée cantonna de part et d'autre de la route de marche, au Sud de l'Yères, sa queue vers Guignes. Un détachement du 5ᵉ bataillon de chasseurs bavarois poussé vers Montereau, se heurta à Salins à un poste de gardes nationaux qui lui blessa et fit prisonniers un deuxième lieutenant et un sous-officier.

Un parti du 1ᵉʳ uhlans bavarois, dirigé sur Melun avec deux pièces, fut accueilli à coups de fusil en arrivant devant le parc de Rubelles, où se trouvaient embusqués un groupe de francs-tireurs de Paris, sous les ordres du capitaine Kastner (2). Les deux pièces ouvrirent le feu contre le mur du parc, puis le 5ᵉ régiment d'infanterie bavarois, cantonné à Crisenoy, envoya son IIIᵉ bataillon pour appuyer cette cavalerie (3), et le commandant du corps d'armée poussa également sur Melun le 8ᵉ bataillon de chasseurs bavarois. Mais, quand ces détachements arrivèrent, les francs-tireurs avaient disparu et il

---

(1) Le pont de Corbeil étant détruit, le commandant du corps d'armée fit sommer le maire, sous menace de bombarder la ville, de faire amener sur la rive droite, toutes les nacelles amarrées sur l'autre rive (M. Paul Darblay, maire de Corbeil, *1870, Documents et témoignages*, p. 13).

(2) Ledeuil, *Les Défenseurs de Châteaudun*, p. 43; *Historique du Grand État-Major prussien*, IIᵉ partie, p. 20.

(3) *Geschichte des Bayerischen 5. Infanterie-Regiments*, t. III, p. 218.

ne restait à Melun que 1,200 gardes nationaux affectés à la garde des condamnés enfermés dans la prison de Melun (1).

Pour préparer le passage du corps d'armée sur la rive gauche, le Ier bataillon du 6e bavarois et le IIe du 14e bavarois, furent transportés en nacelle sur la rive gauche du fleuve, à Corbeil, pour protéger l'établissement du pont de bateaux qui fut jeté dans la nuit (2).

La division würtembergeoise s'avança jusqu'à la Ferté-sous-Jouarre, ses premiers éléments à Sommeron et Signy-Signets. Le 2e régiment würtembergeois, maintenu à Reims jusqu'au 14, arriva le 16 à Château-Thierry (3). Le 3e régiment vürtembergeois resta à Charly (4).

Quant au Ier bavarois et au XIe corps, ils firent séjour le 16 dans leurs cantonnements, le premier près d'Épernay, le second près de Reims.

La 4e division de cavalerie, continuant à éclairer la gauche de l'armée, s'avança de Provins à Nangis. Avant de prendre ses cantonnements dans cette localité, le prince Albrecht envoya deux escadrons du 2e hussards et deux du 5e dragons, avec une batterie, en reconnaissance dans la direction de Valence, pour fouiller les bois au Sud-Ouest de Nangis et en chasser les francs-tireurs. Cette reconnaissance revint le soir sans avoir rien rencontré, mais après avoir relevé toutefois les traces du passage de corps de partisans (5).

---

(1) En raison de leur service particulier, l'ennemi ne désarma pas ces gardes nationaux (*Historique du Grand État-Major prussien*, IIe partie, p. 20).

(2) *Geschichte des Bayerischen 6. Infanterie-Regiments*, p. 104; *Historique du Grand État-Major prussien*, p. 19.

(3) *Das Infanterie-Regiment Kaiser-Wilhelm (2. Württ.) Nr. 120*, p. 243.

(4) *Geschichte des 3. Württ. Infanterie-Regiments Nr. 121*, p. 376.

(5) *Schwarze Husaren*, t. II, p. 978.

La reconnaissance d'officiers du 2ᵉ hussards qui, dès le 15, était arrivée à Nangis, ne put gagner Fontainebleau, comme elle en avait l'ordre, les ponts étant coupés (1); mais elle se dirigea sur Melun, d'où elle rendit compte de l'escarmouche du parc de Rubelles et fit savoir que Melun était inoccupé (2).

Les deux autres brigades de la division gagnèrent également une marche : la 8ᵉ brigade vint de Moussy à Orbais et Janvillers, et la 9ᵉ de Cernay-lès-Reims à Mareuil-le-Port et à Châtillon-sur-Marne.

§ 2. — *Mouvements des troupes françaises.*

Le général Trochu ayant fait rentrer dans l'intérieur de la place ou sous le canon des forts tous les éléments dont il disposait, y compris la cavalerie, ne pouvait plus recevoir aucun renseignement important sur la marche de l'ennemi. Il était donc à la merci des quelques nouvelles qui lui parviendraient des localités encore en communication avec Paris ou des patrouilles poussées en avant par les troupes aux avant-postes.

Dans ces conditions, on pouvait s'attendre à ce que les troupes fussent mises en alerte à la première nouvelle de l'approche de l'ennemi, ou sur des renseignements erronés ou exagérés.

En réalité, aucun événement important, aucun mouvement de troupes considérable n'eut lieu dans la journée du 16, mais il se produisit quelques incidents qu'il y a lieu de mentionner.

Sur la rive droite de la Seine, le commandant Franchetti, avec une soixantaine de Volontaires à cheval de la Seine, se porta en reconnaissance en avant de Maisons-

---

(1) Voir plus haut, p. 208.
(2) *Schwarze Husaren*, t. II, p. 977.

Alfort et de Créteil, où quelques cavaliers prussiens étaient apparus la veille (1).

Cet officier supérieur s'avança jusqu'au carrefour Pompadour, où il se heurta au 2ᵉ escadron du 4ᵉ hussards, devant lequel il se replia, suivi par l'ennemi jusqu'à Maisons-Alfort (2). Mais là, un détachement d'infanterie envoyé du fort de Charenton arrêta par son feu les cavaliers prussiens.

Les renseignements transmis par le commandant Franchetti étaient très exagérés et parlaient d'un détachement ennemi de 4,000 hommes. Le commandant du fort de Charenton, en rendant compte de ces incidents au Gouverneur, estima à 300, et même peut être à 60 seulement, le nombre des cavaliers adverses qui s'étaient avancés vers Maisons-Alfort (3).

Entre la Marne et le canal de l'Ourcq, il n'y eut pour ainsi dire aucun mouvement. Le 13ᵉ corps se borna à rectifier ses bivouacs établis un peu au hasard la nuit précédente. La brigade de cavalerie Cousin resta inac-

---

(1) Voir plus haut, p. 197 et 199.

(2) D'après le général Ducrot (*La Défense de Paris*, t. I, p. 8), les volontaires du commandant Franchetti auraient d'abord été sabrés par les cavaliers prussiens, puis se seraient à leur tour précipités sur eux et les auraient rejetés sur Montmesly. Un télégramme du commandant du fort de Charenton, daté du 16 septembre, 5 h. 30 soir, dit que le détachement Franchetti a eu deux chevaux tués et plusieurs hommes blessés, et qu'il a blessé quelques hommes à l'ennemi. Le télégramme constate également que les cavaliers prussiens se sont avancés jusqu'à Maisons-Alfort, ce qui concorde avec ce qui est dit dans l'ouvrage du grand état-major prussien et dans celui du major Poten, *Braune Husaren in Frankreich*. Mais ce dernier se borne à mentionner que le 2ᵉ escadron suivit la cavalerie française jusque sous les murs de Maisons-Alfort où il fut arrêté par le feu de l'infanterie (*Historique du Grand État-Major prussien*, IIᵉ partie, p. 18; major Poten, *Braune Husaren in Frankreich*, p. 16).

(3) Le Commandant du fort de Charenton au Gouverneur, D. T., fort de Charenton, 16 septembre, 5 h. 30 soir.

tive sur le polygone de Vincennes. Le général Vinoy prescrivit bien à une de ses brigades d'infanterie de se porter, dès 6 heures du matin, en reconnaissance sur la rive gauche de la Marne, au delà de Joinville, et de s'avancer jusqu'à Champigny, Villiers et Bry, mais comme tous les ponts sur la Marne étaient détruits, le général Susbielle, désigné pour faire cette reconnaissance avec les 13e et 14e régiments de marche, dut s'arrêter à Joinville, et rester sur la rive droite. Le général Vinoy avait prescrit à l'un des officiers de son état-major d'accompagner cette reconnaissance et de centraliser les renseignements recueillis. A défaut de nouvelles certaines de l'ennemi, ce dernier en rapporta quelques-unes fournies par les habitants, mais surtout le résultat d'une reconnaissance personnelle de la vallée de la Marne et de ses facilités de passage (1).

Pour des raisons qu'on ne peut s'expliquer, il fut question, dans la journée du 16, d'envoyer la division de gauche du 13e corps prendre position dans Boulogne, face aux ponts de Sèvres et de Saint-Cloud, et l'on prépara un projet de transport de cette division par le chemin de fer de Ceinture. Une moitié des troupes devait s'embarquer à la gare de Bel-Air et, passant par le Nord de Paris, débarquer à la gare d'Auteuil, tandis que l'autre moitié devait utiliser la partie Sud de la même voie ferrée depuis la station de l'avenue de Vincennes jusqu'à celle du Point-du-Jour (2).

Ce projet n'eut pas de suite immédiate.

Sur la ligne des forts, de Nogent à Noisy, l'incertitude régnait sur les mouvements de l'ennemi. Dans la nuit du 15 au 16, le commandant du fort de Rosny télégra-

---

(1) Le général Vinoy au Gouverneur, Saint-Mandé, 16 septembre.
(2) Projet de transport par le chemin de fer de Ceinture de la division de gauche du 13e corps, Paris, 10 septembre.

phiait à l'amiral Saisset (1) que, d'après des renseignements qui lui parvenaient, l'ennemi occupait Avron. C'était là une nouvelle inexacte, et l'on ne peut concevoir comment elle put être transmise au Gouverneur puisque les trois bataillons de mobiles des Côtes-du-Nord, envoyés le 15 sur le plateau et qui s'étaient repliés le soir, il est vrai, un peu en arrière, tenaient encore le village et le fort de Rosny, ainsi que le château de Montreau, d'où ils pouvaient pousser des reconnaissances en avant de leur front. Quoi qu'il en soit, le 16 au matin, le Gouverneur télégraphia au colonel Grévy, chargé de l'organisation défensive du plateau d'Avron : « Entendez-vous avec l'amiral Saisset pour une occupation restreinte de la position d'Avron, où l'artillerie aurait le principal rôle. Sinon rien à faire ». En conséquence de cet ordre, les bataillons de mobiles des Côtes-du-Nord restèrent près de la ligne des forts. Ils avaient encore en avant d'eux et sur leur flanc gauche, les bataillons des Volontaires de la Seine du colonel Lafon qui tenaient toujours la campagne vers Bondy.

En résumé, entre la Marne et l'Ourcq, il n'y eut aucun incident dans cette journée du 16. L'avant-garde du VIe corps, maintenue à Lagny, était trop éloignée pour que ses éclaireurs pussent arriver en forces jusqu'au pied des forts.

Tandis que, sur le front Est, l'amiral Saisset n'avait envoyé aucun élément en avant de la ligne des forts, le général de Bellemare avait, sur le front Nord, fait occuper toute une ligne de villages, de Bobigny à Épinay, par Le Bourget, Stains (2), Pierrefitte et Villeta-

---

(1) Le Commandant du fort de Rosny à l'amiral Saisset, D. T., fort de Rosny, 16 septembre, 2 h. 40 matin.

(2) La compagnie des Carabiniers du XIe arrondissement, de retour de Senlis, fut envoyée aux avant-postes en avant de Stains.

neuse (1). Ces avant-postes mixtes, d'infanterie et de cavalerie, poussaient en outre en avant d'eux quelques patrouilles qui, à différentes reprises, donnèrent la chasse à de petits groupes de cavaliers ennemis apparus devant le Blanc-Mesnil, aux environs de Gonesse, d'Arnouville, puis de Pierrefitte.

Une reconnaissance plus importante fut faite par le 2º escadron du 1ᵉʳ lanciers de marche qui, s'avançant par Le Bourget, Villepinte et le Tremblay, se heurta à une fraction du *11ᵉ* hussards, laquelle avait précédemment capturé quelques voitures chargées de denrées. L'escadron français fit un prisonnier aux Allemands sans toutefois reprendre le convoi (2).

Le sous-lieutenant Joannès, du même 1ᵉʳ lanciers de marche, détaché auprès de la grand'garde de la Courneuve dans la nuit du 15 au 16, partit vers 2 h. 30 du matin, s'avança sur la grande route de Soissons jusqu'à hauteur de Gonesse et revint par ce village, Arnouville, Bonneuil et Dugny, sans rapporter de renseignements importants. Mais à 11 heures du matin, au moment où il parcourait la ligne de ses vedettes avec le sous-lieutenant Descars, venu avec son peloton pour le relever, il vit quelques-unes d'entre elles se replier au galop et l'un de ses cavaliers revenir démonté, avec trois blessures à la tête. Les deux pelotons se formèrent aussitôt, mais, informés qu'ils avaient devant eux 200 cavaliers, et qu'un régiment s'avançait sur leur droite et un autre

---

(1) La ligne des postes commençait à la ferme de la Folie, sur la route de Paris à Bondy. Des fractions ou des compagnies entières occupaient Bobigny, Drancy, la station du Bourget, la partie Nord de ce dernier village, Dugny, Garges, les carrières à plâtre, le Barrage (à la bifurcation des routes de Creil et de Beaumont-sur-Oise), la Butte-Pinçon, Villetaneuse, le Temps-Perdu, Épinay.

(2) Le capitaine Buisson, commandant le 2ᵉ escadron, au Colonel du 1ᵉʳ lanciers de marche, Saint-Denis, 17 septembre; *Bergische Lanziers, Westfälische Husaren Nr. 11*, p. 390.

sur leur gauche, ils rétrogradèrent; les fractions de mobiles placées en petits postes firent de même. Sur ces entrefaites, arriva un officier de l'état-major du général de Bellemare qui prit le commandement, s'aperçut que les renseignements sur la force de l'ennemi étaient très exagérés et fit reprendre aux troupes d'avant-postes leurs emplacements (1).

Le peloton Joannès rentra à Saint-Denis, et le peloton Descars resta aux avant-postes. Dans la nuit, une de ses vedettes fut blessée d'un coup de feu (2).

Déjà, dans la nuit précédente, tous les avant-postes de la grand'garde n° 2 (moulin de Stains) avaient été tenus en alerte par des coups de feu tirés par les sentinelles (3).

Enfin, à Saint-Denis même, une panique eut lieu dans la matinée du 16, vers 10 h. 30, panique causée par un soldat en état d'ivresse qui déchargeait son fusil en l'air, et dont le fâcheux exemple fut suivi par d'autres hommes (4). La population fut mise en émoi, et il fallut l'intervention des officiers pour ramener le calme.

Le soir, le général de Bellemare fit paraître un ordre énergique pour éviter le retour de pareils faits (5).

---

(1) Le sous-lieutenant Joannès au Colonel commandant le 1er lanciers de marche, Saint-Denis, 16 septembre, 9 heures soir.

(2) Le sous-lieutenant Descars au Colonel commandant le 1er lanciers de marche, 17 septembre. — Cette vedette entendant des bruits de voix dans la nuit cria : « Qui vive! ». On lui répondit : « France! ». Elle cria alors : « Avance au ralliement! ». Une voix répondit : « Avances-y toi-même! ». Au même moment, un coup de feu retentit et la vedette reçut une balle à l'épaule gauche.

(3) *Rapport* du Lieutenant-Colonel commandant les grand'gardes, Pierrefitte, 16 septembre.

(4) Le Général commandant supérieur de Saint-Denis au Gouverneur, D. T., Saint-Denis, 16 septembre, midi 35.

(5) Ordre n° 4 du Général commandant supérieur de Saint-Denis, Saint-Denis, 16 septembre.

Sur le front Ouest, c'est-à-dire dans la presqu'île de Gennevilliers et dans la région de Saint-Cloud, Ville-d'Avray, Meudon, aucun événement ne se produisit. On continuait les travaux commencés, mais le départ des troupes du 13e corps, en enlevant les travailleurs militaires mis à la disposition du génie, les avait en partie arrêtés, ou tout au moins ralentis.

Le 14e corps, dont les derniers éléments étaient arrivés sur le front Sud dans l'après-midi du 15, passa la journée du 16 à rectifier ses emplacements de bivouacs. Les déplacements furent de peu d'importance sauf pour le régiment de gendarmerie à cheval qui abandonna Villejuif, et se porta en arrière, à Bicêtre. Le général de Maussion avait en effet reconnu que la position de ce régiment dans le premier village était trop exposée (1).

S'attendant à combattre sur les emplacements qu'ils occupaient, les généraux, et particulièrement le général d'Hugues, firent exécuter quelques retranchements, notamment pour l'artillerie, sur la ligne de leurs bivouacs.

Le 2e cuirassiers de marche envoya, dès le matin, dans les bois de Meudon, un peloton qui s'avança jusqu'au Petit-Bicêtre et revint par Viroflay (2).

Le 1er régiment de cavalerie mixte fit partir, à 4 heures du matin, trois pelotons en reconnaissance (3) : l'un sur Vélizy, par Châtillon et Villacoublay, qui poussa des patrouilles dans la vallée de la Bièvre et au delà de Jouy-en-Josas ; le deuxième sur le Petit-Bicêtre et Bièvres ; le troisième enfin sur le Plessis-Piquet, Malabry et les bois de Verrières, jusqu'à la vallée de la Bièvre.

---

(1) Le général de Maussion au Colonel du régiment de gendarmerie cheval, 16 septembre.
(2) *Historique manuscrit* du 2e cuirassiers de marche.
(3) *Historique manuscrit* du 1er régiment de cavalerie mixte.

Dans l'après-midi, deux nouveaux pelotons furent envoyés sur les itinéraires de la première et de la troisième reconnaissance du matin.

Le régiment de gendarmerie à cheval envoya vers Villeneuve-le-Roi des reconnaissances (1) qui signalèrent que des cavaliers prussiens avaient cherché mais en vain, à passer la Seine à gué près de Villeneuve-Saint-Georges (2).

Les trois régiments de cavalerie du 14e corps restèrent ainsi en arrière des bivouacs de leur infanterie, alors que leur rôle tout indiqué, étant données les dispositions adoptées, était de surveiller le cours de la Seine, au moins jusqu'à Juvisy, et de chercher à empêcher l'ennemi de traverser le fleuve ou d'essayer tout au moins de retarder et de signaler son passage. Faute de cette précaution, le 14e corps allait subir l'influence des nouvelles exagérées parvenues à ses avant-postes par des informations de sources diverses ou par des paysans rentrant dans Paris.

Dans la nuit du 15 au 16, la 8e compagnie du IIe bataillon des Francs-tireurs de Paris avait été envoyée à Juvisy, en face de Draveil, où, la veille, des officiers du 4e hussards avaient cherché à franchir la Seine (3). Dans la journée du 16, elle tirailla contre les patrouilles de uhlans qui paraissaient sur la rive droite, puis elle entendit, de Juvisy, la canonnade dirigée sur Athis vers 3 heures par la brigade von Baumbach. Son chef, le

---

(1) *Journal* de route du lieutenant Devosse, du 4e escadron de gendarmerie à cheval.

(2) *Journal* de marche de la brigade de Bernis. — Ce renseignement paraît en contradiction avec les nouvelles alarmantes que l'on va voir. Il semble qu'il n'ait pas été transmis rapidement au commandant du 14e corps.

(3) Voir plus haut, p. 200.

capitaine Lavigne, en rendit compte dans la soirée en même temps qu'il exprimait la crainte de voir Juvisy attaqué la nuit suivante et qu'il demandait des renforts (1).

La canonnade d'Athis avait été signalée, dès qu'elle s'était produite, au Gouverneur, puis au général de Maussion et au commandant du 14ᵉ corps, par de nombreux télégrammes provenant principalement des chefs de services du chemin de fer d'Orléans (2). Le général Trochu s'était borné à avertir le général de Maussion que l'ennemi passait la Seine entre Ablon et Athis et qu'il avait à veiller à sa gauche, puis à inviter le général Renault à soutenir, le cas échéant, son divisionnaire. En passant de bouche en bouche, la nouvelle de cette canonnade alla en grossissant. A 3 h. 45, le chef d'état-major du 9ᵉ secteur télégraphiait au Gouverneur que l'ennemi avait passé à Ablon la Seine à gué (3) !

A son tour, le commandant du 14ᵉ corps télégraphiait à 7 h. 5 du soir au général Trochu que, d'après un rapport du général de Maussion, l'ennemi avait incendié la gare d'Athis-Mons, avait traversé la Seine à 3 h. 40 avec 50 pièces de canon, et que le commandant de la 3ᵉ division, trouvant sa position trop étendue, demandait à être renforcé par des batteries de 12 (4).

Cependant, l'attaque d'Athis s'était produite vers

---

(1) Le capitaine Lavigne au général X..., D. T., 16 septembre, 9 heures soir.

(2) Le Chef de gare de Brétigny au Gouverneur, D. T., 16 septembre, 3 h. 30 soir; le Directeur du télégraphe de la gare de Lyon au Directeur général, D. T., Paris, 16 septembre, 3 h. 55 soir, etc.

(3) Le Chef d'état-major du 9ᵉ secteur au Gouverneur, Paris, avenue l'Italie, 16 septembre, 3 h. 45 soir.

(4) Le général de Maussion au Général commandant le 14ᵉ corps (transmission du rapport d'un officier de gendarmerie envoyé en reconnaissance), 16 septembre; le Général Commandant le 14ᵉ corps au Gouverneur, D. T., 16 septembre, 7 h. 5 soir.

2 heures de l'après-midi, et cette localité n'était qu'à 8 kilomètres de Villejuif. On avait bien ordonné, vers 3 heures, à deux escadrons du régiment de gendarmerie à cheval, sous les ordres du commandant Cartry, de se porter en reconnaissance vers Villeneuve-Saint-Georges, mais il faut croire que ceux-ci furent longs à se mettre en route, car ils ne rentrèrent qu'à 9 heures du soir, ne rapportant aucun renseignement.

Vers 5 heures du soir, des paysans pris de panique étant arrivés aux avant-postes et ayant annoncé l'approche d'éclaireurs ennemis, la division de Maussion prit les armes brusquement, certaines unités abandonnant les distributions (1).

Le Ier bataillon du 23e de marche se plaça en bataille à l'Ouest de la redoute des Hautes-Bruyères ; le IIe bataillon occupa la redoute ; le IIIe bataillon resta en réserve en arrière du IIe (2).

Le 24e de marche quitta également ses bivouacs près du fort de Bicêtre et se rapprocha de la redoute des Hautes-Bruyères.

La 2e brigade fut aussi mise sur pied. Le IIe bataillon du 26e de marche occupa la redoute de Villejuif, détachant deux compagnies dans l'ouvrage du Moulin Saquet, puis le IIIe bataillon du même régiment vint se placer en réserve, à 500 mètres environ au Nord-Est du Moulin Saquet (3). Le 25e de marche occupa Vitry et Port-à-l'Anglais. L'artillerie s'établit entre la redoute des Hautes-Bruyères et le village de Villejuif. Toute cette division passa la nuit entière au bivouac sur ces emplacements, attendant l'arrivée de la cavalerie ennemie qui, pendant ce temps, était tranquillement cantonnée entre Brunoy

---

(1) *Historique manuscrit* du 24e régiment de marche.
(2) *Historique manuscrit* du 23e de marche.
(3) *Historique manuscrit* du 26e de marche.

et Brie-Comte-Robert, sur la rive droite de la Seine dont les moyens de passage étaient détruits.

L'exposé ci-dessus des incidents qui se produisirent sur les divers fronts de la capitale montre, sans qu'il soit besoin d'insister, que, dès le 15 au soir, l'armée de Paris peut être considérée comme déjà investie, au moins moralement. Son chef, le général Trochu, n'a plus aucune initiative dans les mouvements de ses troupes. Il les a disposées presque uniformément sous le canon des forts, des Moulineaux à Saint-Denis, par Vincennes et Noisy, et il les laisse dans une attitude toute passive, prêtes à riposter seulement à ses attaques. Il semble cependant qu'avec les huit régiments de cavalerie et les 13e et 14e corps dont il disposait, il aurait pu peut-être rendre la 2e division de cavalerie allemande moins audacieuse et inquiéter sur leur flanc droit les corps d'armée prussiens lors de leur passage de la Seine, les jours suivants, vers Villeneuve-Saint-Georges.

Dans la matinée du 16, les généraux Trochu et Ducrot visitèrent toutes les positions du Sud-Ouest, depuis la redoute de Montretout jusqu'à Bagneux, en passant par Meudon et Châtillon. Partout, ils trouvèrent les travaux inachevés, les chantiers abandonnés, faute d'ouvriers militaires ou par suite de la difficulté de recruter des ouvriers civils. Ces deux généraux constatèrent que certains ouvrages étaient mal placés, et le général Ducrot, si nous en croyons son témoignage postérieur aux événements, critiqua l'abus que l'on avait fait de la maçonnerie dans tous ces organes de défense qui auraient dû être construits en grande hâte, d'une façon sommaire, en se réservant de les améliorer plus tard si le temps le permettait. L'ouvrage le plus important pour le moment était celui de Châtillon. Or, il « n'était pas fermé à la gorge, les réduits n'avançaient pas, les parapets se trouvaient dans un tel état de bouleversement qu'on ne pouvait y mettre une pièce en batterie. Comme à Montretout, comme à Meudon, on avait tenu à faire de la maçonnerie ; partout chaos, confusion, manque de direction, défaut d'exécution (1) ».

Il est vraisemblable que tout ce que le Gouverneur avait vu au cours de cette visite l'avait ramené à ses premières hésitations (2) sur l'occupation du terrain au Sud des forts et en particulier du plateau de Châtillon. C'est du moins ce que l'on peut conclure, semble-t-il, de ce que dit le commandant des 13e et 14e corps (3) : « Le général Ducrot, après avoir pesé le pour et le contre, et de nouveau étudié rapidement l'ensemble des positions, déclara au Gouverneur que, malgré le mauvais état des choses, il lui semblait indispensable de se maintenir sur ces hauteurs, ou au moins de les disputer énergiquement à l'ennemi.

« Le général Trochu se rangea à son avis ».

Les nouvelles que ce dernier reçut dans l'après-midi du passage de la Seine par les Allemands lui montrèrent de nouveau la nécessité de défendre les hauteurs de Châtillon. Et, à 7 h. 40, le Gouverneur télégraphiait au commandant du fort de Montrouge : « Faites passer de la plus grande urgence la dépêche suivante au commandant du 14e corps, 197, route d'Orléans :

« Garnissez d'artillerie la redoute de Clamart. Mettez également quelques pièces en batterie sur la gauche, vers le Télégraphe, et une forte batterie sur l'éperon au-dessus de Bagneux. Occupez par quelques compagnies les maisons du village de Fontenay les mieux placées. Faites-les créneler, si c'est possible. Tenez la masse de vos troupes entre Clamart et Châtillon de manière à pouvoir défendre le plateau de Châtillon le plus longtemps

---

(1) Général Ducrot, *La Défense de Paris*, t. I, p. 6.
(2) *Ibid.*, p. 6.
(3) *Ibid.*, p. 3.

possible. Faites replier le général de Maussion de l'autre côté de la Bièvre. Établissez-le, sa droite à Bagneux, sa gauche en arrière du fort de Montrouge. Donnez l'ordre à l'artillerie de se couvrir par quelques épaulements... (1) ».

En même temps, le général Trochu informait le général Renault qu'il avait prescrit à la réserve d'artillerie du 14e corps de se rendre le lendemain matin entre les forts de Vanves et de Montrouge.

D'après ce qui précède, le 14e corps devait avoir deux de ses divisions face au Sud entre Clamart et Châtillon et sur le plateau, tandis que la troisième serait face à l'Est, de Bagneux au fort de Montrouge. La simple canonnade d'Athis et les renseignements erronés transmis par le général de Maussion avaient donc pour résultat d'amener le Gouverneur à abandonner tout le plateau de Villejuif et de faire prendre au 14e corps un dispositif en forme de redan, dont Bagneux formait le sommet.

Un peu plus tard, à 8 h. 50, le Gouverneur télégraphiait au général Renault que la cavalerie ne devrait pas dépasser la Bièvre, puis, une heure après, il lui faisait connaître que les renseignements fournis par le Directeur de la compagnie d'Orléans ne paraissaient pas confirmer les alertes de la soirée et que la nuit semblait devoir être calme (2).

Aussi, à 11 h. 25 du soir, le général commandant le 14e corps qui allait envoyer à ses généraux de division les ordres d'exécution pour leur faire effectuer leur mouvement immédiatement (3) demanda-t-il au Gouver-

---

(1) Le Gouverneur au Commandant du fort de Montrouge, D. T., Paris, 16 septembre, 7 h. 40 soir.

(2) Le Gouverneur au Commandant du fort de Montrouge (sans heure, mais probablement 9 h. 50 soir).

(3) Les ordres destinés aux trois généraux de division pour ce mouvement sont datés précisément de 11 heures soir.

neur s'il devait le suspendre (1). Le général Trochu l'autorisa bientôt après à le retarder jusqu'à la pointe du jour (2).

Dans la soirée, le Gouverneur avait ordonné que le régiment de marche de zouaves (2,000 hommes) irait prendre position le lendemain matin à Montretout, que 4,000 mobiles se rendraient au même moment dans le parc de Saint-Cloud, à la lanterne de Diogène, et 4,000 autres au bas de la terrasse de Meudon.

Mais ces mouvements furent en partie décommandés. Les zouaves, toutefois, se rendirent à Saint-Cloud, et deux bataillons de mobiles d'Ille-et-Vilaine vinrent à Meudon.

Le général Trochu avait également songé à utiliser les canonnières établies à Bercy pour explorer la Seine jusqu'à Choisy-le-Roi (3). Mais il est facile de se rendre compte que ces canonnières, en ne remontant le fleuve que jusqu'à ce point, ne pouvaient être d'aucun secours.

Le Ministre de l'Intérieur pouvait télégraphier aux préfets, à 1 heure du matin, dans la nuit du 16 au 17, que les mouvements des corps prussiens autour de Paris semblaient se dessiner très nettement et que leurs têtes de colonnes enveloppaient tout le côté Est de la capitale depuis le chemin de fer du Nord, coupé près de Pontoise, jusqu'à celui d'Orléans, détruit à Juvisy.

Le Ministre ajoutait : « La garde nationale mobile, la

---

(1) Le général commandant le 14ᵉ corps au Gouverneur, Montrouge, 16 septembre, 11 h. 25 soir.

(2) Le Gouverneur au Commandant du fort de Montrouge, pour transmettre au Commandant du 14ᵉ corps, D. T., Paris, 17 septembre, minuit 40.

(3) Le Gouverneur au Ministre de la Marine, 16 septembre.

garde nationale et l'armée se montrent pleines de confiance. La résolution de la population parisienne est admirable (1) ».

---

(1) Le Ministre de l'Intérieur aux Préfets et Sous-Préfets, D. T., Paris, 17 septembre, 1 heure matin.

CHAPITRE XV

Journée du 17 septembre.

§ 1ᵉʳ. — *Mouvements des troupes françaises.*

Secteurs Est et Nord. — La nuit du 16 au 17 se passa sans incidents sur le front du 14ᵉ corps et à l'Ouest de Paris. Au contraire, les avant-postes, entre Nogent-sur-Marne et Saint-Denis, tiraillèrent à plusieurs reprises sur des groupes de cavaliers ou fantassins. Une compagnie du 90ᵉ de ligne, en grand'garde en avant de Noisy, selon le rapport de son chef, tira quelques coups de fusil vers 1 h. 30 du matin, sur 12 ou 15 cavaliers, et eut un homme tué (1). Les francs-tireurs des Lilas, qui occupaient Merlan, à proximité, par suite, de la compagnie du 90ᵉ, reçurent, eux aussi, quelques coups de feu. Devant les redoutes de Montreuil et de la Boissière, quelques coups de fusil furent tirés également sur des groupes de cavaliers que l'on crut voir circuler sur la route de Rosny à Noisy. Un homme, placé en sentinelle en avant de la redoute de la Boissière, fut tué (2).

Il est peu vraisemblable que des patrouilles ennemies se soient avancées la nuit, si près de la ligne des forts,

---

(1) Le contre-amiral Saisset au vice-amiral de la Roncière Le Noury, D. T., fort de Noisy, 17 septembre, 10 h. 50 matin.
(2) *Ibid.*

en traversant la forêt de Bondy. Cela paraît d'autant plus difficile à admettre que les IIIe et IVe bataillons des Volontaires de la Seine du colonel Lafon étaient encore, le 17 dans la journée, le IIIe bataillon vers Neuilly-Plaisance et Gagny, le IVe vers Livry, d'où, à 4 heures du soir, ils signalaient l'ennemi à Chelles, à Montfermeil, Coubron et Vaujours (1).

Probablement, plusieurs de ces coups de feu ne furent que le résultat d'erreurs, comme il s'en produit toujours la nuit aux avant-postes, principalement avec des troupes jeunes, connaissant mal la situation des fractions amies qui les environnent et les uniformes des unités nouvellement créées. Il n'est pas sans intérêt, en effet, de faire remarquer que le commandant de la redoute de Montreuil, dans son rapport du 17 au matin sur les événements de la nuit précédente, demandait « instamment une note concernant les costumes des francs-tireurs et des gardes mobiles placés devant lui (2) ».

Enfin, il faut ajouter que, dans la journée du 16, de nombreux isolés avaient quitté, avec leurs armes, les campements du 13e corps, pour aller chasser dans les bois environnants et n'étaient probablement pas tous rentrés à leur corps. Un ordre du commandant du corps d'armée prescrivit le lendemain de traduire devant le conseil de guerre, pour dissipation de munitions de l'État, tout soldat qui se rendrait coupable de pareille faute (3).

Le général Vinoy avait prescrit, le 16, que chaque

---

(1) Le contre-amiral Saisset au vice-amiral de la Roncière Le Noury, D. T., fort de Noisy, 17 septembre, 4 h. 20 soir.

(2) Le contre-amiral Saisset au vice-amiral de la Roncière Le Noury, D. T., fort de Noisy, 17 septembre, 10 h. 50 matin.

(3) Le général Vinoy au Général commandant la 1re division du 13e corps, Saint-Mandé, 17 septembre.

division enverrait chaque jour deux reconnaissances en avant de son front, l'une au réveil et l'autre dans l'après-midi (1). Le général d'Exéa, en communiquant cet ordre à ses deux généraux de brigade, s'était contenté d'indiquer que la 1re brigade ferait ces reconnaissances les jours impairs, et la 2e, les jours pairs, sans ajouter aucune instruction concernant les missions à leur donner (2).

Deux compagnies de la 1re brigade prirent les armes le 17, à 2 heures du matin, et se portèrent en avant de Maisons-Alfort, vers le carrefour Pompadour et Bonneuil. Cette reconnaissance ne donna aucun résultat (3).

Vers 6 heures du matin, le général d'Exéa fit partir le capitaine Louis à la découverte dans la même direction. Cet officier s'avança, par Créteil, jusqu'à Mont-Mesly, et ne découvrit aucune fraction ennemie, mais il apprit, par des paysans se repliant sur Paris, que de nombreux cavaliers prussiens avaient passé la nuit aux villages de Marolles, Villecresnes et Boissy-Saint-Léger, et que tous avaient demandé le chemin de Choisy-le-Roi (4).

Cet officier venait à peine de rendre compte de sa mission au commandant du corps d'armée, qu'arrivaient à Saint-Mandé trois cavaliers du 4e dragons, faits prisonniers, vers 8 heures du matin, au sud de Créteil, par 40 éclaireurs du 6e de marche, sous les ordres du sous-lieutenant Chaume (5). Interrogés, ces cavaliers décla-

---

(1) Ordre général n° 10 du Général commandant le 13e corps, Saint-Mandé, 16 septembre.

(2) Note du Général commandant la 1re division du 13e corps, Saint-Maurice, 16 septembre.

(3) Général Ducrot, *La Défense de Paris*, t. 1er, p. 8.

(4) Général Ducrot, *loc. cit.*, p. 9. — A midi 15, le commandant du fort de Charenton télégraphiait les mêmes renseignements au Gouverneur (Le Colonel commandant le fort de Charenton au Gouverneur, D. T., Charenton, 17 septembre, 12 h. 15 soir).

(5) *Historique manuscrit* du 6e régiment de marche.

rèrent appartenir au Ve corps, lequel devait, dans la journée, se porter entre Choisy-le-Roi et Villeneuve-Saint-Georges (1).

Ces renseignements, joints à la nouvelle que des approvisionnements considérables étaient restés au château du Piple, près de Boissy-Saint-Léger (2), déterminèrent le général Vinoy à prescrire au général d'Exéa de faire, dans l'après-midi, une reconnaissance avec toute sa division sur la route de Créteil.

Ce mouvement, que le commandant du 13e corps accompagna, donna lieu au combat de Mont-Mesly, qui sera retracé plus loin. Mais le départ momentané de la division d'Exéa amena quelques déplacements des autres troupes. Le 35e de ligne se porta à midi à Saint-Maur-les-Fossés pour remplacer les compagnies de grand'-gardes que la division d'Exéa avait rappelées avant son départ. Ce régiment se forma le long de la Marne et tirailla une partie de l'après-midi avec des reconnaissances prussiennes aperçues sur l'autre rive. A minuit, il fut relevé par le IIIe bataillon du 14e de marche et rentra à son camp (3). Plus au Nord, le Ier bataillon du 42e de ligne fit une reconnaissance dans l'après-midi vers Nogent, sans rien rencontrer (4). Le Ier bataillon du 13e de marche fit également une reconnaissance sur Montreuil, Nogent et Rosny, et signala quelques patrouilles adverses (5).

Dans la zone commandée par le contre-amiral Saisset, aucun contact sérieux ne fut pris avec l'ennemi. Les IIIe et IVe bataillons des Volontaires de la Seine se main-

---

(1) Général Ducrot, *loc. cit.*, t. Ier, p. 9.
(2) Général Vinoy, *Siège de Paris*, p. 136.
(3) *Historique manuscrit* du 35e de ligne.
(4) *Historique manuscrit* du 42e de ligne.
(5) *Historique manuscrit* du 13e de marche.

tinrent en avant des forts, jusqu'à la nuit, qu'ils passèrent dans la forêt de Bondy et dans les villages de Gagny, La Maison-Blanche et Neuilly-sur-Marne.

Le Gouverneur prescrivit au commandant du fort de Vincennes d'envoyer un bataillon de mobiles sur le contrefort de l'Épine, à la capsulerie de Montreuil, où le général de Chabaud La Tour allait faire exécuter des travaux de défense (1).

Dans le secteur de Saint-Denis, quelques alertes se produisirent également dans la nuit du 16 au 17. Plusieurs cavaliers et fantassins furent blessés, mais, là aussi, il semble que ce fût le résultat de méprises, ou le fait de soldats égarés la veille au cours des patrouilles faites au delà des avant-postes.

Le général de Bellemare ne changea rien à son système d'avant-postes; toutefois, dans la matinée du 17, les postes du centre furent, par suite d'une erreur, ramenés un peu en arrière. Dugny, Garges et les carrières à plâtre furent abandonnés et Stains devint le poste le plus avancé (2).

Toute la journée, des patrouilles de cavalerie ennemie, notamment des hussards, s'approchèrent des avant-postes et furent repoussées par leur feu ou par quelques patrouilles de lanciers français (3).

---

(1) Le Gouverneur au général Soumain, Paris, 17 septembre; le même au général de Chabaud La Tour, Paris, 17 septembre.

(2) Le Chef de bataillon du 28ᵉ de marche, commandant les grand'-gardes du 16 au 17, au Colonel commandant la place de Saint-Denis, Saint-Denis, 17 septembre.

(3) Le capitaine Barrère, commandant la grand'garde du Moulin de Stains, au Commandant supérieur de Saint-Denis, 17 septembre; le même au commandant de la place de Saint-Denis, Stains, 17 septembre, 3 h. 45 soir; le Capitaine commandant le demi-bataillon de droite du 28ᵉ de marche au Commandant supérieur de Saint-Denis, 17 septembre.

Les grand'gardes d'Épinay et de Villetaneuse firent connaître que, d'après un renseignement apporté par un habitant, 5,000 cavaliers parfaitement montés et 1,000 fantassins exténués avaient cantonné la veille au soir à Beaumont-sur-Oise (1).

D'autre part, à 9 heures du soir, le commandant de Saint-Denis télégraphia au Gouverneur que l'ennemi occupait en force Écouen et Villiers-le-Bel avec de l'artillerie (2).

Secteur Sud. — Le 17, dès la pointe du jour, le 14ᵉ corps commença le mouvement que le Gouverneur avait ordonné la veille par son télégramme de 7 h. 40 du soir, et qu'il avait autorisé ensuite, à minuit 40, le commandant du 14ᵉ corps à retarder jusqu'au lendemain matin (3). Ce mouvement fut terminé à 9 heures du matin. La 1ʳᵉ division vint bivouaquer entre Châtillon et Clamart, à cheval sur le chemin qui réunit ces deux localités, et plus près de la première que de la seconde. La division d'Hugues s'établit sur l'éperon de la redoute de Châtillon ; la 1ʳᵉ brigade à l'Ouest de la grande route, le 19ᵉ de marche sur les pentes descendant vers Clamart, et au Nord de la redoute, le 20ᵉ de marche, en colonnes le long de la redoute ; la 2ᵉ brigade sur les pentes descendant vers Fontenay-aux-Roses, détachant dans ce village un bataillon du 22ᵉ (4). Les deux batte-

---

(1) Le Chef de bataillon du 28ᵉ de marche, commandant les grand'gardes du 16 au 17, au Commandant de la place de Saint-Denis, 17 septembre. — Il s'agissait de la 6ᵉ division de cavalerie accompagnée par le 4ᵉ bataillon de chasseurs.

(2) Le général commandant supérieur de la place de Saint-Denis au Gouverneur, D. T., Saint-Denis, 17 septembre, 9 h. 20 soir.

(3) Le Général commandant le 14ᵉ corps au Gouverneur, D. T., Vanves, 17 septembre, 9 h. 15 matin.

(4) *Historiques manuscrits* des 19ᵉ, 20ᵉ et 22ᵉ de marche.

ries de 4 de la 1re division se placèrent à l'Ouest de l'ouvrage et celles de la 2e division à l'Est, de manière à battre la vallée vers Sceaux. Les batteries de mitrailleuses restèrent avec l'infanterie.

La division d'Hugues se couvrit par deux compagnies de grand'gardes, poussées en avant sur le plateau, et par les groupes d'éclaireurs formés dans chaque bataillon, d'après les ordres du commandant de corps d'armée (1).

Les divers régiments bivouaqués auprès de la redoute fournirent immédiatement des travailleurs pour continuer les travaux de celle-ci.

Quant à la division de Maussion, conformément à l'ordre du Gouverneur, elle se forma entre Bagneux et le fort de Montrouge. Le 23e de marche, au Sud-Ouest de Bagneux, occupa les parcs de Fontenay-aux-Roses et de Bagneux, se reliant avec le 24e de marche, qui, placé au Nord-Ouest de ce village, avait fait occuper l'éperon qui descend vers Bourg-la-Reine, et sur lequel s'étaient placées les deux batteries de 4 de la division (2). La 2e brigade (25e et 26e de marche) établit ses bivouacs sur le prolongement de la 1re, sa gauche à l'Ouest du fort de Montrouge.

La réserve d'artillerie, restée jusque-là dans Paris, vint se placer entre les forts de Vanves et de Montrouge.

Le régiment de gendarmerie à cheval se forma au Nord du fort de Montrouge, et les deux autres régiments

---

(1) Le général Renault, n'ayant pu obtenir du Gouverneur qu'un bataillon de francs-tireurs fût mis à sa disposition, prescrivit, le 16 septembre, d'organiser dans chaque bataillon un groupe de 30 francs-tireurs « pris parmi les hommes de bonne volonté habitués à broussailler et les plus aptes au service de tirailleur et d'éclaireur ». Un officier commandait chaque groupe.

(2) *Historiques manuscrits* des 23e et 24e de marche; le Général commandant le 14e corps au Gouverneur, D. T., Vanves, 17 septembre, 9 h. 15 matin.

de la brigade de Bernis, gagnant la droite du corps d'armée, s'établirent entre Clamart et le fort d'Issy (1).

Le quartier général du 14° corps se fixa à Châtillon où le général Ducrot vint également de sa personne. Une fois arrivées sur ces emplacements, les troupes se fortifièrent. Les villages de Fontenay-aux-Roses, Clamart, Bagneux, les abords de Châtillon furent mis en état de défense, et l'on construisit des épaulements pour les batteries de 4 sur trois points différents.

La direction assignée aux reconnaissances qui vont être indiquées montre que le commandant des 13e et 14e corps croyait que l'ennemi avait déjà gagné vers l'Ouest beaucoup plus de terrain qu'il ne l'avait fait en réalité.

Le 1er régiment de cavalerie mixte fit partir quatre reconnaissances.

Le capitaine Ronel, avec un demi-escadron, se porta vers Sèvres, Ville-d'Avray, Saint-Cloud, avec mission de fouiller les bois de Fausses-Reposes, d'explorer les voies ferrées de Versailles et de se mettre en relation avec le commandant des canonnières de la Seine opérant en aval de Paris.

Le lieutenant du Theil, avec un peloton, fouilla Billancourt et les bois de Meudon, puis gagna Versailles où il passa la nuit du 17 au 18.

Le sous-lieutenant Andréani, également avec un peloton, gagna Vélizy et poussa des patrouilles en avant de lui jusqu'à la Bièvre, à travers les bois des Gonards et de l'Homme-Mort, puis revint sur le Petit-Bicêtre.

Le sous-lieutenant de Pleurre, à la tête du même effectif, se dirigea sur Antony, puis fouilla et contourna les bois de Verrières par Amblainvilliers, Igny et

---

(1) *Journal* de marche du 14e corps.

Bièvres. Le soir, ces deux dernières reconnaissances s'établirent au Petit-Bicêtre où elles passèrent la nuit.

Ces quatre officiers ne fournirent que des renseignements négatifs (1).

Les éclaireurs du 19ᵉ de marche firent, eux aussi, dans la journée, une reconnaissance dans la direction de Palaiseau, puis fouillèrent la vallée de la Bièvre et Sceaux. Ils ne rencontrèrent aucune fraction adverse, mais apprirent que des détachements de uhlans étaient signalés à Longjumeau et à Juvisy.

Aucune reconnaissance importante ne paraît avoir été envoyée entre la Bièvre et la Seine.

Cependant, on ne fut pas sans nouvelles de ce qui se passa dans ce secteur, grâce à diverses dépêches envoyées principalement par les employés des lignes télégraphiques de l'État et surtout par les chefs des stations de la Compagnie d'Orléans, et aux renseignements fournis par la 8ᵉ compagnie du IIᵉ bataillon des Francs-tireurs de Paris, restée à Juvisy pendant la nuit du 16 au 17.

Dès 1 heure du matin, au cours de cette dernière nuit, un télégramme venant d'Étampes pour le service des chemins de fer, annonçait que 10,000 Prussiens passaient la Seine à Corbeil (2). Quelques minutes après, le sous-préfet d'Étampes confirmait ce renseignement par

---

(1) C'est avec ces reconnaissances que le capitaine Faverot, officier d'ordonnance du général Ducrot, fit la reconnaissance dont le général parle dans son ouvrage (page 7), et dont on n'a trouvé aucune trace dans les documents. Le 1ᵉʳ régiment de cavalerie mixte comptait précisément un escadron de guides, dont deux pelotons, d'après le général Ducrot, accompagnèrent le capitaine Faverot.

(2) Le Directeur du télégraphe de la gare de Paris-Orléans au Directeur général des télégraphes, D. T., Paris, gare d'Orléans, 17 septembre, 1 h. 20 matin.

une dépêche adressée au Gouverneur (1). A 8 h. 20 du matin, la gare d'Ablon signalait à Paris un très grand mouvement de troupes ennemies sur les hauteurs de Brunoy, ces troupes se dirigeant sur les hauteurs de Villeneuve-Saint-Georges (2). Cette station continuait presque toute la journée à envoyer de nouveaux renseignements. A 11 h. 8, elle annonçait qu'un mouvement considérable sur Athis et Juvisy paraissait imminent (3); à midi 30, que 20,000 Prussiens, infanterie et artillerie, arrivaient en face d'Athis et d'Ablon, sans doute pour y franchir la Seine (4) ; à 2 h. 10, que l'ennemi commençait la construction d'un pont près de Villeneuve-Saint-Georges (5). De son côté, le commandant du fort d'Ivry informait l'amiral Pothuau, à Bicêtre, que l'on apercevait de fortes colonnes sur les bords de la Seine vers Choisy-le-Roi, et qu'un combat avait lieu sur la rive droite du fleuve (6).

Le général Trochu ne se laissait pas émouvoir par ces télégrammes, et se bornait à télégraphier, à 4 h. 5, aux commandants des forts de Vanves et d'Issy : « L'ennemi avance toujours ; soyez prêts et prévenez le général Ducrot (7) ».

---

(1) Le Sous-Préfet d'Étampes au Gouverneur, D. T., Étampes, 17 septembre, 1 h. 45 matin.

(2) Le Directeur du télégraphe de la gare de Paris–Orléans au Directeur général des télégraphes, D. T., Paris, gare d'Orléans, 17 septembre, 10 h. 10 matin.

(3) Le même au même, D. T., Paris, gare d'Orléans, 17 septembre, 11 h. 50 matin.

(4) Le Directeur du télégraphe de la gare de Paris-Orléans au Directeur général des télégraphes, D. T., Paris, gare d'Orléans, midi 30.

(5) Le même au même, D. T., Paris, gare d'Orléans, 2 h. 10 soir.

(6) Le Commandant du fort d'Ivry à l'amiral Pothuau, D. T., Ivry, 17 septembre, 1 h. 40 soir, 3 h. 22 soir et 3 h. 45 soir.

(7) Le Gouverneur aux Commandants des forts de Vanves et d'Issy, D. T., Paris, 17 septembre, 4 h. 5 soir.

Vers la fin de l'après-midi, parvenaient d'autres renseignements. C'était, d'abord, le commandant de l'ouvrage de Villejuif qui, à 4 h. 20, télégraphiait que les Francs-tireurs de Paris du capitaine Lavigne avaient eu, dans la matinée, une rencontre avec un détachement de 14 hommes franchissant la Seine en barque, et qu'ils avaient fait un prisonnier. Celui-ci, interrogé, avait déclaré que les forces prussiennes de ce côté, comprenaient le 4ᵉ dragons, quatre régiments d'infanterie, une force d'artillerie de 96 pièces, un bataillon de pionniers et un de tirailleurs, et que les Bavarois étaient à leur gauche (1).

Un télégramme de la gare de Paris-Orléans (4 h. 35) annonçait encore qu'un train ramenant du personnel à Paris, avait reçu quelques coups de fusil tirés par des uhlans près de Choisy-le-Roi (2). Une autre dépêche de la Compagnie d'Orléans, faisait connaître, à 7 h. 20 du soir, que le service de la voie ferrée était complètement suspendu, et que même les communications télégraphiques avec les autres gares du réseau étaient interrompues (3).

Le Gouverneur avait reçu également des renseignements sur le combat de Mont-Mesly, et, de l'ensemble de toutes les dépêches reçues, il concluait à un mouvement général de l'ennemi, de l'Est vers l'Ouest, au Sud de Paris, c'est-à-dire une attaque sur les hauteurs de Châtillon, ainsi que l'avaient fait prévoir les indications

---

(1) Le Commandant de place de Villejuif au Gouverneur, D. T., Villejuif, 17 septembre, 4 h. 20 soir.

(2) Le Directeur du télégraphe de la gare de Paris-Orléans au Directeur général des télégraphes, D. T., Paris, gare d'Orléans, 17 septembre, 4 h. 35 soir.

(3) Le Directeur du télégraphe de la gare de Paris-Orléans à l'Inspecteur central et au Directeur général des télégraphes, D. T., Paris, gare d'Orléans, 17 septembre, 7 h. 20 soir.

particulières qui lui étaient parvenues dès le 13 septembre (1).

Le général Ducrot, lui ayant demandé de lui envoyer des mobiles, le général Trochu lui répondait, à 10 h. 25 du soir, que cela ne lui était pas possible, mais que cependant deux bataillons arriveraient dans la journée au Bas-Meudon. « Comme vous avez peu à craindre sur votre droite, ajoutait le Gouverneur, attirez à vous les zouaves de Montretout. La division de Maud'huy part de Charenton à la pointe du jour pour prendre position, la droite derrière le fort de Bicêtre, la gauche vers Ivry. Faites-la reconnaître à son arrivée. Elle a l'ordre, du reste, de se mettre en rapport avec la division de Maussion (2) ». Le général Trochu, se rendant compte, en effet, du vide créé par le départ de la 3ᵉ division du 14ᵉ corps, qui avait abandonné le plateau de Villejuif, s'était décidé à envoyer l'une des divisions du 13ᵉ corps dans cette région.

Précisément, à 11 h. 20 du soir, le commandant de Villejuif télégraphiait à son tour au Gouverneur, que d'après les nouvelles qu'il avait recueillies, l'ennemi qui avait passé la Seine à Choisy-le-Roi, bivouaquait à 3 kilomètres, et qu'il fallait s'attendre à une attaque dans la nuit ou le lendemain matin (3). Le commandant de Villejuif ajoutait qu'il n'avait pu occuper la redoute des Hautes-Bruyères, que celle du Moulin-Saquet était

---

(1) Le Gouverneur au général Ducrot, Paris, 18 septembre : « Votre droite est faible mais j'estime que, pour aujourd'hui, vous avez peu à craindre de ce côté. Tout le mouvement de l'ennemi qui a passé la Seine à Villeneuve-Saint-Georges et à Choisy-le-Roi le porte vers les hauteurs que vous occupez ou parallèlement à ces hauteurs, vers Versailles qui sera un des principaux points de concentration ».

(2) Le Gouverneur au Commandant du fort de Montrouge, D. T., Paris, 17 septembre, 10 h. 25 soir.

(3) *Ibid.*

prête, mais qu'il ne pourrait résister sur ces emplacements que s'il était soutenu par d'autres troupes et surtout par de l'artillerie (1).

Le Gouverneur écrivit, en marge de ce télégramme, d'ordonner au général Vinoy de rester sous les armes le lendemain, et d'attendre des ordres, puis au Commandant de Villejuif, de se replier sur Bicêtre en cas d'attaque. Des télégrammes en ce sens furent en effet expédiés à ces deux chefs, dans les premières heures de la journée du 18.

§ 2. — *Mouvements des troupes allemandes.*

Ordre d'investissement donné par le maréchal de Moltke le 15 septembre. — Le maréchal de Moltke avait, dès le 14 septembre, à Château-Thierry, établi un projet d'investissement de Paris (1) d'après lequel l'armée de la Meuse devait s'établir au Nord de la place, le IVe corps près d'Argenteuil, le XIIe corps entre Sarcelles et Arnouville, la Garde entre Bonneuil et Blanc-Mesnil ; la IIIe armée devait au contraire se porter au Sud de Paris, les Ve et VIe corps sur la ligne Créteil, Choisy-le-Roi et Sceaux, les Ier et IIe corps bavarois sur les hauteurs jusqu'à l'Ouest de Meudon. Pour relier les deux armées, le XIe corps viendrait se placer à la gauche de l'armée de de la Meuse, entre la Garde et la Marne et occuperait Aulnay-lès-Bondy, Clichy-sous-Bois et Chelles, puis la division würtembergeoise viendrait entre la Marne et la Seine dans les environs de Villiers-sur-Marne.

La cavalerie relierait les différentes positions et éclai-

---

(1) Le Commandant de la place de Villejuif au Gouverneur, D. T., Villejuif, 17 septembre, 11 h. 20 soir. — Villejuif n'était toujours occupé que par 500 hommes du VIIIe bataillon de mobiles de la Seine, et deux compagnies de dépôt des 2e et 10e de ligne.

rerait au loin le terrain en arrière, particulièrement dans la direction du Sud.

Enfin, le IV⁰ corps s'emparerait des passages de la Seine, près de Courbevoie et d'Asnières, et, s'il était possible, de ceux de Saint-Denis.

Au cas d'une offensive des troupes françaises en voie de formation sur la Loire, le maréchal de Moltke admettait qu'on ne laisserait devant Paris que les forces strictement nécessaires pour assurer l'investissement et que la III⁰ armée se porterait avec le gros de ses forces, au-devant des Français, mais à deux ou trois marches au plus, de manière à pouvoir reprendre rapidement l'investissement, car il ne semblait pas possible d'étendre dès alors les opérations sur la Loire ; il fallait pour cela attendre la chute de la capitale.

C'est sur ces bases que fut rédigé l'ordre adressé le 15 septembre à 11 heures du matin aux commandants en chef des deux armées. Cet ordre, que l'on trouvera reproduit ci-après, indiquait d'une manière moins précise les positions à occuper par les différents corps d'armée, et semblait donner à chaque commandant d'armée une initiative plus large que ne l'aurait fait le projet établi le 14. Mais, dans la réalité, le maréchal de Moltke avait pris la précaution de faire venir à Château-Thierry, le 15 dans la journée, les chefs d'état-major des deux armées, les généraux von Blumenthal et baron von Schlotheim et leur avait communiqué toute sa pensée, s'entendant avec eux sur les détails d'exécution et le tracé de la ligne d'investissement. Il se préoccupa également de l'occupation du Bourget et de celle de la presqu'île de Gennevilliers, qui lui paraissaient importantes, mais renonça à englober la presqu'île dans la ligne d'investissement, en raison de la proximité du Mont-Valérien (2).

---

(1) *Correspondance militaire du maréchal de Moltke*, t. II, p. 375.
(2) *Historique du Grand État-Major prussien*, II⁰ partie, p. 50, note 2.

Aux Commandants en chef de la IIIe armée et de la subdivision d'armée de la Meuse (1).

Château-Thierry, le 15 septembre 1870, 11 heures matin.

« Le premier objet des mouvements ultérieurs sur Paris est de couper les communications de la capitale avec l'extérieur et d'empêcher tout ravitaillement et toute tentative de déblocus.

« En général, il n'y aura pas lieu d'exposer les troupes aux feux des pièces des forts ; toutefois, afin de diminuer l'étendue de la ligne d'investissement, elles devront être aussi rapprochées que possible de ces ouvrages.

« La subdivision d'armée de S. A. R. le prince royal de Saxe sera dirigée sur le front Nord de Paris, de manière que le IVe corps, la Garde et le XIIe corps aient effectué l'investissement le 19 courant sur la rive droite de la Seine et de la Marne. La cavalerie du XIIe corps sera rendue sur ce terrain dès le 18. Argenteuil sera fortement occupé. Les 5e et 6e divisions de cavalerie devront franchir la Seine en aval de Paris, autant que possible le 18 courant. Elles chercheront ensuite la liaison avec la cavalerie de la IIIe armée, depuis Poissy jusqu'aux environs de Chevreuse.

« La IIIe armée passera sur la rive gauche de la Marne et de la Seine. Elle s'étendra vers l'Ouest au fur et à mesure de l'arrivée des corps qui sont encore en arrière. On laissera au moins un corps d'armée entre Marne et Seine.

« Une offensive venant de Paris paraissant invraisemblable, la IIIe armée peut dès maintenant continuer son mouvement sans se préoccuper de l'entrée en ligne de

---

(1) *Correspondance militaire du maréchal de Moltke*, t. II, p. 377.

l'armée de la Meuse. Sa cavalerie sera poussée en avant aussitôt que possible pour assurer la liaison avec les 5ᵉ et 6ᵉ divisions de cavalerie et pour éclairer dans la direction de la Loire, derrière laquelle l'ennemi doit s'efforcer de constituer une armée de réserve.

« Toutes les voies ferrées s'éloignant de Paris seront mises hors de service, mais seulement en enlevant les rails et les aiguilles sur des points qui seront à occuper. On coupera également les lignes télégraphiques sur divers points.

« On assurera les communications entre les deux armées en établissant au-dessus de Paris de nombreux ponts pourvus de chemins d'accès. L'armée de la Meuse organisera les passages de la Marne ; la IIIᵉ armée, ceux de la Seine.

« Il est du devoir des troupes d'investissement de renforcer leur première ligne par des travaux de fortification et de faire reconnaître avec précision les moyens de défense de l'ennemi (1).

« S'il se produit une tentative de déblocus venant de la Loire, on ne laissera momentanément que de faibles détachements sur la ligne d'investissement, et la IIIᵉ armée avec toutes ses forces se portera au-devant de l'ennemi pour le battre ; mais elle ne s'éloignera au plus que d'une ou deux marches, de manière à pouvoir reprendre à temps l'investissement étroit de la capitale.

« Le grand quartier général restera à Meaux jusqu'à

---

(1) Dans l'entretien précité, la prescription suivante, qui avait d'abord figuré dans l'ordre lui-même, fut donnée verbalement aux chefs des états-majors des deux armées : « Il est extrêmement important d'inquiéter continuellement les artilleurs français par le feu de tirailleurs choisis (bataillons de chasseurs) que l'on pousserait en avant, éventuellement la nuit. — Ces tirailleurs utiliseraient le terrain ou seraient placés dans des embuscades » (Note de l'éditeur de la *Correspondance militaire du maréchal de Moltke*, loc. cit., t. II, p. 378).

nouvel ordre et la IIIe armée sera chargée d'assurer sa sécurité ».

Cet ordre, moins précis, comme on l'a déjà fait remarquer, que ne l'était le projet rédigé le 14, en différait encore par la répartition des parties de la zone d'investissement réservées à chaque armée. Il laissait au prince royal de Saxe le soin de cerner la place sur tout son front Nord, sur la rive droite de la Marne et de la Seine; la IIIe armée était portée tout entière au Sud de la Marne et de Paris, tandis que primitivement le XIe corps devait se placer en première ligne entre la Marne et le canal de l'Ourcq.

On remarquera qu'il n'était question que d'investir la place, de couper ses communications avec l'extérieur, et que, afin de diminuer les pertes, il était recommandé de ne pas exposer les troupes au feu des forts.

Le haut commandement allemand estimait, avec raison, que ce serait compromettre le sort de la campagne, tout au moins au point de vue de l'effet moral, que de risquer de courir à un échec en tentant une attaque brusquée contre un des forts, attaque qui, pour réussir, aurait certainement demandé des sacrifices considérables.

Armée de la Meuse. — Bien que l'ordre précité soit parvenu, dès le 15 au soir, aux quartiers généraux des deux armées, il ne servit en rien de base aux mouvements exécutés dans la journée du 16, lesquels furent simplement la continuation des marches commencées en conséquence des directives fixées par les instructions du 9 septembre.

Par contre, à partir du 17, les mouvements furent réglés, dans les deux armées, en vue de l'investissement immédiat de Paris.

Dans leurs positions du 16 au soir, les avant-gardes de l'armée de la Meuse étaient à deux étapes à peine de la ligne des forts, dont elles n'étaient séparées par aucun obstacle, tandis que celles de la IIIe armée avaient un chemin plus long à parcourir et la Seine à franchir. La première de ces armées qui, d'après l'ordre précédent, avait jusqu'au 19 septembre inclus pour terminer l'investissement sur le front qui lui était assigné, pouvait donc s'arrêter 24 heures pendant que la IIIe armée continuerait sa marche.

Le 17, par conséquent, le prince royal de Saxe donna un jour de repos à ses trois corps d'armée. Seule, la 5e division de cavalerie fit mouvement et se porta de Dammartin au Mesnil-Aubry, afin de pouvoir franchir la Seine, en aval de Paris, dans la journée du 18 septembre, comme le prescrivait l'ordre du 15.

Le gros de la division, partant de Dammartin et passant par Moussy-le-Neuf, Vémars, Marly-la-Ville, Puiseux-les-Louvres, Châtenay-en-France et Mareil-en-France, s'arrêta à Le Mesnil-Aubry et prit des cantonnements d'alerte dans cette localité ainsi qu'à Villiers-le-Sec, Villaines et Attainville.

Pour couvrir son mouvement, le général von Rheinbaben avait chargé la brigade von Redern (*13e* brigade) de se porter dans la direction de Gonesse et de Sarcelles, et de chercher à savoir si Saint-Denis était occupé sérieusement. Le *11e* hussards, qui formait l'avantgarde, vit quelques patrouilles de lanciers et fantassins français se replier de Gonesse sur Arnouville; il les suivit, et, tandis que le 1er escadron gagnait Sarcelles et cherchait de là à s'avancer vers le Sud, les trois autres escadrons envoyaient des pelotons sur Pierrefitte, Stains, Garges et Dugny. Comme les avant-postes français avaient, par suite d'une erreur, évacué Dugny, Garges, les carrières à plâtre (1), les cavaliers prus-

---

(1) Voir plus haut page 270.

siens purent s'avancer jusqu'à la sortie Sud de Dugny et sur les hauteurs qui dominent Stains, mais ils furent arrêtés par le feu partant de cette dernière localité, ainsi que de Pierrefitte (1).

Le *10*e hussards avait jeté des patrouilles plus à l'Est, vers Le Blanc-Mesnil et Aulnay-sous-Bois. Quelques-unes d'entre elles s'avancèrent jusqu'au Bourget, qu'elles trouvèrent occupé.

Quelques fractions de compagnies françaises aux avant-postes se portèrent au Nord de Pierrefitte et de Stains pour rejeter la cavalerie prussienne vers le Nord, mais elles dépassèrent peu la ligne des hauteurs, et furent arrêtées devant Sarcelles, occupé par le 1er escadron du *11*e hussards, qui avait mis pied à terre.

La brigade von Redern resta jusqu'à la nuit au Sud d'Écouen, puis elle se replia vers le Nord et vint bivouaquer au Sud de Le Mesnil-Aubry.

Les reconnaissances envoyées par la 5e division de cavalerie le long de l'Oise dans la journée du 16, avaient trouvé tous les ponts sur cette rivière détruits. Aussi, le commandant de l'armée de la Meuse ordonna-t-il à la 1re compagnie du *4*e bataillon de pionniers, à l'équipage de pont léger et à la moitié de l'équipage de pont du IVe corps, de rejoindre la 6e division de cavalerie à Beaumont-sur-Oise dans la journée du 17, pour aller le lendemain jeter un pont sur la rivière près de Pontoise (2).

Comme on l'a dit plus haut, les autres troupes de l'armée de la Meuse ne firent pas mouvement; il faut noter toutefois, à la division de cavalerie saxonne, le

---

(1) *Bergische Lanziers. Westfälische Husaren Nr. 11*, p. 392.
(2) *Geschichte des Magdeburgischen Pionier-Bataillons Nr. 4*, p. 133.

déplacement du 1er régiment de uhlans saxons qui quitta, à 3 heures du soir, Germigny-l'Évêque et alla cantonner à l'Ouest de Meaux, à Neufmoutiers et Chauconin (1), et celui du régiment de cavalerie de la Garde saxonne (Garde-Reiter-Regiment) qui quitta Barcy pour s'installer dans Penchard, Chambry et Crégy (2).

IIIe armée. — Dans la journée du 16, le prince royal de Prusse régla les mouvements ultérieurs de ses corps d'armée en se conformant aux directives données par l'ordre du grand quartier général reproduit plus haut. Par suite, il expédia ce même jour, de Coulommiers, une série d'ordres résumés de la manière suivante dans l'ouvrage du grand état-major prussien (3) :

« La 2e division de cavalerie franchira la Seine, le 17, à Villeneuve-Saint-Georges, Juvisy et Ris ; le 18, elle se dirigera sur Saclay, d'où elle éclairera vers Paris, et établira, par Chevreuse, la communication avec l'armée de la Meuse. Le Ve corps passera la Seine à Villeneuve-Saint-Georges le 18, marchera ensuite sur Palaiseau, et, le 19, il occupera Versailles, avec des avant-postes depuis Croissy jusqu'au parc de Meudon. Le IIe corps bavarois gagnera, le 17, la rive gauche de la Seine à Corbeil, et poussera, le 18, sur Longjumeau, le 19 sur Châtenay, en portant ses avant-postes depuis le parc de Meudon jusque sur la Bièvre, à l'Hay. Le VIe corps viendra, le 18, à Villeneuve-Saint-Georges et, laissant une brigade entre la Marne et la Seine, traversera, le 19, cette dernière rivière, en faisant en sorte

---

(1) *Aufzeichnungen über das 1. Königlich Sächsische Ulanen-Regiment Nr. 17*, p. 61.

(2) *Kriegs-Tagebuch der I. Eskadron des Königl. Sächs. Garde-Reiter-Regiments*, p. 38; *Geschichte des Kgl. Sächs. Garde-Reiter-Regiments*, p. 502.

(3) *Historique du Grand État-Major prussien*, IIe partie, p. 51.

que ses avant-postes puissent être en position au point du jour entre la Seine et L'Hay. Ce corps s'occupera d'établir des moyens de passage sur la Seine entre Choisy-le-Roi et Juvisy. La division würtembergeoise disposera deux brigades aux environs de Pontault (1), et placera des avant-postes depuis Ormesson jusqu'à Noisy, en passant par Champigny. Sur le flanc gauche de l'armée, la *4e* division de cavalerie poussera vers Orléans, par Fontainebleau et Pithiviers. Afin de maintenir la liaison avec cette division, le IIe corps bavarois enverra sur Arpajon un détachement qui sera relevé ensuite par le Ier corps bavarois ». En outre, l'arrivée du Ier corps bavarois à Montlhéry et du XIe corps à Boissy-Saint-Léger était fixée au 22 septembre (2).

L'exécution, dans la journée du 17, des mouvements prescrits par cet ordre allait amener les trois corps de première ligne et la *2e* division de cavalerie au contact de quelques troupes françaises et provoquer quelques escarmouches et un petit combat.

Le VIe corps, arrêté depuis trois jours dans la vallée de la Marne, son avant-garde à Lagny, devait maintenant obliquer vers le Sud et marcher sur Villeneuve-Saint-Georges. Le 17 au matin, la *12e* division, toujours en tête, se dirigea de Lagny sur Croissy, Emerainville, Combault, La Queue-en-Brie. A son passage à Croissy, le 22e régiment d'infanterie, qui était à l'avant-garde, détacha sur Villiers-sur-Marne son IIe bataillon avec un escadron de uhlans, pour servir de flanc-garde et pour reconnaître et surveiller les passages de la Marne. Les deux autres bataillons gagnèrent Chennevières, où le

---

(1) Cette dernière disposition demeurait soumise à l'approbation préalable du Roi, la division würtembergeoise étant affectée à la garde du grand quartier général (*Historique du Grand État-Major prussien*, IIe partie, p. 51, note 2).

(2) *Historique du Grand État-Major prussien*, p. 51, note 3.

IIIᵉ bataillon s'établissait en cantonnement d'alarme dans le village, tandis que le Iᵉʳ bataillon bivouaquait à l'Est de cette localité. Le IIIᵉ bataillon plaçait des avant-postes le long de la Marne, de Sucy à Chennevières, se reliant à ceux du IIᵉ bataillon. Dans la journée, la 6ᵉ compagnie envoya jusqu'au pont de Joinville une forte patrouille qui trouva le pont détruit, échangea quelques coups de feu avec des avant-postes français établis sur l'autre rive, et eut deux hommes blessés (1). Sous la protection de ces bataillons, la *12ᵉ* division cantonna à Ormesson, Noiseau, La Queue-en-Brie, Pontault, Combault, Émerainville, Roissy-en-Brie, Ozoir-la-Ferrière.

Le quartier général du corps d'armée vint à Roissy-en-Brie (2), et la *11ᵉ* division s'échelonna sur la route de marche, à Lognes, Torcy, Bussy-Saint-Martin, Croissy, Beaubourg. Le *38ᵉ*, cantonné à Torcy, poussa deux compagnies du Iᵉʳ bataillon à Noisiel, qui se relièrent à leur gauche avec des avant-postes du 6ᵉ bataillon de chasseurs, en avant du bois de Lognes (3).

La marche de ce corps d'armée s'était effectuée sans coup férir. Il n'allait pas en être de même de ceux marchant plus au Sud, tout au moins du Vᵉ corps.

§ 3. — *Combat de Mont-Mesly.*

Mouvement du Vᵉ corps prussien vers 2 heures du soir. — D'après les instructions données le 16, par le prince royal de Prusse, le Vᵉ corps devait franchir la Seine,

---

(1) *Geschichte des 1. Oberschles. Infanterie-Regiments Nr. 22.*

(2) Bornemann, *Marschtafel der Deutschen Heeresteile im Kriege 1870-71.*

(3) *Geschichte des Füsilier-Regiments General-Feldmarschall Graf Moltke (Schlesisches) Nr. 38*, p. 210.

le 18, à Villeneuve-Saint-Georges (1). Il en résultait que ce corps d'armée, qui, le 16, avait son avant-garde à Ozoir-la-Ferrière et Chevry, devait employer la journée du 17 à se rapprocher de son point de passage et à jeter les ponts nécessaires pour que le mouvement pût s'effectuer le lendemain matin. Mais cette opération, exécutée à moins de 10 kilomètres de la ligne des forts, était assez délicate, et aurait pu être dangereuse.

Le général von Kirchbach, commandant le Ve corps, avait réglé par l'ordre ci-après le mouvement de ses troupes pendant la journée du 17 (2) :

« *Avant-garde* : colonel von Bothmer, *17e* brigade d'infanterie (3), 2e et 4e escadrons du 4e dragons, Ire et IIe batteries lourdes, la moitié de l'ambulance n° 1.

« *Détachement du général von Sandrart* : *18e* brigade d'infanterie (4), 5e bataillon de chasseurs, 1er et 3e escadrons du 4e dragons, 1re et 2e batteries légères, 1re compagnies de sapeurs, compagnie de pontonniers et équipage de pont léger, équipage de pont; la moitié de l'ambulance n° 1 ; hôpital de campagne n° 5 ; 2e abtheilung de l'artillerie de corps.

« *Détachement du général von Schmidt* : *10e* division (5) et les deux batteries à cheval de l'artillerie de corps.

« 1. L'avant-garde (colonel von Bothmer) se rassemblera à 6 heures du matin sur la grande route en avant

---

(1) Voir plus haut, p. 285.
(2) *Geschichte des 2. Niederschlesischen Infanterie-Regiments Nr. 47*, IIe partie, p. 35; Stieler von Heydekampf, *Das V. Armee-Corps im Kriege gegen Frankreich 1870-71*, p. 95.
(3) *58e et 59e* régiments.
(4) *7e* et *47e* régiments.
(5) *19e* brigade : *6e* et *46e* régiments ; *20e* brigade : *37e* et *50e* régiments.

de Chevry; un bataillon et un escadron resteront à Ozoir-la-Ferrière pour couvrir le flanc droit jusqu'à l'arrivée des troupes du VIe corps.

« L'avant-garde partira à 6 h. 30 par Servon et se dirigera sur Limeil. Elle détachera à Boissy-Saint-Léger, jusqu'à l'arrivée des troupes de la *10e* division, un bataillon chargé de la sûreté vers Paris.

« A partir de la ferme Tourne-Bride, la compagnie de pontonniers et l'équipage de pont léger suivront le détachement von Sandrart, vers Villeneuve-Saint-Georges.

« L'avant-garde prendra position près de Limeil pour protéger l'établissement du pont jeté près de Villeneuve-Saint-Georges; elle placera des avant-postes depuis la Seine jusqu'au parc du château de Brévannes où ils se relieront à ceux de la *10e* division.

« 2. Le détachement du général von Sandrart se rassemblera à Gretz à 6 h. 30 du matin, et, sous la protection d'une petite avant-garde, se portera vers Villeneuve-Saint-Georges en passant par Brie-Comte-Robert et Mandres.

« 3. Le détachement du général von Schmidt sera rendu à 6 h. 30 à l'Est de Tournan et se mettra en marche à 7 heures, par Brie-Comte-Robert vers Villecresnes où il s'arrêtera et se tiendra prêt à marcher. Il enverra aussitôt un bataillon vers Boissy-Saint-Léger pour y relever la fraction détachée par l'avant-garde. Les avant-postes seront poussés de Boissy-Saint-Léger vers Paris.

« 4. Tous les bagages, colonnes de munitions et trains se rassembleront à Brie-Comte-Robert.

« 5. Je marcherai avec le détachement du général von Sandrart.

« *Signé :* von Kirchbach. »

Le 17 au matin, le mouvement s'exécuta conformément à l'ordre précédent. La brigade d'avant-garde (*17e*) détacha sur son flanc droit le Ier bataillon du *58e* qui, partant d'Ozoir-la-Ferrière et du château des Agneaux, se porta à travers bois sur Boissy-Saint-Léger et Valenton, tandis que le gros de la brigade passait par Servon, la ferme Tourne-Bride et Limeil.

A 11 heures du matin, le IIIe bataillon du *58e*, reçut près de cette ferme l'ordre d'aller occuper Boissy-Saint-Léger jusqu'à l'arrivée de fractions de la *10e* division.

Vers midi, sa 10e compagnie occupa la lisière Nord du village, la 11e, les carrières de sable qui sont à l'Ouest; les 9e et 12e restèrent en réserve à l'intérieur de la localité (1).

Arrivé à Valenton, le colonel von Bothmer chargea le IIe bataillon du *58e* d'établir une ligne d'avant-postes à hauteur de la ferme de l'Hôpital jusqu'à la Seine. Les 5e et 7e compagnies s'avancèrent dans la direction de Choisy-le-Roi, et les 6e et 8e occupèrent les fermes de l'Hôpital et de la Tour. Le Ier bataillon du *59e*, formant le gros des avant-postes, se plaça au Nord de Valenton et détacha sa 2e compagnie à l'angle Ouest du parc de Brévannes et la 3e vers la Seine (2).

Le Ier bataillon du *58e*, arrivant à son tour, se rassembla, lui aussi, au Nord de Valenton, pendant que le gros de la brigade se formait au Sud-Ouest de Limeil (3).

Sous la protection de cette brigade, le gros du Ve corps avait effectué sa marche, précédé par la *2e* division de cavalerie.

Le général zu Stolberg, après avoir envoyé dès le matin d'assez fortes fractions vers la Seine, mit ses régiments en mouvement entre 9 et 10 heures du matin

---

(1) *Geschichte des 3. Posenschen Infanterie-Regiments Nr. 58.*
(2) *Geschichte des Infanterie-Regiments Freiherr Hiller von Gaertringen (4. Posenschen) Nr. 59*, p. 48.
(3) Stieler von Heydekampf, *loc. cit.*, p. 97.

et, par Brunoy, Yerres et Crosnes, vint vers midi se masser près du château Frayé, en attendant qu'il pût franchir la Seine sur le pont que les pontonniers allaient jeter (1).

La tête du détachement von Sandrart arriva à Mandres vers 11 heures. De là, le commandant de la 9e division dirigea immédiatement sur Villeneuve-Saint-Georges, par Brunoy, Yerres et Crosnes, une avant-garde spéciale, sous les ordres du colonel von Flotow, comprenant un peloton du 4e dragons, le IIIe bataillon du 47e, la 1re batterie et l'équipage de pont. Ces éléments arrivèrent à Villeneuve-Saint-Georges vers 1 heure, y furent rejoints par le 1er escadron du 4e dragons et l'équipage de pont léger, venus par la ferme Tourne-Bride, et commencèrent immédiatement les opérations pour l'établissement d'un pont (2), en un point reconnu à l'avance par le capitaine du génie Pirscher (3),

---

(1) Des fractions du 4e dragons avaient passé la Seine en bac vers Choisy-le-Roi et occupé le parc. La 8e compagnie du IIe bataillon des Francs-tireurs de Paris, partie de Juvisy vers midi et rentrant à Paris, eut avec eux un vif engagement, leur tua 1 officier et 3 cavaliers, en blessa deux autres et fit un prisonnier (Le capitaine Lavigne au général X..., D. T., Villejuif, 17 septembre, 4 heures soir). — Voir aussi Stieler von Heydekampf, *loc. cit.*, p. 100.

(2) *Geschichte des 2. Niederschlesischen Infanterie-Regiments Nr. 47*, IIe partie, p. 36.

(3) Cet officier avait dû faire sa reconnaissance le 15 dans l'après-midi, sous un déguisement, avec quatre de ses compagnons. On trouvera en effet aux documents une lettre de l'abbé Hébert, curé d'Ablon, transmise le 15 septembre au soir au général de Maussion, dans laquelle ce prêtre déclare avoir remarqué, à 3 heures du soir, à 200 mètres en amont du pont détruit de Villeneuve-Saint-Georges, cinq individus, deux sur la rive gauche et trois sur la rive droite, paraissant étudier un passage de rivière : « Quand par hasard une personne venait à passer, ils avaient l'air de cacher soigneusement les plans qu'ils avaient dans les mains. Par deux fois, sur la rive gauche, ils m'ont paru mesurer une base comme pour se rendre compte de la largeur de la rivière et

à 400 mètres en amont du pont fixe de Villeneuve-Saint-Georges, qui avait été détruit (1).

Le gros du détachement von Sandrart suivit sur Villeneuve-Saint-Georges l'avant-garde du colonel von Flotow (2).

Le détachement von Schmidt, entré à Tournan à 7 heures du matin, arriva après midi à Brie-Comte-Robert et s'arrêta une heure plus tard entre Santeny et Servon, en attendant le résultat du combat engagé vers Bonneuil (3).

Engagement de la 1re division du 13e corps. — Conformément aux ordres donnés dans la matinée (4), la division d'Exéa tout entière avait pris les armes après midi, pour exécuter, sans sacs, une reconnaissance dans la direction de Boissy-Saint-Léger, afin de déterminer les mouvements et les forces de l'ennemi, et de ramener dans Paris ou de détruire des approvisionnements assez considérables signalés comme existants au château du Piple (5).

D'après les instructions du commandant de corps

---

aussi de la distance des collines qui dominent tout du côté de Villeneuve-Saint-Georges, Villeneuve-le-Roi et Ablon. Enfin, je dois vous signaler une espèce de signe qu'ils ont paru imprimer sur une maison voisine » (M. Hébert, curé d'Ablon, au lieutenant X..., 15 septembre, transmise par le général de Maussion, le 16 septembre, à 7 heures du matin, au général commandant le 14e corps).

(1) Stieler von Heydekampf, *loc. cit.*, p. 99.
(2) *Ibid.*
(3) *Das Füsilier-Regiment von Steinmetz (Westfälisches) Nr. 37*, p. 172; *Geschichte des 1. Niederschlesischen Infanterie-Regiments Nr. 46*, p. 207; *Geschichte des Königlich Preussischen Grenadier-Regiments Graf Kleist von Nollendorf (I. Westpreussischen) Nr. 6*, p. 142.
(4) Voir plus haut, p. 269.
(5) C'est du moins ce que disent les généraux Ducrot et Vinoy dans leurs ouvrages. Mais il y a lieu de remarquer que le général Vinoy ne parle nullement de cette mission dans l'ordre qu'il rédigea pour pres-

d'armée, la 2⁰ division se tint prête pendant toute la durée de la sortie de la 1^(re) à se porter en avant ; si elle entendait le canon, elle devait appuyer l'action de la division d'Exéa ou protéger sa retraite. En outre, le commandant du fort de Charenton fut informé du mouvement et invité à intervenir par le feu de ses pièces, si le besoin s'en faisait sentir.

A 1 heure de l'après-midi, le 1^(er) régiment de chasseurs, et deux pelotons du 1^(er) spahis franchirent la Marne au pont de Charenton et se dirigèrent, les spahis en tête, sur Créteil et Bonneuil-sur-Marne.

Derrière eux et à très courte distance marchait toute la division d'Exéa, que le général Vinoy accompagnait également.

La division était dans l'ordre suivant :

Deux compagnies des 5⁰ et 7⁰ bataillons de chasseurs ;

3⁰ batterie du 10⁰ régiment d'artillerie ;

1^(re) compagnie du 2⁰ régiment du génie ;

2⁰ brigade (général Daudel) : 7⁰ et 8⁰ régiments de marche (1) ;

3⁰ batterie du 11⁰ régiment d'artillerie (mitrailleuses) ;

Ambulance ;

1^(re) brigade (général Mattat) : 5⁰ et 6⁰ régiments de marche (moins le III⁰ bataillon du 6⁰ de marche) (2).

---

crire cette reconnaissance, et qu'il ne prit aucune disposition, n'emmena aucune voiture pour pouvoir ramener lesdits approvisionnements (Ducrot, *La Défense de Paris*, t. I^(er), p. 10 ; général Vinoy, *Siège de Paris*, p. 136).

(1) D'après l'ordre de mouvement rédigé le 17 au matin, la brigade Mattat devait être en tête, mais, pour des raisons inexpliquées, elle prit au contraire la queue de la colonne.

(2) Les régiments d'infanterie avaient laissé au camp 150 hommes chacun, y compris les éclopés ; les chasseurs à pied et la compagnie du génie, 50 hommes chacun.

Chaque régiment était suivi de deux caissons de munitions de la réserve divisionnaire.

4ᵉ batterie du 10ᵉ régiment d'artillerie;

Arrière-garde : IIIᵉ bataillon du 6ᵉ de marche (1).

Les spahis et les chasseurs traversèrent le village de Créteil, abandonné de ses habitants, sans rien rencontrer, si ce n'est quelques soldats français en maraude, occupés à dévaliser une ferme, et qu'ils dispersèrent à coups de plat de sabre (2). Mais, arrivés à hauteur de Bonneuil, les spahis refoulèrent quelques cavaliers prussiens sur lesquels ils ouvrirent le feu, et furent bientôt appuyés par les 5ᵉ et 6ᵉ escadrons du 1ᵉʳ chasseurs qui déployèrent également quelques fractions en tirailleurs pendant que le gros du régiment s'arrêtait près du village, au Nord de la bifurcation de la grande route et du chemin qui conduit au carrefour Pompadour (3).

En même temps apparaissaient dans la direction de Valenton quelques fractions d'infanterie ennemie en marche vers le Nord.

Le général Vinoy fit déployer immédiatement une compagnie de chasseurs pour couvrir la gauche et ordonna à la batterie d'avant-garde (3ᵉ du 10ᵉ) d'entrer en action (4). Celle-ci établit une de ses sections près de Bonneuil, à la bifurcation même de la grande route et du chemin de Grand-Val ; les deux autres sections se portèrent à une centaine de mètres à l'Ouest de la grande route, et les six pièces ouvrirent le feu sur l'infanterie prussienne, débouchant de Valenton et déployée au Nord du parc de Brévannes.

La deuxième compagnie de chasseurs de la division

---

(1) *Rapport* du général d'Exéa sur les opérations de la 1ʳᵉ division du 13ᵉ corps dans la journée du 17 septembre 1870, Saint-Maurice, 18 septembre.

(2) Général Vinoy, *loc. cit.*, p. 137.

(3) *Historique manuscrit* du 1ᵉʳ régiment de chasseurs.

(4) *Rapport* du général d'Exéa, *loc. cit.*

resta à proximité et à l'Est de la batterie. Les 100 hommes qui composaient la compagnie du génie s'employèrent à faire disparaître des abatis accumulés sur la grande route, à hauteur de Bonneuil (1). Le 7ᵉ de marche qui venait derrière cette compagnie, déploya son Iᵉʳ bataillon à l'Ouest de la batterie ; les deux autres bataillons se formèrent d'abord en arrière, puis engagèrent peu à peu une partie de leurs unités (2). Pendant que le IIIᵉ bataillon du 8ᵉ de marche restait comme réserve à la sortie Sud de Créteil, les deux autres étaient dirigés sur Mont-Mesly, où vint se placer la batterie de mitrailleuses. Le IIᵉ bataillon engagea deux de ses compagnies en avant et à l'Est des mitrailleuses, le Iᵉʳ bataillon déploya certaines de ses unités à l'Ouest des mêmes pièces et quelques-unes face à Mesly avec une compagnie du IIIᵉ bataillon (3).

Les fractions non engagées de ces deux bataillons restèrent massées au Nord de Mont-Mesly.

La batterie de mitrailleuses et les tirailleurs du 8ᵉ de marche ouvrirent le feu contre les fractions adverses qui, de Valenton et de la ferme de la Tour, s'avançaient pour tourner Mesly et menacer le flanc droit de la brigade Daudel.

Pendant ce temps, la brigade Mattat se massait en colonne de demi-sections, et serrait, dans le village de Créteil, sur la queue de la 2ᵉ brigade (4).

---

(1) *Rapport* du commandant Guyot, sur la part prise par le détachement du génie à l'affaire de Mont-Mesly, Charenton, 18 septembre; *Rapport* du général d'Exéa, *loc. cit.*

(2) *Rapport* du général d'Exéa, *loc. cit.*; *Historique manuscrit* du 7ᵉ de marche.

(3) *Historique manuscrit* du 8ᵉ de marche; *Rapport* du général d'Exéa, *loc. cit.*; général Vinoy, *Siège de Paris*, p. 138.

(4) *Rapport* du général d'Exéa, *loc. cit.*

Les ordres donnés par le colonel von Bothmer pour son dispositif d'avant-postes étaient en voie d'exécution, lorsque des cavaliers du 4ᵉ dragons, se repliant devant le tir des spahis et des chasseurs français, revinrent à Valenton, quelques-uns blessés, et y annoncèrent, vers 2 heures, l'approche d'une colonne française.

Le commandant de l'avant-garde prussienne dirigea aussitôt sur Mesly les 2ᵉ et 4ᵉ compagnies du 58ᵉ. C'est sur ces dernières qu'avait été ouvert le feu de la batterie française postée près de Bonneuil. Son premier projectile éclata aux abords de Valenton près de la musique du 58ᵉ, qui alla immédiatement s'abriter derrière le parc, ainsi que les 1ʳᵉ et 3ᵉ compagnies du même régiment (1).

La 1ʳᵉ batterie du 5ᵉ régiment d'artillerie vint prendre position au Nord de Valenton et riposta à l'artillerie française; la IIᵉ batterie resta tout d'abord auprès de Limeil avec le gros de la brigade ; elle fut appelée plus tard auprès de la 1ʳᵉ, mais bien après 3 heures, et ne tira qu'un seul projectile (2).

Le tir des compagnies du IIᵉ bataillon du 58ᵉ établies en avant-postes à hauteur de la ferme de l'Hôpital devenant assez vif, le colonel von Bothmer porta en avant les 1ʳᵉ et 4ᵉ compagnies (cette dernière réduite à deux pelotons) du 59ᵉ, pour leur servir de soutien. Ces unités s'intercalèrent entre les 6ᵉ et 8ᵉ compagnies du 58ᵉ à la ferme de la Tour, et les 5ᵉ et 7ᵉ, qui s'avançaient à l'Ouest de la grande route de Charenton (3). Neuf com-

---

(1) *Geschichte des 3. Posenschen Infanterie-Regiments Nr. 58.*

(2) *Geschichte des Feld-Artillerie-Regiments von Podbielski (Niederschlesischen) Nr. 5*, p. 94.

(3) *Geschichte des 3. Posenschen Infanterie-Regiments Nr. 58; Geschichte des Infanterie-Regiments (4. Posenschen) Nr. 59*, p. 49.

pagnies de la brigade von Bothmer (1) se trouvèrent alors déployées en première ligne. Elles essayèrent de se porter en avant. Les trois de droite furent arrêtées par les feux partant de Bonneuil, tandis que les autres, particulièrement les quatre de l'extrême gauche, progressaient davantage, jusqu'au carrefour Pompadour et, faisant face au Nord-Est, menaçaient le village de Mesly.

Ces compagnies éprouvèrent quelques pertes causées par le feu des mitrailleuses et des tirailleurs du 8ᵉ régiment de marche.

Tout cet engagement s'était développé assez lentement, sans que de part et d'autre de gros effectifs fussent engagés. Vers 4 heures (2), le général Vinoy estima qu'il n'y avait pas lieu de continuer le mouvement projeté sur Boissy-Saint-Léger; il craignait en effet que des forces nombreuses ne fussent massées dans les bois qui s'étendent au Sud de cette localité; il jugeait, du reste, que l'opération avait donné des résultats suffisants : « D'ailleurs le but militaire, a-t-il écrit plus tard,

---

(1) De la droite à la gauche, $\frac{2^e}{59^e}$, $\frac{2^e \text{ et } 4^e}{58^e}$, $\frac{6^e \text{ et } 8^e}{58^e}$, $\frac{1^{re} \text{ et } 4^e}{59^e}$, $\frac{7^e \text{ et } 5^e}{58^e}$.

La $\frac{3^e}{59^e}$, encore plus à gauche, surveillait la rive gauche de la Seine (*Geschichte des Infanterie-Regiments (4. Posenschen) Nr. 59*, p. 48).

(2) Dans son *Rapport*, le général d'Exéa dit vers 3 heures. Mais c'est évidemment une erreur. La tête de colonne de la division n'avait franchi la Marne à Charenton qu'à 1 heure, et il y a 6 kilomètres de ce point à l'entrée Nord de Bonneuil-sur-Marne, soit une heure et demie de marche. Le déploiement de l'avant-garde et de la brigade Daudel avait certainement duré plus d'une demi-heure. Le général Vinoy dit, d'autre part, que la division d'Exéa rentra dans ses cantonnements, au-dessus du pont de Charenton, à 5 heures 30. Dans son rapport, le général d'Exéa dit à son tour : « A 6 heures du soir, toutes les troupes de la division étaient rentrées dans leurs campements respectifs ».

que le commandant en chef s'était proposé était suffisamment atteint : nous avions maintenant la certitude que les têtes de colonnes de l'ennemi étaient arrivées sous Paris, et qu'elles prononçaient leur mouvement d'investissement en se dirigeant sur le pont de Choisy-le-Roi, par le carrefour Pompadour. Le général en chef donna donc l'ordre de battre en retraite sur la brigade Mattat, qui était restée en défense dans le village de Créteil (1). »

Cette dernière brigade avait porté à l'Ouest de Créteil le 1er bataillon du 5e régiment de marche, et la 4e batterie du 10e d'artillerie ; ces unités prirent une position d'attente, mais elles n'eurent pas à intervenir (2).

La retraite s'opéra sous la protection de la cavalerie, des deux compagnies de chasseurs et du IIIe bataillon du 8e de marche (3). Elle se fit en assez bon ordre. Une légère panique se produisit cependant, mais les généraux Vinoy et d'Exéa purent la calmer rapidement (4).

L'ennemi vint occuper avec de l'infanterie Mesly et Mont-Mesly, dès que ces points eurent été évacués, mais ne poursuivit pas plus loin, de sorte que la division d'Exéa put regagner tranquillement ses bivouacs sur la rive droite de la Marne. Elle avait perdu 6 hommes tués, 2 disparus, 2 officiers et avait eu 70 hommes blessés (5).

---

(1) Général Vinoy, *loc. cit.*, p. 139.
(2) Le général Mattat au général d'Exéa, bois de Vincennes, 18 septembre ; *Rapport* du général d'Exéa, *loc. cit.*
(3) *Rapport* du général d'Exéa, *loc. cit.* — Ce bataillon provenait du 43e de ligne ; il est désigné sous ce numéro dans certains documents.
(4) Général Vinoy, *loc. cit.*, p. 140.
(5) Chiffres indiqués par le général d'Exéa dans son *Rapport*. — Répartition approximative des pertes d'après les divers documents retrouvés : 5e de marche : 6 hommes légèrement contusionnés ; 8e de marche : 3 hommes blessés aux Ier et IIe bataillons ; 7e de marche : 2 officiers blessés, 52 hommes tués, blessés ou disparus ; 1er chasseurs

Le général d'Exéa, qui s'était avancé sur la ligne des tirailleurs, avait eu son cheval blessé.

Vers 5 heures du soir, les compagnies prussiennes se replièrent à leur tour sur Valenton, et la brigade von Bothmer se couvrit par des avant-postes analogues à ceux qu'elle avait placés avant l'engagement.

Le combat de Mont-Mesly n'avait eu, on le voit, que peu d'importance. Du côté français, une dizaine de compagnies et deux batteries seulement avaient été réellement engagées. Ces dernières avaient lancé : la batterie de 4, 44 projectiles, et celle de mitrailleuses, 34 boîtes à balles.

Dans la brigade von Bothmer, neuf compagnies seulement avaient été déployées, la Ire batterie lourde avait tiré 36 coups, et la IIe, 1 (1). Comme pertes, le 58e d'infanterie eut 5 hommes tués, 2 officiers et 22 hommes blessés; le 59e, 1 homme tué, 1 officier et 15 hommes blessés, 1 homme disparu ; enfin le 4e dragons avait eu 1 officier, 3 hommes et 2 chevaux tués, 7 hommes blessés, 4 hommes et 3 chevaux disparus. Soit, comme pertes totales, pour l'infanterie et la cavalerie, 4 officiers, 58 hommes et 5 chevaux. L'artillerie n'avait fait aucune perte (2).

Dans la nuit du 17 au 18, les Francs-tireurs de la Seine s'avançaient par Maisons-Alfort et Créteil, vers Bonneuil, mais, à 500 mètres au Sud de Créteil, ils se heurtèrent à une grand'garde prussienne devant laquelle ils se replièrent.

à cheval : 2 cavaliers blessés, 1 cheval tué, en outre, un officier contusionné ; 3e batterie du 10e : 3 hommes blessés dont un grièvement ; 3e batterie du 11e : 2 hommes blessés. Parmi les tués, 4 furent laissés sur place.

(1) *Geschichte des Feld-Artillerie-Regiments Nr. 5*, p. 94.
(2) Stieler von Heydekampf, *loc. cit.*, p. 98.

Une autre fraction, envoyée vers Choisy-le-Roi, y avait aussi rencontré des avant-postes ennemis (1).

§ 4. — *Passage de la Seine par les premiers éléments du Ve corps et la 2e division de cavalerie.*

Pendant que se déroulait le combat de Mont-Mesly, l'avant-garde du colonel von Flotow, qui était arrivée vers 1 heure à Villeneuve-Saint-Georges avait commencé l'établissement du pont. Tandis que les pontonniers commençaient leurs travaux, quelques francs-tireurs, postés sur la rive gauche, leur tuèrent un cheval, et leur blessèrent un homme et deux chevaux. Mais quelques coups de feu tirés par des hommes du 47e suffirent à les éloigner et les 10e et 11e compagnies de ce régiment franchirent le fleuve par fractions de 20 à 40 hommes, sur les pontons de l'équipage. Arrivées sur l'autre rive, ces deux unités occupèrent immédiatement quelques fermes près d'Ablon et les mirent en état de défense, puis la 12e compagnie, transportée à son tour sur la rive gauche, se porta sur la voie ferrée, à l'intersection de celle-ci avec le chemin qui conduit de Villeneuve-le-Roi à Villeneuve-Saint-Georges (2).

La 9e compagnie resta en réserve sur la rive droite.

Bientôt après arriva le gros du détachement von Sandrart; le Ier bataillon du 47e fut envoyé au Nord de Villeneuve-Saint-Georges, puis le IIe bataillon du même régiment et le 5e bataillon de chasseurs occupèrent cette localité, tandis que les deux batteries se plaçaient sur une terrasse dominant la Seine à 200 mètres en

---

(1) Le capitaine X..., des Francs-tireurs de la Seine, au commandant de ce corps, Paris, 18 septembre.

(2) *Geschichte des 2. Niederschlesischen Infanterie-Regiments Nr. 47*, IIe partie, p. 36.

amont du pont (1). L'autre régiment de la brigade fut maintenu plus en arrière.

Ce ne fut qu'après 4 heures que les pontonniers eurent fini leur travail, et que la 2e division de cavalerie commença à franchir le fleuve. L'opération dura assez longtemps, car lorsque vint le tour de la brigade von Colomb, qui passa la dernière, il allait faire nuit (2) et les divers régiments prirent des cantonnements-bivouacs dans l'obscurité, le long de la Seine, à Juvisy, Athis, Ablon.

Le 47e régiment d'infanterie passa alors tout entier sur la rive gauche, et fut chargé de couvrir le pont.

Le Ier bataillon s'établit entre la Seine et la voie ferrée, face au Nord, une compagnie (2e) fournissant des postes depuis le fleuve jusqu'à l'intersection de la ligne du chemin de fer et du chemin de Villeneuve-le-Roi, les trois autres compagnies sur les bords de la Seine, un peu en aval du pont détruit.

La 11e compagnie, surveillait la voie ferrée depuis la gauche de la 2e compagnie jusqu'à Ablon qu'occupait la 12e. Les 9e et 10e étaient restées un peu en arrière comme repli, enfin le IIIe bataillon bivouaqua sur la rive gauche, à la tête même du pont de bateaux (3).

Les états-majors du corps d'armée et de la 9e division (4), et les autres troupes de cette division cantonnèrent à Villeneuve-Saint-Georges et Crosnes, couverts sur la rive gauche comme il vient d'être dit, puis vers le Nord, par la brigade von Bothmer à Valenton et Limeil, et par les Ier et IIe bataillons du 37e, poussés à Boissy-

---

(1) Stieler von Heydekampf, *loc. cit.*, p. 100.
(2) Général von Colomb, *Aus dem Tagebuche*, p. 29.
(3) *Geschichte des 2. Niederschlesischen Infanterie-Regiments Nr. 47*, IIe partie, p. 37.
(4) Bornemann, *Marschtafel der deutschen Heeresteile im Kriege 1870-71*.

Saint-Léger par la 10ᵉ division. Le Iᵉʳ bataillon occupa cette dernière localité, tandis que le IIᵉ disposait ses trois compagnies en grand'gardes, au château du Piple, sur la grande route de Paris à Bâle et au château de Brévannes (1).

Sous cette protection, le quartier général de la 10ᵉ division s'installa à Villecresnes, et les régiments dans les villages voisins : Marolles, Santeny, Servon.

§ 5. — *Mouvements des autres éléments de la IIIᵉ armée.*

Le 16 au soir, le IIᵉ bavarois dont le quartier général était à Moissy-Cramayel, avait fait passer en nacelle, sur la rive gauche de la Seine, le Iᵉʳ bataillon du 6ᵉ et le IIᵉ bataillon du 14ᵉ régiments d'infanterie bavaroise, pour protéger les travaux des pionniers qui, dans la nuit, jetèrent un pont sur le fleuve à Saint-Germain-lès-Corbeil (2).

Le 17 au matin, la brigade de cavalerie se porta vers Ris, par la rive droite de la Seine, espérant y trouver un gué. Elle envoya le long du fleuve, pour se mettre en liaison avec la division zu Stolberg, quelques fractions qui furent fusillées de la rive gauche par des francs-tireurs ; la batterie à cheval qui les accompagnait leur envoya un coup de canon qui les força à se replier (3). La brigade, n'ayant pas trouvé le gué qu'elle cherchait, dut revenir à Corbeil, pour passer sur le pont jeté par les pionniers et que le corps d'armée avait déjà commencé à utiliser.

---

(1) La 5ᵉ compagnie, laissée en arrière, cantonnait ce jour-là à Brie-Comte-Robert avec les convois (*Das Füsilier-Regiment von Steinmetz (Westfälisches) Nr. 37*, p. 172).

(2) *Geschichte des K. Bayerischen 6. Infanterie-Regiments*, p. 104.

(3) *Historique du Grand État-Major prussien*, IIᵉ partie, p. 59. — On n'a trouvé dans les documents français aucune trace de cet incident.

La *3e* division, qui marchait en tête et atteignit la première la rive gauche, poussa droit devant elle jusqu'à l'Orge, et prit ses cantonnements à Villemoisson, Saint-Michel-sur-Orge et Brétigny-sur-Orge. La brigade de cavalerie gagna Ris, et poussa des patrouilles jusqu'à Longjumeau. Le gros du corps d'armée occupa Courcouronnes, Lisses, Essonnes et Corbeil.

Plus au Sud, la *4e* division de cavalerie (1) devait gagner Fontainebleau, puis se diriger sur la Loire. Le prince Albrecht avait fait connaître, dans la journée du 16, au lieutenant Rothkirch, arrivé à Melun avec un peloton du 3e escadron du 2e hussards (2), la direction que devait prendre la division, et lui avait donné rendez-vous à Fontainebleau.

Le 17 au matin, cet officier franchit la Seine sur le pont du chemin de fer qui était resté intact (3) près de Melun, et se dirigea sur Fontainebleau par la grande route, après avoir détaché une patrouille dans la vallée de la Seine, avec mission de remonter le fleuve et de rechercher les ponts sur lesquels la division pourrait le franchir. Cette patrouille fit bientôt connaître au lieutenant Rothkirch que tous les ponts étaient détruits, mais cet officier n'en continua pas moins sa marche sur Fontainebleau, où il pénétra. Invité par le maire de la ville à se retirer, il refusa et, devant l'effervescence de la population et à l'annonce que des francs-tireurs étaient dans les environs, il s'enferma dans le château dont il fit garder les issues. Sommé une seconde fois de se rendre, menacé d'être fait prisonnier avec son peloton par la garde nationale, il refusa de déposer les armes,

---

(1) Réduite à l'état-major, aux deux batteries à cheval, aux services de la division et à la *10e* brigade (Voir plus haut, p. 207).
(2) Voir plus haut, p. 208.
(3) Voir plus haut, p. 25.

espérant être bientôt secouru. Des postes de gardes nationaux furent alors placés aux issues du château pour surveiller ce détachement prussien.

Le prince Albrecht ne parut pas, pour les raisons qui seront données ci-après, ni le 17, ni le 18. Au cours de cette dernière journée, les autorités municipales vinrent de nouveau sommer le lieutenant Rothkirch; finalement, il fut convenu que si le lendemain, 19 septembre, à 7 heures du matin, aucun secours ne lui était arrivé, celui-ci se rendrait avec tout son peloton. Aucune troupe prussienne n'étant encore entrée à Fontainebleau à l'heure fixée, le détachement mit bas les armes le 19 au matin (1).

Le prince Albrecht n'avait pu, en effet, traverser la Seine le 17, comme il le pensait. En quittant Nangis, il avait envoyé directement sur Corbeil tous ses bagages et son convoi de vivres, puis avait pris, avec la brigade von Krosigk et les batteries, la direction de Vulaines-sur-Seine et de Samoreau, où il espérait passer la Seine (2). Mais la marche avait été assez lente, les escadrons d'avant-garde fournis par le 2e hussards ayant voulu fouiller avec soin la région boisée à traverser, et désarmer les populations des localités environnantes.

Aussi, bien qu'aucune fraction française n'ait été rencontrée dans ces bois, ce ne fut qu'assez tard dans l'après-midi que l'avant-garde arriva à Samoreau, où elle trouva le pont détruit. Les patrouilles envoyées le long de la Seine, en amont et en aval, rendirent compte qu'il n'existait aucun pont intact jusqu'à Montereau et Melun; dans ces conditions, le prince Albrecht décida de se rapprocher du gros des troupes allemandes. Avec le 2e hussards, il descendit le cours du fleuve,

---

(1) *Schwarze Husaren*, t. II, p. 980.
(2) *Ibid.*, p. 978.

tandis que le 5ᵉ dragons et les batteries, arrêtées vers Machault, gagnaient par Chapendu et Le Châtelet, le village de Sivry, où le gros de la 4ᵉ division de cavalerie vint, à la tombée de la nuit prendre des cantonnements-bivouacs (1).

Le lendemain, le prince Albrecht passa la Seine à Melun et, au lieu de se diriger sur Fontainebleau, se dirigea vers le Sud-Ouest, eut un engagement à Dannemois, avec le Iᵉʳ bataillon des Francs-tireurs de Paris, bivouaqua près de Cély, et s'avança le 19 dans la direction de Milly et de Malesherbes ; c'est ce qui explique que le lieutenant Rothkirch soit resté isolé à Fontainebleau comme on l'a vu.

A partir du moment où la 4ᵉ division de cavalerie passe sur la rive gauche de la Seine et prend la direction d'Orléans, elle peut être considérée comme détachée des armées d'investissement, et ses opérations se rattachent plutôt à celles de l'armée de la Loire. On ne retracera donc plus le détail de ses mouvements à partir du 18, mais on la retrouvera ultérieurement quand, au début des études consacrées aux armées de province, on s'occupera des événements qui se déroulèrent en avant d'Orléans, pendant la deuxième quinzaine de septembre.

Les différentes unités qui suivaient en seconde ligne les premiers éléments de la IIIᵉ armée, avaient fait également mouvement dans la journée du 17.

La division wurtembergeoise transporta son quartier général de la Ferté-sous-Jouarre à Meaux ; ses régiments s'échelonnèrent dans la zone Meaux, Nanteuil-lès-Meaux, Boutigny, Montceaux, Trilport, à l'exception du 2ᵉ régiment, qui atteignait seulement ce jour là la Ferté-sous-

---

(1) Tous ces mouvements ont été retracés d'après l'*Historique* du 2ᵉ hussards (*Schwarze Husaren*, t. II, p. 978).

Jouarre. Plus en arrière, la *8ᵉ* brigade de cavalerie (1), partant d'Orbais, se portait à Montmirail et dans les villages plus à l'Ouest : Mécringes, Rieux, Montdauphin, Montolivet, Saint-Barthélemy ; la *9ᵉ* brigade (2), qui venait de Mareuil-le-Port, gagnait Baulne et Le Breuil, au Nord-Ouest d'Orbais. La brigade de cavalerie du Iᵉʳ corps bavarois venait à Congy et Champaubert, le quartier général du corps d'armée à Orbais, et les troupes des divisions s'échelonnaient sur la route de marche, de Janvilliers au Baizil. En quittant Reims, le XIᵉ corps se fractionna, semble-t-il, en trois colonnes. Le commandant du corps d'armée et la *21ᵉ* division se dirigèrent sur Fismes, où s'établit le quartier général, et occupèrent la zone Bazoches, Saint-Gilles, Hourges, Breuil-sur-Vesle, Baslieux-lès-Fismes. La *22ᵉ* division, très réduite, prit la direction de Dormans, et échelonna ses cantonnements de Sainte-Gemme à Ville-en-Tardenois. Cette division laissa à Reims deux compagnies du *83ᵉ* et le *94ᵉ* régiment d'infanterie, réduit à six compagnies (3). L'artillerie du corps, avec une escorte d'infanterie, gagna Fleury-la-Rivière et environs. Les convois se fractionnèrent sur les deux routes, mais la plus grande partie suivit l'itinéraire de la *22ᵉ* division (4).

---

(1) *4ᵉ* division de cavalerie (Voir plus haut, p. 207 et 209).

(2) *Ibid.* (Voir plus haut, p. 209).

(3) 7ᵉ et 8ᵉ compagnies et IIIᵉ bataillon du *94ᵉ*. — Le Iᵉʳ bataillon avait été laissé devant Mézières ; les 5ᵉ et 6ᵉ compagnies étaient encore employées aux escortes des prisonniers de Sedan (*Das 5. Thüringische Infanterie-Regiment Nr. 94*, p. 102).

(4) Ambulances : n° 1 à Saint-Gilles, n° 2 à Sarcy, la moitié de l'ambulance n° 3, avec l'artillerie de corps, à Fleury-la-Rivière et l'autre moitié à Sivry ; boulangerie : Ville-en-Tardenois ; dépôt mobile et escadron du train : Bézaunes ; convois : n° 2 à Sarcy ; n° 4 à Ormes, n° 5 à Bouilly ; hôpitaux de campagne : n° 1 à Fismes, nᵒˢ 2, 4 et 5 à Ormes, n° 3 à Reims, n° 11 à Sarcy (*Geschichte des K. P. Hessischen Train-Bataillons Nr. 11*, p. 46).

CHAPITRE XVI

Journée du 18 septembre.

§ 1. — *Mouvements des troupes françaises.*

D'après les renseignements recueillis au cours de la journée de la veille, le général Trochu s'attendait à ce que la journée du 18 amenât une prise de contact plus complète avec les avant-gardes des armées allemandes. Il semblait prévoir surtout une attaque au Sud ou au Sud-Ouest de la place, sur l'une ou l'autre rive de la Seine.

Dans la nuit du 17 au 18, il télégraphiait au général Vinoy : « Soyez sous les armes aujourd'hui 18 pendant toute la journée, gardant vos positions et attendant des ordres (1) »; puis, au commandant de place de Villejuif : « En cas d'attaque, repliez-vous en bon ordre derrière le fort de Bicêtre (2) ». Enfin, à 5 h. 55 du matin, il prévenait tous les commandants des forts d'être à leurs postes, de veiller, de ménager leurs munitions et de ne pas confondre les troupes amies avec celles de l'ennemi.

Aux premières heures du jour, la division de Maud'huy, exécutant le mouvement ordonné la veille au soir

---

(1) Le Gouverneur au Commandant du fort de Vincennes, D. T., 18 septembre, sans heure. — Ce télégramme était la reproduction de la note marginale inscrite par le Gouverneur sur la dépêche que lui avait adressée le commandant de la place de Villejuif, le 17 à 11 h. 20 du soir.

(2) Le Gouverneur au commandant de la place de Villejuif, 18 septembre.

par le général Trochu, se portait au Sud de Villejuif et du fort de Bicêtre (1). On reviendra plus loin sur son mouvement.

Événements en avant du 13e corps (Vincennes). — A 1 heure du matin, dans la nuit du 17 au 18, les francs-tireurs de la 1re division se réunirent à Nogent, sous les ordres du lieutenant Nicolaï, du 6e de marche, et se portèrent en reconnaissance vers le pont de Brie (2). Puis, à 4 h. 30, le IIe bataillon du 6e de marche alla occuper Saint-Maur-les-Fossés pour y relever les avant-postes que la division de Maud'huy y avait placés les jours précédents. Entre 3 et 4 heures du soir, ce bataillon engagea une assez vive fusillade avec une reconnaissance prussienne forte d'environ 200 hommes et qui, venue de Champigny, s'avança jusqu'à 500 mètres du pont de Joinville (3).

Deux compagnies du 42e de ligne s'avancèrent aussi, aux premières heures du jour, jusqu'à Brie-sur-Marne pour protéger les sapeurs du génie qui vinrent achever la destruction du pont (4).

Le IIe bataillon du 13e de marche exécuta, dans la journée, une reconnaissance par Montreuil, Rosny, Fontenay, Nogent, Joinville, et son avant-garde tira, entre 3 et 4 heures du soir, quelques coups de feu sur des cavaliers prussiens apparaissant sur la rive gauche de la Marne (5).

---

(1) Voir plus haut, p. 277; *Ordre* du général Vinoy, Saint-Mandé, 18 septembre.

(2) *Historique manuscrit* du 6e régiment de marche.

(3) *Ordre* du général commandant la 1re division du 14e corps, camp de Charenton, 18 septembre; *Historique manuscrit* du 6e régiment de marche; le commandant supérieur de Vincennes au Gouverneur, D. T., Vincennes, 18 septembre, 7 h. 30 soir.

(4) *Historique manuscrit* du 42e de ligne.

(5) *Historique manuscrit* du 13e régiment de marche.

Enfin, dans l'après-midi, la 2ᵉ brigade de la 1ʳᵉ division quitta ses lignes primitives et vint camper dans l'intervalle laissé libre par le départ de la division de Maud'huy; elle s'installa le dos au bois et face aux tribunes (1).

Secteur entre la Marne et l'Ourcq. — On sait déjà qu'en avant des forts, de Nogent à Noisy, il ne restait plus que les deux bataillons de Volontaires de la Seine, qui s'étaient retirés la veille au soir vers Neuilly-sur-Marne et Gagny, et les francs-tireurs des Lilas qui, plus au Nord, occupaient Merlan (2).

Dans la matinée, les Volontaires de la Seine se replièrent peu à peu à l'approche des troupes prussiennes. A 9 h. 40 du matin, le commandant du fort de Nogent signalait que ces volontaires avaient aperçu l'ennemi sur la rive gauche de la Marne, entre Noisy-le-Grand et Villiers, qu'ils avaient échangé quelques coups de feu avec lui, ainsi qu'avec des détachements arrivés en face de Ville-Évrart, et que, dans ces conditions, leur bataillon se repliait sur Rosny (3). Cette unité s'arrêta toutefois sur le plateau d'Avron, au Nord des carrières (4). Sa retraite permit à l'ennemi de venir occuper, sans coup férir, les villages à portée de canon des forts. A 5 h. 10 et 6 h. 25 du soir, des télégrammes des forts de Noisy et de Nogent annonçaient au Gouverneur que les troupes

---

(1) Le général Vinoy au Général commandant la 1ʳᵉ division du 13ᵉ corps, Saint-Mandé, 18 septembre.

(2) Voir plus haut, p. 269. — Les IIᵉ, IIIᵉ et Vᵉ bataillons de mobiles des Côtes-du-Nord se trouvaient toujours aux abords du fort de Rosny et du château de Montreau.

(3) Le Commandant supérieur du fort de Nogent au Gouverneur, D. T., Nogent, 18 septembre, 9 h. 40 matin.

(4) Le Commandant du fort de Rosny au contre-amiral Saisset, D. T., Rosny, 18 septembre, 8 h. 50 du soir.

prussiennes occupaient Villemomble, Neuilly-sur-Marne, Noisy-le-Grand, Brie et Villiers-sur-Marne (1).

Secteur Nord. Saint-Denis. — La nuit du 17 au 18 fut très calme sur tout le secteur Nord de la place, malgré la proximité de la 5ᵉ division de cavalerie prussienne, cantonnée vers Le Mesnil-Aubry. Il y eut toutefois quelques coups de feu dus, comme les nuits précédentes, à de fausses alertes (2).

Les reconnaissances faites à la pointe du jour ne relevèrent rien d'anormal. Comme toujours, ces reconnaissances n'étaient envoyées, sauf exception, qu'à très courte distance : 500 mètres pour l'infanterie, 1,500 à 2,000 mètres pour la cavalerie. Celles qui, de Pierrefitte, poussèrent dès l'aube vers Sarcelles, sans cependant atteindre ce village, apprirent que l'ennemi avait évacué cette localité la veille au soir et s'était replié vers le Nord (3).

La journée se passa sans incidents graves. Les avant-postes occupèrent les mêmes emplacements que les jours précédents et firent feu sur quelques patrouilles. Vers 11 heures du matin, deux compagnies des 25ᵉ et 73ᵉ de ligne, en grand'garde vers le Bourget, tirèrent sur une centaine de cavaliers qui battirent en retraite aussitôt (4).

---

(1) Le contre-amiral Saisset au Vice-Amiral commandant en chef et au Gouverneur, D. T., 18 septembre, 5 h. 10 soir; le Commandant supérieur du fort de Nogent au Gouverneur, D. T., fort de Nogent, 18 septembre, 6 h. 25 soir.

(2) Le capitaine Pelletent, du XIVᵉ bataillon de mobiles de la Seine, au Colonel commandant supérieur du fort d'Aubervilliers, fort d'Aubervilliers, 18 septembre.

(3) Le lieutenant de Chalendar, du 1ᵉʳ régiment de lanciers de marche, au Colonel commandant ce régiment, Saint-Denis, 18 septembre.

(4) Le Commandant supérieur du fort de l'Est au Commandant supérieur de Saint-Denis, D. T., fort de l'Est, 18 septembre, 4 h. 15 soir.

Secteur Ouest. — A l'Ouest de Paris, aucun contact n'avait encore été pris avec l'ennemi, dont les patrouilles de cavalerie avaient seules été signalées le 17 à Pierrelaye et Pontoise. Les ponts sur la Seine avaient été détruits jusqu'à Meulan inclusivement; mais, sur un renseignement erroné signalant, le 17 au soir, quelques centaines de cavaliers prussiens en marche sur Mantes, le Ministre de l'Intérieur télégraphiait, le 18 à minuit, au sous-préfet de Mantes, de faire sauter immédiatement et à tout prix le pont de cette localité (1). L'opération eut lieu, en effet, le 18 au matin, mais la destruction fut incomplète.

En réalité, comme on le verra, après son arrivée à Pontoise, la cavalerie prussienne ne se dirigea pas sur Mantes, mais chercha en aval du confluent de l'Oise un point favorable pour effectuer son passage sur la rive gauche de la Seine; elle le trouva aux environs de Triel, et la 6ᵉ division de cavalerie vint, dans la journée, cantonner à proximité de ce dernier point.

Le mouvement de cette cavalerie fut assez bien connu à Paris. Dès 4 h. 30 du soir, un télégramme de Poissy signalait l'arrivée d'un certain nombre d'uhlans, vers 2 heures, à Carrières-sous-Poissy (2); puis, à 6 h. 10 et 7 h. 43, le maire de Poissy confirmait ce renseignement et ajoutait que 800 hommes environ cantonnaient dans chacune des communes ci-après : Conflans, Andrésy, Carrières, Triel; que l'artillerie adverse prenait position sur les hauteurs de Chanteloup, et que l'ennemi semblait se préparer à un passage de la Seine

---

(1) Le Ministre de l'Intérieur au Sous-Préfet de Mantes, D. T., Paris, 18 septembre, minuit 7.

(2) Poulain, employé du télégraphe à Poissy, à l'Inspecteur des télégraphes, Paris (gare du Nord), D. T., Poissy, 18 septembre, 4 h. 30 soir.

aux environs de Triel (1). Un peu plus tard, à 8 h. 52, le même magistrat municipal annonçait qu'une quarantaine de Prussiens avaient franchi le fleuve à Triel et avaient coupé, près de Verneuil, le chemin de fer et le télégraphe (2).

D'autres dépêches avaient annoncé la marche progressive de la cavalerie adverse dans la vallée de la Bièvre, et ses entrées successives à Bièvres, Jouy-en-Josas, puis la courte apparition de trois cavaliers à Versailles, vers 4 heures du soir. Le cercle d'investissement semblait ainsi devoir être fermé à bref délai.

En dehors de la garnison du Mont-Valérien, le personnel affecté à la défense du front Ouest de la place, était peu nombreux. L'ouvrage non terminé de Gennevilliers était occupé par deux compagnies de ligne et le Ier bataillon des mobiles de la Seine, mais n'avait pas de canons.

L'ouvrage de Montretout était également inachevé et non armé ; le 18 au matin, les deux mille hommes du régiment de marche de zouaves du lieutenant-colonel Méric en partirent, sur l'ordre du général Trochu, pour gagner Meudon. Il ne resta plus à Montretout que deux compagnies des 35e et 58e de ligne et le VIe bataillon des mobiles de la Seine.

Secteur Sud. — Reconnaissances de cavalerie dans la matinée. — Les deux pelotons de guides (1er régiment de cavalerie mixte) envoyés en reconnaissance le 17, jusqu'à la Bièvre, et commandés par les sous-lieutenants de Pleurre et Andréani, avaient passé la nuit à Petit-

---

(1) Le Maire de Poissy au Ministre de la Guerre et au Préfet de Seine-et-Oise, D. T., Poissy, 18 septembre, 6 h. 10 soir; le même aux mêmes, 7 h. 43.

(2) Le Maire de Poissy au Ministre de la Guerre, D. T., Poissy, 18 septembre, 8 h. 52 soir.

Bicestre avec le capitaine Faverot de Kerbrech (1). A la pointe du jour, deux pelotons du même régiment, sous les ordres des sous-lieutenants Sébille et Ogier d'Ivry, vinrent les rejoindre.

D'après les ordres du capitaine Faverot, le peloton Sébille se porta sur Mont-Clain (2) et Jouy, et envoya des patrouilles sur Petit-Jouy et Bièvres, pendant que le peloton Andréani s'installait à l'Hôtel-Dieu comme repli et poussait des vedettes vers Viroflay et Chaville. De Jouy, le sous-lieutenant Sébille, avec quelques cavaliers seulement, gagna les Loges, l'étang de Trou-Salé, Toussus, et se heurta, en avant de Châteaufort, à un demi-escadron de hussards allemands qui le forcèrent à rétrograder sur Guyancourt et Versailles, d'où il rallia son peloton, et rejoignit son régiment vers midi, sur le plateau de Châtillon (3), avec le peloton Andréani.

Le capitaine Faverot, laissant à Petit-Bicestre le peloton de Pleurre, avait gagné Bièvres avec le peloton Ogier d'Ivry et s'était dirigé de là sur Palaiseau. Après avoir dépassé Igny, il se heurta à une colonne de cavalerie; ses éclaireurs ayant échangé quelques coups de fusil avec ceux de l'ennemi, il retraversa Igny et gagna immédiatement les bois de Verrières. De la croupe qui domine Amblainvilliers au Nord, il aperçut quatre escadrons, suivis d'un millier de fantassins, en marche vers l'Ouest, sur la route de Massy à Bièvres. Le capitaine Faverot regagna alors Petit-Bicestre, rallia le peloton de Pleurre et rentra vers 11 h. 30, au bivouac de Châ-

---

(1) Voir plus haut, p. 273 ; général Ducrot, *loc. cit.*, p. 14 ; général baron Faverot de Kerbrech, *Mes Souvenirs. La guerre contre l'Allemagne*, p. 120.

(2) Mont-Clain d'après la carte au 1/80,000e, Montéclain et Montéclin sur les cartes au 1/40,000e et au 1/20,000e. On a adopté la première orthographe.

(3) *Journal* de marche et d'opérations de la brigade de Bernis.

tillon, où il rendit compte de sa mission au général Ducrot (1).

D'autre part, le capitaine de Louvencourt, officier d'ordonnance de ce même officier général, avait exécuté, vers Bougival et Saint-Germain, une reconnaissance qui ne releva nulle part trace de l'ennemi (2).

Le 1er régiment de cavalerie mixte avait envoyé, dès 3 heures du matin, deux autres reconnaissances. L'une, composée d'un demi-escadron (capitaine Vauthier), se dirigea sur Antony par Plessis-Piquet, Sceaux, Chatenay. Les patrouilles lancées par cette fraction vers les bois de Verrières constatèrent la présence de cavalerie et d'infanterie adverses dans la vallée de la Bièvre. Le capitaine Vauthier rejoignit ensuite son régiment en passant par Fontenay-aux-Roses (3).

La deuxième reconnaissance, forte d'un peloton (sous-lieutenant de Cambis-Alais), passa par Bourg-la-Reine, poussa jusqu'à Antony, et revint par le même chemin, suivie par deux escadrons ennemis qui s'arrêtèrent à Sceaux (4).

Le régiment de gendarmerie à cheval avait de son côté envoyé deux escadrons en reconnaissance dans la vallée de la Bièvre. Ces éléments signalèrent la présence, vers Rungis, la Croix-de-Berny et Bourg-la-Reine, de la cavalerie adverse avec laquelle ils échangèrent quelques coups de feu (5).

---

(1) *Historique manuscrit* du 1er régiment de cavalerie mixte ; général Ducrot, *loc. cit.*, p. 11.

(2) Général Ducrot, *loc. cit.*, p. 14. — On n'a pu préciser les éléments de cavalerie qui accompagnèrent le capitaine de Louvencourt.

(3) *Journal* de marche et d'opérations de la brigade de Bernis.

(4) *Ibid.*

(5) *Ibid.*

Mouvements des troupes françaises sur le plateau de Châtillon, jusqu'à midi. — Dès la pointe du jour, le général Ducrot avait fait partir pour Plessis-Piquet, le 15ᵉ régiment de marche, la 7ᵉ compagnie du 3ᵉ bataillon de chasseurs et une section de l'autre compagnie de chasseurs de la 1ʳᵉ division (8ᵉ compagnie du 4ᵉ bataillon). A 6 heures du matin, ces unités arrivaient en avant de Plessis-Piquet et se massaient tout d'abord au Nord du moulin, où le lieutenant-colonel Bonnet, commandant le 15ᵉ de marche, plaçait comme avant-postes trois sections de francs-tireurs de ses bataillons et une section de chasseurs à pied, soit 150 hommes au total. Le général Ducrot qui était venu lui aussi à Plessis-Piquet, ordonna au lieutenant-colonel Bonnet d'organiser défensivement le village. Laissant au moulin les effectifs qui y étaient détachés, ce chef de corps plaça les chasseurs à pied et le Iᵉʳ bataillon du 15ᵉ dans l'enclos à l'Ouest du chemin qui conduit de Plessis-Piquet à Malabry, le IIᵉ bataillon dans le parc à l'Est de ce chemin, enfin, le IIIᵉ bataillon à la gauche du précédent jusqu'à l'angle Est du parc. Ces deux derniers bataillons avaient par conséquent des vues au Sud et à l'Est sur le terrain descendant vers Sceaux et vers Fontenay. Les murs du parc furent organisés défensivement et les rues du village barricadées; ce travail fut terminé vers 5 heures du soir (1).

D'après les instructions du Gouverneur, le général Ducrot avait appelé de Montretout à Meudon le régiment de marche de zouaves (2). Le lieutenant-colonel Méric arriva, vers 10 heures du matin, avec ses deux mille hommes, à Meudon, où il trouva une com-

---

(1) *Historique manuscrit* du 15ᵉ régiment de marche.
(2) Le Commandant du fort de Montretout au Gouverneur, D. T., Boulogne, 18 septembre, 9 h. 25 matin.

pagnie d'infanterie, deux de mobiles et quelques gendarmes. Pour se couvrir vers Versailles, il détacha 600 zouaves à la capsulerie de Meudon (1) qui, à leur tour, poussèrent, pour surveiller les pentes vers Chaville et Vélizy, 100 hommes au rond-point de la Belle-Étoile, 200 hommes à l'étang des Fonceaux et 100 hommes à la Patte-d'Oie (2).

Pour garder la lisière Sud des bois de Meudon, le lieutenant-colonel Méric envoya en outre à la ferme de Grange Dame Rose 200 hommes, qui détachèrent un poste à la ferme de la Porte de Verrières ; enfin, un détachement de 100 hommes vint occuper la ferme de Trivaux (3). Ces diverses fractions étaient en place vers midi et demi.

Mouvement de la division de Maud'huy. — Conformément aux ordres du général Trochu (4), la 2ᵉ division du 13ᵉ corps quitta Vincennes à 5 heures du matin et, par les ponts de Charenton, gagna les emplacements qui lui étaient assignés aux abords des forts de Bicêtre et d'Ivry. Dans la 1ʳᵉ brigade, le 10ᵉ de marche, en première ligne, occupa les Hautes-Bruyères (5), Villejuif, et étendit sa gauche jusqu'au Moulin-Saquet (6). Le 9ᵉ de marche bivouaqua plus en arrière, près du fort de Bicêtre (7). A la 2ᵉ brigade, le 11ᵉ de marche dressa

---

(1) Au Nord de l'étang des Fonceaux, sur la route de Bas-Meudon à Bas-Viroflay.

(2) 1,200 mètres au Sud-Ouest du château de Meudon (voir la carte au 1/20,000ᵉ).

(3) *Historique manuscrit* du 4ᵉ régiment de zouaves.

(4) Le Gouverneur au Commandant du fort de Montrouge (pour le général Ducrot), D. T., 17 septembre, 10 h. 25 du soir.

(5) 1,000 mètres à l'Ouest de Villejuif.

(6) *Historique manuscrit* du 10ᵉ régiment de marche.

(7) *Historique manuscrit* du 9ᵉ de marche.

son camp au Kremlin et détacha son Ier bataillon au Moulin-Saquet (1); le 12e de marche s'installa entre Ivry et Bicêtre, mais porta son IIe bataillon à l'Est du Moulin-Saquet, et son IIIe au Nord de Vitry (2).

Les unités en première ligne aux Hautes-Bruyères, Villejuif et Moulin-Saquet, s'employèrent aussitôt à continuer les travaux commencés et que les faibles forces restées à Villejuif (VIIIe bataillon de mobiles de la Seine, deux compagnies de ligne) n'avaient pu faire progresser beaucoup.

Vers midi, une ligne presque ininterrompue de postes ou de bataillons d'infanterie française s'étendait donc depuis la capsulerie de Meudon jusqu'à Vitry, en passant par l'étang des Fonceaux, la ferme de Grange Dame Rose, Plessis-Piquet, Fontenay-aux-Roses et Villejuif. Quatre divisions d'infanterie, trois régiments de cavalerie, une réserve d'artillerie, ayant ensemble 18 batteries, soit 104 pièces (3), étaient ainsi en avant des forts du Sud. La plus grande partie de ces troupes se trouvait placée sur les pentes Nord du plateau de Châtillon, à moitié déployées déjà. Elles n'occupaient pas les bords Est et Sud du plateau, c'est-à-dire Sceaux, les bois de Verrières, les pentes dominant Bièvres et Jouy.

Engagements sur le plateau de Châtillon. — Lorsque, vers 11 h. 30, le capitaine Faverot vint rendre compte au général Ducrot de la mission qu'il avait accomplie le matin, ce dernier, désireux d'avoir des renseignements plus complets, prescrivit aussitôt au général de Bernis

---

(1) *Historique manuscrit* du 11e de marche.
(2) *Historique manuscrit* du 12e de marche.
(3) Les deux batteries à cheval de la réserve du 14e corps n'étaient qu'à quatre pièces.

de se porter avec sa brigade et une batterie à cheval dans la direction de Verrières (1).

A midi, le général de Bernis, ayant rassemblé sa brigade près de la redoute de Châtillon, se dirigea sur Plessis-Piquet et traversa le village. Pendant que la brigade se massait derrière le mur du parc, le 1er régiment de cavalerie mixte, qui tenait la tête de colonne, envoyait son 1er escadron (chasseurs) en reconnaissance vers les bois de Verrières. Le capitaine Ronel, qui le commandait, refoula quelques cavaliers et les poursuivit vers Petit-Bicestre ; un de ses hommes fut tué d'un coup de feu par un des cavaliers ennemis, puis ceux-ci disparurent dans les bois (2). L'escadron français, s'engageant sur la route de Bièvres, fut bientôt fusillé par des fractions embusquées à la lisière, notamment près de l'Abbaye-aux-Bois. Il dut rétrograder (3).

Pendant ce temps, le général de Bernis avait repris sa marche et gagné Petit-Bicestre où il laissait un poste de quelques dragons. Il se dirigea ensuite vers Villacoublay, après avoir envoyé des patrouilles sur sa gauche pour explorer tout le plateau jusqu'à Mont-Clain. Ces patrouilles n'ayant rien vu, le commandant de cette cavalerie considéra sa reconnaissance comme terminée et se replia, par la ferme de Trivaux, sur ses emplacements de bivouac (4).

---

(1) D'après l'*Historique* du 1er régiment de cavalerie mixte, le but de ce mouvement était de couper de son infanterie et d'enlever la cavalerie ennemie qui avait été aperçue par les pelotons des sous-lieutenants Ogier d'Yvry et de Pleurre. Mais le général Ducrot parle seulement d'une reconnaissance dans la direction de Verrières. Cependant le commandant Bibesco, dans un télégramme qu'il adressa de Vanves au Gouverneur, à 11 h. 55 du matin, dit que la cavalerie venait de monter à cheval, pour chercher à tourner les escadrons ennemis par la route de Plessis-Piquet (Général Ducrot, *loc. cit.*, p. 15).
(2) *Journal* de marche et d'opérations de la brigade de Bernis.
(3) Général Ducrot, *loc. cit.*, p. 16.
(4) *Ibid*, p. 17.

Mais le poste laissé à Petit-Bicestre ne tarda pas à signaler l'approche de fractions venant de Bièvres et se dirigeant vers le Nord. Après avoir tiraillé quelque peu, il se replia rapidement et vint prévenir le général de Bernis qui, à ce moment, allait atteindre la Porte de Châtillon. Immédiatement ce dernier fit faire demi-tour à sa brigade et, apercevant les fractions prussiennes qui étaient arrivées à la Porte de Trivaux, les fit canonner par sa batterie en même temps qu'il déployait sa brigade à 1,000 ou 1,200 mètres de la Porte de Trivaux (1). Les fractions prussiennes, arrêtées par la fusillade des zouaves qui occupaient la ferme de Trivaux et par les projectiles de la batterie, ne tardèrent pas à se replier. Le général de Bernis se remit alors en route sur Châtillon où il établit sa brigade au bivouac près de la redoute.

Le général Ducrot avait été témoin de cet incident. Le commandant des 13e et 14e corps s'était, en effet, porté, vers midi, au moulin de Plessis, espérant découvrir le terrain en avant et les colonnes signalées par le capitaine Faverot. Ne pouvant rien voir à cause des bois, il s'était dirigé sur Petit-Bicestre en longeant le bord du plateau, au risque de se faire enlever. Arrivé à hauteur de la mare des Noyers (2), il fut accueilli par une fusillade partie de la lisière du bois de Verrières et obligé de se replier sur Plessis-Piquet, d'où, après avoir examiné l'organisation défensive de ce village, il remonta vers le Nord. Traversant le plateau de Châtillon, il rencontra la brigade de Bernis, au moment où celle-ci allait faire demi-tour pour faire face à l'ennemi (3). Il assista à la

---

(1) *Journal* de marche et d'opérations de la brigade de Bernis.

(2) Entre le moulin de Plessis et le Pavé-Blanc. Sur la carte au 1/80,000e, cette mare est indiquée, sans désignation, au Sud du mot S^{al}.

(3) Général Ducrot, *loc..cit.*, p. 17.

canonnade de la batterie de cette cavalerie, puis reprit avec elle la direction de Châtillon sans avoir eu connaissance d'un engagement plus grave qui s'était déroulé plus à l'Ouest.

Une colonne prussienne, sous les ordres du colonel von Flotow, couvrant le V⁶ corps sur son flanc droit et comprenant le 47ᵉ régiment d'infanterie, une batterie, le 1ᵉʳ et la moitié du 3ᵉ escadron du 4ᵉ dragons, était arrivée, vers midi et demi, au Nord de Bièvres, sur la route de Petit-Bicestre (1); sa tête s'était arrêtée à hauteur de l'Abbaye-aux-Bois, pendant que le 1ᵉʳ escadron et la 7ᵉ compagnie du 47ᵉ fouillaient le bois de Verrières et qu'un peloton de la 8ᵉ compagnie était poussé vers Petit-Bicestre. Ce peloton fut accueilli en ce point par quelques coups de feu. Le colonel von Flotow ordonna au IIᵉ bataillon de se porter aussitôt vers Petit-Bicestre pour appuyer ce peloton et se rendre maître de la route de Versailles à Châtillon, puis il prescrivit au IIIᵉ bataillon de s'avancer à la gauche du IIᵉ, c'est-à-dire sur les pentes et les hauteurs à l'Ouest de la route de Bièvres à Petit-Bicestre, pendant que le Iᵉʳ bataillon suivrait le IIᵉ en soutien, et que deux pelotons du 3ᵉ escadron couvriraient le flanc gauche, vers Mont-Clain (2).

Le IIᵉ bataillon déploya d'abord deux compagnies: la 5ᵉ, qui tenait la droite, s'avança par la route et atteignit Petit-Bicestre sans difficulté, la 8ᵉ qui était à sa gauche franchit la grande route un peu plus à l'Ouest, reçut quelques coups de feu de tirailleurs français embusqués dans le bois de la Garenne (3) et qui, à son

---

(1) Les mouvements antérieurs de cette colonne seront retracés quand on étudiera la marche du Vᵉ corps prussien.

(2) Tout cet engagement est rapporté d'après le récit fait dans l'*Historique* du 47ᵉ prussien (*Geschichte des 2. Niederschlesischen Infanterie-Regiments Nr. 47*, IIᵉ partie, p. 37).

(3) Au Nord-Ouest de Villacoublay.

approche, se replièrent sur la ferme de Grange Dame Rose. La 8e compagnie les suivit dans cette direction, traversa le bois de la Garenne et s'avança vers la ferme, tandis que la 5e compagnie marchant à sa droite venait de Petit-Bicestre vers la ferme de la Porte de Verrières. Toutes deux ouvrirent le feu contre les zouaves de Grange Dame Rose et les fractions de mobiles du VIIe bataillon de la Seine qui occupaient la lisière Sud des bois à l'Est de l'étang du Tronchet (1). Les compagnies prussiennes attendirent alors pour se porter plus en avant d'être rejointes par les deux autres compagnies du bataillon.

A ce moment, le IIIe bataillon allait attaquer Grange Dame Rose par le Sud. Il avait en effet franchi la grande route à l'Ouest de Villacoublay, avec deux compagnies déployées (9e et 12e). La 9e compagnie s'était dirigée sur le bois de Meudon où elle avait fait quelques prisonniers, et la 12e sur Grange Dame Rose. Cette dernière arriva vers 2 h. 30 au Sud de cette ferme, au moment où la 8e l'attaquait par le Sud-Est. Devant l'attaque concentrique de ces deux unités, les zouaves évacuèrent la ferme mais pas assez vite cependant, car 1 officier et 59 hommes du 1er zouaves tombèrent entre les mains de l'ennemi (2).

Pendant que les IIe et IIIe bataillons remportaient ce petit succès, le Ier s'était arrêté à Petit-Bicestre, comme soutien des deux autres. Il détacha vers la Porte de Trivaux un peloton de sa 2e compagnie, qui se maintint dans cette ferme pendant quelques instants, mais ne put aller plus loin, la ferme de Trivaux étant occupée. Il dut

---

(1) Fraction de la 4e compagnie (*Historique manuscrit* du VIIe bataillon de mobiles de la Seine). — L'Étang du Tronchet, figuré sans désignation sur la carte au 1/80,000e, est situé au Nord-Ouest de la ferme de Trivaux et au Nord-Est de Grange Dame Rose.

(2) *Historique manuscrit* du 4e zouaves; *Geschichte des Infanterie-Regiments Nr. 47*, IIe partie, p. 39.

même se replier rapidement vers le Sud, quand il fut canonné comme il a été dit, par la batterie du général de Bernis (1).

Vers 3 h. 45, le colonel von Flotow rappela ses bataillons. Le Ier bataillon du 47e occupa les quelques maisons de Petit-Bicestre et les organisa défensivement. La 3e compagnie s'installa principalement dans la gendarmerie, et détacha un poste au Pavé-Blanc, et un autre sur la route de Malabry; la 2e fut chargée de la sûreté dans la direction des fermes Porte de Trivaux et Grange Dame Rose, qu'elle n'occupa pas; la 1re fut portée à la pointe Nord du bois du Loup-Pendu (2), enfin la 4e resta comme soutien sur la grande route.

Le IIIe bataillon, avec un peloton de dragons, s'installa à Malabry et se couvrit vers Plessis-Piquet. Les patrouilles envoyées en avant de son front pendant qu'il s'installait tiraillèrent avec le Ier bataillon du 15e de marche et les éclaireurs du moulin de Plessis (3).

Le IIIe bataillon du 47e se relia à gauche avec le Ier bataillon et à droite avec les avant-postes de la 17e brigade, cantonnée à Verrières. Le IIe bataillon, la batterie et les cavaliers disponibles bivouaquèrent plus en arrière vers l'Abbaye-aux-Bois. De leur côté, les zouaves ne réoccupèrent pas Grange Dame Rose ni la Porte de Trivaux, mais se maintinrent à la ferme de Trivaux jusqu'à 11 heures du soir, heure à laquelle ils furent rappelés à Meudon (4).

Dans la matinée, la division de Caussade était venue s'établir sur le plateau, au Nord de la grande route, les trois régiments disponibles, les 16e, 17e et 18e de marche,

---

(1) Voir plus haut, p. 319.
(2) Bois à l'Ouest de la route de Bièvres à Petit-Bicestre.
(3) *Historique manuscrit* du 15e de marche.
(4) *Historique manuscrit* du 4e régiment de zouaves.

à la lisière Sud des bois de Meudon, la droite de cette ligne à quelques centaines de mètres de la ferme de Trivaux (1). Le VII⁰ bataillon de garde nationale mobile de la Seine, rattaché à cette division, se forma à sa droite, tenant également la lisière Sud des bois (2).

Après 4 heures du soir, la division d'Hugues vint se masser à l'Est de la redoute de Châtillon et au Nord des batteries de 4, pour lesquelles on avait construit des épaulements sur les hauteurs du Télégraphe. La division bivouaqua, les hommes derrière les faisceaux, avec défense de faire des feux (3).

Vers la même heure, des modifications furent apportées également aux emplacements occupés par les régiments de la division de Maussion. Le 23⁰ de marche qui tenait Fontenay-aux-Roses et les avancées de Bagneux fut relevé sur ces points par les bataillons du 24⁰ de marche. Le 23⁰ de marche forma alors deux de ses bataillons au Nord de Bagneux et en maintint un dans le village. Le 24⁰ de marche qui, dès le matin, s'était massé à l'Est de Bagneux, face à Bourg-la-Reine, disposa ses bataillons de la manière suivante :

Le I⁰ʳ bataillon plaça trois de ses compagnies sur le flanc et au milieu des épaulements des batteries construits sur l'éperon de Bagneux, au Sud de ce village. Les compagnies de chasseurs de la division étaient avec ces unités. Les trois autres compagnies du I⁰ʳ bataillon restèrent en réserve au Nord des batteries. Le II⁰ bataillon occupa une tranchée-abri qu'il avait construite dans la matinée et qui s'étendait à l'Est de l'éperon, depuis les

---

(1) *Historiques manuscrits* des 16⁰, 17⁰ et 18⁰ de marche ; *Journal* des opérations de la 1ʳᵉ division du 14⁰ corps.
(2) *Historique manuscrit* du VII⁰ bataillon de mobiles de la Seine.
(3) *Journal* des marches et opérations de la 2⁰ division du ⁰ corps.

batteries jusqu'à la grande route de Bourg-la-Reine. Les 1res sections des six compagnies furent placées dans les tranchées et les autres maintenues en arrière dans un chemin creux. Quant au IIIe bataillon, il se rendit à Fontenay-aux-Roses, et relia la 3e division à la 2e (1).

Les 25e et 26e de marche se rapprochèrent de Bagneux et se formèrent au Nord de ce village.

Ces divers mouvements ordonnés par le général Ducrot étaient la conséquence des renseignements recueillis dans la journée et aussi des projets d'offensive que le commandant en chef des 13e et 14e corps venait de former et que l'on exposera plus loin.

§ 2. — *Mouvements des troupes allemandes.*

Armée de la Meuse. — D'après l'ordre adressé le 15 septembre par le grand quartier général, les 5e et 6e divisions de cavalerie devaient franchir la Seine en aval de Paris le 18, si cela était possible, et s'étendre ensuite jusque dans les environs de Chevreuse pour se relier à la cavalerie de la IIIe armée (2). Le prince royal de Saxe avait complété ces instructions en prescrivant à la 6e division de cavalerie de se trouver le 19 dans la région de Chevreuse, étendant sa gauche jusqu'au chemin de fer de Versailles à Villepreux, et à la 5e division de surveiller, à la même date, le terrain entre cette même voie et la Seine. Mais l'on sait que les patrouilles envoyées le long de l'Oise par ces deux divisions, arrêtées le 17 au soir, la première vers Le Mesnil-Aubry, et la seconde près de Beaumont-sur-Oise, avaient trouvé

---

(1) *Historique manuscrit* du 24e régiment de marche.
(2) Voir plus haut, p. 280.

détruits tous les ponts sur cette rivière (1). Il fallait donc établir tout d'abord un point de passage.

En conséquence, le commandant en chef avait prescrit à la 6ᵉ division de cavalerie, renforcée par la 1ʳᵉ compagnie du 4ᵉ bataillon de pionniers, l'équipage de pont léger et la moitié de l'équipage de pont du IVᵉ corps, de jeter, le 18 au matin, un pont sur l'Oise à Pontoise pour les deux divisions de cavalerie, puis de le replier après leur passage et d'aller le jeter à nouveau sur la Seine aux environs de Poissy (2). L'importance de ces deux opérations permettait de prévoir que les deux divisions de cavalerie ne seraient pas sur la rive gauche de la Seine aussi vite qu'on le désirait.

Le 18, dès l'aube, trois compagnies du 4ᵉ bataillon de chasseurs, la 1ʳᵉ compagnie du 4ᵉ bataillon de pionniers et le matériel de pont quittaient Beaumont et se dirigeaient sur Pontoise par l'Isle-Adam et Stors, ralliant dans ces deux dernières localités la 2ᵉ compagnie du bataillon de chasseurs qui formait l'avant-garde de la colonne (3).

Arrivée à Saint-Ouen-l'Aumône, cette compagnie fut jetée immédiatement sur l'autre rive de l'Oise, et occupa Pontoise pour protéger les pionniers pendant leur travail. Les trois autres compagnies de chasseurs restèrent sur la rive gauche, et l'une d'elles, la 3ᵉ, occupa Saint-Ouen-l'Aumône.

Les pionniers se mirent aussitôt au travail, et, à midi, un pont long de 80 mètres environ était jeté immédiatement en aval du pont fixe détruit (4).

Le bataillon de chasseurs, moins la moitié de la

---

(1) Voir plus haut, p. 284.
(2) *Historique du Grand État-Major prussien*, IIᵉ partie, p. 52.
(3) *Geschichte des Magdeburgischen Jäger-Bataillons Nr. 4*, p. 211.
(4) *Geschichte des Magdeburgischen Pionier-Bataillons Nr. 4*, p. 133.

3ᵉ compagnie laissée à Saint-Ouen-l'Aumône, passait aussitôt sur la rive droite ; l'autre moitié de cette 3ᵉ compagnie et la 1ʳᵉ occupaient Pontoise pendant que les 2ᵉ et 4ᵉ compagnies requéraient les voitures nécessaires pour leur permettre de suivre immédiatement vers Chanteloup les premiers éléments de la 6ᵉ division de cavalerie (1).

Celle-ci, dès son arrivée, avait commencé à franchir l'Oise, les cavaliers défilant deux par deux. Les équipages et le convoi de la division la suivirent immédiatement, de sorte que l'opération ne fut terminée que vers 6 heures du soir. Au fur et à mesure de leur passage, les régiments se dirigèrent sur Carrières-sous-Poissy et les communes voisines, et envoyèrent des patrouilles vers Poissy et vers Triel. Ce dernier point ayant été signalé comme occupé par des mobiles, la 2ᵉ compagnie de chasseurs s'y rendit aussitôt, mais trouva la localité évacuée et le pont détruit (2). Elle fit passer sur l'autre rive de la Seine un peloton qui coupa le télégraphe et la voie ferrée à la station de Verneuil, puis revint à Triel (3). Quelques heures plus tard, un peloton et demi de la même compagnie franchit à nouveau la Seine et vint s'installer à Verneuil.

Pendant ce temps, le commandant du bataillon et la 4ᵉ compagnie avaient poussé jusqu'à Carrières-sous-Poissy où ils cantonnèrent. Le gros de la division occupa Triel (*3ᵉ* uhlans), Triel et Vaux (*15ᵉ* uhlans), Carrières-sous-Poissy (*6ᵉ* cuirassiers), Chanteloup (Q. G.), Andrésy, Maurecourt (*3ᵉ* et *16ᵉ* hussards) (4).

---

(1) *Geschichte des Magdeburgischen Jäger-Bataillons Nr. 4*, p. 211.
(2) *Ibid.*
(3) *Geschichte des Magdeburgischen Jäger-Bataillons Nr. 4*, p. 211 ; le Maire de Poissy au Ministre de la Guerre, D. T., Poissy, 18 septembre, 8 h. 52 soir.
(4) Le convoi à Boisemont.

La 5ᵉ division de cavalerie était venue de Le Mesnil-Aubry, en contournant la forêt de Montmorency par Baillet et Méry. Sa marche fut assez lente, car elle trouva sur sa route de nombreux obstacles passifs accumulés par les habitants et les francs-tireurs, et qu'elle dut écarter. Arrivée avant que la 6ᵉ division de cavalerie n'eût terminé son passage, elle dut attendre longtemps. Enfin à 6 heures du soir, elle commença à franchir l'Oise mais l'un de ses régiments, le *11*ᵉ hussards, et tous les bagages ne purent passer que le 19 au matin (1). Les régiments qui atteignirent la rive droite le 18 cherchèrent un abri dans Pontoise et dans les localités de la vallée de la Viosne jusqu'à Boissy-l'Aillerie et Montgeroult.

Quant au mouvement du gros de l'armée, le prince royal de Saxe l'avait réglé dans la journée du 17, en arrêtant les dispositions suivantes pour l'investissement des fronts Nord de la capitale :

« Le XIIᵉ corps recevait l'ordre de marcher, le 18, dans la direction de Claye, de pousser, le lendemain, ses têtes de colonnes au delà de Chelles et de Sévran, puis, après avoir jeté des ponts sur la Marne, de donner la main à la droite de la IIIᵉ armée. La Garde était invitée à se trouver, le 18, à Mitry, le 19 à Roissy, et à occuper comme première ligne les localités d'Aulnay, Le Blanc-Mesnil et Arnouville. Le IVᵉ corps, qui formait l'aile droite, devait atteindre Dammartin le 18, Saint-Brice le 19, déployer ses postes avancés de Sarcelles à Deuil et jeter vers Argenteuil une brigade avec deux batteries. La brigade de uhlans de la Garde, attachée à ce corps d'armée, avait mission de surveiller la Seine en aval de ce dernier point et de se relier par Saint-Germain aux 5ᵉ et 6ᵉ divisions de cavalerie qui devaient se répandre, le 18, de Poissy sur la rive gauche du fleuve (2). »

---

(1) *Bergische Lanziers. Westfälische Husaren Nr. 11*, p. 394.
(2) *Historique du Grand État-Major prussien*, IIᵉ partie, p. 52.

Conformément à ces ordres, l'armée de la Meuse se remit en mouvement le 18 au matin, et, en raison de la proximité de Paris, les troupes reprirent les précautions de sûreté et les formations de marche de guerre.

L'avant-garde du IVe corps, partant du Plessis-Belleville vers 7 heures du matin, s'achemina dans la direction de Saint-Brice, en traversant Dammartin, le Mesnil-Amelot et Goussainville où s'arrêta le *71e* régiment d'infanterie qui tenait la tête. Le quartier général du corps d'armée s'établit à Dammartin, et les cantonnements des troupes s'échelonnèrent entre ces deux dernières localités (1).

Comme mesure de sûreté, le *71e* chargea son IIe bataillon d'établir un certain nombre de grand'gardes sur la ligne Gonesse-Bouqueval, appuyées par le Ier bataillon, constituant le gros des avant-postes, près de la voie ferrée, au Sud-Ouest de Goussainville, et le IIIe bataillon dans ce village (2). Le *31e*, cantonné à Roissy, fit occuper Vaudherland par deux compagnies. Enfin, le *12e* hussards poussa vers le Sud et le Sud-Ouest des patrouilles qui rendirent compte que les villages de Pierrefitte et Montmagny étaient occupés (3).

---

(1) Cantonnements du IVe corps, le 18 : quartier général, Dammartin ; état-major de la 8e division, Louvres ; *71e* régiment d'infanterie, Goussainville ; *31e*, Roissy et Vaudherland ; *86e*, Louvres ; *96e*, Chenevières et Épiais ; artillerie de corps et IIe bataillon du *27e*, le Mesnil-Amelot ; *26e* (deux bataillons), Villeneuve et Dammartin ; *66e*, Moussy-le-Vieux (IIe), Longperier (Ier et IIIe) ; *27e* et *93e*, le Mesnil-Amelot.

Hôpitaux de campagne : nᵒˢ *1*, *3* et *4*, à Dammartin ; *5* et *12*, à Louvres ; nᵒ *8*, à Goussainville ; demi-nᵒ *7*, au Mesnil-Amelot ; demi-nᵒ *2*, à Nanteuil-le-Haudouin. — Convois : nᵒˢ *1* et *3*, Dammartin, nᵒˢ *2* et *4*, Chenevières ; nᵒ *5*, Mauregard. — Colonne de boulangerie restée à Fismes. — Dépôt mobile de chevaux, Rouvres. — Escadron d'escorte du train, Moussy-le-Neuf.

(2) *Geschichte des K. 3. Thüringischen Infanterie-Regiments Nr. 71*, p. 162.

(3) *Geschichte des Thüringischen Husaren-Regiments Nr. 12*, p. 78.

La zone de marche réservée au corps de la Garde semble avoir été limitée par la route Dammartin-Roissy, laissée au IVe corps, et la route May-en-Multien, Beauval, Étrépilly, Saint-Soupplets, le Plessis-aux-Bois, Messy et Gressy.

Le gros de la division de cavalerie se maintint dans ses cantonnements de Saint-Soupplets et environs ; la brigade de uhlans toutefois se porta dans la direction de Mitry, et ses patrouilles s'avancèrent jusque devant Drancy et le Bourget où elles essuyèrent des coups de feu (1).

La 1re division de la Garde venant de la région de May-en-Multien et faisant une assez forte marche, s'avançait par Beauval, Trocy, Saint-Soupplets, vers Compans. La 2e brigade qui marchait en tête, progressait jusqu'à Mitry et Grand-Tremblay, tandis que la 1re occupait Mitry, Compans, Gressy (2). La 2e division venait, plus en arrière, cantonner à Saint-Mesmes, Thieux, Montgé, Vinantes, le Plessis-aux-Bois. Le quartier général du corps d'armée s'établissait à Mitry. L'équipage de pont léger à Mory, et l'équipage de pont à Iverny (3).

En arrivant dans cette zone de cantonnements, les régiments de la Garde, particulièrement ceux qui étaient

---

(1) L'emplacement de cette division n'a pu être établi d'une façon plus précise, les *Historiques* ne donnant généralement aucune indication sur les points occupés le 18 au soir. Celui du 1er dragons de la Garde dit que ce régiment cantonna à Chambry et environs.

(2) On n'a retrouvé aucune indication concernant les avant-postes du corps de la Garde, mais, étant donnés ceux des IVe et XIIe corps, il est vraisemblable que ces avant-postes tenaient Villepinte, et peut-être même le Blanc-Mesnil et Aulnay-lès-Boudy.

(3) Les ambulances n° *1*, à Mory ; n° *2*, à Vineuil ; n° *3*, à Cuisy. Les convois, rejetés en arrière, s'arrêtèrent : n° *1*, à la ferme Fescheux, à l'Est de Saint-Soupplets ; n^{os} *2* et *3*, à Marcilly ; n° *4*, à Forfry. Le dépôt mobile à Marcilly ; la colonne de boulangerie à Acy-en-Multien ; l'escadron d'escorte du train à Forfry.

en tête de colonnes, trouvèrent tous les villages abandonnés presque complètement, les maisons fermées; il leur fallut défoncer les portes pour y pénétrer. Les vivres étaient peu abondants; seuls, les jardins et les caves étaient largement pourvus de fruits et de liquides.

La *12*ᵉ division de cavalerie (saxonne), rassemblée le matin sur la grande route de Meaux à Paris, près de Charmentray, franchit le canal de l'Ourcq sur le pont de Claye, resté intact, puis vint se former entre Courtry et le Pin, pendant que le *1*ᵉʳ uhlans saxon, sur la droite, et le régiment de cavalerie de la Garde, sur la gauche, exploraient le terrain compris entre le canal de l'Ourcq et la Marne (1). Partout, ces deux corps trouvèrent des traces du passage des deux bataillons des Volontaires de la Seine ; ces indices et le terrain couvert ralentirent la marche des patrouilles, et la division, ne se trouvant pas en sûreté, demanda le secours de l'infanterie. Le *3*ᵉ régiment d'infanterie saxonne lui fut envoyé; il la rejoignit à la tombée de la nuit, occupa par quelques compagnies les villages de Sévran, Livry, Montfermeil, Chelles, et le gros s'installa à Vaujours et Courtry (2), couvrant ainsi la cavalerie bivouaquée à l'Est de cette dernière localité (3).

Sous la protection de sa division de cavalerie, le XIIᵉ corps, continuant à franchir l'Ourcq à Lizy, s'avança par la rive droite de la Marne dans la direction de Claye, où s'arrêta son avant-garde et son quartier général (4),

---

(1) *Aufzeichnungen über das 1. Königlich Sächsische Ulanen-Regiment Nr. 17*, p. 63; *Geschichte des Kgl. Sächs. Garde-Reiter-Regiments*, p. 502.

(2) *Geschichte des Kgl. Sächs. Garde-Reiter-Regiments*, p. 502.

(3) Les trains de la division de cavalerie saxonne se groupèrent en arrière à Villevaude.

(4) Bornemann, *Marschtafel der deutschen Heeresteile im Kriege 1870-1871*.

tandis que le reste de ses éléments s'échelonnait de part et d'autre de la grande route, dans la zone Messy, Villeroy, Chauconin, Villenoy, Trilbardou, Annet, la *23e* division dans les cantonnements de tête, et la *24e* dans ceux de queue.

Le quartier général de l'armée de la Meuse séjourna le 18 encore à Crouy-sur-Ourcq (1).

IIIe armée. — Conformément aux ordres donnés le 16 par le Prince royal, la 2e division de cavalerie devait, le 18, se diriger sur Saclay et établir par Chevreuse la communication avec la cavalerie de l'armée de la Meuse (2).

Cette division, partant d'Athis, gagna Saclay en passant par Longjumeau et Palaiseau, couverte, sur son flanc droit, par le *1er* hussards, qui fit route par Paray, Wissous, Massy, Igny, Bièvres, et qui, à son tour, détacha plus au Nord son 2e escadron par Rungis, Fresnes, Antony, Verrières (3). En arrivant près d'Igny, la pointe d'avant-garde de cet escadron se heurta au peloton de guides du capitaine Faverot, qui, comme il a été dit (4), rétrograda sur Petit-Bicestre. Le *1er* hussards continua sa route sur Villeras, où il s'arrêta vers 1 heure et d'où il poussa des avant-postes sur Bièvres, Jouy-en-Josas et Orsigny. Une patrouille, forte d'un sous-officier et de six cavaliers, poussa jusqu'à Versailles et se fit ouvrir la grille de la porte de Buc, surveillée par des gardes nationaux. Le sous-officier, avec deux cavaliers, se rendit à l'hôtel de ville, y vit le maire, puis, après avoir constaté que la ville n'était pas occupée et

---

(1) Bornemann, *loc. cit.*
(2) *Historique du Grand État-Major prussien*, IIe partie, p. 51.
(3) *Schwarze Husaren*, t. Ier, p. 529.
(4) Voir plus haut, p. 313.

avoir annoncé qu'il précédait cinq régiments de cavalerie, regagna Saclay (1).

Le gros de la division avait effectué sa marche sous la protection du 6ᵉ hussards, formant l'avant-garde.

Ce régiment s'installa en avant-postes à Villiers-le-Bâcle. Une de ses reconnaissances trouva près de Toussus quelques cavaliers pied-à-terre qui disparurent rapidement (2). Enfin, un peloton de 50 chevaux, poussé à Chevreuse, y dispersa une compagnie de gardes nationaux, rassemblée sur la place du Marché, et ramena prisonniers les quatre officiers qui la commandait (3). L'autre régiment de la brigade von Baumbach (4ᵉ hussards) cantonna à Saint-Aubin et Ménil-Blondel; l'état-major de la division et le 5ᵉ hussards occupèrent Saclay. La brigade von Colomb s'installa à Vauhallan et au château de la Martinière où se logèrent l'état-major de cette brigade et celui du 2ᵉ uhlans (4). Le 2ᵉ uhlans fit garder par un escadron la ligne Gif — château de Corbeville (5).

Le Vᵉ corps devait, le 18, atteindre Palaiseau. Le général von Kirchbach maintenant, comme le jour précédent, le fractionnement de ses troupes en trois détachements, sous les ordres du général von Sandrart, du colonel von Bothmer et du général von Schmidt,

---

(1) Le Préfet de Seine-et-Oise au Ministre de l'Intérieur, D. T., Versailles, 18 septembre, 4 h. 15 soir.

(2) C'était probablement la reconnaissance du sous-lieutenant Sébille, du 1ᵉʳ régiment de cavalerie mixte. Voir plus haut, p. 313.

(3) *Historique du Grand État-Major prussien*, IIᵉ partie, p. 59; Hermann Vogt, *Kriegstagebuch eines Truppenoffiziers*, p. 73. — Un peu plus tard, une patrouille de l'escadron en avant-postes à Villiers-le-Bâcle capturait une voiture chargée de vivres de toutes espèces se dirigeant sur Paris.

(4) Général von Colomb, *Aus dem Tagebuche*, p. 30.

(5) *Fünfundzwanzig Iahre des Schlesischen Ulanen-Regiments Nr. 2*, p. 103.

prescrivit au premier de se porter entre Wissous et Massy, et au deuxième de rester à Valenton, jusqu'à l'arrivée du VIᵉ corps, de manière à couvrir la marche du gros du Vᵉ corps, qui devait faire son mouvement par Athis, Longjumeau et Palaiseau (1).

Dès le matin, les dernières fractions, sous les ordres du général von Sandrart, passèrent la Seine à Villeneuve-Saint-Georges, et, à 7 heures du matin, tout le détachement se rassembla à l'Est de Paray, entre la Vieille Poste et le tombeau du maréchal Devaux. Puis, à 8 heures, une avant-garde spéciale fut formée, sous les ordres du colonel von Flotow, avec le *47ᵉ* régiment d'infanterie, la 1ʳᵉ batterie légère, le 1ᵉʳ et la moitié du 3ᵉ escadron du *4ᵉ* dragons (2). Ce détachement se mit en route par Paray, Wissous, Massy, Igny, vers Bièvres. Le 1ᵉʳ escadron fut envoyé sur le flanc droit, tandis que l'autre demi-escadron et le IIᵉ bataillon du *47ᵉ* formaient la tête de cette avant-garde.

La marche fut assez lente, beaucoup d'obstacles ayant été rencontrés sur les routes dépavées en grande partie. En arrivant aux environs d'Igny, la 7ᵉ compagnie fut jetée dans les bois de Verrières, puis le détachement s'engagea, au village de Bièvres, sur la route de Châtillon et s'arrêta, à midi 30, à hauteur de l'Abbaye-aux-Bois, poussant jusqu'à Petit-Bicêtre un peloton de la 8ᵉ compagnie, qui fut accueilli par des coups de feu. Ceux-ci furent le prélude de l'engagement qui se déroula ensuite entre Trivaux et Grange Dame Rose, et qui a été relaté plus haut (3). Après cette escarmouche, le colonel von

---

(1) Stieler von Heydekampf, *Das V. Armee-Corps im Kriege gegen Frankreich*, p. 101.

(2) *Geschichte des 2. Niederschlesischen Infanterie-Regiments Nr. 47*, IIᵉ partie, p. 38.

(3) Voir plus haut, p. 320.

Flotow ramena ses troupes à Malabry et Petit-Bicestre, et les disposa comme il a été dit (1).

Quant au gros du détachement von Sandrart, après avoir séjourné un certain temps à l'Est de Paray, il se porta par Wissous sur Massy. Le 7ᵉ régiment poussa jusqu'à Bièvres et Igny, avec l'état-major de la 18ᵉ brigade.

Le général von Schmidt avait commencé, dès 7 heures du matin, à faire franchir la Seine aux éléments de la 10ᵉ division et de l'artillerie de corps. Il les dirigea ensuite par Ablon et Athis sur Longjumeau et Palaiseau, en une colonne, dont le 14ᵉ dragons, la 20ᵉ brigade d'infanterie et l'artillerie divisionnaire constituaient l'avant-garde (2). A Longjumeau, cette colonne se croisa avec des bataillons bavarois. En fin de marche, le quartier général du Vᵉ corps et celui de la 10ᵉ division s'installèrent à Palaiseau ; les troupes de cette division cantonnèrent dans ce village, à Champlan et à Villebon.

Le colonel von Bothmer, resté à Valenton avec la 17ᵉ brigade, les 2ᵉ et 4ᵉ escadrons du 4ᵉ régiment de dragons et les Iʳᵉ et IIᵉ batteries, y séjourna jusqu'à ce que le gros du Vᵉ corps eût franchi la Seine (3). A son tour, il prit la direction de Villeneuve-Saint-Georges, et, par Wissous, gagna Massy et Verrières. Le 59ᵉ, qui cantonnait dans ce dernier village, envoya un bataillon en avant-postes à Antony (4).

Les premières troupes du VIᵉ corps n'étant pas encore arrivées lorsqu'il avait quitté Valenton, le colonel von Bothmer laissa dans ce village la 1ʳᵉ compagnie du 58ᵉ avec une batterie. Un petit poste, détaché par cette com-

---

(1) Voir plus haut, p. 322.
(2) Stieler von Heydekampf, *loc. cit.*, p. 101.
(3) *Ibid.*
(4) *Geschichte des 4. Posenschen Infanterie-Regiments Nr. 59*, p. 49.

pagnie à la ferme de l'Hôpital, arrêta dans la matinée la voiture dans laquelle se trouvait Jules Favre, se rendant au grand quartier général prussien (1).

Dans sa marche du 18, le IIe bavarois devait atteindre Longjumeau pour gagner Châtenay le 19.

La brigade de uhlans, partant de Ris, et la *3e* division d'infanterie, cantonnée la veille sur l'Orge, de Villemoisson à Brétigny, se dirigèrent sur Longjumeau où elles croisèrent la colonne principale du Ve corps et durent attendre pour la laisser passer. Puis, la brigade de cavalerie et la *5e* brigade d'infanterie s'avancèrent avec deux batteries jusqu'à hauteur de Wissous et poussèrent des postes sur la ligne la Belle-Épine, Rungis, Fresnes-lès-Rungis, la Croix-de-Berny. Des patrouilles de cavalerie s'avancèrent jusqu'à Bourg-la-Reine, d'où elles observèrent des troupes d'infanterie française occupées à construire des ouvrages près de Fontenay-aux-Roses (2).

Le quartier général du corps d'armée s'arrêta à Longjumeau; le gros de la *3e* division, l'état-major de la *4e* division et la *7e* brigade occupèrent cette localité ainsi que Saulx-les-Chartreux; la réserve d'artillerie s'installa à Ballainvilliers avec des fractions de la *8e* brigade dont le gros cantonna à La Ville du Bois, Montlhéry et Linas.

Un détachement, comprenant le Ier bataillon du 9e, un escadron du *2e* chevau-légers et une batterie, sous les ordres du colonel von Heeg, avait été envoyé à Arpajon

---

(1) Le Colonel commandant le fort de Charenton au Gouverneur, D. T., Charenton, 18 septembre, midi.

(2) *Historique du Grand-État-Major prussien*, IIe partie, p. 61. — Il s'agissait des troupes de la division de Maussion construisant les batteries au Sud de Bagneux et la tranchée-abri descendant de cette batterie vers la route de Bourg-la-Reine. Voir plus haut, p. 323.

pour couvrir le corps d'armée dans la direction du Sud (1).

L'ordre du prince royal de Prusse du 16 septembre prescrivait au VI⁰ corps de gagner Villeneuve-Saint-Georges le 18 pour y traverser la Seine, et de laisser une brigade entre la Marne et la Seine. Or, à la fin de la marche du 17, la *12*ᵉ division avait cantonné à Noiseau et Emérainville, couverte par un régiment de la *23*ᵉ brigade, le *22*ᵉ, qui avait placé des avant-postes de Villiers-sur-Marne à Ormesson. La *11*ᵉ division s'était arrêtée plus en arrière, à Croissy, Beaubourg et environs (2).

Le général von Tümpling désigna la *24*ᵉ brigade renforcée par deux escadrons du *15*ᵉ dragons et une batterie, pour aller occuper Limeil et le terrain entre la Marne et la Seine. Comme les éléments de cette unité se trouvaient assez en arrière, le *22*ᵉ régiment d'infanterie ne quitta ses positions d'avant-postes, le long de la Marne, que lorsque des fractions de la *24*ᵉ brigade furent venues le remplacer. Le *22*ᵉ gagna alors Valenton par Ormesson et Bonneuil, et y releva la fraction laissée par le colonel von Bothmer. Le IIIᵉ bataillon du *22*ᵉ occupa le parc de Brévannes et les deux autres bataillons se formèrent en arrière en attendant la *24*ᵉ brigade. Lorsque celle-ci arriva vers midi, elle chargea le *23*ᵉ régiment de placer des avant-postes sur la ligne Bonneuil, Mesly, carrefour Pompadour; puis l'état-major, les Iᵉʳ et IIᵉ bataillons du *63*ᵉ et la batterie se formèrent derrière Limeil, et le IIIᵉ bataillon du même régiment occupa le parc de Brévannes.

Sous la protection de ces flanc-gardes successives, le gros de la *12*ᵉ division (*62*ᵉ d'infanterie, artillerie divi-

---

(1) *Historique du Grand État-Major prussien*, IIᵉ partie, p. 51 ; *Geschichte des Königlich Bayerischen 9. Infanterie-Regiments Wrede*, p. 114.

(2) Voir plus haut, p. 287.

sionnaire) se dirigea sur Villeneuve-Saint-Georges par Pontault et Boissy-Saint-Léger, suivi par l'artillerie de corps et la *11ᵉ* division.

Le *22ᵉ* régiment d'infanterie ayant quitté Valenton gagna Villeneuve-Saint-Georges où la plus grande partie de la *23ᵉ* brigade passa la Seine vers 5 h. 30, derrière les dernières troupes du Vᵉ corps, sur le pont de bateaux. Le *22ᵉ* d'infanterie fut encore chargé de placer des avant-postes : le Iᵉʳ bataillon occupa Ablon, le IIIᵉ, Villeneuve-le-Roi et surveilla le terrain entre cette localité et la Seine. Le IIᵉ resta à Villeneuve-Saint-Georges pour garder le quartier général du corps d'armée et l'artillerie divisionnaire. L'artillerie de corps cantonna à Montgeron.

La *21ᵉ* brigade s'arrêta à Boissy-Saint-Léger, et la *22ᵉ*, renforcée d'un escadron et d'une batterie, à Sucy-en-Brie et Ormesson. Le *38ᵉ* d'infanterie (1), qui appartenait à cette brigade et cantonnait à Ormesson, fit occuper Chennevières par son IIIᵉ bataillon qui poussa des avant-postes vers Champigny. Sa 12ᵉ compagnie envoyée en reconnaissance vers Joinville y fut accueillie par une vive fusillade et eut deux hommes blessés.

Pour hâter le passage du VIᵉ corps d'armée dans la journée du lendemain, les pionniers jetèrent dans la soirée et dans la nuit un second pont de bateaux à 300 mètres en aval de Villeneuve-Saint-Georges.

---

(1) Ce régiment avait fait partir à 4 heures du matin, de Noisiel, une reconnaissance composée d'une trentaine d'hommes d'infanterie et de deux dragons, dans la direction du fort de Nogent. Cette troupe traversant Champs, dépassa Noisy-le-Grand et revint par Gournay. Près de ce village, elle fut fusillée de la rive droite de la Marne par un détachement français sortant de Ville-Évrart (*Geschichte des Füsilier-Regiments General-Feldmarschall Graf Moltke (Schlesisches) Nr. 38*, p. 211). — Voir aussi le télégramme du Commandant supérieur du fort de Nogent au Gouverneur, 9 h. 40 matin.

La division würtembergeoise devait, d'après les instructions du commandant de la III⁰ armée, venir occuper par ses avant-postes, le front Noisy-le-Grand, Ormesson (1), mais, sa tête s'étant arrêtée le 17 à Meaux et Nanteuil-lès-Meaux, la marche du 18 ne pouvait l'amener jusqu'aux emplacements indiqués. Son avant-garde, constituée par sa *1*re brigade, s'arrêta au Sud-Ouest de Lagny, à Torcy, Collégien, Bussy-Saint-Martin, et le 1ᵉʳ bataillon du *1*ᵉʳ régiment d'infanterie würtembergeois plaça des avant-postes à Noisiel et Lognes (2). L'état-major de la division vint à Lagny, et le gros des troupes cantonna dans les villages environnants, à l'exception de la *3*ᵉ brigade restée à Meaux avec le grand quartier général, et du *2*ᵉ régiment würtembergois, qui le 18 se rendit de la Ferté-sous-Jouarre à Nanteuil-lès-Meaux (3).

Les deux brigades de la *4*ᵉ division de cavalerie, restées en arrière, gagnèrent une étape vers l'Ouest. La *8*ᵉ brigade se porta de Montmirail, jusqu'à Saint-Remy, à l'Ouest de la Ferté-Gaucher (4). La *9*ᵉ brigade atteignit Villiers-les-Maillets, Saint-Barthélemy et les villages environnants.

Le quartier général du Iᵉʳ bavarois fut transféré d'Orbais à Viels-Maisons, le gros du corps d'armée cantonna dans la zone Viels-Maisons, Verdelot, Montdauphin, Montmirail.

---

(1) *Historique du Grand État-Major prussien*, IIᵉ partie, p. 51.
(2) *Geschichte des Grenadierregiments Königin Olga*, p. 53.
(3) *Das Infanterie-Regiment Kaiser Wilhelm (2. Württ.) N°. 120*, p. 243.
(4) D'après l'*Historique du 10ᵉ uhlans*, ce régiment qui appartenait à la *8*ᵉ brigade, aurait fait séjour le 18, dans ses cantonnements de la veille, de Mécringes à Saint-Barthélemy ; mais l'ouvrage du Grand État-Major, dit à la page 79, IIᵉ partie, que cette brigade vint le 18 à Saint-Remy (*Das Posensche Ulanen-Regiment Nr. 10*, p. 153).

La brigade de cavalerie bavaroise, couvrant toujours le flanc Sud du corps d'armée, s'avança de Congy à Sézanne. Dès le matin, le *6*ᵉ chevau-légers se sépara d'elle, sur un ordre du grand quartier général, et partit pour l'Alsace, où il fut mis à la disposition du gouverneur de ce territoire (1).

Au XIᵉ corps, la colonne de droite gagna Fère-en-Tardenois où s'établit l'état-major de la *21*ᵉ division, tandis que les troupes occupaient la zone Bruyères, Saponay, Mareuil-en-Dôle, Villers et Villeneuve-sur-Fère. Le quartier général du corps d'armée, abandonnant cette colonne, se transporta à Dormans (2) au milieu des cantonnements de la *22*ᵉ division, qui s'échelonna dans la vallée de la Marne, de Courtemont à Troissy, avec l'artillerie de corps (3).

---

(1) Helvig, *Das 1. bayerische Armee-Corps von der Tann im Kriege 1870-71*, p. 94.

(2) *Historique du Grand État-Major prussien*, IIᵉ partie, p. 79, note 1.

(3) Ambulances : nº *1*, à Bruyères ; nº *2*, à Vincelles ; nº *3*, moitié à Troissy, moitié à Dannemois. Boulangerie à Dormans. Escadron d'escorte du train à Ville-en-Tardenois. Dépôt mobile à Ville-en-Tardenois. Convois : nᵒˢ *1* et *3*, à Épernay ; nᵒˢ *2* et *5*, à Tréloup ; nº *4*, Chambrecy. Hôpitaux de campagne : nº *1*, à Fère-en-Tardenois ; nᵒˢ *2, 3, 4, 8*, à Chambrecy ; nº *11*, à Vincelles (*Geschichte des Hessischen Train-Bataillons Nr. 11*, p. 46).

CHAPITRE XVII

Journée du 19 septembre (1).

§ 1. — *Mouvements des troupes françaises.*

Secteur Est. — Aucun événement important ne se produisit sur le front Est de la place entre Charenton et Pantin. Sur toute cette ligne, les troupes, en alerte dès le matin, n'entravèrent en rien les mouvements de l'ennemi. Les deux divisions du 13ᵉ corps, encore à Vincennes, demeurèrent inactives une grande partie de la journée, se bornant à continuer de surveiller les bords de la Marne par leurs avant-postes.

Vers 10 heures du matin, le commandant du fort de Charenton avait fait partir en reconnaissance une compagnie d'infanterie et une partie de la 8ᵉ compagnie des Francs-tireurs de Paris (capitaine Lavigne). Ce détachement s'avança jusqu'au delà de Maisons-Alfort et échangea quelques coups de feu avec des fractions adverses occupant Créteil. Un peu plus tard, au début de l'après-midi, le lieutenant-colonel du Guiny, du 6ᵉ de marche, fut envoyé en reconnaissance dans la même direction avec un bataillon de son régiment, un peloton du 9ᵉ chasseurs et deux pièces, mais les fractions adverses s'étaient retirées (2).

Vers midi, le général Vinoy et la division de Caussade

---

(1) Voir la carte nº 7 au 1/80,000º.
(2) *Historique manuscrit* du 6ᵉ de marche; le Colonel commandant

reçurent l'ordre de se transporter à la gare Montparnasse et sur le Mont Sud de l'enceinte, en raison des événements qui se déroulaient sur le plateau de Châtillon (1).

La division d'Exéa resta seule alors sur le plateau de Vincennes ; elle étendit ses bivouacs pour occuper l'espace laissé libre (2). La brigade de cavalerie Cousin ne fit aucun mouvement de la journée.

Les compagnies de ligne, de mobiles et de francs-tireurs restées en avant des forts, de Nogent à Romainville, s'étaient repliées le 18 au soir presque sur cette ligne et tout au moins à l'Ouest de la voie ferrée de Noisy-le-Sec à Gretz. Durant la nuit, les timoniers de veille aux postes sémaphoriques des forts avaient aperçu les lueurs de feux de bivouacs au-dessus des bois à l'Est de Bondy et de Villemomble (3) ; des coups de feu avaient été tirés à diverses reprises par les sentinelles des postes avancés. Tout indiquait donc la proximité de l'adversaire. Cependant aucun événement important ne se passa sur ce front, l'ennemi s'étant arrêté hors de portée de canon et n'ayant détaché vers les forts que de faibles fractions. On n'a donc à signaler que quelques incidents en avant de chaque ouvrage.

A 11 h. 40 du matin, le commandant supérieur du fort de Nogent vit une colonne ennemie descendre des hauteurs de Villiers-sur-Marne vers Brie. Il envoya aus-

---

.e fort de Charenton au Gouverneur, D. T., fort de Charenton, 19 septembre, 3 h. 40 soir.

(1) Le Gouverneur de Paris au Commandant le fort de Vincennes, D. T., 19 septembre, sans heure.

(2) Le Général commandant le 13ᵉ corps au Général commandant la 1ʳᵉ division, Vincennes, 19 septembre.

(3) Le contre-amiral Saisset au Gouverneur, D. T., fort de Noisy, 19 septembre, 6 h. 40 matin.

sitôt une reconnaissance de 200 hommes dans cette direction (1). Ce détachement tirailla avec les fractions adverses restées sur l'autre rive de la Marne et rentra au fort vers 5 heures du soir en faisant connaître que Brie était occupé par 800 hommes dont 200 de cavalerie, et que l'ennemi avait des petits postes le long de la rivière jusqu'au Nord de Joinville (2).

A 1 heure, le commandant du même fort de Nogent avait aussi télégraphié au Gouverneur que 300 ou 400 uhlans étaient à Neuilly-sur-Marne, que 3,000 ou 4,000 hommes de troupes de toutes armes étaient à Maison-Blanche, que 300 fantassins occupaient Brie, et qu'enfin dans tout ce secteur il y avait beaucoup de marches et de contre-marches (3).

Vers le soir, le même officier aperçut un incendie dans Brie et apprit que l'ennemi cherchait à rétablir le pont. Des groupes de cavaliers et de fantassins s'étant avancés jusqu'à 1,600 mètres de la redoute de la Boissière, il fit lancer sur eux deux obus de pièces de marine, ce qui les amena à se retirer (4).

---

(1) Le Commandant supérieur du fort de Nogent au Gouverneur, D. T., Nogent, 19 septembre, 11 h. 40 matin et 3 h. 15 soir. — La garnison du fort de Nogent comprenait comme infanterie, trois compagnies de ligne et le XVe bataillon de mobiles. On sait que l'élection des officiers dans les bataillons de mobiles avait été fixée au 19 septembre par le Gouvernement de la Défense nationale.

(2) Le Commandant supérieur du fort de Nogent au Gouverneur, D. T., fort de Nogent, 19 septembre, 5 h. 20 soir.

(3) Le Commandant supérieur du fort de Nogent au Gouverneur, D. T., Nogent, 19 septembre, 1 h. 6 soir. — On verra plus loin, quand on retracera les mouvements de la division würtembergeoise, l'explication de ces marches et contre-marches.

(4) Le Commandant supérieur du fort de Nogent au Gouverneur, D. T., Nogent, 19 septembre, 7 heures et 10 h. 45 soir; le contre-amiral Saisset au Vice-Amiral commandant en chef et au Gouverneur, D. T., Noisy, 19 septembre, 10 h. 25 soir.

Du fort de Noisy, le contre-amiral Saisset signalait à 9 h. 35 du matin au Gouverneur que le IIIe bataillon des Volontaires de la Seine avait évacué le plateau d'Avron et venait de se replier sur Noisy, et que des colonnes prussiennes étaient signalées à Ville-Évrart et Villemomble. A 11 heures du matin, le même officier général télégraphiait qu'une forte colonne d'infanterie faisait son entrée dans Bondy (1).

Vers midi 30, le fort de Romainville apercevait à grande distance, dans le Nord, une forte colonne en marche vers l'Ouest dans la direction de Gonesse (2).

Vers 5 h. 30 du soir, l'ennemi ayant paru en plus grand nombre dans Bondy et à la lisière du parc du Raincy, de plus des groupes de cavaliers et de fantassins s'étant approchés jusqu'à la voie ferrée, en face de la redoute de la Boissière, le contre-amiral Saisset ordonna aux trois forts de Rosny, Noisy et Romainville, de tirer sur le coin du parc du Raincy et de brûler le village de Bondy. Mais au bout d'une heure il fit cesser le feu, qui n'avait pas donné de grands résultats, bien qu'il ait été exécuté avec des pièces de 30 de la marine ou de 24 rayé (3). Quelques maisons cependant avaient été incendiées et les détachements ennemis parvenus jusqu'à la voie ferrée avaient rétrogradé. A 8 heures du soir, pour inquiéter l'ennemi, le contre-amiral Saisset fit rouvrir le feu et lancer sur le même village de Bondy des bombes de 27 centimètres (4), puis le feu cessa complètement dans ce secteur.

---

(1) Le contre-amiral Saisset au Vice-Amiral commandant en chef et au Gouverneur, D. T., Noisy, 19 septembre, 9 h. 35 et 11 heures matin.
(2) Le Commandant du fort de Romainville au contre-amiral Saisset, D. T., Romainville, 19 septembre, midi 33.
(3) *Journaux* de siège des forts de Rosny, Noisy et Romainville.
(4) Les mèches étant trop courtes, un certain nombre de bombes éclatèrent à mi-distance (*Journal* de siège du fort de Romainville).

Secteur Nord. — Le 19 au matin, le général de Bellemare n'avait rien changé aux dispositions qu'il avait prises dans son commandement. Il disposait, entre le canal de l'Ourcq et Épinai-lès-Saint-Denis, de 18,000 hommes appuyés sur les forts du secteur et couverts, comme les jours précédents, par quatre demi-bataillons et quatre pelotons de lanciers en avant-postes au château de Villetaneuse (grand'garde n° 1); au moulin de Stains (grand'garde n° 2); à la Courneuve (grand'garde n° 3), et au Nord de Bobigny (grand'garde n° 4). A leur tour, ces grand'gardes avaient poussé en avant des fractions qui occupaient le village et la station d'Épinai, Villetaneuse, Montmagny, la Butte-Pinçon (1), la station de Pierrefitte, Stains, le Moulin-Neuf, le pont de la Mollette (2), le village et la station du Bourget, Drancy et le Petit-Drancy, Bobigny et la Folie. Enfin, deux demi-bataillons occupaient l'île Saint-Denis et envoyaient des postes sur la rive gauche dans la presqu'île de Gennevilliers.

Dans la nuit, quelques coups de feu avaient été tirés principalement en avant de la grand'garde n° 3, vers le Bourget. Par suite d'une fausse alerte, les trois compagnies qui la composaient avaient ouvert le feu; puis celle placée sur le chemin de Dugny s'était repliée sur la Courneuve, évacuant son poste qu'elle ne réoccupait qu'au jour (3).

---

(1) Entre Montmagny et le Barrage.
(2) Sur la carte : Pont de la Molène.
(3) Ces trois compagnies étaient ainsi placées : l'une, du 73º de ligne, à la croisée de la route de Dugny et du chemin du Bourget à Merville; l'autre, du 25º, à la bifurcation de chemins qui se trouve sur le chemin de la Courneuve au Bourget, à un kilomètre environ à l'Est de la Courneuve; la troisième, appartenant au 16º de ligne, à la Courneuve. Dans la nuit, une fusillade très vive éclata du côté de la compagnie du 25º, puis en avant de celle du 73º. Deux chevaux de lanciers,

Les autres postes n'avaient pas été inquiétés, mais, vers 6 heures du matin, ceux fournis par les grand'-gardes n°s 1 et 2, et placés vers la Butte Pinçon et en avant de Stains, signalèrent des colonnes de cavalerie venant de la direction de Gonesse, en marche vers Sarcelles et le Barrage; les postes avancés échangèrent quelques coups de feu avec les éclaireurs de ces colonnes, puis se replièrent.

Ces grand'gardes étaient fournies, le 19 au matin, par les 5e et 6e demi-bataillons du 28e de marche, placés sous les ordres du commandant Jamais, le 5e demi-bataillon à Villetaneuse et le 6e à Stains (1). Elles avaient placé leurs postes habituels, mais, en raison des renseignements qu'elles avaient fait parvenir dès le matin, les 2e et 3e demi-bataillons de ligne de Saint-Denis furent envoyés, vers 8 heures 30, auprès d'elles pour les renforcer (2). Le 3e demi-bataillon doubla les postes de la grand'garde de Stains. Le 2e demi-bataillon, dirigé sur Villetaneuse, détacha une de ses compagnies (du 65e) sur Épinai, une autre (du 68e) resta au château de Villetaneuse, et la troisième (du 75e) fut dirigée sur la Butte Pinçon.

Les deux premières arrivèrent sur leurs emplace-

échappés de l'un de ces postes, arrivèrent au galop vers la Courneuve; la compagnie du 16e, croyant avoir affaire à de la cavalerie ennemie, ouvrit le feu, tirant ainsi dans le dos des deux autres; la compagnie du 73e se replia en obliquant vers l'Ouest pour démasquer le front de la Courneuve et vint se former à la lisière de ce village. Elle n'en repartit qu'au jour pour aller reprendre son poste (Le Lieutenant-Colonel commandant supérieur du fort de l'Est au général de Bellemare, fort de l'Est, 19 septembre).

(1) Le Lieutenant-Colonel commandant le 28e de marche au général de Bellemare, Saint-Denis, 20 septembre.

(2) *Rapport* du capitaine Lamorlette, commandant le 2e demi-bataillon de la garnison de Saint-Denis, Saint-Denis, 20 septembre; *Journal* de défense de Saint-Denis.

ments sans incidents, mais, au moment où la troisième allait, vers 10 heures, atteindre la Butte Pinçon, une vive fusillade venait de s'engager entre la compagnie du 28ᵉ de marche (voltigeurs) déjà en place, et les troupes d'infanterie ennemie venant de Sarcelles et arrivant vers le Barrage. La compagnie du 75ᵉ se déploya aussitôt; mais l'ennemi, ayant des effectifs supérieurs et menaçant de déborder la Butte Pinçon à l'Ouest et à l'Est, ces deux compagnies se replièrent vers le Sud (1). A leur gauche, le 1ᵉʳ escadron du 1ᵉʳ lanciers de marche, envoyé d'abord en reconnaissance vers Épinai, s'était, au bruit de la fusillade, dirigé sur Montmagny. Arrêté par le feu de l'infanterie ennemie, il se replia également (2).

Les compagnies d'infanterie attaquées rétrogradèrent l'une sur Pierrefitte, l'autre sur Villetaneuse où elles ne s'arrêtèrent pas longtemps. Elles furent alors soutenues par une nouvelle compagnie du 28ᵉ de marche, la compagnie du 68ᵉ de ligne et une compagnie de mobiles sorties du château de Villetaneuse (3). Leur retraite fut lente. Plus tard, elles abandonnèrent le château de Villetaneuse et Pierrefitte que l'ennemi vint occuper.

Ce mouvement de retraite découvrit complètement la gauche de la grand'garde du moulin de Stains, qui se

---

(1) *Rapport* du capitaine Lamorlette, *loc. cit.*; le capitaine Anceaux, du 75ᵉ, au Colonel commandant la place de Saint-Denis, 20 septembre.

(2) *Rapport*... Capitaine commandant le 1ᵉʳ escadron du 1ᵉʳ régiment de marche de lanciers, Saint-Denis, 19 septembre.

(3) Cinq compagnies du XIIIᵉ bataillon de mobiles de la Seine se trouvaient au château de Villetaneuse. Mais le rapport trop succinct de l'officier supérieur commandant ce bataillon ne dit pas dans quelles conditions ces unités avaient été envoyées en ce point. Elles paraissent cependant y être arrivées le 18 au soir [*Rapport* de l'officier supérieur (XIIIᵉ bataillon de mobiles) commandant les grand'gardes du 18 au 19 septembre, Saint-Denis, 19 septembre].

rapprocha du fort de la Double-Couronne (1). Vers midi, le commandant de Boisdenemetz arriva avec quatre compagnies du 28ᵉ de marche, envoyées par le colonel du 28ᵉ au secours du commandant Jamais. Il se déploya à cheval sur la grande route, une compagnie de grenadiers à droite, une compagnie de zouaves à gauche les deux autres en réserve. A ce moment la ligne de tirailleurs français se trouvait à 200 ou 300 mètres au Sud du pont de la route sur le chemin de fer. L'arrivée de ces renforts obligea l'ennemi à suspendre sa marche; les unités du 28ᵉ de marche essayèrent même un mouvement offensif, mais l'ennemi, abrité derrière le mur du château et les maisons de Pierrefitte, empêcha, par son feu, le mouvement de réussir. Le général de Bellemare, prévenu de ces engagements et croyant à une démonstration sérieuse de l'ennemi, prescrivit, vers midi 45, à ses grand'gardes de se retirer (2). Les compagnies qui étaient vers Épinai et n'avaient pas été engagées, rétrogradèrent sur le fort de la Briche.

Le commandant de Boisdenemetz se maintint avec les compagnies du commandant Jamais sur les emplacements qu'il occupait à 800 mètres au Nord de la Double-Couronne. Ses troupes continuèrent à tirailler avec les fractions adverses garnissant les lisières du château de Villetaneuse et de Pierrefitte. De part et d'autre, quelques isolés cherchèrent à se porter en avant mais durent rétrograder sous la fusillade.

Vers 4 heures, le fort de la Briche et celui de la Double-Couronne envoyèrent quelques obus sur une maison au pied de la Butte Pinçon qui paraissait occupée par

---

(1) Le Lieutenant-Colonel commandant le 28ᵉ de marche au général de Bellemare, Saint-Denis, 20 septembre.

(2) Le Général commandant supérieur de Saint-Denis au Gouverneur, D. T., Saint-Denis, 19 septembre, midi 45.

un état-major (1), puis vers 5 h. 30, toutes les troupes des grand'gardes n°ˢ 1 et 2, ou celles envoyées à leur secours rentrèrent dans Saint-Denis (2).

Les grand'gardes n°ˢ 3 et 4 n'eurent pas à combattre et purent conserver leur position (3).

Les patrouilles de lanciers de la grand'garde n° 3 signalèrent vers midi que Dugny était occupé par de l'infanterie ennemie; plus tard, des groupes de cavaliers furent aperçus dans la plaine; à 7 heures du soir, on remarqua une colonne se dirigeant vers Stains, et à peu près au même moment une troupe d'infanterie assez forte s'approcha du Bourget et se retira bientôt. Tous les postes de ces deux grand'gardes furent donc maintenus et passèrent la nuit sur leurs positions. Le lendemain 20, ils furent inquiétés dès le matin, puis se replièrent sur la ligne des forts, les commandants des grand'gardes ayant reçu l'ordre de rentrer (4).

---

(1) Le Lieutenant-Colonel commandant le 28ᵉ de marche au général de Bellemare, Saint-Denis, 20 septembre; *Historique* du 28ᵉ régiment de marche.

(2) Le Général commandant supérieur de Saint-Denis au Gouverneur, D. T., Saint-Denis, 19 septembre, 6 h. 45 soir.

(3) Le demi-bataillon de ligne qui avait assuré le service de la grand'garde n° 3 dans la nuit précédente fut relevé le 19, vers 11 h. 30 du matin par les 2ᵉ, 3ᵉ, 4ᵉ compagnies et la 2ᵉ section de la 1ʳᵉ compagnie du XVIᵉ bataillon de mobiles de la Seine, accompagnées d'un peloton du 1ᵉʳ lanciers. La 2ᵉ compagnie occupa la Courneuve, la section de la 1ʳᵉ compagnie fut placée sur la voie ferrée, à la sortie Sud de la Courneuve; ces deux fractions formaient ainsi réserve, tandis que la 3ᵉ compagnie s'installait à la bifurcation des chemins de la Courneuve au Bourget et de Merville à la station du Bourget, avec des postes à la station et au village du Bourget, puis sur la Mollette, et la 4ᵉ à même hauteur sur le chemin de la Courneuve à Dugny, avec des postes au pont de la Mollette et sur le Crould (*Rapport* du capitaine Broussier, de la 3ᵉ compagnie du XVIᵉ bataillon de mobiles de la Seine, au Lieutenant-Colonel commandant supérieur du fort de l'Est, 20 septembre).

(4) Les troupes engagées avaient fait les pertes suivantes : 28ᵉ de

Dans la soirée du 19, le général de Bellemare avait en effet prescrit sur tout son front de faire rentrer les grand'gardes et avait rédigé un ordre pour indiquer à chaque unité sa nouvelle place de combat (1). D'après ces instructions, toutes ses troupes devaient se replier sur la ligne des forts, de la Briche au fort d'Aubervilliers en passant par le village d'Aubervilliers qui continuait à être occupé par le XIIe bataillon de mobiles de la Seine. Chaque fort se bornait à placer quelques postes à 500 ou 600 mètres en avant de lui. Les deux ponts de Saint-Ouen devant sauter dans l'après-midi sur l'ordre du Gouverneur, le bataillon qui occupait l'île Saint-Denis avait rappelé les postes détachés sur la rive gauche.

Dans la soirée, la garnison de Saint-Denis fut renforcée par les IIe et IIIe bataillons de mobiles de la Seine que le Gouverneur avait fait sortir du Mont-Valérien (2).

Il ne restait donc le 19 au soir aucune troupe détachée au Nord des forts de la Briche et de la Double-Couronne, mais par contre, en avant des forts de l'Est et d'Aubervilliers, la ligne du Crould et celle de la Mollette restèrent occupées jusqu'au lendemain, comme les jours précédents, par les grand'gardes habituelles, ainsi que les villages de Drancy, Bobigny et la ferme de la Folie. Ces points furent évacués le 20 au matin.

Secteur Ouest. — On connaît la situation des troupes

---

marche : 1 tué, 19 blessés, 3 disparus ; 2e demi-bataillon de Saint-Denis : 65e de ligne, 1 sergent tué ; 68e, 1 blessé, 9 disparus ; 75e de ligne, 4 blessés, 6 disparus ; 3e demi-bataillon de Saint-Denis : 91e de ligne, 1 disparu (*Journal* de défense de Saint-Denis).

(1) *Journal* de défense de Saint-Denis, Ordre n° 9.
(2) *Journal* de défense de Saint-Denis ; le Gouverneur de Paris au Commandant du Mont-Valérien, D. T., Paris, 19 septembre, 10 h. 55 matin.

françaises dans ce secteur le 18 au soir (1). Il convient toutefois de la rappeler en quelques mots. Il y avait à Gennevilliers (ouvrage inachevé) le Ier bataillon de mobiles de la Seine et deux compagnies de ligne. Au Mont-Valérien, une garnison nombreuse comprenait notamment comme infanterie les IIe et IIIe bataillons de mobiles de la Seine et cinq compagnies de ligne. Le fort de Montretout (ouvrage en construction) était occupé par le VIe bataillon de mobiles de la Seine et deux compagnies de ligne. A l'ouvrage de Brimborion (en construction) se trouvaient quelques fractions de mobiles. Enfin des gardes nationaux sédentaires avaient été armés à Sèvres, Suresnes, Boulogne, Rueil, etc. Ceux de Sèvres et de Boulogne, ainsi que la compagnie des « Tirailleurs de la Seine » et des fractions du régiment de gendarmerie à pied avaient été chargés par le commandant du 6e secteur, depuis le 13, de garder les ponts de Sèvres et de Saint-Cloud.

Jusqu'alors, le côté Ouest de la place avait été le seul qui ne fut pas entré en contact avec l'ennemi. Mais néanmoins, étant donné l'état d'avancement des travaux des ouvrages en construction et le peu de troupes occupant ce front, il semble que le Gouverneur avait déjà prévu l'évacuation de ces ouvrages, à l'exception du Mont-Valérien. En effet, le 19, à 4 h. 20 du matin, le commandant du fort de Montretout télégraphiait qu'en prévision de sa retraite « indiquée par le Mont-Valérien » il allait faire diriger sur Boulogne les vivres réunis sur ce point (2).

Dès 7 heures du matin, les troupes de ce dernier fort entendaient la fusillade du côté de Meudon et prenaient

---

(1) Voir plus haut, p. 312.
(2) Le commandant du fort de Montretout au Gouverneur, D. T., Mont-Valérien, 19 septembre, 4 h. 20 matin.

leurs emplacements de combat (1). Dans les premières heures de la matinée, un court engagement se produisait dans Sèvres et Chaville, où les gardes nationaux sédentaires de ces localités faisaient le coup de feu contre des cavaliers qui voulaient gagner le pont de Sèvres (2). Toutefois, jusqu'à 10 h. 50, aucune fraction ennemie n'était apparue devant Montretout (3).

Le commandant des gardes nationaux de Sèvres et de Chaville avait rendu compte aussitôt au contre-amiral de Fleuriot de Langle, commandant le 6ᵉ secteur de l'enceinte, des incidents survenus dans leur voisinage, et l'avait informé en même temps qu'un engagement très sérieux avait eu lieu du côté de Meudon et de Grange Dame Rose où les zouaves auraient perdu 1,500 hommes (4). Le contre-amiral de Fleuriot de Langle résolut aussitôt de faire défendre les ponts de la Seine aux abords de Sèvres et, de sa propre autorité, fit partir à 10 h. 30 un bataillon de gendarmerie et deux bataillons de mobiles (IIᵉ de la Somme et IVᵉ du Finistère). Une compagnie de gendarmerie occupa chacun des ponts de Saint-Cloud, Sèvres et Billancourt, soutenue en arrière par les mobiles. Celui de Suresnes, protégé par le Mont-Valérien, était en outre surveillé par les gardes nationaux de cette localité.

Mais l'ennemi ne parut pas devant ces points de passage qui furent détruits en partie dans la journée. Le général Trochu avait fait appeler, dans la matinée, le

---

(1) Le Commandant supérieur du Mont-Valérien au Gouverneur, D. T., Mont-Valérien, 19 septembre, 8 h. 25 matin.
(2) Le Commandant du 6ᵉ secteur au Gouverneur, D. T., Paris, 19 septembre, 10 h. 30 matin.
(3) Le Commandant du fort de Montretout au Gouverneur, D. T., Boulogne, 19 septembre, 10 h. 50 matin.
(4) Le Commandant du 6ᵉ secteur au Gouverneur, D. T., 19 septembre, 10 h. 30 matin.

colonel Gras, et l'avait chargé de faire sauter les ponts de Saint-Ouen, Clichy, Asnières, Courbevoie, Saint-Cloud, Sèvres, Billancourt. Seuls, les ponts de Suresnes étaient maintenus.

A 2 h. 30 de l'après-midi, le pont de Saint-Ouen fit explosion; des tentatives faites le matin, vers 10 heures, aux ponts de Sèvres et Saint-Cloud échouèrent tout d'abord (1); finalement l'explosion ne se produisit que vers 7 heures du soir à Saint-Cloud, et vers 8 heures à Sèvres. Le pont de Courbevoie avait été détruit à 2 heures. L'un des bras de celui de Billancourt était rompu depuis 9 h. 30 du matin. En raison de l'opposition des autorités locales et des ingénieurs de la compagnie des chemins de fer de l'Ouest (2), les ponts de route de Clichy et d'Asnières et le pont du chemin de fer de la ligne de Rouen, à Asnières, ne furent détruits que dans la soirée, et ce dernier, en partie seulement.

A 1 h. 30 du soir, le commandant du fort de Montretout avait rendu compte télégraphiquement au Gouverneur de sa situation. Il signalait que l'ennemi devait occuper Sèvres et Garches, et que, le fort n'étant pas terminé et n'ayant aucune artillerie, il lui semblait préférable de l'évacuer (3). A 3 h. 45, il télégraphiait encore que deux reconnaissances de uhlans avaient paru en vue de Montretout, et avaient été repoussées par la garde mobile (4). En réalité, ces fractions étaient restées à grande distance et n'avaient pas eu à souffrir du feu

---

(1) L'employé des télégraphes Evrard au colonel Gras, D. T., Boulogne, 19 septembre, 1 h. 35 soir.

(2) Le Maire au Gouverneur, D. T., Asnières, 19 septembre, 2 h. 15 soir; le capitaine Hertz au Gouverneur, D. T., Clichy-la-Garenne, 19 septembre, 5 h. 20 soir.

(3) Le Commandant du fort de Montretout au Gouverneur, 19 septembre, 1 h. 24 soir.

(4) Le même au même, D. T., Montretout, 3 h. 45 soir.

des compagnies de mobiles de grand'garde en avant du fort.

Mais les premiers renseignements avaient déterminé le Gouverneur à prescrire, vers 2 heures du soir, l'abandon de Montretout (1). Depuis le matin, du reste, l'évacuation des vivres et approvisionnements divers sur Boulogne avait continué; le service du génie, abandonné par les ouvriers civils, avait déjà ramené dans Paris son personnel militaire. Dans ces conditions, le commandant Sauvezon abandonna le fort de Montretout et ramena ses troupes aux Tuileries où elles arrivèrent à 9 heures du soir.

Au Mont-Valérien, aucun événement ne se produisit dans la journée; toutefois, le général Trochu avait ordonné, à 10 h. 45 du matin, d'en faire sortir les IIe et IIIe bataillons de mobiles de la Seine. Ils partirent en effet vers 3 h. 30 et gagnèrent Saint-Denis. Ils furent remplacés au Mont-Valérien par les IVe et V^e bataillons de la Loire-Inférieure qui y arrivèrent à 7 heures du soir (2).

L'évacuation de Gennevilliers fut également ordonnée, et la garnison se retira dans l'après-midi, avant que l'on ne fît sauter le pont de Clichy. De sorte que le 19 au soir, toute la presqu'île de Gennevilliers était complètement évacuée, à l'exception du Mont-Valérien qui ne communiquait plus avec Paris que par le pont de Suresnes.

Secteur Sud. — Les mouvements opérés dans le

---

(1) Le Gouverneur de Paris au Commandant du Mont-Valérien, . T., Paris, 19 septembre, 2 h. 5 soir.

(2) Ce mouvement semble avoir été demandé par le Préfet de police qui, à 11 h. 20 du matin, télégraphiait au commandant Deleval, au Mont-Valérien : « Je vous ai fait expédier deux bons bataillons bretons... ».

secteur Sud, se rattachant au combat de Châtillon, seront retracés en même temps que ce combat, après que l'on aura exposé la marche générale des troupes allemandes.

§ 2. — *Mouvements des troupes allemandes.*

Armée de la Meuse. — Les 5ᵉ et 6ᵉ divisions de cavalerie furent, le 19, en partie immobilisées dans leurs cantonnements, ne pouvant franchir la Seine, faute de moyens de passage (1). Les derniers éléments de la division von Rheinbaben (*11ᵉ* hussards et bagages) restés encore sur la rive gauche de l'Oise à Saint-Ouen-l'Aumône passèrent sur l'autre rive de cette rivière dès le matin du 19 et cantonnèrent à Pontoise (2). Aussitôt après, les pontonniers replièrent leur équipage puis transportèrent tout leur matériel à Triel où ils arrivèrent à 8 heures du soir seulement. Après un court repos, ils entreprirent vers 1 heure du matin l'établissement, sur la Seine, d'un pont de 133 mètres de longueur, que les deux divisions purent commencer à utiliser le 20 au matin (3).

Les 1ʳᵉ et 3ᵉ compagnies du *4ᵉ* bataillon de chasseurs quittèrent Pontoise avec les pontonniers et vinrent également à Triel (4).

Dans la journée, une patrouille d'officier du *15ᵉ* uhlans, comprenant 9 chevaux, avait passé la Seine à Triel au moyen d'un bac, et, par Poissy, s'était avancée jusqu'aux environs de Saint-Germain (5).

---

(1) Voir plus haut, p. 325.
(2) *Bergische Lanziers. Westfälische Husaren Nr. 11*, p. 394.
(3) *Geschichte des Magdeburgischen Pionier-Bataillons Nr. 4*, p. 133.
(4) *Geschichte des Magdeburgischen Jäger-Bataillons Nr. 4*, p. 211.
(5) *Geschichte des Schleswig-Holsteinschen-Ulanen-Regiments Nr. 15*, p. 62.

D'après l'ordre du grand quartier général, en date du 15, le premier objet de la marche sur Paris était de couper les communications de la capitale avec l'extérieur et d'empêcher tout ravitaillement et toute tentative de déblocus. Les troupes ne devaient pas, en général, être exposées aux feux des forts. Toutefois, afin de diminuer l'étendue de la ligne d'investissement, elles devaient être aussi rapprochées que possible de ces ouvrages (1).

L'investissement étant fixé au 19, le commandant de l'armée de la Meuse avait ordonné le 17 que le IVe corps atteindrait Saint-Brice le 19, déploierait ses postes avancés de Sarcelles à Deuil et jetterait vers Argenteuil une brigade avec deux batteries. La brigade de uhlans de la Garde, rattachée au IVe corps, était chargée de se porter au Sud d'Argenteuil et de se relier avec les 5e et 6e divisions de cavalerie que l'on espérait voir, dès le 18, sur la rive gauche de la Seine.

A la gauche du IVe corps, la Garde devait venir à Roissy et occuper, avec ses premiers éléments, Aulnay-lès-Bondy, le Blanc-Mesnil et Arnouville, tandis que le XIIe corps pousserait ses troupes les plus avancées à l'ouest de Sévran et de Chelles (2).

Étant donnés ces ordres et les positions occupées par les troupes françaises le 18 au soir, on voit que le IVe corps seul allait entrer en contact avec les avant-postes de Saint-Denis et aurait à les refouler quelque peu vers la place, pour occuper en toute tranquillité les points qui lui étaient fixés.

Les renseignements recueillis dans la journée du 18 par les fractions de cavalerie envoyées en reconnaissance vers la place avaient fait croire au Prince royal de

---

(1) *Correspondance militaire du maréchal de Moltke*, t. II, p. 377.
(2) *Historique du Grand État-Major prussien*, IIe partie, p. 52.

Saxe qu'il rencontrerait une résistance assez sérieuse au Nord de Saint-Denis. Les patrouilles du *12e* hussards, de l'avant-garde du IVe corps, avaient été accueillies à coups de fusil au Nord de Montmagny et de Pierrefitte ; de même les uhlans de la Garde avaient été fusillés aux abords du Bourget et de Drancy (1).

« Ces indices, dit l'ouvrage du Grand État-Major prussien (2), rapprochés des autres renseignements parvenus au commandant en chef de l'armée de la Meuse, à Saint-Soupplets, faisaient naître l'idée que l'adversaire devait occuper fortement la région en avant de Saint-Denis et qu'il opposerait une résistance sérieuse à l'investissement des fronts Nord de Paris. En conséquence, dans la soirée même du 18, le IVe corps était avisé qu'il se heurterait probablement à l'ennemi le lendemain, et qu'il aurait à le refouler dans les ouvrages de Saint-Denis. La Garde devait se tenir prête, à Gonesse, à soutenir le IVe corps et à pousser, si elle le pouvait, ses avant-postes jusqu'au Bourget. Le XIIe corps recevait l'ordre de laisser une division d'infanterie seulement entre la Marne et le canal de l'Ourcq, et de s'avancer avec le reste de ses forces sur Sévran, afin d'être en mesure, le cas échéant, de s'engager par Aulnay. »

Comme on le voit, le commandant de l'armée de la Meuse se faisait une idée inexacte des dispositions et surtout des intentions de son adversaire.

Le prince royal de Saxe avait transmis au grand quartier général les renseignements recueillis. Il semble qu'un premier compte rendu parvint à Meaux au milieu de la nuit du 18 au 19, et que le maréchal de Moltke, après avoir hésité à faire appuyer l'armée de la Meuse par des fractions de la IIIe armée, se contenta de décider

---

(1) *Historique du Grand État-Major prussien*, IIe partie, p. 52.
(2) *Ibid.*, p. 53.

que les officiers du grand quartier général se rendraient de bonne heure auprès de l'armée de la Meuse pour juger de la situation et prendre les mesures nécessaires. Ces officiers quittèrent en effet Meaux vers cinq heures du matin (1), tandis que le maréchal de Moltke y restait pour attendre le Roi et le conduire ensuite vers Gonesse.

Un peu avant 7 heures, un second compte rendu serait parvenu à Meaux, fournissant non seulement de nouveaux renseignements mais faisant aussi connaître les mesures ordonnées par le prince royal de Saxe ainsi que ses appréciations sur la situation. Le maréchal de Moltke partagea la manière de voir du commandant de l'armée de la Meuse (2), et croyant la situation beaucoup plus grave qu'elle ne l'était en réalité, prescrivit à 7 heures du matin au commandant de la division würtembergeoise, dont les troupes étaient en marche sur Pontault, de les faire arrêter (3) en attendant les instructions qu'il lui envoyait et qui étaient les suivantes (4) :

---

(1) Verdy du Vernois raconte (*Im Grossen Hauptquartier*, p. 176) qu'il fut appelé dans la nuit du 18 au 19, avec les autres chefs de section, chez le Maréchal qui occupait une grande chambre à l'évêché de Meaux. Le Maréchal leur communiqua les renseignements reçus de l'armée de la Meuse, et l'on commença à discuter pour savoir s'il y avait lieu d'envoyer des forces nouvelles pour la soutenir. Finalement, il fut décidé que les officiers du quartier général se rendraient, le 19, auprès de l'armée de la Meuse et que, si rien d'important ne survenait, ils reviendraient ensuite à Ferrières, où le quartier général devait être transféré dans la journée. D'après Verdy du Vernois, les officiers du quartier général quittèrent Meaux à 5 heures du matin, c'est-à-dire, si cette heure est exacte, avant que ne parvînt à Meaux le compte rendu du prince royal de Saxe qui détermina les ordres donnés à 7 heures par le maréchal de Moltke.
(2) *Historique du Grand État-Major prussien*, IIe partie, p. 54.
(3) *Correspondance militaire du maréchal de Moltke*, t. II, p. 380.
(4) *Ibid.*, t. II, p. 381.

Meaux, 19 septembre, 7 heures matin.

« D'après des renseignements qui viennent d'arriver, l'ennemi occuperait avec des troupes de ligne les hauteurs de Pierrefitte, au Nord de Saint-Denis, et les aurait fortifiées.

« Le Bourget serait barricadé.

« Aulnay-lès-Bondy est occupé par nos troupes.

« Le IV⁰ corps attaquera aujourd'hui la position ennemie en venant du Nord. La Garde, de Gonesse, soutiendra cette attaque. Une division du XII⁰ marche sur Sévran.

« Il est à désirer que les deux brigades disponibles de la division würtembergeoise soient prêtes à toute éventualité.

« Si ces brigades ne sont pas encore en mouvement, on les dirigera immédiatement sur Chelles sur la rive droite de la Marne ; si elles sont déjà en marche vers la gauche, on les portera sur Gournay où elles prépareront le passage de la rivière.

« En conséquence, l'équipage de pont sera appelé de Lagny.

« La marche du combat qu'on s'attend à livrer permettra de décider si la division devra continuer sa marche en avant, ou bien si elle devra se porter, ainsi qu'on en a eu d'abord l'intention, sur une position en face de Vincennes, direction qu'il y aura lieu de continuer à observer ».

Le Maréchal envoya en même temps au commandant de l'armée de la Meuse une copie de cette dépêche et ajouta : « Il appartient au commandant en chef d'examiner si la 2⁰ division du XII⁰ corps ne doit pas aussi être appelée sur le champ de bataille. On fait remarquer, à ce sujet, que si la position de l'ennemi paraissait devoir être trop forte, le V⁰ corps sera envoyé le 20, par Saint-Germain, sur ses derrières (1) ».

Enfin, une autre copie de l'ordre ci-dessus était adressée au commandant de la III⁰ armée, auquel on faisait savoir en même temps que le XI⁰ corps était appelé à Meaux (2).

Combat de Pierrefitte—Montmagny. Mouvement du IV⁰ corps. — D'après les ordres du général von Alvensleben I, commandant le IV⁰ corps, les troupes prirent pour 7 h. 30 du matin les dispositions suivantes :

La *16⁰* brigade d'infanterie et la brigade de uhlans de la Garde se rassemblèrent au Nord-Est de Bouqueval avec avant-garde vers Villiers-le-Bel (3) ; la *15⁰* brigade se forma sous la protection des avant-postes qu'elle avait placés la veille entre Goussainville et le Thillay (4), en attendant l'arrivée de l'artillerie de corps et de la 7⁰ division d'infanterie, qui avaient quitté leurs cantonnements entre 5 et 6 heures du matin.

Pour couvrir le mouvement du gros du IV⁰ corps, qui devait continuer sa marche sur Saint-Brice, le général von Alvensleben I ordonna à la *15⁰* brigade de se porter sur Sarcelles et Graulay. En même temps, il envoya le 7⁰ dragons en observation vers Stains (5) et demanda à la Garde de faire une démonstration contre ce même village (6).

Le mouvement de la *15⁰* brigade, commandée par le

---

(1) *Correspondance militaire du maréchal de Moltke*, t. II, p. 381.
(2) *Ibid.*, p. 382.
(3) *Geschichte der ersten 25 Jahre des Fusilier-Regiments Königin (Schleswig-Holsteinsches) Nr. 86*, p. 92.
(4) *Geschichte des 1. Thüringischen Infanterie-Regiments Nr. 31*, p. 421.
(5) *Geschichte des Westfälischen Dragoner-Regiments Nr. 7*, p. 57.
(6) *Historique du Grand État-Major prussien*, II⁰ partie, p. 54.

général von Kessler, commença à 9 h. 50 du matin dans l'ordre ci-après (1) :

Avant-garde sous les ordres du lieutenant-colonel von Klöden :

2ᵉ escadron du *12ᵉ* hussards, IIIᵉ et Iᵉʳ bataillons du *71ᵉ*, une batterie.

Gros sous les ordres du colonel von Bonin :

IIᵉ bataillon du *71ᵉ*, IIIᵉ bataillon du *31ᵉ*, Iᵉʳ et IIᵉ bataillons du *31ᵉ*, une batterie.

Les reconnaissances de cavalerie firent bientôt connaître que des patrouilles françaises occupaient les pentes Nord de la Butte Pinçon, couvertes de vignes, ainsi que le Barrage et le village de Pierrefitte.

Le prince royal de Saxe qui, sur ces entrefaites, était venu auprès du IVᵉ corps et avait été renseigné sur la situation par un officier de son état-major (2) prescrivit au général von Alvensleben I de faire refouler sur Saint-Denis les forces françaises signalées vers Montmagny et Pierrefitte. La *15ᵉ* brigade fut chargée de cette mission, et son chef, le général von Kessler, ordonna aussitôt au IIIᵉ bataillon du *71ᵉ* de repousser les tirailleurs français et d'occuper la Butte Pinçon. A la sortie de Sarcelles, la 10ᵉ compagnie qui marchait en tête de ce bataillon se forma à droite de la route, la 9ᵉ à gauche et chacune de ces unités déploya son peloton de tirailleurs ; la 12ᵉ compagnie suivit la 10ᵉ à distance, et la 11ᵉ marcha de même derrière la 9ᵉ. Pour recueillir ce bataillon au cas où il serait repoussé, le commandant de l'avant-garde arrêta dans Sarcelles le Iᵉʳ bataillon du *71ᵉ*, qui organisa ce village défensivement (3).

---

(1) *Geschichte des 1. Thüringischen Infanterie-Regiments Nr. 31*, p. 421.

(2) *Historique du Grand État-Major prussien*, IIᵉ partie, p. 54.

(3) *Geschichte des 3. Thüringischen Infanterie-Regiments Nr. 71*, p. 164.

Le IIIe bataillon du 71e s'avança lentement, refoulant par son feu les éclaireurs français; pendant ce temps, le IIe du 71e, qui marchait en tête du gros, s'était rapproché pour soutenir le IIIe. Avant d'arriver au Barrage, les 9e et 10e compagnies avaient dû faire entrer en ligne tous leurs pelotons (1); la 10e compagnie, ayant reçu des coups de feu partant d'un petit bois au Nord-Ouest du Barrage, fit face de ce côté et, passant au Nord de la Butte Pinçon, prit la direction de Montmagny. La 9e compagnie continua sur Pierrefitte, mais fût arrêtée par une fusillade partant de ce village dont l'entrée Nord avait été barricadée et où s'était retiré l'une des compagnies françaises qui venaient d'être ainsi refoulées (2);

La 11e compagnie fut alors dirigée à gauche de la 9e pour aborder Pierrefitte par le Nord-Est, tandis que la 12e montait les pentes Nord-Est de la Butte Pinçon pour expulser des vignes les derniers tirailleurs français.

Le IIe bataillon du 71e reçut l'ordre d'occuper d'une manière définitive la Butte Pinçon, et le IIIe bataillon du 31e qui le suivait dans l'ordre de marche fut appelé, vers 11 h. 30, pour soutenir les compagnies en première ligne. En arrivant au Barrage, ce dernier bataillon détacha sa 10e compagnie vers Montmagny en soutien de la 10e du 71e. Ces deux unités chassèrent vite les derniers défenseurs de ce village, et, en arrivant à sa sortie Sud, aperçurent vers leur aile droite un escadron de lanciers qui se retira vers le Sud-Ouest.

La lutte autour de Pierrefitte ne fut pas longue; la 9e compagnie du 71e arrêtée au Nord du village le contourna par l'Ouest, pendant que la 11e faisait de même par l'Est. A ce moment du reste, la 11e compagnie du 31e s'avançait par la grande route suivie en arrière par les 9e

---

(1) Voir plus haut, p. 346.
(2) *Ibid.*

et 12e, mais recevant des coups de feu de la barricade de Pierrefitte, la 11e se jeta à droite et, passant derrière la 9e du 71e, vint se former à sa droite, face au Sud, et sur les pentes Est de la Butte Pinçon. Les 9e et 12e du 31e, se jetèrent également à l'Ouest de la grande route et s'intercalèrent plus tard entre la droite de la 11e compagnie, et la gauche de la 10e, qui, après avoir fouillé Montmagny, avait obliqué vers le Sud-Est tandis que la 10e compagnie du 71e s'avançait jusqu'à Villetaneuse. Pendant ce temps les 9e et 11e du 71e avaient pénétré dans Pierrefitte abandonné par ses défenseurs (1). Ces compagnies avaient eu devant elles les 2e et 5e demi-bataillons de Saint-Denis qui primitivement formaient la grand'garde nº 1 renforcée (2).

Il pouvait être environ 1 heure de l'après-midi, lorsque les unités allemandes arrivèrent sur la ligne Villetaneuse—Pierrefitte, quelque peu mélangées : à droite devant Villetaneuse la 10e du 71e, à sa gauche la 10e du 31e au moulin de Pierrefitte et en marche vers le Sud-Est; à une certaine distance plus à l'Est et près de Pierrefitte la 11e du 31e; en arrière de l'intervalle entre ces deux compagnies les 9e et 12e du même régiment, en marche pour venir s'intercaler entre les deux premières; à la lisière Sud de Pierrefitte les 9e et 11e du 71e, cette dernière jetant un peloton vers la station, puis la 12e du 71e au Nord-Ouest de Pierrefitte; enfin le IIe bataillon du 71e sur la Butte Pinçon.

Avant que la 10e du 31e n'atteignit Pierrefitte, elle reçut l'ordre de se placer en réserve derrière la 11e du même régiment, laquelle était arrivée au Sud de Pierrefitte auprès des 9e et 11e du 71e. Le commandant du

---

(1) *Geschichte des 1. Thüringischen Infanterie-Regiments Nr. 31*, p. 421.
(2) Voir plus haut, p. 345.

IIIᵉ bataillon du *31ᵉ* venait en effet d'être chargé de tenir le chemin de Villetaneuse à Pierrefitte; il fit occuper par la 9ᵉ compagnie les carrières et une tuilerie au Sud du moulin de Pierrefitte et envoya la 12ᵉ vers Villetaneuse où se trouvait toujours la 10ᵉ du *71ᵉ*. Ces dernières opérations se firent lentement et le combat resta stationnaire un certain temps. Puis vers 4 heures, le château de Villetaneuse ayant été abandonné (1), les compagnies prussiennes s'y portèrent et pendant que la 10ᵉ du *71ᵉ* l'occupait, la 12ᵉ du *31ᵉ* s'avançait vers la voie ferrée avec le peloton de tirailleurs de la 12ᵉ du *71ᵉ*, qui par suite d'une erreur de direction avait perdu sa compagnie. Mais ces éléments durent battre en retraite et vinrent se reformer près de la tuilerie, c'est-à-dire à côté de la 9ᵉ du *31ᵉ* (2).

Pendant que s'opéraient tous ces mouvements un peu confus, le gros de la brigade avait continué son mouvement, assez lentement, par Sarcelles et Graulay, sur Montmagny où il n'arriva que vers 4 heures. Il n'eut pas à intervenir, bien qu'au cours de la marche quelques projectiles de gros calibres, lancés par les ouvrages de Saint-Denis, soient tombés près de certains de ses éléments (3).

---

(1) Voir plus haut, p. 346.
(2) D'après les *Historiques,* les différentes unités engagées dans la 5ᵉ brigade subirent les pertes suivantes : IIIᵉ bataillon du *31ᵉ* : 9ᵉ compagnie, 2 blessés; 10ᵉ, 1; 11ᵉ, 2 tués, 2 blessés; 12ᵉ, 3 blessés. Iᵉʳ bataillon du *71ᵉ* : 1 sous-officier tué, 1 sous-officier et 11 hommes blessés, 2 disparus.
Consommation de munitions : les compagnies du IIIᵉ bataillon du *71ᵉ* consommèrent : la 9ᵉ, 1,300 cartouches; la 10ᵉ, 3,332; la 11ᵉ, 934; la 12ᵉ, 1,316 (*Geschichte des 3. Thüringischen Infanterie-Regiments Nr. 71,* p. 167; *Geschichte des 1. Thüringischen Infanterie-Regiments Nr. 31,* p. 424).
(3) *Geschichte des 1. Thüringischen Infanterie-Regiments Nr. 31,* p. 423.

Le 7ᵉ dragons qui comptait à la 7ᵉ division avait reçu du général von Alvensleben I l'ordre d'observer dans la direction de Stains. De Roissy où il s'était rassemblé avec la division, ce régiment, se faisant précéder de son 4ᵉ escadron comme avant-garde, se dirigea sur Arnouville (1). Ayant appris en ce point par une patrouille de la Garde que Garges avait été visité par des éclaireurs français, le commandant du régiment laissa son avant-garde continuer vers Garges, jeta son 1ᵉʳ escadron le long de la voie ferrée vers Pierrefitte et s'avança avec les deux autres à travers champs directement sur Stains. Mais, arrivés à la crête qui domine cette localité, ces escadrons subirent la fusillade des détachements qui occupaient la station de Pierrefitte et le village de Stains (2). Ils durent rétrograder et il en fut de même du 1ᵉʳ escadron; toutefois un peloton de celui-ci, se jetant à l'Ouest de la voie ferrée, rejoignit la gauche de la *15ᵉ* brigade et se dirigea sur Pierrefitte avec les compagnies du *71ᵉ*.

A 7 h. 30 du matin, l'avant-garde de la *16ᵉ* brigade (3) s'était rassemblée au Nord-Est de Villiers-le-Bel, et le gros au Nord-Est de Bouqueval, puis cette brigade s'était mise en marche à 9 h. 45 dans la direction de Saint-Brice. Après avoir traversé cette localité,

---

(1) *Geschichte des Westfälischen Dragoner-Regiments Nr. 7*, p. 57.

(2) Ces détachements comprenaient la grand'garde du Moulin de Stains renforcée par les quatre compagnies du 28ᵉ de marche envoyées à son secours sous les ordres du commandant de Boisdenemetz (Voir plus haut, p. 347).

(3) Avant-garde : lieutenant-colonel von Normann; *86ᵉ* régiment d'infanterie, IIᵉ et IIIᵉ bataillons (moins la *9ᵉ* compagnie); 5ᵉ escadron du 3ᵉ uhlans de la Garde ; un peloton du *12ᵉ* hussards ; 4ᵉ batterie légère; 2ᵉ compagnie de pionniers (*Geschichte der ersten 25 Jahre des Fusilier-Regiments Königin (Schleswig-Holsteinsches) Nr. 86*, p. 92).

les uhlans, les trois compagnies du IIIe bataillon du *86*[e] et les pionniers se portèrent directement sur les hauteurs boisées qui dominent Montmorency, tandis que le reste de l'avant-garde (IIe bataillon du *86*[e], batterie et peloton du *12*[e] hussards) prenait un chemin plus au Nord.

La marche avait été assez lente, les pionniers ayant dû déblayer la route plusieurs fois, et ce ne fut que vers 1 h. 30, que les premières fractions de l'avant-garde arrivèrent devant Montmorency d'où elles repoussèrent quelques patrouilles françaises qui se retirèrent sur Deuil. Le IIIe bataillon du *86*[e] occupa alors la lisière Sud-Est de Montmorency, puis vers 2 h. 30 envoya vers Deuil la 10e compagnie et l'escadron de uhlans de la Garde. Ce mouvement détermina les dernières fractions françaises qui occupaient cette localité à se replier sur la Barre; la compagnie prussienne les suivit, pénétra dans la partie Nord de ce hameau, mais en arrivant à la sortie Sud reçut une assez vive fusillade d'un petit bois situé près de la voie ferrée. Le lieutenant Kühne, du *86*[e], fut tué, et la compagnie ne dépassa pas la Barre; après une courte fusillade, les fractions françaises se retirèrent sur Saint-Denis.

Vers 4 heures, la 10e compagnie évacua la Barre (1) et se replia sur Deuil, où venaient d'entrer le IIe bataillon du *86*[e] et la batterie qui, ayant pris un chemin plus long et mauvais, n'avaient atteint Montmorency qu'à 3 heures.

Le gros de la brigade arriva bientôt après; le Ier bataillon du *86*[e] se porta à Deuil où se trouva rassemblé tout le régiment, le *96*[e] resta en arrière à Montmorency (2).

---

(1) Cette compagnie avait eu un officier tué et un homme blessé. Ce furent les seules pertes de la *16*[e] brigade.

(2) *Geschichte der ersten 25 Jahre des Füsilier-Regiments Königin Schleswig-Holsteinsches) Nr. 86*, p. 94.

Quant à la brigade de uhlans de la Garde, après avoir exploré vers Argenteuil ainsi qu'elle en avait reçu ordre, elle gagna Cormeil-en-Parisis, Montigny-les-Cormeil et Franconville (1).

L'artillerie de corps et les troupes de la 7ᵉ division avaient quitté leurs cantonnements du Mesnil-Amelot et des localités plus à l'Est entre 5 et 6 heures du matin, puis par Roissy avaient gagné le Thillay et s'y étaient rassemblées vers 9 h. 30 à l'Ouest du ravin. Sous la protection de la 15ᵉ brigade lancée comme il a été dit (2) vers Sarcelles puis vers Saint-Denis, la 7ᵉ division s'était dirigée à travers champs vers Sarcelles. La 13ᵉ brigade qui marchait en tête y arriva après midi, et toute la division s'y forma en réserve, l'artillerie de corps entre les deux brigades, attendant les renseignements sur les combats engagés par les 15ᵉ et 16ᵉ brigades.

La situation générale du IVᵉ corps à 4 heures du soir était donc la suivante :

La 16ᵉ brigade se trouvait à Montmorency et occupait Deuil, après avoir tenu la Barre quelque temps ; la 15ᵉ brigade avait deux bataillons déployés sur le front Villetaneuse-Pierrefitte, un bataillon à la Butte Pinçon, deux bataillons et une batterie au Nord de Montmagny et un bataillon dans Sarcelles.

La 7ᵉ division et l'artillerie de corps étaient massées à l'Est de Sarcelles, le 7ᵉ dragons se tenait au Sud-Ouest d'Arnouville, observant Stains.

Les troupes françaises s'étant repliées sur Saint-Denis, le commandant du IVᵉ corps ordonna vers 4 heures de cesser le combat et de prendre des cantonnements.

La 16ᵉ brigade resta à Montmorency, couverte par le Iᵉʳ bataillon du 86ᵉ, qui fit occuper Deuil et la station

---

(1) *Historique du Grand État-Major prussien*, IIᵉ partie, p. 55.
(2) Voir plus haut, p. 359.

d'Enghien, et se relia à sa gauche avec les avant-postes placés par la *15e* brigade.

Celle-ci, rompant le combat vers 4 h. 30, se retira sur Graulay où cantonnèrent les trois bataillons du *71e* et le IIIe du *31e*. Le Ier bataillon de ce régiment fournit les avant-postes, trois compagnies (1re, 2e et 4e) dans Montmagny, la 3e un peu à l'Est pour assurer la liaison avec le IIe bataillon qui fut chargé de tenir la Butte Pinçon, en s'étendant jusqu'à la grande route.

La 7e division et l'artillerie de corps cantonnèrent à Sarcelles et plus au Nord.

Les Ier et IIIe bataillons du *66e* (*13e* brigade) placèrent des avant-postes sur la grande route de Saint-Denis à Écouen et sur la voie ferrée, où ils se relièrent à la Garde.

Le IIe bataillon du *66e* cantonna dans Sarcelles même qu'il reçut mission d'organiser pour une défense opiniâtre; le *26e* y vint également.

Dans la *14e* brigade, le Ier bataillon du *27e* cantonna dans Saint-Brice avec le quartier général du corps d'armée; les deux autres bataillons et l'artillerie de corps bivouaquèrent au Nord de ce village. Le IIIe bataillon de l'autre régiment (*93e*) occupa Villiers-le-Bel; les Ier et IIe bataillons s'installèrent au bivouac près de cette localité (1).

Mouvements du corps de la Garde. — Afin de pouvoir soutenir, le cas échéant, l'attaque du IVe corps, la Garde

---

(1) Les convois nos 1, 3, 4, 5, et l'escadron d'encadrement du train vinrent au Mesnil-Aubry; le dépôt de remonte mobile s'installa à Puiseux, la boulangerie de campagne gagna Fère-en-Tardenois le 19 et arriva le 25 seulement au Mesnil-Aubry; les ambulances nos 1 et 3 à Saint-Brice, n° 2 fractionnée entre Graulay et Montmorency; les hôpitaux de campagne nos 1, 3, 4, à Saint-Brice, nos 5 et 12, à Montmorency, une moitié du n° 7 était restée à Goussainville dans les cantonnements de la veille, le n° 8 s'installa à Graulay (*Geschichte des Magdeburgischen Train-Bataillons Nr. 4*, p. 262 et 294).

avait reçu l'ordre de se rassembler de bonne heure au Sud-Ouest de Roissy. Ses régiments se mirent en marche entre 4 et 5 heures du matin. La 1re division, partant de Mitry et passant par Grand-Tremblay et Roissy, vint se rassembler au Nord de la Patte d'Oie à l'Est de Gonesse (1); le rassemblement fut terminé après 9 heures. Dans le même temps, la 2e division, venant par Thieux, Compans, Mitry, Grand-Tremblay, se formait au Nord de l'Orme de Morlu (2), et l'artillerie de corps près de Petit-Tremblay. Les bagages du corps d'armée étaient dirigés au Nord de Roissy et du Mesnil-Amelot.

Chaque division couvrit son rassemblement par une avant-garde portée à la Patte d'Oie et à l'Orme de Morlu, puis le régiment de hussards de la Garde, affecté à la 1re division, envoya des patrouilles vers Garges, Dugny, le Bourget, tandis que le 2e uhlans de la Garde explorait de même, pour le compte de la 2e division, vers le Bourget, le Blanc-Mesnil et Aulnay-lès-Bondy (3).

A 11 heures et quart, au moment où la 15e brigade allait s'engager vers Pierrefitte, la 1re division de la Garde reçut l'ordre de se tenir prête à soutenir le IVe corps et, à cet effet, de s'avancer vers Arnouville, Bonneuil et Garges.

Le général von Pape, commandant cette division, prescrivit au bataillon de chasseurs d'occuper chacun de ces trois villages par une compagnie, et fit avancer ses autres éléments à l'Est de Bonneuil.

Les renseignements parvenus jusqu'à 2 heures avaient fait connaître au commandant du corps de la

---

(1) *Geschichte des K. P. 2. Garde-Regiments zu Fuss*, p. 281.
(2) *Geschichte des Kaiser Alexander Garde-Grenadier-Regiments Nr. 1*, p. 181.
(3) *Die ersten 60 Jahre des 2. Garde-Ulanen-Regiments*, p. 118.

Garde que le IVe corps avait pu, sans trop de difficultés, rejeter vers le Sud les forces françaises qui occupaient Montmagny et Pierrefitte, et que, dans ces conditions, le concours de tout le corps de la Garde ne paraissait pas nécessaire ; d'autre part, le 2e uhlans de la Garde avait rendu compte que le Bourget était fortement occupé et que de grosses colonnes françaises avaient été signalées en marche sur Aulnay-lès-Bondy (1). Dans ces conditions, il parut possible de porter la 2e division de la Garde en avant, dans la direction de la zone qui lui était affectée sur la ligne d'investissement, c'est-à-dire vers le Blanc-Mesnil et Aulnay-lès-Bondy.

L'avant-garde de cette division, sous les ordres du prince Henri de Hesse, comprenant le 2e uhlans, le 2e grenadiers, les 5e et 6e batteries, se dirigea à 2 heures vers ce dernier village où elle arriva vers 4 heures sans avoir rien rencontré. Le gros de la division s'arrêta près de la ferme Savigny.

Vers 5 heures, ordre fut donné aux troupes de prendre les cantonnements et d'occuper la ligne d'investissement. Le quartier général du corps d'armée s'installa à Roissy avec le IIe bataillon du 3e régiment de grenadiers.

La 1re division occupa le secteur Arnouville—Pontblon. L'avant-garde (régiment de fusiliers, bataillon de chasseurs, régiment de hussards et une batterie) fut chargée du service de sûreté sur ce front, établit son gros comme réserve d'avant-postes à Garges, et le protégea par trois détachements : le premier à Stains, comprenant un bataillon du régiment de fusiliers, une compagnie de chasseurs et un peloton de hussards, fit occuper aussi le moulin de Stains et celui de Romaincourt ; le deuxième à Dugny comptait trois compagnies du régi-

---

(1) *Historique du Grand État-Major prussien*, IIe partie, p. 55.

ment de fusiliers, deux compagnies de chasseurs, un peloton de hussards ; le troisième à Pont-Iblon ne se composait que d'une compagnie de chasseurs et d'un peloton de hussards.

Le gros de la division cantonna à Gonesse, Arnouville et Bonneuil (1).

La 2ᵉ division plaça ses avant-postes dans le secteur compris entre la route de Maubeuge et le chemin de fer de Dammartin.

Les Iᵉʳ et IIIᵉ bataillons du 2ᵉ grenadiers occupèrent Aulnay-lès-Bondy avec le 4ᵉ escadron du 2ᵉ uhlans, tandis que le 3ᵉ escadron tenait le Blanc-Mesnil.

Le quartier général de la division s'installa à la ferme Savigny, avec deux compagnies du 1ᵉʳ grenadiers ; le reste des troupes prit des cantonnements-bivouacs autour de cette ferme et à Villepinte. Le bataillon de tirailleurs fut envoyé à Grand Tremblay, pour assurer la garde du quartier général du prince royal de Saxe (2).

L'artillerie de corps, rejetée en arrière, alla occuper Goussainville (3).

La division de cavalerie de la Garde, cantonnée très loin le 18 au soir (4), avait été appelée le 19 au matin vers Aulnay-lès-Bondy, mais, en raison de la distance, elle ne fut réunie que vers midi et demi, au Nord-Est de

---

(1) *Historiques* des différents corps de la 1ʳᵉ division.

(2) *Historique du Grand État-Major prussien*, IIᵉ partie, p. 56.

(3) L'ambulance n° 3 s'installa à Goussainville et l'ambulance n° 2 à la ferme du Marais près de Villepinte ; le Mesnil-Amelot devint le centre d'approvisionnement du corps d'armée ; la boulangerie de campagne y vint le 19 avec les convois nᵒˢ 4 et 5 ; un détachement du génie y commença de suite la construction de plusieurs fours ; les convois nᵒˢ 1, 2, 3 s'arrêtèrent à Moussy-le-Vieux, le dépôt de remonte mobile à Chenevières (*Geschichte des K. P. Garde-Train-Bataillons*, p. 275 et 278).

(4) L'état-major et la 1ʳᵉ brigade autour de Saint-Soupplets, la brigade de dragons vers Chambry.

ce village. Elle se porta ensuite au Nord du Blanc Mesnil, et rencontra le Roi et le grand quartier général revenant de Gonesse.

Quand l'ordre de cantonnement fut donné, l'état-major et les quatre régiments allèrent occuper Mitry et Grand-Tremblay (1).

Mouvements du XIIe corps. — D'après l'ordre rédigé le 17 septembre par le commandant de l'armée de la Meuse (2), le corps d'armée saxon, devait le 19, pousser ses têtes de colonne au delà de la ligne Chelles—Sévran.

Étant donnés les cantonnements de ce corps d'armée le 18 au soir, le prince de Saxe décida de confier à la 1re division saxonne le soin de fournir les avant-postes sur le front indiqué et d'amener la 2e division saxonne en seconde ligne entre le Pin et Claye.

Le 19 au matin la marche du XIIe corps fut organisée dans ce sens et commença vers 8 heures. En raison de la nature particulière du terrain à traverser et de la largeur du front à occuper, un secteur fut réservé à chacun des régiments de la 1re division saxonne. Le 1er grenadiers saxon s'avança dans le secteur Sévran—Livry, le 2e grenadiers à sa gauche se porta sur Clichy-en-l'Annoy, le régiment de tirailleurs se dirigea sur Montfermeil et le 4e régiment d'infanterie saxonne sur Chelles.

En cours de route, ces régiments dépassèrent les avant-postes placés la veille par le 3e régiment d'infanterie saxonne, ce qui permit à celui-ci de se rassembler et de passer en réserve. Les avant-gardes des quatre autres régiments précités poussèrent jusqu'à la limite Ouest de la forêt de Bondy, et placèrent des avant-postes sur la grande route de Paris à Metz, à la pointe

---

(1) *Historique du Grand État-Major prussien*, IIe partie, p. 56.
(2) Voir plus haut, p. 355.

des bois à l'Est de Bondy, puis au Village, dans le parc du Raincy, à Gagny, à Maison-Blanche et à Ville-Évrart. En outre, des détachements furent envoyés plus à l'Ouest vers Bondy, Villemomble et Neuilly-sur-Marne et l'un d'eux, formé d'un peloton du 1er régiment de grenadiers fut délogé de Bondy par des forces françaises supérieures (1).

Pendant que la 1re division saxonne entamait la marche ci-dessus, la division de cavalerie du XIIe corps, se bornant à envoyer quelques détachements en reconnaissance vers Paris stationnait près du Pin; d'autre part, l'artillerie de corps et la 2e division quittaient leurs cantonnements vers 8 heures du matin et se dirigeaient par la grande route sur le pont de Claye pour venir cantonner dans cette localité, ainsi qu'à Fresnes et Annet.

Mais, le prince Georges de Saxe reçut, après la mise en marche de ses troupes, un ordre du commandant de l'armée lui prescrivant de laisser une division seulement entre le canal de l'Ourcq et la Marne et de rassembler le gros de ses forces près de Sévran, afin d'être en mesure de s'engager, le cas échéant, vers Aulnay-lès-Bondy pour soutenir la Garde (2).

Il décida alors de laisser la 1re division continuer son

---

(1) *Historique du Grand État-Major prussien*, IIe partie, p. 56.

(2) On ne sait à quelle heure l'ordre du Prince royal, parti de Saint-Soupplets, arriva au commandant du XIIe corps. Mais il est probable que ce ne fut que bien après 7 heures, attendu que le compte rendu adressé par le Prince royal au grand quartier général n'arriva à Meaux qu'à 7 heures (*Correspondance militaire du maréchal de Moltke*, t. II, p. 381). — D'autre part, l'ordre d'exécution n'arriva aux régiments de la 2e division qu'en cours de route; or ces régiments s'étaient mis en marche à 8 heures et à 8 h. 30. L'*Historique* du 6e régiment dit que l'ordre ne lui parvint qu'à 10 heures, alors qu'il avait déjà envoyé ses campements et ses boulangers à Annet.

mouvement, et d'appeler la division de cavalerie, l'artillerie de corps et la 2ᵉ division près de Sévran. Le mouvement de cavalerie s'exécuta rapidement, mais il n'en fut pas de même des autres éléments qui, encore à l'Est de Claye, n'arrivèrent que tard près de Sévran. Le rassemblement des troupes près de ce village, dans la clairière, au Sud de la voie ferrée ne fut terminé que vers 4 heures du soir.

A la même heure, la 1ʳᵉ division avait pris complètement son dispositif d'avant-postes sur le front qui lui avait été indiqué. Ce dispositif a été exposé plus haut.

Les troupes rassemblées auprès de Sévran attendirent vainement des ordres pour marcher. A 8 heures du soir seulement, elles apprirent qu'on n'avait pas besoin de leur concours. La division de cavalerie regagna ses cantonnements à Courtry, le Pin et Villevaudé. En raison de l'heure, la 2ᵉ division fut maintenue à Sévran, où elle prit des cantonnements-bivouacs, la 3ᵉ brigade dans la partie Nord du village, la 4ᵉ dans la partie Sud.

Division würtembergeoise. — Bien que la division würtembergeoise fît partie normalement de la IIIᵉ armée, il paraît préférable de relater ses mouvements du 19, en même temps que ceux des corps de l'armée de la Meuse. Les craintes injustifiées du prince royal de Saxe d'un combat important au Nord de Paris eurent en effet leur répercussion sur les opérations de cette division dans cette journée.

Le commandant de la IIIᵉ armée avait prescrit dans son ordre du 16 (1), que la division würtembergeoise occuperait le 19 Pontault avec deux de ses brigades et placerait des avant-postes sur la rive gauche de la Marne depuis Noisy-le-Grand jusqu'à Ormesson, de

---

(1) Voir plus haut, p. 285.

manière à relier le XIIe corps, dont la gauche atteignait Chelles et le VIe corps qui devait laisser une brigade à hauteur de Choisy-le-Roi entre la Seine et la Marne. Mais le Roi ayant décidé de transférer le 19 son quartier général au château de Ferrières, et la division würtembergeoise étant chargée de sa garde, le général von Obernitz désigna la *3e* brigade pour cette mission spéciale et lui prescrivit d'aller le 19 cantonner à Ferrières et Pont Carré tandis qu'il ordonnait les dispositions suivantes pour le reste de ses troupes (1).

Sous la protection des avant-postes de la veille, la *1re* brigade, général von Reitzenstein, devait se rassembler à Croissy puis former l'avant-garde et se diriger sur Villiers-sur-Marne, pendant que le gros s'arrêterait à hauteur de Malnoue.

L'avant-garde avait l'ordre de placer ensuite une ligne d'avant-postes de Noisy-le-Grand à Ormesson.

Le quartier général de la division devait se fixer au château de la Lande, les trains régimentaires s'arrêter d'abord à Croissy, et se mettre en route vers 11 heures pour rejoindre les troupes, enfin les convois, se diriger à 2 heures de l'après-midi sur Bussy Saint-Martin.

Le mouvement s'exécuta le 19 au matin d'après ces ordres, et le général von Reitzenstein, arrivé à Villiers-sur-Marne vers 10 heures, disposa, sous les ordres du colonel von Rampacher, du 7e régiment, une ligne d'avant-postes passant par Noisy-le-Grand, Brie-sur-Marne, Le Plant, Champigny, Chennevières, Ormesson (2).

---

(1) *Geschichte des Infanterie-Regiments Kaiser Friedrich, König von Preussen (7. Württembergischen) Nr. 125*, p. 96.

(2) Noisy-le-Grand : une compagnie du IIe bataillon du 1er régiment et un peloton de cavalerie.

Brie-sur-Marne : deux compagnies du même bataillon et un demi-escadron.

Toutes ces dispositions n'étaient complètement prises que dans les premières heures de l'après-midi et le gros de la division venait à peine de terminer son rassemblement, lorsque le général von Obernitz reçut les instructions que le maréchal de Moltke lui avait annoncées par son télégramme expédié de Meaux à 7 heures du matin (1) et qui ont été reproduites plus haut. Aussitôt, les avant-postes furent rappelés (2) et la division alla se masser près de Gournay. Vers 6 heures, les troupes venaient de commencer à préparer leur repas lorsqu'elles reçurent l'ordre d'aller reprendre leurs anciennes positions; les avant-postes, disposés comme le matin, ne furent par suite réoccupés qu'assez tard dans la soirée.

Mouvement du grand quartier général. — Les officiers du grand quartier général quittèrent Meaux à 5 heures

---

Le Plant : une compagnie du même bataillon et un peloton, pour surveiller le pont du chemin de fer.

Champigny-sur-Marne : deux compagnies du 7ᵉ régiment et un peloton de cavalerie.

Cœuilly : deux compagnies du 7ᵉ régiment et trois pelotons de cavalerie.

Chennevières-sur-Marne : une compagnie du 7ᵉ régiment et quelques cavaliers.

Ormesson : une compagnie du 7ᵉ régiment et quelques cavaliers.

La Pompe : un peloton d'infanterie (7ᵉ régiment) et un demi-peloton de cavalerie.

En outre, le 1ᵉʳ régiment détacha un peloton avec un demi-peloton de cavalerie à l'Ouest de Champs pour couvrir le rassemblement vers le Nord et éclairer dans la direction de Gournay [*Geschichte des Infanterie-Regiments Kaiser Friedrich, König von Preussen (7. Württembergischen) Nr. 125.* p. 98].

(1) *Correspondance militaire du maréchal de Moltke*, t. II, p. 380.

(2) L'*Historique* du 7ᵉ régiment dit que l'ordre lui parvint à 3 heures de l'après-midi (*Geschichte des Infanterie-Regiments (7. Württembergischen) Nr. 125*, p. 99).

du matin et prirent la direction de Saint-Denis ; Verdy du Vernois (1), qui donne ces renseignements, ne précise pas le point exact où ils se portèrent, mais, d'après ce que l'on sait des mouvements des troupes de l'armée de la Meuse et d'après la description que Verdy du Vernois fait du terrain qu'ils avaient devant eux, il semble que le grand quartier général s'arrêta sur la hauteur de l'Orme de Morlu, où il stationna une grande partie de la journée, attendant des renseignements sur ce qui se passait vers Pierrefitte. Le Roi, parti plus tard de Meaux, arriva à midi à Gonesse avec le maréchal de Moltke (2).

Quand la situation parut ne pas devoir s'aggraver, vraisemblablement après 2 heures, le Roi prit la direction de Ferrières et, dans les environs d'Aulnay-lès-Bondy, rencontra la division de cavalerie de la Garde.

Les officiers du quartier général restèrent encore quelque temps sur le terrain et n'arrivèrent à Ferrières qu'à 11 heures du soir seulement. Pour s'y rendre, ils voulurent utiliser le pont que la division würtembergeoise avait dû jeter près de Gournay. Arrivés à proximité, alors qu'il faisait déjà nuit, ils se trompèrent de direction et, pendant un certain temps, s'avancèrent vers Paris. Revenus de leur erreur, ils finirent par passer la Marne et longèrent, sur la rive gauche, les colonnes de la division würtembergeoise qui quittait son point de rassemblement de Gournay pour aller reprendre les emplacements qu'elle avait occupés vers midi (3).

---

(1) *Im grossen Hauptquartier*, p. 177, 185 et 186.

(2) *Historique du Grand État-Major prussien*, IIe partie, p. 54.

(3) Pendant ce temps, Jules Favre, sorti le 18 de Paris et qui avait passé la nuit à Villeneuve-Saint-Georges, en était reparti, dès le matin du 19, pour Meaux, où il croyait trouver le grand quartier général. En

Cette journée du 19 avait été particulièrement dure pour l'armée de la Meuse.

En raison des renseignements erronés fournis au prince royal de Saxe, une certaine agitation avait régné toute la journée dans cette partie des troupes allemandes. Le Roi et son état-major avaient fait un grand déplacement vers le Nord alors que tout l'intérêt de la journée était du côté du Sud. Le chef d'état-major général en éprouva un vif mécontentement, si l'on en juge par la courte dépêche qu'il adressa de Ferrières le 21 septembre à midi, au commandant de l'armée de la Meuse :

« Le Commandant de l'armée de la Meuse est prié de vouloir bien rechercher l'origine de la fausse nouvelle de l'occupation et de la mise en état de défense par de fortes masses ennemies des hauteurs de Pierrefitte et de Montmagny. Il en rendra compte au grand quartier général. »

---

route, il rencontra le comte de Bismarck à Montry et s'entretint avec lui au château de Haute-Maison. Les pourparlers reprirent le lendemain à Ferrières, mais n'aboutirent pas.

CHAPITRE XVII

Combat de Châtillon.

§ 1er. — *Instructions du général Trochu.*

Après sa reconnaissance le 18 dans l'après-midi en avant de Plessis-Picquet (1), le général Ducrot rentra, vers 4 heures du soir, à son quartier général à Châtillon, et y trouva (2) la lettre ci-après que lui avait adressée le général Trochu (3) :

« Vous savez qu'il ne m'a été possible de réaliser qu'en partie les différentes demandes que vous m'avez adressées hier au soir. Cependant vous avez dû voir arriver ce matin, entre Bicêtre et Ivry, la division de Maud'huy que je mettais avec son canon à votre disposition et à laquelle vous avez dû donner direction. Je vous ai également expédié (route de Chevreuse, entre Montrouge et Vanves) un renfort important de munitions d'artillerie. Mais à votre droite, j'ai dû remplacer les six bataillons de mobiles que vous demandiez par un

---

(1) Localité orthographiée Plessis-Picquet sur les cartes au 1/20,000^e et au 1/40,000^e ; Plessis-Piquet sur celle au 1/80,000^e.

(2) Général Ducrot, *loc. cit.*, t. 1er, p. 20.

(3) La minute de cette lettre ne comporte aucune indication d'heure, mais elle fut vraisemblablement écrite au début de la journée du 18, car elle figure parmi les premières pièces recopiées, ce jour-là, sur le registre « Divers » de l'état-major du Gouverneur. Le texte publié ici est la reproduction de celui du registre précité ; il ne diffère, de celui donné par le général Ducrot, que par quelques points de détail.

régiment de marche de 2,000 zouaves qui était à Montretout, où il ne reste plus, conséquemment, que 600 à 800 hommes.

« Enfin, je n'ai pas pu vous envoyer non plus les deux bataillons de mobiles que vous souhaitiez pour occuper le bois de Plessis-Picquet.

« Votre droite est faible, mais j'estime que pour aujourd'hui, vous avez peu à craindre de ce côté. Tout le mouvement de l'ennemi, qui a passé la Seine à Villeneuve-Saint-Georges et à Choisy-le-Roi, se porte vers les hauteurs que vous occupez ou parallèlement à ces hauteurs, vers Versailles, qui sera un de ses principaux points de concentration.

« D'autres troupes prussiennes viennent à Versailles par le Nord-Ouest, mais elles ne peuvent passer la Seine qu'à Mantes, et elles n'arriveront que plus tard au point de concentration.

« J'aurais donc souhaité que l'ennemi vous attaquât aujourd'hui même. D'une part, je ne le crois pas en force supérieure, et dans la position où vous êtes (bien que nous ne puissions pas tirer parti du fort des Hautes-Bruyères et du Moulin-Saquet), avec 40,000 hommes d'infanterie environ, plus de cent pièces et l'appui des forts, vous êtes en mesure.

« Si l'ennemi s'allongeait devant vos positions, cheminant vers Versailles, vous pourriez tâter son flanc, mais avec la plus grande circonspection, car en sortant de la position défensive où vous êtes et perdant l'appui des forts, vous perdriez du même coup une part notable de vos avantages. Vous jugerez, d'après cette donnée qui m'est fournie, que l'ennemi avait cette nuit le plus gros de sa masse porté à 2 ou 3 kilomètres en avant de Villejuif.

« Si vous n'êtes pas attaqué aujourd'hui, et si vous ne pouvez pas attaquer, il faut penser à la journée de demain et aux jours suivants, car vous avez aujourd'hui un maximum de facilités et d'équilibre que le temps réduira infailliblement.

« Deux cas se présenteront alors :

« Ou nous nous entêterons à garder la position que vous tenez ; mais alors je devrai penser à assurer votre droite et j'aurai l'obligation de faire passer le reste du 13ᵉ corps à Meudon et Montretout, abandonnant à sa destinée Vincennes, que je regarde comme très hasardée. Nous aurions alors près de 60,000 hommes en ligne, de Bagneux à Montretout, et tous nos œufs seraient, comme on dit, dans le même panier. En outre, notre position de Clamart à Montretout serait infailliblement percée, à un jour donné, par des colonnes cheminant dans les bois et par les routes de Chaville et de Saint-Cloud. Il ne me paraît donc pas que nous puissions prétendre à tenir indéfiniment dans une position contre laquelle l'ennemi, quand il lui conviendrait, pourrait conduire, après sa concentration à Versailles, des masses considérables.

« Ou nous nous déciderons à céder les hauteurs, et alors, nous devrons convenir des termes dans lesquels il faudra effectuer sur Paris cette retraite, qui devra être étudiée à l'avance avec précision, en raison des difficultés que présente l'étroitesse des issues.

« J'ai voulu mettre ces réflexions sous vos yeux, pour appeler les vôtres sur la situation d'avenir que nous ferait l'ennemi, s'il ne veut pas nous attaquer ou se laisser attaquer aujourd'hui.

« Je vous prie d'en dire votre sentiment à l'officier très sûr qui vous portera cette lettre ».

« *P.-S.* — Je dois ajouter à cet exposé que la route de Choisy-le-Roi à Versailles, n° 186, et les routes qui y aboutissent, ainsi que toutes les voies de quelque importance qui traversent le bois de Meudon ont été dépavées et obstruées. Aujourd'hui et demain, on va procéder de la même manière pour les routes qui vont de Versailles à Sèvres, à Saint-Cloud, Montretout, etc. Cela ne pourra empêcher l'ennemi de menacer et d'atteindre notre droite, mais son entreprise sera retardée ».

§ 2. — *Ordres donnés par le général Ducrot.*

Dans son ouvrage sur la défense de Paris, le général Ducrot expose qu'après avoir lu la lettre du Gouverneur, il ne fut pas d'avis de se borner à tâter l'adversaire, mais crut « qu'il fallait agir tout de suite vigoureusement ou s'abstenir », et il résume ses idées en ces termes :

« ..... Si l'ennemi s'allongeait devant vos positions, cheminant sur Versailles, vous pourriez tâter son flanc, mais avec la plus grande circonspection..... » disait le Gouverneur.

« Le général Ducrot ne fut pas de cet avis ; d'après lui, il fallait agir tout de suite vigoureusement ou s'abstenir.

« Car, si l'on attendait que les deux grandes colonnes ennemies venant par le Nord et par l'Est eussent fait leur jonction au Sud de Paris, le général pensait que la résistance ne serait plus possible sur les hauteurs de la rive gauche : en effet, cheminant par les bois entre Meudon et Montretout, les masses allemandes émergeraient bientôt sur le plateau de Châtillon, d'où une puissante artillerie ne tarderait pas à nous balayer.

« En attaquant immédiatement au contraire : notre bonne position, nos 100 pièces d'artillerie, nous permettraient d'espérer un avantage contre un adversaire en flagrant délit de mouvement ; pourvu, toutefois, que les 30,000 hommes de troupe dont nous pouvions disposer fussent passables. L'avant-garde de l'ennemi n'était pas nombreuse, ses colonnes étaient morcelées depuis Choisy-le-Roi jusqu'à Vélizy, peut-être même toutes ses forces n'avaient-elles pas encore franchi la Seine vers le Sud..... à coup sûr, pas une de ses colonnes venant par le Nord de Paris n'avait encore traversé le fleuve ; la reconnaissance du capitaine Louvencourt l'établissait surabondamment.

« Toutes ces réflexions se présentaient à l'esprit du général et le préoccupaient d'autant plus vivement, qu'à Frœschwiller et à Sedan, il avait vu que nous avions été écrasés parce que nous nous étions tenus constamment sur la défensive, laissant à l'ennemi les moyens et le temps d'exécuter toutes ses combinaisons stratégiques et tactiques.

« Cette fois nos adversaires n'étaient pas concentrés, ils étaient en pleine opération ; si nous tombions brusquement sur leur flanc droit, nous avions chance de les rompre, peut-être même de les refouler jusqu'à la Seine; il ne fallait donc pas laisser échapper une telle occasion (1) ».

Sa décision prise, le général Ducrot fit appeler ses généraux de division et leur communiqua ses instructions, qui sont résumées dans l'ordre de mouvement du 14e corps reproduit ci-après :

Châtillon, 18 septembre, soir.

« On se tiendra prêt à faire un mouvement demain 19 au matin, à 4 h. 45.

« La 1re division marchera en colonne, en masse par division. Elle suivra le chemin qui longe le bois, à droite en avant de la redoute de Châtillon. La 2e division marchera dans le même ordre, sur les deux côtés de la route de Châtillon à Villacoublay ; le 15e régiment de marche restera dans ses positions de Plessis-Picquet pour couvrir le flanc gauche. Le bataillon de la 2e division qui occupe Fontenay-aux-Roses rejoindra sa division et sera remplacé par un bataillon de la 3e division.

---

(1) Général Ducrot, *loc. cit.*, t. Ier, p. 22-23.

« La cavalerie marchera entre les deux colonnes d'infanterie, par escadron, en six colonnes de deux escadrons chaque. Chacune de ces six colonnes sera suivie de deux batteries d'artillerie marchant par demi-batterie.

« La 1re division d'infanterie formera un premier échelon à 500 mètres en avant de la cavalerie dont les six colonnes marcheront à même hauteur. La 2e division d'infanterie marchera à la même hauteur que la cavalerie. Ces deux colonnes d'infanterie s'éclaireront sur leur flanc extérieur.

« Les hommes auront dû prendre le café avant le départ; ils emporteront un plat de viande, si c'est possible, et du biscuit; on prendra une demi-ration d'avoine pour les chevaux. On fera les sacs et on roulera les tentes, mais on les laissera au bivouac à la garde d'une compagnie par bataillon. Les réserves d'artillerie seront aussi laissées à leur bivouac.

« Les cuisiniers resteront dans les camps et prépareront la soupe pour le soir.

« La 3e division enverra un régiment occuper la redoute de Châtillon, savoir : un bataillon dans la redoute, un bataillon à droite de la redoute et le troisième vers le Télégraphe.

« La redoute sera armée de huit pièces de 12 envoyées de Paris, les quatre autres pièces de 12 venues de Paris seront placées au Télégraphe. Les trois mitrailleuses de la 3e division marcheront avec toute l'artillerie du 14e corps; M. le général Boissonnet, commandant l'artillerie, leur assignera une place dans la colonne.

« Toutes les troupes réunies sur la position de Châtillon seront sous le commandement supérieur de M. le colonel Corbin, commandant du génie du 14e corps ».

Le général Ducrot paraît n'avoir donné aucun ordre au général de Maud'huy, et ne l'avoir pas convoqué à la réunion des généraux de division ; aucun document tout au moins ne semble l'indiquer.

§ 3. — *Situation des troupes françaises le 19 à 6 heures du matin* (1).

Conformément aux ordres du général Ducrot, les troupes avaient pris les armes de bonne heure ; les régiments d'infanterie et de cavalerie qui devaient constituer la masse principale s'étaient ébranlés avant 5 heures du matin, et avaient commencé leur marche, prenant peu à peu leur place dans le dispositif rigide qui avait été prescrit.

Les troupes d'infanterie avaient laissé leurs sacs : celles de la division de Caussade à la pointe des bois au Sud de Clamart, et celles de la division d'Hugues à l'Est de la redoute de Châtillon, sur les pentes descendant vers Fontenay, après quoi elles s'étaient formées en colonnes, chaque bataillon en masse par division (2).

A 6 heures du matin, les emplacements occupés étaient les suivants :

La tête de la colonne de droite était arrivée à proximité de la ferme Trivaux et s'y arrêtait. Le 16e de marche, qui marchait en tête, se massait près de cette ferme (3), le VIIe bataillon de mobiles de la Seine qui le suivait était porté peu après plus au Sud sur le chemin

---

(1) Voir la carte n° 8 (1/40,000^e) : situation des troupes françaises et allemandes à 6 heures du matin.

(2) C'est-à-dire, dans chaque bataillon, les 1re et 2e compagnies sur le même front, en ligne déployée, ayant derrière elles les 3e et 4e, puis, en 3e ligne, les 5e et 6e, dans la même formation.

(3) L'autre régiment de la brigade, le 15e de marche, était à Plessis-Picquet. — L'ordre de marche des divers régiments de cette division ne ressort pas nettement des documents. Dans son ouvrage, le général Ducrot dit (p. 26) que la 2e brigade était en tête et le 16e de marche en

qui de cette ferme conduit au Pavé-Blanc, tandis que la 2ᵉ brigade de la division, dans laquelle les 17ᵉ et 18ᵉ de marche étaient l'un derrière l'autre, s'arrêtait le long des bois.

La colonne n'avait aucune avant-garde et n'était couverte que par les groupes d'éclaireurs constitués d'après les ordres du général Renault.

La ferme Trivaux, ainsi que la lisière des bois à l'Ouest, jusqu'à l'étang du Tronchet, à 400 mètres au Nord de la Porte de Verrières, étaient occupées par cinq compagnies du Iᵉʳ bataillon de mobiles d'Ille-et-Vilaine qui venaient d'y arriver, envoyées d'après les ordres du général Ducrot, par le commandant du génie Lévy, qui se trouvait à Meudon (1).

Cet officier supérieur avait été chargé de l'organisation défensive du château, de la Capsulerie et des bois environnants. Le 18, au soir, il disposait à Meudon de la 2ᵉ compagnie de dépôt du 49ᵉ de ligne ; du Iᵉʳ bataillon

---

réserve ; il n'indique pas la place du VIIᵉ bataillon de mobiles. Dans son *Rapport* du 20 septembre, il ne donne aucun détail à ce sujet.

Par contre, dans un *Rapport* qu'il adressait, le 22 septembre, au commandant en chef, le général de Caussade a écrit : « La ferme Trivaux, gardée pendant la nuit par une grand'garde, fut occupée dès le commencement de la marche, ainsi que le carrefour à la sortie du bois par le second régiment de la 1ʳᵉ brigade (16ᵉ de marche). Peu après, le VIIᵉ bataillon de la garde mobile de la Seine fut porté et arrêté à gauche sur une chaussée venant de Meudon entre le bois et la route de Chevreuse. Je reçus l'ordre alors de porter la 2ᵉ brigade en passant entre les deux fermes de Trivaux et la Porte de Trivaux, dans la plaine qui regarde la route de Chevreuse à gauche et le parc de la Garenne à droite et près d'un bouquet d'arbres isolés ».

Ce *Rapport*, en raison de la date à laquelle il a été rédigé, a paru offrir plus de garantie que le récit du général Ducrot, et l'on a admis que le 16ᵉ de marche était arrivé le premier à la ferme Trivaux et qu'il était suivi du VIIᵉ bataillon de mobiles, puis des 17ᵉ et 18ᵉ de marche.

(1) Le chef de bataillon du génie Lévy au général Ducrot, Fort de Montrouge, 24 septembre.

de mobiles d'Ille-et-Vilaine ; du régiment de marche de zouaves, arrivé dans la journée de Montretout (1) et dont les avant-postes avaient eu à souffrir dans l'après-midi à Grange Dame Rose et à la Porte de Trivaux (2).

Le général Ducrot, ayant décidé de former à son extrême droite une colonne de 2,000 zouaves, qui, partant de la ferme Trivaux, flanquerait à droite la division de Caussade, le commandant Lévy avait reçu l'ordre de faire remplacer les zouaves à la lisière des bois par les mobiles d'Ille-et-Vilaine. C'est ainsi que dès 6 heures du matin cinq compagnies de mobiles étaient à l'Ouest de la ferme Trivaux. Le commandant Lévy conserva avec lui les deux autres compagnies du bataillon et la compagnie de dépôt du 49e pour garder les ouvrages de Meudon.

Quant au régiment de zouaves (3), le lieutenant-colonel Méric, qui le commandait, l'avait mis en marche dès 5 heures du matin et l'avait dirigé sur la ferme Trivaux, où il était arrivé vers 6 heures, sa marche ayant été retardée par les obstacles accumulés sur les chemins à travers les bois. En arrivant à Trivaux, le lieutenant-colonel fit distribuer entre ses hommes 60,000 cartouches, que sur sa demande le général

---

(1) Le chef de bataillon du génie Lévy au général Ducrot, Fort de Montrouge, 24 septembre.

(2) Voir plus haut, p. 321.

(3) Ce régiment était formé de contingents provenant des trois régiments de zouaves. Les hommes venant des 1er et 2e régiments étaient en grande partie des recrues arrivant d'Afrique ; le nombre des sous-officiers était incomplet, celui des officiers tout à fait insuffisant. Le détachement du 1er régiment comptait 6 officiers, 876 hommes ; celui du 2e régiment, 5 officiers, 600 hommes ; celui du 3e régiment, 18 officiers, 550 hommes. Total : 29 officiers, 2,026 hommes (Le lieutenant-colonel Méric, commandant le 3e zouaves, au général Ducrot, Paris, 23 septembre).

Ducrot y avait fait envoyer (1), puis reforma sa colonne, les hommes du 3ᵉ zouaves en tête, suivis de ceux du 1ᵉʳ et du 2ᵉ régiment (2).

A la gauche de la division de Caussade et un peu en arrière de sa tête, la cavalerie et l'artillerie étaient venues se former dans la plaine étendant leur gauche jusque près de la grande route. La cavalerie avait constitué six colonnes, les deux extrêmes à trois escadrons (3), les autres de deux escadrons chacune ; le 1ᵉʳ régiment de cavalerie mixte tenait la droite, ayant à sa gauche le régiment de gendarmerie à cheval, puis le 2ᵉ régiment de cuirassiers de marche (4).

Derrière la cavalerie, les douze batteries marchaient également en six colonnes de deux batteries, chaque batterie formée par demi-batterie : la réserve d'artillerie du

---

(1) *Rapport* du général Ducrot sur le combat de Châtillon, Paris, 20 septembre.

(2) Le lieutenant-colonel Méric au général Ducrot, Paris, 23 septembre.

(3) Le général Ducrot dit, dans son ouvrage (p. 23), que les colonnes extrêmes comptaient quatre escadrons. Ce doit être une erreur, car la brigade n'avait au total que quatorze escadrons.

(4) On n'a retrouvé aucun document permettant d'établir d'une manière certaine l'ordre dans lequel étaient placés les régiments de cavalerie ainsi que les batteries. Le général Ducrot ne dit rien à ce sujet, mais sur son croquis de la page 27, il place le régiment de gendarmerie à cheval à la droite de la ligne de cavalerie, et le régiment de cavalerie mixte à gauche. Cette disposition a paru contraire à ce que dit l'*Historique* de ce dernier régiment, qui s'engagea le premier avec les batteries à cheval, près de la ferme Trivaux.

A défaut de renseignements certains, on a par suite placé les régiments et les batteries d'après la place qui a semblé la plus rationnelle étant donné l'endroit où ils ont été engagés et l'ordre dans lequel ils sont entrés en action.

C'est, du reste, l'ordre que semble indiquer le général de Bernis, dans la lettre qu'il écrivait au commandant du 14ᵉ corps, du camp de Vincennes, le 24 septembre 1870.

14e corps, comprenant de droite à gauche, le groupe des deux batteries à cheval (commandant Villate, 13ᵉ du 18ᵉ et 13ᵉ du 19ᵉ), derrière la première colonne de cavalerie, puis le groupe de 12 du commandant Warnesson (8ᵉ et 17ᵉ mixtes du 3ᵉ), celui de 4 du commandant Cavalier (17ᵉˢ batteries des 14ᵉ et 15ᵉ), enfin derrière les trois colonnes de gauche, les quatre batteries de 4 et les deux batteries de mitrailleuses des 1ʳᵉ et 2ᵉ divisions (1).

Pendant ce temps, les régiments de la division d'Hugues s'étaient portés en avant, dans la même formation que ceux de la 1ʳᵉ, les troupes marchant à droite et à gauche de la grande route. La brigade Bocher était en tête, les régiments se suivant dans l'ordre de bataille, la brigade Paturel venait par derrière. Le général d'Hugues arrêta ses premiers éléments à la naissance du ravin qui descend vers Plessis-Picquet et fit serrer ses bataillons à mi-distance sur la tête. Comme la 1ʳᵉ division, la 2ᵉ n'avait pas d'avant-garde : elle était seulement précédée de ses groupes d'éclaireurs, qui surveillaient également son flanc gauche. Les deux compagnies de chasseurs se tenaient sur la droite de la colonne à proximité des batteries divisionnaires auxquelles elles étaient destinées à servir de soutien (2).

Dans cette formation massée, la tête de la division d'Hugues se trouvait à 1,400 mètres à peine de Petit-Bicestre occupé comme l'on sait par le Iᵉʳ bataillon du 47ᵉ, et à moins de 600 mètres du Pavé-Blanc tenu par les avant-postes ennemis (3).

A l'Est de la grande route, du côté de Plessis-Picquet, la situation n'avait pas changé depuis la veille ; les trois

---

(1) Le général Boissonnet, commandant l'artillerie du 14ᵉ corps, au général Ducrot, Porte-Maillot, 23 septembre.

(2) *Journal* de marche de la 2ᵉ division du 14ᵉ corps ; *Historiques manuscrits* des 7ᵉˢ compagnies des 6ᵉ et 9ᵉ bataillons de chasseurs.

(3) Voir plus haut, p. 322.

bataillons du 15ᵉ de marche occupaient toujours la lisière Sud de ce village, avec le gros des deux compagnies de chasseurs de la division de Caussade, tandis qu'une fraction des chasseurs et le groupe d'éclaireurs du 15ᵉ continuaient à tenir le moulin. La nuit s'était passée sans gros incidents, malgré quelques coups de feu aux postes avancés.

La redoute de Châtillon devait servir de point d'appui en cas de retraite. Cet ouvrage n'était pas encore terminé, mais il présentait déjà un certain relief.

Dans un rapport rédigé en 1871, le lieutenant-colonel du génie Bovet a décrit de la manière suivante l'état de l'ouvrage au 19 septembre :

« Le périmètre de la redoute était formé par un fossé et un parapet continus. Les parapets des faces et des flancs avaient, au moins, 4 mètres de hauteur et 4 mètres d'épaisseur au sommet. Le parapet de la gorge était beaucoup moins fort ; c'était une simple levée de terre de 2^m,50 de hauteur moyenne et de 2 mètres d'épaisseur. Les fossés avaient sur tout le développement, faces, flancs et gorge, 3 mètres de profondeur au-dessous du terrain naturel et 7 mètres de largeur.

« Les terre-pleins des faces et des flancs avaient sur une grande partie 6 mètres de largeur (partout où on avait décidé quelques jours avant qu'on mettrait de l'artillerie). Le reste des parapets avaient une banquette pour l'infanterie.

« Aux deux saillants formés par la rencontre des faces et des flancs, on avait construit dans le fossé des blockhaus en charpente pour flanquer ces fossés. Ces blockhaus et les descentes blindées qui y conduisaient de l'intérieur de l'ouvrage étaient terminés.

« Dans tous les fossés, il existait une palissade. Cette palissade s'appuyait aux blockhaus des saillants de manière à être flanquée en avant et en arrière par les défenseurs des blockhaus.

« Les maçonneries du magasin à poudre de gauche étaient complètement terminées (fondations, pieds-droits et voûtes).

« Les maçonneries du magasin à poudre de droite étaient élevées jusqu'à deux assises de moellons au-dessus de la naissance de la voûte. On avait couvert ce magasin avec des rails de chemin de fer.

« Les maçonneries des casemates étaient entreprises sur tout leur développement. Les murs étaient arrivés à une hauteur moyenne de $1^m,25$ environ. Quatre casemates étaient couvertes avec des rails de chemin de fer à la hauteur du plancher de l'étage.

« On avait mis en place, sur le terre-plein des faces, six pièces de siège au moins.

« L'intérieur de la redoute était bien encombré encore de matériaux, mais on avait pu, dans les deux derniers jours, disposer ces matériaux de manière à ne pas trop gêner la défense ».

Pendant toute la matinée du 19, les travaux continuèrent encore. La 1re section de la 16ᵉ compagnie du 2ᵉ régiment du génie, affectée à la division de Maussion et appelée dans la redoute, travailla à poser les palissades de la gorge (1); elle fut renforcée par une fraction de la 2ᵉ section de la 16ᵉ compagnie du 3ᵉ régiment.

La défense de l'ouvrage et le commandement des troupes qui s'y trouvaient avaient été confiés par le général Ducrot au colonel Corbin, commandant le génie du 14ᵉ corps (2). Cet officier supérieur avait à sa disposition, outre les éléments du génie indiqués ci-dessus, trois bataillons du 26ᵉ de marche de la division de Maussion, le IVᵉ bataillon de mobiles d'Ille-et-Vilaine, deux

---

(1) *Journal* des opérations de la 16ᵉ compagnie de sapeurs du 2ᵉ régiment du génie.

(2) Voir plus haut, p. 383, *Ordre* de mouvement du 14ᵉ corps.

batteries de 12 (Buloz, 17ᵉ du 2ᵉ régiment ; Le Sage, 18ᵉ du 3ᵉ régiment), une demi-batterie de mitrailleuses (Pinel de Granchamp, 11ᵉ batterie du régiment monté de l'ex-Garde).

Ces diverses unités arrivèrent dans la nuit ou dès l'aube à Châtillon. Le Iᵉʳ bataillon du 26ᵉ de marche fut placé en avant et à droite de la redoute, dans des tranchées bordant la crête, sa gauche appuyée au cimetière, sa droite s'étendant vers Clamart ; le IIᵉ bataillon occupa la redoute avec le bataillon de mobiles ; le IIIᵉ se déploya au Sud, sur la hauteur du Télégraphe, en s'abritant dans des tranchées ou derrière des haies (1).

Des deux batteries de 12, envoyées de Paris par le général Trochu, l'une, la batterie Buloz, et une section de la batterie Le Sage, placèrent leurs huit pièces sur les parapets de l'ouvrage ; il en fut de même de la demi-batterie de mitrailleuses de Grandchamp, tandis que les quatre dernières pièces de la batterie Le Sage allaient s'établir en dehors et au Sud de la redoute, sur la hauteur du Télégraphe (2), d'où elles pouvaient battre les pentes descendant vers Plessis-Picquet, Châtenay et Sceaux.

En arrière de la redoute, se trouvaient les réserves d'artillerie des divisions de Caussade et d'Hugues.

La division de Maussion devait rester sur la défensive sur ses emplacements de la veille ; mais en raison de l'envoi du 26ᵉ de marche à Châtillon, quelques mouvements avaient eu lieu dans la nuit précédente ; sur tout

---

(1) *Rapport* du lieutenant-colonel commandant le 26ᵉ régiment de marche sur le combat du 19 septembre, camp du Bois de Boulogne, 21 septembre.

(2) Le général Boissonnet au général Ducrot, Porte-Maillot, 23 septembre.

le front de la division, les troupes avaient pris peu de repos, et continué les travaux de défense.

A 6 heures du matin, le 19, la situation des unités restées directement sous les ordres du général de Maussion est la suivante (1) :

Le III⁰ bataillon du 24⁰ de marche occupe Fontenay-aux-Roses, fortement retranché et couvert sur son front par une chaîne de postes le long du ruisseau qui descend de Plessis-Picquet. En outre, un bataillon du 23⁰ de marche se tient en réserve derrière Fontenay ; un autre est déployé entre Fontenay et Bagneux, sur le chemin qui relie ces localités.

Sur l'éperon au Sud de Bagneux, les deux batteries de 4 de la division (2) et l'autre moitié de la batterie de mitrailleuses de Grandchamp.(3), sous les ordres du commandant de Miribel. Ces batteries font face au Sud, et sont placées derrière des épaulements. Elles sont couvertes par le Ier bataillon du 24⁰, qui a placé trois de ses compagnies en avant et sur le flanc des batteries, et les trois autres en réserve et en arrière. Les deux compagnies de chasseurs sont en avant des batteries dans les tranchées creusées à mi-côte.

Le II⁰ bataillon du 24⁰ occupe une ligne de tranchées qui s'étendent à gauche des batteries sur le versant Est de l'éperon de Bagneux et sont presque perpendiculaires à la route d'Orléans ; moitié de son effectif est

---

(1) *Rapport* du général de Maussion sur la journée du 19 septembre, Boulogne-sur-Seine, 23 septembre.

(2) 17ᵉ batterie du 9ᵉ et 17ᵉ batterie du 12ᵉ.

(3) 11ᵉ batterie de l'ex-Garde. — On ne sait s'il y avait exactement deux ou trois mitrailleuses. On a vu que moitié de cette batterie avait été envoyée dans la redoute de Châtillon, et le général de Maussion, dans son *Rapport*, ne parle que de deux mitrailleuses restées sur l'éperon de Bagneux.

dans ces tranchées, moitié en réserve dans un chemin creux un peu en arrière.

Le dernier bataillon du 23ᵉ est en réserve au centre de Bagneux (1).

Enfin le 25ᵉ de marche, n'ayant pas quitté ses bivouacs de la veille, était toujours déployé, la droite à Bagneux, la gauche dans la direction du fort de Montrouge « de manière, a écrit le général de Maussion, à s'opposer à tout mouvement tournant qu'aurait pu faire l'ennemi en cherchant à m'aborder par le ravin de la Bièvre (2) ».

La division de Maud'huy, du 13ᵉ corps, se trouvait encore aux abords des forts de Bicêtre et d'Ivry. Elle avait toutefois complété ses dispositions de défense.

Le 9ᵉ régiment de marche se porta dès le matin en arrière de l'ouvrage des Hautes-Bruyères. Son IIᵉ bataillon s'installa dans l'ouvrage même ; les deux autres bataillons restèrent en réserve plus au Nord.

Le 10ᵉ de marche occupait Villejuif avec le VIIIᵉ bataillon de mobiles de la Seine et deux compagnies de ligne. Il étendait sa gauche jusqu'au Moulin-Saquet.

L'ouvrage construit en ce dernier point était tenu par le Iᵉʳ bataillon du 11ᵉ de marche, les deux autres bataillons se trouvant plus au Nord. Mais le IIIᵉ avait l'ordre de faire une reconnaissance en avant de Vitry. Immédiatement au Nord de cette localité se tenait le IIIᵉ bataillon du 12ᵉ régiment de marche, dont le IIᵉ bataillon était à l'Est du Moulin-Saquet et le Iᵉʳ en réserve près du fort d'Ivry (3).

L'artillerie divisionnaire avait été répartie sur le front

---

(1) *Rapport* du général de Maussion, *loc. cit.* ; *Historiques manuscrits* des 23ᵉ et 24ᵉ régiments de marche.

(2) *Rapport* du général de Maussion, *loc. cit.*

(3) *Historiques manuscrits* des 9ᵉ, 10ᵉ, 11ᵉ et 12ᵉ régiments de marche.

de la manière suivante (1) : neuf pièces de 4 (3e batterie du 2e et moitié de la 4e du même régiment) dans l'ouvrage du Moulin-Saquet ; la batterie de mitrailleuses (4e du 9e) entre la redoute des Hautes-Bruyères et Villejuif, derrière des épaulements construits à quelques centaines de mètres à l'Ouest de ce dernier village ; trois pièces de 4 (deuxième moitié de la 4e batterie du 2e) dans l'ouvrage des Hautes-Bruyères.

Cette ligne d'artillerie devait être bientôt renforcée par une batterie de 12 (4e du 12e) envoyée de Vincennes par le général Vinoy au général de Maud'huy, et prélevée sur la réserve d'artillerie du 13e corps. Cette batterie arriva à Bicêtre à 7 h. 30 du matin et fut quelque temps après envoyée à la redoute des Hautes-Bruyères (2). Malgré la courte distance qui sépare Vincennes de Bicêtre, et bien que l'itinéraire tracé par le pont de Charenton fût à l'intérieur de la ligne des forts, le général Vinoy avait cru devoir faire accompagner cette batterie par une escorte commandée par le général Mattat lui-même et composée du 6e régiment de marche et d'un peloton de cavalerie (3).

§ 4. — *Situation des troupes allemandes à 6 heures du matin.*

D'après les ordres donnés le 16 par le prince royal de Prusse pour la journée du 19, le Ve corps devait atteindre Versailles et établir des avant-postes depuis Bougival jusqu'au parc de Meudon ; le IIe corps bavarois, mar-

---

(1) Le capitaine Salin, commandant la 4e batterie du 12e régiment d'artillerie, au Général commandant la 1re division du 13e corps, Paris, 21 septembre.

(2) Le capitaine Salin au Colonel commandant l'artillerie du 13e corps, Paris, 21 septembre.

(3) Le général Vinoy au général d'Exéa, Saint-Mandé, 18 septembre.

cher sur Châtenay, faire occuper tout le terrain compris entre Meudon et la Bièvre, à hauteur de L'Hay, et le VIe corps, placer à la pointe du jour ses avant-postes entre L'Hay et la Seine (1).

Ledit ordre avait prescrit à la 2e division de cavalerie d'atteindre Saclay le 18, où elle était arrivée en effet, mais ne lui avait donné aucune mission ultérieure, si ce n'est de rechercher les communications par Chevreuse avec l'armée de la Meuse et d'éclairer vers Paris. Néanmoins, il semble que le 18 au soir, le commandant de la IIIe armée n'ait pas soupçonné le gros rassemblement de troupes françaises qui se trouvait aux abords de Châtillon et de Villejuif, et qui aurait pu faire courir d'assez graves dangers à ses colonnes.

La situation des troupes allemandes à 6 heures du matin était la suivante :

Le gros de la 2e division de cavalerie avait été maintenu dans ses cantonnements de la veille, à l'exception de la brigade von Barnekow (4e) qui, partie de Villeras à 5 heures du matin, se porta au Nord de Jouy, après avoir détaché le 1er escadron du 1er hussards et le 4e escadron du 5e hussards, en reconnaissance sur Versailles et la basse Seine, puis le 2e escadron du 1er hussards vers Villacoublay et le Petit-Bicestre. Le reste de la brigade s'arrêta en soutien près de Jouy, et employa ce temps à faire des réquisitions (2).

La brigade von Colomb (3e) avait fait partir dès 3 h. 30 du matin, de ses cantonnements de Vauhalland et la Martinière deux reconnaissances d'officiers : le

---

(1) *Historique du Grand État-Major prussien*, IIe partie, p. 51; voir plus haut, p. 285.

(2) Le 1er hussards n'avait que trois escadrons; son 4e était, depuis le 15 septembre, chargé de l'escorte du convoi de la division (*Schwarze Husaren*, t. I, p. 528-530).

lieutenant v. Lieres, du 1er cuirassiers, s'était dirigé avec 10 chevaux sur Petit-Bicestre et Clamart, il assista par suite à l'engagement de Châtillon (1), et le lieutenant Oelrichs, du 2e uhlans, avec 10 chevaux également, s'était avancé sur Chaville et Sèvres (2). Il se heurta dans la matinée aux gardes nationaux sédentaires de cette localité et laissa entre leurs mains deux de ses cavaliers blessés (3).

La brigade von Baumbach (5e) avait envoyé aussi des reconnaissances d'officiers (4).

Le mouvement du Ve corps sur Versailles avait été réglé par les ordres ci-après du général von Kirchbach :

« La 9e division sera concentrée à 7 heures du matin près de Bièvres (5), et marchera par l'Hôtel-Dieu sur Versailles, en se couvrant pendant la marche particulièrement sur son flanc droit. Elle prendra position à l'Est de cette ville entre Bas-Viroflay et Grand-Montreuil, face au Nord-Est. Les avant-postes occuperont le terrain entre le parc de Meudon et Marnes inclusivement. Ils se relieront à droite avec le IIe corps bavarois.

« La 10e division et l'artillerie de corps rompront à 6 heures du matin de Palaiseau, et par Saclay, les Loges, Buc, Versailles, iront prendre position au Nord de cette ville près du Chesnay. Les avant-postes occuperont le terrain depuis Marnes exclusivement jusqu'à la rive

---

(1) *Geschichte des Leib-Kürassier-Regiments Grosser Kurfürst (Schlesischen) Nr. 1*, p. 96.

(2) *Fünfundzwanzig Jahre des Schlesischen Ulanen-Regiments Nr. 2*, p. 103.

(3) Voir plus haut, p. 351.

(4) L'une d'elles, du 4e hussards, était commandée par le lieutenant Zieten, mais les Historiques des 4e et 6e hussards ne donnent aucun renseignement sur leurs opérations.

(5) Bièvres d'après la carte au 1/80,000^e ; Bièvre, d'après celles au 1/40,000^e et au 1/20,000^e.

gauche de la Seine à Bougival, et chercheront vers Croissy à se relier au IVᵉ corps (1) ».

Le général von Sandrart, commandant la *9ᵉ* division, indiqua Mont-Clain (2) comme point de rassemblement de ses troupes. Il chargea le général von Voigts-Rhetz, commandant la *18ᵉ* brigade, de diriger les unités qui avaient mission de couvrir le flanc droit, mais ne mit pas, semble-t-il, toute sa brigade à la disposition de ce dernier, car le 7ᵉ régiment, au lieu d'être dirigé sur Petit-Bicestre, quitta Bièvres à 6 heures du matin pour se rendre à Mont-Clain (3), ce qui semble indiquer que ce régiment n'était pas destiné à soutenir le détachement von Flotow (4), mais devait plutôt constituer l'avant-garde de la *9ᵉ* division.

---

(1) Stieler von Heydekampf, *Das V. Armee-Corps*, p. 104-105.

(2) Mont-Clain, d'après les cartes au 1/80,000ᵉ et au 1/40,000ᵉ, et Montéclin, d'après celle au 1/20,000ᵉ. On a adopté la première manière.

(3) *Geschichte des Königs-Grenadier-Regiments (2. Westpreussischen) Nr. 7*, p. 122.

Dans la *17ᵉ* brigade, qui se dirigeait sur le même point, le *59ᵉ* sortait de Verrières marchant sur Igny, et le *58ᵉ*, de Massy, se portait sur Vilgenis et Igny.

(4) On se rappelle que ce détachement était chargé de couvrir le Vᵉ corps sur son flanc droit (Voir plus haut, p. 320).

A 6 heures du matin, il occupait les mêmes emplacements que la veille, savoir :

Iᵉʳ bataillon du *47ᵉ* : 3ᵉ compagnie, gendarmerie de Petit-Bicestre avec postes à la Tuilerie et sur la route de Malabry ; 2ᵉ compagnie, dans les maisons de Petit-Bicestre à l'Ouest du carrefour, avec postes vers la Garenne et la Porte de Trivaux ; 1ʳᵉ compagnie, à la corne Nord du bois du Loup-Pendu avec poste à Villacoublay ; 4ᵉ compagnie, en réserve un peu au Sud de Petit-Bicestre.

IIIᵉ bataillon du *47ᵉ*, un peloton du 4ᵉ dragons: Malabry, avec postes vers Plessis-Picquet.

IIᵉ bataillon du *47ᵉ*, un escadron et un peloton du 4ᵉ dragons, 1ʳᵉ batterie du *5ᵉ* : en réserve à l'Abbaye-aux-Bois (*Geschichte des 2. Niederschlesischen Inf.-Regts. Nr. 47*, p. 41-42).

Pour atteindre le front qui lui avait été indiqué de Meudon à L'Hay, le commandant du II⁰ bavarois forma trois colonnes :

A gauche, la 6ᵉ brigade (3ᵉ bataillon de chasseurs, 14ᵉ et 15ᵉ régiments d'infanterie), le 5ᵉ chevau-légers (1) et deux batteries (2), sous les ordres du colonel Diehl, quittèrent Longjumeau avant 6 heures du matin, et, par Igny et Bièvres, se dirigèrent sur Petit-Bicestre ;

Au centre, la 5ᵉ brigade, venant de Wissous, avec le 1ᵉʳ chevau-légers et deux batteries (3), avait ordre de se diriger sur Pont-d'Antony, et le plateau de Sceaux ;

A droite, la 4ᵉ division, partant avant 6 heures de Longjumeau, devait s'avancer par la grande route sur Pont-d'Antony pour prendre position entre ce point et Frênes-les-Rungis (4). Dans le même temps, la brigade de uhlans, qui était rattachée à la 4ᵉ division, se portait de Wissous à Frênes-les-Rungis. Le commandant de corps d'armée marchait avec la 4ᵉ division.

Comme on peut s'en rendre compte, la colonne bavaroise de gauche avait un itinéraire commun entre Igny et Bièvres avec la 18ᵉ brigade prussienne, et comme l'état-major de la IIIᵉ armée n'avait pas pris la précaution de régler les heures de départ, il arriva que la 6ᵉ brigade bavaroise entra dans Igny avant la brigade du Vᵉ corps, ce qui eut pour le combat des conséquences que l'on verra apparaître bientôt.

Au VIᵉ corps, la 23ᵉ brigade qui avait passé la nuit au bivouac, à l'Ouest de Villeneuve-Saint-Georges, et avait été renforcée par le 6ᵉ bataillon de chasseurs, deux escadrons du 15ᵉ dragons et deux batteries, avait rompu de

---

(1) Ce régiment faisait partie de la brigade de uhlans du corps d'armée.
(2) 3ᵉ et VIIIᵉ batteries du 4ᵉ régiment d'artillerie bavaroise.
(3) 4ᵉ et VIIᵉ du 4ᵉ.
(4) *Historique du Grand État-Major prussien*, IIᵉ partie, p. 65; *Geschichte des K. B. 5. Inf.-Regts*, p. 219.

ses cantonnements avant 4 heures du matin, en deux colonnes, pour aller occuper le secteur L'Hay—Choisy-le-Roi. A gauche, le 22ᵉ d'infanterie, avec un escadron, une batterie et un détachement de pionniers (1), se mit en route à 3 h. 30 par Villeneuve-le-Roi, sur la Vieille-Poste et la Belle-Épine. Ce détachement s'arrêta avant 6 heures au carrefour de la grande route avec le chemin de Chevilly à Thiais, et le colonel von Quistorp qui le commandait détacha immédiatement sur Chevilly son IIIᵉ bataillon et un peloton de dragons.

Pendant ce temps, la colonne de droite s'était dirigée sur Choisy-le-Roi que le 6ᵉ bataillon de chasseurs occupa. Il poussa sur Vitry sa 4ᵉ compagnie, tandis que le IIIᵉ bataillon du 62ᵉ était envoyé à Thiais, et que le reste du détachement s'arrêtait au Sud de Choisy (2).

La 24ᵉ brigade avait été maintenue dans ses emplacements de la veille, autour de Limeil (3), mais la 11ᵉ division et l'artillerie de corps commencèrent dès le matin à franchir la Seine pour venir se rassembler sous la protection de la 23ᵉ brigade, entre Orly, Villeneuve-le-Roi et la Vieille-Poste.

Les mouvements qui viennent d'être indiqués pour les trois corps d'armée allemands allaient donner lieu à des engagements sur tout le front depuis Villacoublay jusqu'à Vitry, engagements qui peuvent être étudiés séparément, suivant qu'ils se déroulèrent à l'Ouest ou à l'Est de la Bièvre.

---

(1) Ordre de marche : 9ᵉ compagnie, un peloton de dragons, 10ᵉ, 11ᵉ et 12ᵉ compagnies, trois pelotons de dragons, Iᵉʳ et IIᵉ bataillons, et la batterie (*Geschichte des 1. Oberschlesischen Infanterie-Regiments Nr. 22*, p. 249).

(2) *Ibid.*, p. 250 ; *Geschichte des 2. Schlesischen Jäger-Bataillons Nr. 6*, p. 169-170.

(3) Voir plus haut, p. 336.

§ 5. — *Développement du combat aux abords de Petit-Bicestre jusque vers 8 h. 45* (1).

Les mouvements des troupes françaises avaient dès le début, en raison d'un épais brouillard, échappé à peu près complètement aux troupes prussiennes. Seules les fractions aux avant-postes avaient entendu, dans les dernières heures de la nuit, des roulements de voitures, des commandements à haute voix, etc. (2). Mais vers 6 h. 15, les éclaireurs français se trouvaient brusquement au Pavé-Blanc et vers la Garenne (de Villacoublay) (3), en présence des avant-postes prussiens, avec lesquels ils commençaient à échanger quelques coups de feu.

Quelques minutes plus tard le brouillard se dissipait en partie, et l'on apercevait des fractions prussiennes évacuer le Pavé-Blanc et se replier sur la Tuilerie, tandis que d'autres se montraient entre Villacoublay et Petit-Bicestre (4).

La 7ᵉ compagnie du VIIᵉ bataillon de mobiles de la Seine (lieutenant de Gontaut) fut envoyée fouiller le bois de la Garenne, puis le commandant en chef fit diriger la 1ʳᵉ compagnie (capitaine de Rivoire) du même bataillon, sur la Tuilerie pour en déloger l'ennemi. Le général Ducrot, qui dans son ouvrage a rapporté cet incident, ne dit pas malheureusement les raisons qui lui firent choisir une compagnie de mobiles, et en outre une fraction appartenant à la colonne de droite, ce qui obligeait cette compagnie à traverser la plaine, alors qu'à 500 mètres de la Tuilerie, se trouvait toute la division d'Hugues. Quoi qu'il en soit, cette compagnie se déploya et com-

---

(1) Voir la carte n° 9 (1/20,000ᵉ) : situation vers 8 h. 30 du matin.
(2) Stieler von Heydekampf, *loc. cit.*, p. 103.
(3) Général Ducrot, *loc. cit.*, t. Iᵉʳ, p. 27.
(4) *Ibid.*

mença son mouvement, mais elle fut arrêtée à 100 mètres de son objectif par une « vive fusillade (1) ».

Au moment où le général Ducrot avait lancé cette compagnie en avant, il avait ordonné aux deux batteries à cheval (13es du 18e et du 19e) du commandant Villate de se placer près de la Porte de Trivaux avec deux escadrons du 1er régiment de cavalerie mixte (2) et d'ouvrir le feu sur Petit-Bicestre.

Pendant quelques minutes ces batteries purent tirer librement, mais bientôt après une batterie ennemie apparut à l'Ouest de Petit-Bicestre et leur répondit. Le général Ducrot porta alors en avant et à leur droite les deux batteries de 12 (8e et 17e mixtes du 3e) du groupe Warnesson, escortées par les deux autres escadrons du 1er régiment de cavalerie mixte. Ces quatre batteries (20 pièces) concentrèrent leur tir sur la batterie prussienne, qui cessa bientôt son feu et disparut. Elles le dirigèrent ensuite sur les maisons de Petit-Bicestre et les troupes d'infanterie établies aux abords (3).

Pendant que se produisait cette violente canonnade, le général Ducrot avait prescrit au commandant de Vernou-Bonneuil, chef du VIIe bataillon de mobiles de la Seine, de porter ses autres compagnies en avant pour appuyer la 1re. Pour effectuer leur mouvement, les mobiles passèrent derrière la ligne d'artillerie, puis, enlevés par leur chef, ils entraînèrent la 1re compagnie et occupèrent la Tuilerie, que les fractions adverses venaient d'évacuer (4).

---

(1) Général Ducrot, loc. cit., t. Ier, p. 27. — Cette compagnie eut deux hommes blessés (*Historique manuscrit* du VIIe bataillon de mobiles de la Seine).

(2) Le général de Berlis au général Ducrot, camp de Vincennes, 14 septembre.

(3) Général Ducrot, loc. cit., t. Ier, p. 28.

(4) *Historique manuscrit* du VIIe bataillon de mobiles de la Seine.

A ce moment, la situation était des plus critiques du côté allemand. Ainsi qu'il a été dit, l'approche des troupes françaises avait échappé presque complètement aux avant-postes prussiens. Après 6 heures, le commandant du Ier bataillon du 47e, du haut de la gendarmerie de Petit-Bicestre, avait aperçu des bataillons français et des batteries arrivant près de la Porte de Trivaux. Il avait transmis ce renseignement immédiatement au colonel von Flotow, mais avant qu'il ne lui fût parvenu, l'artillerie française avait ouvert son feu avec beaucoup de justesse sur la gendarmerie ; elle obligeait la 3e compagnie du 47e à évacuer cette maison et à se retirer à 50 mètres en arrière et à l'Est, derrière les fossés de la route, d'où elle fit occuper le petit bois au Nord de cette voie (1).

Au premier coup de canon français, la 1re batterie du 5e, qui était en réserve à l'Abbaye-aux-Bois, était venue se placer à l'Ouest de Petit-Bicestre pour répondre aux batteries à cheval. L'escadron du 4e dragons campé à côté d'elle l'accompagna et prit position à sa gauche pour la couvrir vers l'Ouest. Mais prise à partie par les huit pièces, puis bientôt par vingt, dont douze du calibre de 12, et aussi par le feu des tirailleurs placés au Nord de la Garenne, la batterie eut en quelques minutes, son chef, 10 servants et 12 chevaux blessés, trois pièces hors d'état de tirer. Elle dut se replier (2). Il était environ 7 heures.

Lorsque la 1re batterie avait quitté l'Abbaye-aux-Bois pour se porter à hauteur de Petit-Bicestre, le général von Voigts-Rhetz avait prescrit au IIe bataillon du 47e de gravir les pentes Ouest du ravin pour aller s'établir à la gauche de cette batterie (3). Le mou-

---

(1) Stieler von Heydekampf, *loc. cit.*, p. 105 ; *Geschichte des 2. Niederschlesischen Infanterie-Regiments Nr. 47*, II. Teil, p. 41.
(2) *Ibid.*
(3) *Ibid.*

vement de ce bataillon fut naturellement plus lent que celui de cette unité d'artillerie, et lorsque ses deux compagnies de tête, 6e et 7e, suivies des 5e et 8e, arrivèrent à hauteur de la grande route, la batterie avait déjà subi son échec ; mais elle fut remplacée bientôt après par la 2e batterie du 5e, envoyée de Mont-Clain par le général von Sandrart (1).

De son côté, le général Ducrot venait de faire entrer en ligne les six batteries divisionnaires à l'Est des précédentes. De sorte qu'à ce moment 56 canons français étaient en action depuis la grande route jusqu'au delà et en avant de la Porte de Trivaux. Deux batteries (17es des 14e et 15e, groupe du commandant Cavalier) avaient dû être maintenues en arrière faute de place. Le tir des pièces était concentré sur la batterie prussienne et sur les maisons de Petit-Bicestre qui avaient beaucoup à souffrir ; les compagnies du Ier bataillon du 47e subissaient aussi quelques pertes.

Pendant ce temps, et sur l'ordre du commandant en chef, le général de Caussade avait poussé en avant les régiments de sa 2e brigade ; ceux-ci, toujours en colonne, l'un derrière l'autre, passèrent entre les deux fermes de Trivaux (2). Trois compagnies et les éclaireurs du 17e déployés avaient couvert le mouvement ; les éclaireurs avaient fait face à la Garenne, les compagnies au carrefour de Petit-Bicestre (3).

Ces fractions gagnent d'abord du terrain, et le tir des compagnies de gauche contribue à l'échec de la 1re batterie du 5e ; les éclaireurs chassent de la Garenne les postes avancés de la 2e compagnie du 47e, mais sont arrêtés devant Villacoublay, et comme le gros du régi-

---

(1) Le général von Sandrart, commandant la 9e division, était à Mont-Clain avec cette batterie et le 7e régiment, attendant la 17e brigade.
(2) Le général de Caussade au général Ducrot, Clichy, 22 septembre.
(3) *Historique manuscrit* du 17e régiment de marche.

ment n'a pas suivi, mais s'est maintenu à hauteur de la Porte de Trivaux (1), ils seront bientôt refoulés par l'entrée en ligne du IIe bataillon du *47e*.

Le gros du 17e de marche avait voulu se déployer, mais il ne pouvait le faire vers sa gauche, tout le terrain étant pris par l'artillerie; il dut obliquer à droite, et le 18e dut appuyer davantage encore vers les bois pour aller se former à l'Ouest du 17e (2). Mais à ce moment, un incident assez grave se produisit. Le régiment de marche de zouaves, qui aurait dû tenir la droite des troupes, était resté en arrière et débouchait seulement de la ferme Trivaux, les hommes du 3e zouaves en tête, puis, derrière, ceux des 1er et 2e, quand quelques obus tombèrent sur la colonne, principalement sur la queue. « 600 hommes environ, en grande partie du 1er et du 2e zouaves et en très petit nombre du 3e, se débandèrent en se jetant dans les bois. Les officiers, indignés de cette lâcheté, firent tous leurs efforts pour rallier leur troupe ; ils remirent le bon ordre dans les rangs, mais environ 600 hommes avaient fui et allaient se répandre dans Paris (3) ».

A peu près en même temps, le IIe bataillon du *47e* chassait des bois de la Garenne, avec ses deux compagnies de tête (6e et 7e), les éclaireurs du 17e de marche qui y étaient entrés. Pendant que les 5e et 8e compagnies

---

(1) *Historique manuscrit* du 17e régiment de marche.

(2) Général Ducrot, *loc. cit.*, t. I, p. 30. — Dans la lettre qu'il adressait de Clichy, le 22 septembre, au général en chef, le général de Caussade dit au contraire que le 17e fut placé à la droite du 18e ; il semble que ce soit une erreur ; on a admis les indications données par le général Ducrot dans son texte et sur son croquis n° XI. C'est, du reste, ainsi que l'*Historique manuscrit* du 18e régiment de marche explique le mouvement de ce régiment.

(3) Le lieutenant-colonel Méric au général Ducrot, Paris, 23 septembre.

prussiennes s'arrêtaient à la ferme de la Garenne, les 6e et 7e garnissaient la lisière, ouvraient le feu sur les compagnies les plus avancées du Ier bataillon du 17e, et les forçaient à rétrograder. Ces divers incidents impressionnaient déjà d'une manière défavorable toutes les unités de la division de Caussade.

A l'aile gauche, la 2e division avait reçu l'ordre d'enlever Petit-Bicestre ; le général d'Hugues fit avancer le Ier bataillon (commandant Collio) du 19e de marche, pendant que le VIIe bataillon de mobiles se maintenait dans la Tuilerie, près de laquelle s'arrêtaient les IIe et IIIe bataillons du 19e.

Sous la protection des éclaireurs de la division, le Ier bataillon du 19e fit quelques progrès, en appuyant à gauche, c'est-à-dire vers l'Est, ne pouvant suivre la grande route battue par l'artillerie française. Le commandant Collio déploie en tirailleurs ses deux premières compagnies qui, fusillées par la 3e compagnie du 47e, sont bientôt obligées de suspendre leur mouvement. Le général Ducrot, voyant cette hésitation, « fait battre la charge, et prescrit à nouveau de marcher contre Petit-Bicestre (1) » ; puis il retourne vers la colonne de droite. Le commandant Collio demande alors du renfort au commandant Montels, chef d'état-major de la division. Les IIe et IIIe bataillons commencent à entrer en ligne et envoient quelques compagnies pour prolonger la gauche du 1er et déborder la droite prussienne. Certaines fractions parviennent même à franchir la grande route et à pénétrer dans les bois de Verrières, près du rond-point (2).

---

(1) Général Ducrot, *loc. cit.*, t. I, p. 29.
(2) D'après Stieler von Heydekampf (*loc. cit.*, p. 106) et l'*Historique du régiment d'infanterie n° 47* (p. 42), six compagnies françaises au

Ces fractions de jeunes troupes inexpérimentées, insuffisamment commandées et non appuyées, ne surent pas profiter de leur succès. Mal éclairées, elles n'allaient pas s'apercevoir de l'arrivée des renforts ennemis, particulièrement sur leur flanc gauche, et leurs efforts allaient se trouver anéantis en quelques minutes.

Pour s'opposer à la marche des compagnies françaises, le commandant du Ier bataillon du 47e dut engager sous bois sa 4e compagnie qu'il avait conservée jusque-là en réserve et l'envoyer au secours de la 3e (1). D'autre part, quand le colonel von Flotow avait vu la tournure violente que prenait le combat autour de Petit-Bicestre, il avait envoyé l'ordre au IIIe bataillon de quitter Malabry et de venir le rejoindre (2).

Mais d'autres secours étaient déjà arrivés aux troupes qui défendaient Petit-Bicestre. En effet, dès que le général von Voigts-Rhetz avait entendu la violence de la canonnade, il avait envoyé de suite son aide de camp, le lieutenant von Sandes, au général von Sandrart pour lui exposer la situation et lui demander d'urgence des renforts (3). Le lieutenant von Sandes, avant de rencontrer le général commandant la 9e division, qui était à Mont-Clain, trouva au Nord de Bièvres le colonel Diehl avec la 6e brigade d'infanterie bavaroise (4).

---

moins auraient été comptées, franchissant la route l'une après l'autre. Ni le récit du général Ducrot, ni le *Rapport* du général de Caussade, ni l'*Historique manuscrit* du 19e de marche, ne permettent d'être affirmatif sur ce point. Mais ce qui est certain, c'est que des groupes français entrèrent sous bois.

(1) Stieler von Heydekampf, *loc. cit.*, p. 106.
(2) *Geschichte des 2. Niederschlesischen Infanterie - Regiments Nr. 47*, II. Teil, p. 42.
(3) Stieler von Heydekampf, *loc. cit.*, p. 106.
(4) Ordre de marche de cette brigade : Avant-garde : un escadron, 3e bataillon de chasseurs, un peloton de pionniers. Gros : Ier bataillon du 14e, 3e batterie du 4e (Lössl), IIe bataillon du 14e, Ier bataillon

Partie vers 5 heures de Longjumeau, cette brigade s'était avancée par Champlan et Palaiseau sur Igny. Elle arriva au château de Vilgenis un peu avant la tête de la *17e* brigade prussienne venant de Massy. Pendant un certain temps les deux colonnes marchèrent à même hauteur, les Bavarois sur la gauche de la route, et les Prussiens sur le côté droit. Mais bientôt, on entendit le canon dans la direction du Nord, et pour pouvoir continuer, chacune sur son objectif, la *17e* brigade prussienne sur Mont-Clain, la *6e* brigade bavaroise sur Petit-Bicestre, les deux colonnes durent passer d'un côté de la route sur l'autre, et pour cela se traverser (1).

Mis au courant de la situation auprès de Petit-Bicestre, le colonel Diehl prescrivit à ses batteries de se porter au trot vers ce point, et à ses autres unités de s'engager immédiatement dès qu'elles atteindraient l'Abbaye-aux-Bois.

La 3e batterie du *4e* bavarois, arrivée la première, prit position à droite de la 2e batterie du *5e* régiment prussien, auprès de laquelle du reste, la 1re batterie, reconstituée, était rentrée en ligne peu de temps auparavant.

Le *3e* bataillon de chasseurs bavarois, qui marchait en tête de colonne, reçut l'ordre de s'engager au moment où il arrivait à hauteur de La Motte-Quarrée, après 7 h. 30. Sur l'ordre du colonel Diehl, il jeta ses 3e et 4e compagnies dans le bois du Loup-Pendu, et la 2e dans

---

du *15e*, VIIIe batterie du *4e* (Reuss), IIe bataillon du *15e*, trois escadrons, détachement d'ambulance, gros de la compagnie de pionniers, colonne de munitions. Arrière-garde : un peloton d'infanterie (*Geschichte des K. bayer. 2. (vormals 3.) Jäger-Bataillons*, p. 201). — A son passage à Châlons-sur-Marne, le *15e* régiment avait laissé dans cette ville son IIIe bataillon atteint de dysenterie (Voir plus haut, p. 115, note 2). Le IIIe bataillon du *14e* régiment comptait à la *8e* brigade bavaroise.

(1) *Geschichte des K. bayer. 2. (vormals 3.) Jäger-Bataillons*, p. 202.

les bois de Verrières pour couvrir la droite ; la 1re restait en réserve à La Motte-Quarrée, et, avec le concours des pionniers, mettait en état de défense une maison à l'Ouest de la route : « Ces mesures, dit l'*Historique* de ce bataillon, avaient pour but d'établir une position de *repli* puisqu'il semblait que les Prussiens étaient sur le point d'évacuer le plateau (1) ».

Les 3e et 4e compagnies progressèrent sous le feu de l'artillerie, mais la 3e fut bientôt appelée à l'Est de la route pendant que la 4e seule s'avançait entre Petit-Bicestre et Villacoublay.

Cette 3e compagnie bavaroise se déploya à droite de la compagnie Treskow (3e du *47e*). « La situation, dit encore l'*Historique* du *3e* chasseurs, était très critique puisque les deux braves compagnies prussiennes qui avaient été seules engagées jusque-là du côté allemand, à l'exception des deux batteries prussiennes, se trouvaient devant une supériorité de forces écrasante ». Par un vigoureux effort, les deux compagnies prussiennes et la compagnie de chasseurs bavarois arrêtèrent, puis rejetèrent au Nord de la route, les fractions françaises. « Ainsi, ajoute encore le même *Historique*, la crise avait été heureusement surmontée, et le danger de la perte de Petit-Bicestre, point d'une importance vraiment capitale, et cela aussi bien pour l'assaillant que pour le défenseur, avait été écarté ». Il est bien évident, en effet, que si l'ennemi avait dû évacuer Petit-Bicestre, la division d'Hugues aurait eu toute facilité pour rejeter vivement dans le ravin de la Bièvre, toutes les fractions allemandes cherchant à atteindre le plateau.

L'arrêt du mouvement offensif du 19e de marche allait malheureusement se transformer en un échec complet.

---

(1) *Geschichte des K. bayer. 2. (vormals 3.) Jäger-Bataillons*, p. 202.

Faute de reconnaissances suffisantes et de mesures de sûreté sur son flanc gauche, ce régiment fut assailli tout à coup, vers 8 h. 30, presque à revers, par le III⁰ bataillon du *47⁰*, venant de Malabry.

Ce bataillon avait effectué son mouvement sous bois, en se faisant précéder par sa 10⁰ compagnie, qui, déployée en tirailleurs, avait commencé le feu contre quelques groupes français. Cette compagnie, faisant face à droite, s'établit à la lisière demi-circulaire de la clairière au Sud de la grande route. Les trois autres compagnies de fusiliers, qui suivaient à quelque distance, vinrent border la lisière à la droite de la 10⁰ compagnie et rejetèrent vers le Nord-Ouest l'aile gauche du 19⁰ de marche, ce qui amena les tirailleurs français à défiler pour ainsi dire sous le feu de la 10⁰ compagnie du *47⁰* et de la 3⁰ compagnie du *3⁰* chasseurs bavarois (1).

Pris ainsi dans un angle de feu, le 19⁰ de marche subit en peu de temps des pertes considérables. Le lieutenant-colonel de Colasseau, le capitaine Fauveau furent tués ; de nombreux officiers et soldats furent blessés. Finalement le régiment se replia rapidement sur le Pavé-Blanc, poursuivi par la fusillade et la mitraille prussiennes. Il laissait sur le terrain 5 officiers et 131 hommes tués, blessés ou disparus, et ramenait en outre 6 officiers et 110 hommes blessés (2).

Cette retraite ne fut pas inquiétée : le III⁰ bataillon du *47⁰* s'arrêta le long de la route ; les compagnies de ce régiment avaient du reste en grande partie épuisé leurs munitions. La 3⁰ compagnie du *3⁰* chasseurs bavarois progressa un peu vers le Nord ; la VIII⁰ batterie

---

(1) *Geschichte des 2. Niederschlesischen Inf.-Regts Nr. 47*, II. Teil, p. 42.

(2) *Historique manuscrit* du 19⁰ régiment de marche ; Général Ducrot, *loc. cit.*, t. 1ᵉʳ, p. 34.

bavaroise se porta aussi au Nord de Petit-Bicestre et s'avança jusqu'à 600 pas du Pavé-Blanc. Il était alors plus de 8 h. 30 (1).

La 2ᵉ compagnie du *3*ᵉ chasseurs bavarois jetée dans

---

(1) Les heures dans tout le combat de Châtillon sont difficiles à préciser. Celles indiquées par le général Ducrot, l'*Historique du Grand État-Major prussien* ou les *Historiques* des régiments français et allemands sont très contradictoires.

Le général Ducrot dit (*loc. cit.*, t. I, p. 34) que le 19ᵉ de marche était déjà en retraite à 7 h. 30. L'*Historique du Grand État-Major prussien* (IIᵉ partie, p. 67) indique au contraire 8 h. 30, comme moment de l'attaque du 19ᵉ de marche. Le général Bocher, qui commandait la brigade à laquelle appartenait le 19ᵉ de marche, ne donne dans son *Rapport* aucune heure sur le moment de l'attaque, mais indique que vers 9 heures sa brigade tout entière était réunie sur l'emplacement où elle avait passé la nuit, en avant de la redoute, ce qui concorderait à peu près avec l'heure du général Ducrot. Le *Rapport* du général de Bernis ne contient aucune indication d'heure et se borne à mentionner que la canonnade avant la retraite dura assez longtemps. Le *Journal* de marche de la division d'Hugues ne donne non plus aucune heure. Il rapporte seulement que la retraite fut déterminée par celle de la division de Caussade et qu'elle se fit lentement. D'après l'*Historique manuscrit* de la 7ᵉ compagnie du 6ᵉ bataillon de chasseurs (division d'Hugues), cette unité battit en retraite à 8 h. 30. Le 19ᵉ de marche, d'après son *Historique manuscrit*, « engage le feu à 8 heures et se voyant tourné presque complètement par l'ennemi, il doit battre en retraite ». D'après l'*Historique manuscrit* du 22ᵉ de marche, le mouvement de retraite aurait été ordonné à 9 heures. Le commandant du fort d'Issy télégraphiait au Gouverneur à 9 h. 45, que « beaucoup d'hommes du 14ᵉ corps battent en retraite et se rallient sur le fort ». A 10 h. 20, le commandant du fort de Vanves télégraphiait au Commandant supérieur (*sic*) à Paris : « ..... Vers 9 h. 30, une partie de nos troupes, infanterie, cavalerie et artillerie, se retirait en bon ordre dans la direction des forts. Des colonnes paraissent remonter sur le plateau de Clamart-Châtillon ».

De tout ce qui précède, il a semblé qu'on pouvait admettre que le mouvement du 19ᵉ de marche ne s'était produit qu'après 8 heures et que la crise qui avait déterminé sa retraite avait eu lieu vers 8 h. 30.

Les premiers éléments de la *6*ᵉ brigade bavaroise, tout au moins la

les bois de Verrières n'avait pas pris part à cette action. Elle s'était tout d'abord dirigée trop à l'Est, puis, voyant qu'elle s'éloignait de la fusillade, avait marché vers le Nord et, traversant la grande route à l'Ouest de Malabry, avait gagné la lisière Nord des bois (1), en passant semble-t-il derrière le IIIe bataillon du 47e, dont la direction initiale de marche était presque perpendiculaire à la sienne. Cette compagnie de chasseurs arriva plus tard à la lisière des bois au Nord de Malabry ; elle prit bientôt le clocher du village de Plessis-Picquet pour point de direction, et porta en avant trois de ses pelotons, laissant le quatrième (2) en réserve à la lisière. Mais, tout à coup, sa première ligne se trouva à 200 mètres du mur du parc Hachette, qu'elle ne voyait pas jusque-là et d'où elle reçut une fusillade si vive qu'en deux ou trois minutes elle eut 34 hommes hors de combat et dut battre précipitamment en retraite jusqu'au bois (3). Cette compagnie avait pu s'avancer ainsi jusque près de Plessis-Picquet, car les éclaireurs et les chasseurs à pied qui occupaient le Moulin de Plessis l'avaient abandonné peu de temps auparavant après

---

3e compagnie du 3e chasseurs, y contribuèrent. Or, d'après l'*Historique du Grand État-Major prussien*, cette brigade traversait Igny à 7 heures et, comme de cette localité jusqu'à Petit-Bicestre il y a au moins 4 kilomètres, cette compagnie n'a pas dû arriver en ce dernier point avant 8 heures.

On verra plus loin que le général Ducrot arriva à la redoute de Châtillon à 10 heures. Il semble que si le mouvement de retraite avait commencé comme il l'indique à 7 h. 30, le commandant en chef aurait mis moins de deux heures et demie pour traverser le plateau de Châtillon et serait arrivé beaucoup plus tôt dans la redoute, où il avait de nombreuses dispositions à prendre.

(1) *Geschichte des K. bayer. 2. (vormals 3.) Jäger-Bataillons*, p. 204.
(2) Les compagnies bavaroises avaient trois pelotons numérotés *1, 2, 3*, et un peloton de tirailleurs.
(3) *Geschichte des K. bayer. 2. (vormals 3.) Jäger-Bataillons*, p. 204.

avoir tiré toutefois sur deux batteries ennemies (1) qui s'étaient montrées en contre-bas près de Châtenay et qui avaient lancé quelques projectiles sur le Moulin. Ils s'étaient retirés sur Plessis-Picquet où ils furent mis à la disposition du commandant du III⁰ bataillon du 15ᵉ de marche (2).

Bientôt d'autres renforts arrivèrent également vers Petit-Bicestre. Le Iᵉʳ bataillon du *14*ᵉ régiment, qui marchait en tête du gros de la *6*ᵉ brigade bavaroise, fut jeté à l'Est de la grande route dans les bois de Verrières, et vint en border la lisière entre Petit-Bicestre et Malabry, relevant ainsi les compagnies prussiennes. Au contraire, le IIᵉ bataillon fut poussé à Petit-Bicestre même pour remplacer la 2ᵉ compagnie du *47*ᵉ, tandis que les bataillons du *15*ᵉ restaient momentanément en réserve au Sud de Petit-Bicestre. Quant au 5ᵉ régiment de chevau-légers, il s'était arrêté auprès de l'Abbaye-aux-Bois (3).

Ces positions ne furent toutefois occupées que vers 9 heures, et jusqu'à ce moment le combat resta stationnaire de ce côté.

Mais pendant que l'aile gauche française voyait sa marche complètement arrêtée, et même devait reculer, le combat n'avait pas pris une meilleure tournure à l'aile droite.

On a vu que de ce côté les éclaireurs du 17ᵉ de marche avaient été rejetés de la Garenne de Villacoublay par le IIᵉ bataillon du *47*ᵉ, puis que le Iᵉʳ bataillon du 17ᵉ avait lui-même rétrogradé, et que, presque au même

---

(1) 4ᵉ et VIIᵉ batteries du *4*ᵉ régiment bavarois.
(2) Le lieutenant Schultz, du 4ᵉ bataillon de chasseurs à pied, au général de la Charrière (sans date).
(3) *Historique du Grand État-Major prussien*, IIᵉ partie, p. 66.

moment, une partie du régiment de zouaves avait vivement battu en retraite (1).

Ces divers incidents avaient fortement agi sur le moral des unités de la brigade Lecomte : néanmoins les bataillons du 17ᵉ avaient ouvert le feu sur les tirailleurs ennemis embusqués à la lisière du bois de la Garenne et sur la ligne d'artillerie, contre laquelle leur tir ne fut pas sans efficacité. Mais le général Ducrot, pas plus que le général de Caussade, ne songèrent à s'emparer du bois de la Garenne et maintinrent sur la défensive toutes les troupes de l'aile droite, donnant ainsi à l'adversaire le temps d'être renforcé.

Après avoir envoyé de Mont-Clain sur Petit-Bicestre la 2ᵉ batterie du 5ᵉ, le général von Sandrart avait, vers 7 heures, dirigé sur Villacoublay les troupes d'infanterie qu'il avait sous la main, c'est-à-dire, le 7ᵉ régiment (grenadiers du Roi) et le 5ᵉ bataillon de chasseurs, qu'il fit bientôt suivre par les deux escadrons de dragons et les deux batteries (Iʳᵉ et IIᵉ du 5ᵉ) venant de Verrières avec la 17ᵉ brigade et auxquelles il avait envoyé l'ordre de devancer la colonne et de le rejoindre au trot (2).

En partant de Mont-Clain, le 7ᵉ régiment avait placé deux bataillons en première ligne, le Iᵉʳ à droite, le IIIᵉ à gauche, tandis que le IIᵉ suivait à distance derrière le IIIᵉ. Chaque bataillon de tête avait, à son tour, porté deux compagnies en avant (3). Laissant à l'Est Villacoublay, ces bataillons se dirigèrent sur Grange Dame Rose de manière à passer de part et d'autre de cette ferme. Dans ce mouvement, le 1ᵉʳ bataillon fut soumis,

---

(1) Voir plus haut, p. 404.
(2) *Historique du Grand État-Major prussien*, IIᵉ partie, p. 67 ; Stieler von Heydekampf, *loc. cit.*, p. 107.
(3) Iᵉʳ bataillon, 1ʳᵉ et 4ᵉ compagnies ; IIIᵉ bataillon, 9ᵉ et 12ᵉ (*Geschichte des Königs-Grenadier-Regiments* (2. *Westpreussischen*) Nr. 7, p. 123).

mais sans grandes pertes, au tir de l'aile droite de l'artillerie et des tirailleurs français. Pénétrant ensuite dans le bois au Sud de l'étang du Tronchet, il en chassa quelques fractions et garnit la lisière orientale avec les 1re, 2e et 4e compagnies, qui ouvrirent le feu sur l'aile droite française, pendant que la 3e compagnie restait en réserve sous bois (1).

La marche de ce bataillon avait du reste été bientôt appuyée par l'une des batteries lourdes envoyées par le général von Sandrart, la IIe du 5e, qui prit position à l'Ouest de Villacoublay, tandis que l'autre batterie, la Ire du même régiment, se plaçait à l'Est de ce hameau et à la gauche de la ligne d'artillerie déjà formée (2).

A peu près en même temps, les 6e et 7e compagnies du *47e*, suivies bientôt par la 4e compagnie du *3e* chasseurs bavarois (3), sortaient du bois de la Garenne et gagnaient la porte de Verrières, pendant que les 5e et 8e venaient les remplacer à la lisière Nord du bois de la Garenne, où arrivait bientôt aussi la 1re compagnie du *47e* (4).

Le IIIe bataillon du *7e*, qui avait passé à l'Ouest de Grange Dame Rose et recevait des coups de feu de la ferme de Villebon, marcha dans cette direction (5). On reviendra plus loin sur son mouvement.

---

(1) *Geschichte des Königs-Grenadier-Regiments (2. Westpreussischen) Nr. 7*, p. 123.

(2) *Geschichte des Feld-Artillerie-Regiments von Podbielski (Niederschlesischen) Nr. 5*, p. 95.

(3) On se rappelle que cette compagnie avait d'abord été jetée dans le bois du Loup-Pendu ; elle avait ensuite gagné la grande route et, passant à l'Ouest des batteries en action, était arrivée dans le bois de la Garenne (Voir plus haut, p. 407, et *Historique du Grand État-Major prussien*, IIe partie, p. 69).

(4) Cette compagnie était depuis la veille au soir en avant-postes à la corne Nord du bois du Loup-Pendu.

(5) *Geschichte des Königs-Grenadier-Regiments (2. Westpreussischen) Nr. 7*, p. 125.

Vers 8 h. 30, la situation s'était donc considérablement modifiée, au détriment des Français. Tous leurs éclaireurs ou fractions avancées avaient été rejetés sur la ligne principale. Dans la division de Caussade, deux régiments (17e et 18e) engagés en première ligne commençaient à être soumis à une vive fusillade et à un tir d'artillerie qui allait en croissant. Derrière leur aile gauche, le 16e de marche et 600 zouaves environ étaient en réserve. Au centre, les 68 pièces françaises continuaient leur feu (1), mais après avoir eu une grande supériorité numérique voyaient le nombre des batteries ennemies s'accroître sans cesse. Derrière elles, les 14 escadrons étaient admirables de sang-froid et de calme, mais étaient complètement inutiles ; ils subissaient des pertes (2) sans rendre aucun service, et le commandant en chef n'avait aucun renseignement sur les mouvements de son adversaire. A l'aile gauche, la division d'Hugues, ou tout au moins le 19e de marche, livrait le combat qui a été décrit plus haut, pendant que les trois autres régiments restaient en colonne le long de la route. Enfin, à Plessis-Picquet, le 15e de marche se maintenait dans le village et n'avait pas encore été inquiété.

Le général Ducrot, avec ses 68 pièces, ses 22 bataillons (3) et ses 14 escadrons, avait encore la supériorité numérique sur son adversaire qui n'avait engagé que 7 bataillons, 6 batteries et 5 escadrons (4). Ces unités devaient être renforcées, il est vrai, à très court délai,

---

(1) Les deux dernières batteries avaient fini par être engagées.

(2) Dans le régiment de gendarmerie, le colonel Martenot et le lieutenant-colonel Allavène étaient blessés, ce dernier grièvement.

(3) Sans compter le 15e de marche, les débris des zouaves et les mobiles d'Ille-et-Vilaine à la lisière des bois, non plus que les compagnies de chasseurs des divisions d'Hugues et de Caussade.

(4) De la droite à la gauche : $\frac{III^e}{47^e}$, $\frac{1^{er}}{47^e}$, 3e chasseurs bavarois,

par quatre bataillons des *14ᵉ* et *15ᵉ* bavarois. Mais auparavant et faute d'avoir su étendre son front pour éviter l'enveloppement, la masse française très concentrée allait se trouver menacée et, quoique numériquement plus forte, contrainte à la retraite.

§ 6. — *Retraite des troupes françaises.*

L'entrée en ligne à l'aile gauche allemande du Iᵉʳ bataillon du 7ᵉ, puis des deux batteries lourdes et des 5ᵉ et 8ᵉ compagnies du *47ᵉ*, avait amené une recrudescence du feu. Le groupe de batteries à cheval du commandant Villate subissait des pertes sensibles, qui le forçaient à rétrograder (1).

Les 17ᵉ et 18ᵉ de marche n'avaient pas moins à souffrir : « Nos tirailleurs reculent, écrit le général Ducrot, se jettent sur la ligne de bataille qui faiblit, se rompt sur différents points....., la confusion est extrême..... Le général en chef accourt au milieu de cette troupe effarée....; il la contient, la reforme, l'encourage et parvient à rétablir un peu d'ordre....; mais, dès lors, toute action offensive devient impossible ; le général Ducrot, voyant l'ennemi gagner du terrain et menacer de tourner notre droite, se décide à la retraite.

$\frac{IIᵉ}{47ᵉ}$, $\frac{Iᵉʳ}{7ᵉ}$, $\frac{IIᵉ}{7ᵉ}$, $\frac{IIIᵉ}{7ᵉ}$; batteries : $\frac{VIIIᵉ \text{ et } 3ᵉ}{4ᵉ \text{ bavarois}}$, $\frac{2ᵉ \text{ et } 1ʳᵉ}{5ᵉ}$, $\frac{Iʳᵉ \text{ et } IIᵉ}{5ᵉ}$; quatre escadrons du *4ᵉ* dragons (1ᵉʳ au Sud de Vélizy, 2ᵉ et 3ᵉ près des batteries lourdes de Villacoublay, 4ᵉ vers Petit-Bicestre), et un escadron du *1ᵉʳ* hussards au Nord de Villacoublay.

(1) Sept servants de la 13ᵉ batterie du 18ᵉ (batterie Bocquenet) étaient hors de combat ; le capitaine avait eu deux chevaux tués sous lui (Général Ducrot, *loc. cit*, t. I, p. 325). — La 13ᵉ batterie du 19ᵉ (capitaine Bécler) avait trois hommes blessés, plusieurs autres contusionnés, 10 chevaux tués ou disparus, une pièce démontée ; le lieutenant Besson manœuvrait seul avec un homme une pièce dont les servants avaient été dispersés (*Historique manuscrit* de la 13ᵉ batterie du 19ᵉ d'artillerie).

« Il envoie l'ordre aux généraux d'Hugues et de Caussade de rallier les emplacements quittés le matin (1) ». La brigade Lecomte commença par se replier sur la ferme Trivaux, puis les 16e et 18e régiments de marche battirent en retraite sous bois, ainsi que les Ier et IIIe bataillons du 17e, mais le IIe bataillon de ce régiment fit son mouvement à découvert sur le plateau en longeant la lisière.

La division de Caussade, à l'exception d'un bataillon qui s'égara sous bois, revint sur l'emplacement où elle avait laissé ses sacs. Elle les reprit et, descendant les pentes de Châtillon, vint se former entre ce village et Clamart qu'elle fit occuper par le IIIe bataillon du 16e de marche (2). Ses deux batteries de 4 l'accompagnèrent dans sa retraite, tandis qu'au contraire les autres batteries engagées restèrent sur le plateau.

Dans son *Rapport*, le général de Caussade dit que la retraite « s'effectua sans désordre »; il est certain cependant que beaucoup d'hommes abandonnèrent le rang et se retirèrent directement sur Meudon, le fort d'Issy et sur Paris même (3).

Quant aux débris du régiment de zouaves, que le lieutenant-colonel Méric avait réussi à maintenir près de Trivaux, ils prirent la grande avenue de Meudon comme ligne de retraite. Leur chef les fit déployer à travers bois, pour contenir les unités du 7e prussien qui s'y engageaient à leur suite; mais des fuyards de la division de Caussade entraînèrent une nouvelle fraction

---

(1) Général Ducrot, *loc. cit.*, t. I, p. 31-32.
(2) Le général de Caussade au général Ducrot, Clichy, 22 septembre; *Historique manuscrit* du 16e régiment de marche. — Voir la carte n° 10 (1/20,000e) : situation vers 10 h. 30 du matin.
(3) A 9 h. 45, le commandant du fort d'Issy télégraphiait au Gouverneur que beaucoup d'hommes du 14e corps se ralliaient sur le fort.

de zouaves dans leur retraite vers Issy ; le reste, après s'être arrêté quelque temps à proximité de l'étang de Chalais, contourna le Parc et rentra dans Meudon, d'où le régiment était parti quelques heures auparavant (1).

Les mobiles du 1er bataillon d'Ille-et-Vilaine, qui garnissaient la lisière aux environs de l'étang du Tronchet, avaient rétrogradé également devant les deux bataillons du 7e. Leur mouvement avait été très rapide, et ce n'est qu'à grand'peine que le commandant Lévy, aidé de quelques officiers du bataillon, put rassembler les fuyards et les ramener sous les murs du parc de Chalais. Il utilisa aussitôt toutes ces fractions plus ou moins débandées ainsi que la 2e compagnie de dépôt du 49e de ligne restée au château, et leur fit garnir le mur de clôture, qui était crénelé, et les parapets des ouvrages des terrasses. Il plaça quelques avant-postes pour éclairer les abords du château, mais les mobiles étaient tellement démoralisés qu'il fut difficile de les maintenir dans ces positions.

Ces troupes ne furent pas inquiétées dans la journée, et ce ne fut qu'à 7 heures du soir que le commandant Lévy, après avoir demandé des ordres au Gouverneur, quitta Meudon avec 800 zouaves, 400 mobiles, 200 hommes de la compagnie de dépôt et les isolés de divers corps. Il ramena tout ce personnel à l'Ecole militaire (2).

La retraite des 1re et 2e divisions sur le plateau de Châtillon devait être couverte par l'artillerie et la cavalerie. Les batteries, tout en continuant le feu, se retirèrent par groupe et en échelons, très lentement « avec

---

(1) Le lieutenant-colonel Méric au général Ducrot, Paris, 23 septembre.

(2) Le chef de bataillon du génie Lévy au général Ducrot, fort de Montrouge, 24 septembre.

beaucoup de calme et de sang-froid (1) ». Elles durent traverser le fossé assez profond qui court de la ferme Trivaux à la grande route. Comme elles ne pouvaient le franchir que sur les ponts, leur mouvement de retraite en fut retardé. La fusillade leur causa encore quelques pertes.

Elles prirent ensuite quatre positions successives (2), sous la protection de la cavalerie, notamment du régiment de gendarmerie et du 2ᵉ cuirassiers de marche, qui, formés sur une seule ligne derrière l'artillerie, battirent en retraite par échelons de demi-régiment. « Le mouvement alternatif fut continué avec le plus grand ordre et au pas, malgré le feu de l'ennemi qui nous tua ou blessa encore quelques hommes et quelques chevaux jusqu'auprès de la redoute de Châtillon où le dernier échelon de l'artillerie et celui de la cavalerie restèrent en position jusqu'à ce que toute l'infanterie fût rentrée dans nos lignes (3) ».

L'artillerie et la cavalerie mirent plus d'une heure à effectuer cette retraite, après quoi, le général Ducrot, estimant que la cavalerie lui était inutile, lui ordonna de se porter près du fort de Montrouge. Le général de Bernis, repassant par ses bivouacs de la veille, reprit les chevaux de main et les hommes qu'il y avait laissés, se rendit à l'endroit qui lui avait été indiqué, et au bout de peu de temps reçut l'ordre de rentrer dans Paris (4).

---

(1) Le général Boissonnet au général Ducrot, Porte-Maillot, 23 septembre.

(2) Général Ducrot, *loc. cit.*, t. I, p. 35.

(3) Le général de Bernis au général Ducrot, Vincennes, 24 septembre.

(4) *Ibid.* — La cavalerie rentra dans Paris par la porte d'Orléans vers 10 h. 30 (Le Commandant du 8ᵉ secteur au Gouverneur, D. T., 19 septembre, 10 h. 40 matin). — Le régiment de gendarmerie se rendit au

Sur les douze batteries engagées le matin, dix furent maintenues à hauteur de la redoute. Le général Ducrot était arrivé en ce point vers 10 heures et avait de suite pris ses dispositions pour compléter la défense (1). Par ses ordres, les différentes batteries qui se repliaient, furent réparties au Nord et au Sud de la redoute, dans laquelle on fit rentrer trois mitrailleuses, sous les ordres du capitaine de Grandchamp.

Six pièces reconstituées dans le groupe des batteries à cheval du commandant Villate, puis les deux batteries de 4 de la réserve, 17es, du 14e et du 15e, se placèrent au Nord de la redoute et derrière des épaulements, d'où elles battaient les débouchés des bois de Meudon et de Clamart. La 17e batterie du 13e (2e division) prit position derrière un épaulement inachevé, en avant de l'épaule de droite de la redoute. Le groupe Warnesson (batteries de 12 de la réserve, 8e et 17e du 3e), la deuxième batterie de 4 de la 2e division (17e du 8e) et les deux batteries divisionnaires de mitrailleuses, peu engagées sur les premières positions, vinrent rejoindre sur les hauteurs du Télégraphe les quatre pièces de 12 de la batterie Le Sage qui y avaient été établies dès le matin (2). Il y eut alors en ce point, sous les ordres du lieutenant-colonel Villiers, 32 pièces dont quelques-unes derrière des épaulements inachevés (3) ; elles pouvaient

---

Palais de l'Industrie. Deux escadrons du 2e cuirassiers allèrent au quartier de Grenelle, les deux autres escadrons et le régiment de cavalerie mixte bivouaquèrent sur le Cours-la-Reine (*Journal* de marche de la brigade de Bernis).

(1) Général Ducrot, *loc. cit.*, t. I, p. 37.
(2) Les deux autres étaient dans la redoute.
(3) Général Ducrot, *loc. cit.*, t. I, p. 37-38. — Ces trente-deux pièces, d'après le général Ducrot, étaient ainsi réparties de la gauche à la droite : batteries de mitrailleuses (moins deux pièces dégradées), Ladvocat (17e du 11e) et Perrault (17e du 4e); batterie de 12, de Cha-

battre le ravin de Plessis-Picquet et les directions de Châtenay et de Sceaux.

Pendant que l'artillerie et la cavalerie effectuaient ces mouvements, la 2ᵉ division opérait également sa retraite.

L'ordre de se replier était parvenu au général d'Hugues au moment où le 19ᵉ de marche venait d'être refoulé, c'est-à-dire vers 8 h. 45 (1). Le mouvement commença immédiatement et s'exécuta lentement « dans un ordre parfait (2) » sous la protection de deux bataillons du 19ᵉ de marche, sans être sérieusement inquiété par l'ennemi (3). Le VIIᵉ bataillon de mobiles évacua la Tuilerie et se retira par la route (4) tandis que les régiments de la division, laissant la chaussée à l'artillerie, s'écoulaient en restant plus au Sud. Ils se dirigèrent sur le point où ils avaient laissé leurs sacs le matin, et y arrivèrent vers 10 heures. Le général d'Hugues prescrivit alors à ses brigades de reprendre l'emplacement qu'elles avaient occupé pendant la nuit précédente; mais comme ces positions étaient trop exposées au feu de batteries bavaroises que l'on voyait s'établir à l'Ouest de Châtenay, le commandant de la division ordonna à

---

lain, 17ᵉ du 3ᵉ ; batterie de 4, Dassonville, 17ᵉ du 8ᵉ ; batterie de 12, Dethorey, 8ᵉ du 3ᵉ ; quatre pièces de la batterie de 12, Le Sage, 18ᵉ du 3ᵉ.

(1) D'après le *Rapport* du général d'Hugues, il semblerait que cet ordre fût parvenu avant que le 19ᵉ de marche ne fût engagé, mais le *Rapport* du général Bocher, l'*Historique manuscrit* du 19ᵉ de marche et le récit du général Ducrot démontrent le contraire.

(2) *Rapport* du général d'Hugues sur le combat du 19 septembre.

(3) *Rapport* du général Bocher sur le combat de Châtillon, sans date.

(4) L'*Historique* de ce bataillon dit qu'au cours de sa retraite, le général Ducrot lui témoigna « sa satisfaction pour sa bonne tenue »; il n'en est pas moins certain qu'après avoir traversé la ligne d'artillerie, il hâta son mouvement car il ne s'arrêta pas à Châtillon pour reprendre ses sacs et ses bagages qui se trouvèrent perdus.

ses régiments de s'abriter dans les ravins qui se trouvent au Nord de la redoute. En même temps, il invita le 22ᵉ de marche « conformément aux ordres reçus (1) » à entrer dans l'ouvrage, qu'il devait concourir à défendre.

A ce moment, quelques projectiles tombèrent sur toutes ces troupes entassées sur un espace étroit. Dès lors le mouvement en arrière se précipita. Les régiments avaient à traverser la grande route sur laquelle les voitures du train, les réserves d'artillerie, etc., battaient en retraite vers Châtillon. Ces colonnes d'infanterie et d'équipages s'entre-croisèrent, se coupèrent, ce qui augmenta le désordre. « Des chevaux d'artillerie effrayés par ces obus ont renversé une voiture à laquelle ils étaient attelés. Des jeunes soldats...., non moins effrayés peut-être que les chevaux, ont, en quelque sorte pris la fuite en traversant ou en suivant la route de l'ouvrage, et mon régiment (le 22ᵉ) s'est trouvé de suite coupé et en partie entraîné dans cette espèce de déroute. Pour comble de malheur, ma tête de colonne a dû forcer l'entrée de l'ouvrage pour y pénétrer, et les hommes ayant entendu dire qu'il y avait assez de défenseurs et qu'ils ne pourraient pas y être abrités des projectiles prussiens, il est devenu difficile sinon impossible d'y faire rester les hommes qui y étaient entrés.

« Pour mon compte particulier, j'étais resté sur le terrain pour activer le mouvement, et je me suis, de ma personne, rendu à l'ouvrage un peu en avant de mon IIᵉ bataillon qui me suivait, conduit par son chef, sans presque aucune distance du IIIᵉ, et je me suis trouvé moi-même coupé par le mouvement de l'artillerie et par les jeunes soldats précités; puis en arrivant à l'entrée de

---

(1) *Rapport* du général d'Hugues, qui ne dit pas cependant par qui avaient été donnés les ordres.

l'ouvrage, j'y ai trouvé un sous-officier placé là pour en interdire l'accès (1) ».

Le général Bocher, commandant la 1re brigade, n'est pas moins explicite dans son *Rapport*. Après avoir dit qu'il venait de demander au général de division de dégager le plateau encombré et de se porter avec sa brigade en arrière du moulin de Croüy, et à gauche de la redoute, il ajoute : « Cet ordre ayant été obtenu, la brigade commença son mouvement et déjà son premier bataillon se formait sur la pente face à la redoute et à l'abri des projectiles quand arrivèrent sur le plateau les premier obus de l'ennemi. Alors, commença un désordre inexprimable et qu'il avait été bien facile de prévoir. L'infanterie, l'artillerie, le train, etc., se précipitèrent dans les ravins qui séparent la redoute du village de Châtillon et de Fontenay-aux-Roses. La plupart de ces fuyards laissaient leurs sacs sur le plateau ou les jetaient dans leur fuite. Beaucoup même jetaient leurs fusils ; les voitures de l'armée, les mulets du train au galop ajoutaient au désordre. Heureusement, la 1re brigade, qui avait commencé son mouvement avant l'ouverture du feu et qui avait eu le temps de prendre ses sacs, put échapper en partie à ce désordre. La plupart des hommes restèrent dans le rang et la brigade fut bientôt constituée presque en entier en avant de Châtillon, s'étendant de la grande route à la place de l'Église et prête à occuper Fontenay s'il était abandonné ou à se porter en avant sur la redoute ».

Grâce à l'énergie des généraux et des officiers de tous grades, le gros de la division put cependant se reformer au bas de Châtillon dans les rues avoisinant l'église. D'après les ordres du général Ducrot, le général d'Hu-

---

(1) *Rapport* du lieutenant-colonel Barbe, commandant le 22e régiment de marche, Neuilly, 21 septembre.

gues se disposa à garder les issues du village vers le Sud, mais vers 11 heures, il reçut l'ordre de se retirer au Nord du fort de Vanves (1).

Certaines fractions étaient toutefois restées sur le plateau : d'abord les deux compagnies de chasseurs à pied qui, depuis le matin, escortaient l'artillerie et se maintinrent sur le plateau, entre la redoute et les batteries du Télégraphe ; puis le IIIe bataillon du 19e de marche, qui prit position derrière un mur crénelé en avant de la redoute ; enfin une fraction du IIe bataillon du 22e de marche, que le commandant de ce régiment porta, sur l'ordre du général Ducrot, en arrière et à droite de la redoute (2).

En résumé, vers 11 heures du matin le général Ducrot, resté dans la redoute, n'avait plus sous la main, sur le plateau, que peu de troupes. Sa ligne importante d'artillerie et la redoute n'étaient défendues que par les trois bataillons du 26e de marche et le IVe bataillon de mobiles d'Ille-et-Vilaine, qui n'avaient pas encore été engagés, puis par les deux compagnies de chasseurs de la 2e division, le IIIe bataillon du 19e de marche et un bataillon environ du 22e. Mais, en avant de sa gauche, le 15e de marche et les deux compagnies de chasseurs de la division de Caussade occupaient toujours Plessis-Picquet.

§ 7. — *Mouvements des troupes allemandes sur le plateau jusque vers 10 heures.*

On a laissé le récit de ce qui se passait à l'aile droite, au moment où, vers 9 heures, arrivaient à proximité de Petit-Bicestre les bataillons de la 6e brigade bavaroise,

---

(1) *Rapport* du général d'Hugues.
(2) *Ibid.* ; *Rapport* du lieutenant-colonel Barbe, Neuilly, 21 septembre.

et l'on a déjà dit que le Ier bataillon du *14e* vint garnir la lisière du bois de Verrières vers le rond-point, tandis que le IIe était dirigé sur Petit-Bicestre, et que les deux bataillons du *15e* restaient momentanément en réserve au Sud du même point (1).

Quand la Tuilerie et le Pavé-Blanc furent évacués par les Français, le IIe bataillon et la 2e compagnie du *14e* vinrent occuper ces groupes de maisons, mais n'allèrent pas au delà.

Pendant ce temps, les compagnies des Ier et IIIe bataillons du *47e*, assez mélangées, et qui avaient, particulièrement les quatre premières, soutenu tout le combat depuis le matin et épuisé leurs munitions (2), se rassemblèrent près de Petit-Bicestre, où se trouvait encore la 3e compagnie du *3e* chasseurs bavarois. Cette unité avait été renforcée par la 1re compagnie du même bataillon, maintenue tout d'abord à la Motte-Quarrée (3).

Les 1re et 4e compagnies du *15e* vinrent bientôt se former à la droite du IIe bataillon du *14e*, et se trouvèrent ainsi intercalées entre les deux bataillons de ce dernier régiment (4).

Pour protéger la ligne vers la droite, le *15e* régiment se dirigea vers Malabry. Ses 2e et 3e compagnies s'établirent sur la grande route à la droite du Ier bataillon du *14e*, resté au Sud de cette voie et à l'Est de la clairière (5) ; le IIe bataillon pénétra dans les bois

---

(1) Voir plus haut, p. 412.

(2) Les Ier et IIIe bataillons du *47e* furent peu après ravitaillés en munitions par une voiture à cartouches du *59e* (*Geschichte des 2. Niederschlesischen Infanterie-Regiments Nr. 47*, II. Teil, p. 42).

(3) Voir plus haut, p. 408.

(4) *Historique du Grand État-Major prussien*, IIe partie, p. 68.

(5) *Ibid.* — D'après l'*Historique du Grand État-Major prussien*, il semblerait que le Ier bataillon du *15e* se fût porté tout entier à l'Est du Ier du *14e*. Mais comme ce même *Historique* indique que

au Nord de Malabry, poussant ses éclaireurs vers la lisière où se trouvait également la 2ᵉ compagnie du *3ᵉ* chasseurs (1). Deux escadrons du *5ᵉ* chevau-légers se tenaient près du rond-point. Comme on le voit, toute la *6ᵉ* brigade bavaroise était déployée et n'avait aucune troupe derrière elle, tandis que Plessis-Picquet était toujours fortement occupé et qu'une compagnie de chasseurs avait déjà vu ce qu'il en coûtait de s'en approcher. Force fut donc au colonel Diehl de s'arrêter, en attendant que l'action de la *5ᵉ* brigade bavaroise pût se faire sentir à sa droite.

A l'aile gauche, le mouvement en avant avait continué après la retraite de la division de Caussade. Les unités qui occupaient le bois de la Garenne, la Porte de Verrières et le bois au Sud de l'étang du Tronchet (2), avaient concentré leur tir contre la lisière de la ferme Trivaux, qui, incendiée en même temps par le tir de l'artillerie, fut abandonnée et tomba entre leurs mains. Les 2ᵉ et 4ᵉ compagnies du *7ᵉ*, qui tenaient la gauche de ces unités prussiennes, pénétrèrent sous bois au Nord

---

les 1ʳᵉ et 4ᵉ compagnies du *15ᵉ* s'étaient intercalées auparavant entre les IIᵉ et Iᵉʳ bataillons du *14ᵉ*, on a admis que seules, les 2ᵉ et 3ᵉ compagnies du *15ᵉ* s'étaient placées à la droite du Iᵉʳ bataillon du *14ᵉ*.

Au reste, une certaine indécision existe dans l'ouvrage lui-même de l'état-major prussien, car le plan n° 13 place, à midi, le Iᵉʳ bataillon du *15ᵉ*, intercalé tout entier entre le IIᵉ et le Iᵉʳ bataillon du *14ᵉ*. Si cet emplacement est exact, il faut admettre qu'entre 10 heures et midi, les 2ᵉ et 3ᵉ compagnies du *15ᵉ* sont passées de la droite à la gauche du Iᵉʳ bataillon du *14ᵉ* et ont ainsi rejoint le reste de leur bataillon. Mais on n'en trouve aucune explication dans le texte.

(1) Voir plus haut, p. 411.

(2) Bois de la Garenne : $\frac{5^e \text{ et } 8^e}{47^e}$ et un peloton de $\frac{1^{re}}{47^e}$.

Porte de Verrières et bois contigu au Nord : $\frac{6^e \text{ et } 7^e}{47^e}$, $\frac{4^e}{3^e \text{ ch.B.}}$, $\frac{\text{I}^{er}}{7^e}$.

de la ferme, où elles se joignirent à l'aile droite du IIIe bataillon, et s'avancèrent à l'Est de l'allée de Trivaux.

On se rappelle que ce dernier bataillon s'était porté tout d'abord vers la ferme de Villebon, que les mobiles d'Ille-et-Vilaine avaient évacuée rapidement. Conversant à droite, les fusiliers du 7e passèrent au Nord de l'étang du Tronchet et continuèrent leur marche sous bois, pendant que le Ier bataillon était encore arrêté à la lisière orientale du petit bois au Nord de la Porte de Verrières, et que la ferme Trivaux était encore occupée. Aussi, en arrivant à proximité de cette ferme, le demi-bataillon de droite fut-il subitement soumis à une assez vive fusillade, qui l'obligea à s'arrêter et à déployer sa 10e compagnie. Cet incident se produisit à peu près au moment où les zouaves évacuaient Trivaux. La présence des fusiliers prussiens leur rendit la retraite difficile, et un certain nombre furent faits prisonniers sur l'allée de Trivaux (1), où s'arrêta le IIIe bataillon du 7e (2).

Le IIe bataillon du 7e avait, au début de l'engagement, suivi le IIIe, mais quand celui-ci pénétra sous bois et fit sa conversion à droite pour longer en quelque sorte la lisière Sud des bois de Meudon, le IIe le perdit de vue et vint tomber près de l'étang de Chalais, c'est-à-dire tout à fait à l'aile gauche allemande. Dans cette marche, il fit prisonniers une dizaine de zouaves (3).

Quant au 5e bataillon de chasseurs, qui avait suivi en

---

(1) 81, d'après Stieler von Heydekampf (*loc. cit.*, p. 109).

(2) *Geschichte des Königs-Grenadier-Regiments (2. Westpreussischen) Nr. 7*, p. 124-125.

(3) *Ibid.* — D'après l'*Historique du Grand État-Major prussien*, IIe partie, p. 69, ce bataillon serait ensuite revenu près de la ferme Trivaux.

réserve derrière l'aile droite du 7ᵉ régiment, il s'arrêta près de la ferme Trivaux (1).

Lorsque l'occupation de cette ferme fut assurée, les compagnies du IIᵉ bataillon du 47ᵉ se rassemblèrent en arrière ayant épuisé leurs munitions. Elles furent ensuite ravitaillées par une voiture à cartouches du 58ᵉ (2).

La 4ᵉ compagnie du 3ᵉ chasseurs bavarois se rassembla également et se replia bientôt en arrière à la recherche de son bataillon (3).

Le mouvement de l'infanterie de l'aile gauche allait permettre aux six premières batteries engagées de faire un bond en avant et de s'établir le long et en arrière du chemin qui, de la ferme Trivaux, conduit au Pavé-Blanc.

Bientôt cette ligne d'artillerie fut renforcée par les batteries de l'artillerie de corps que le général von Kirchbach avait appelée au trot sur le plateau et qui arriva au Sud de Villacoublay après 8 h. 45, « au moment où le combat perdait en intensité (4) », ce qui rendit inutile son intervention immédiate. Toutefois, quand les six premières batteries se furent portées à hauteur de la ferme Trivaux, l'artillerie de corps les suivit et engagea à leur gauche le groupe à cheval, dont les batteries (2ᵉ et 3ᵉ) se placèrent de part et d'autre de la Iʳᵉ, puis la 3ᵉ batterie, qui s'intercala entre la Iʳᵉ et la 2ᵉ à che-

---

(1) Stieler von Heydekampf, *loc. cit.*, p. 108; *Historique du Grand État-Major prussien*, IIᵉ partie, p. 69.

(2) *Geschichte des 2. Niederschlesischen Infanterie-Regiments Nr. 47*, II. Teil, p. 43.

(3) *Geschichte des K. bayer. 2. (vormals 3.) Jäger-Bataillons*, p. 204.

(4) *Geschichte des Feld-Artillerie-Regiments von Podbielski (Niederschlesischen) Nr. 5*, p. 95. — D'après cet *Historique*, l'artillerie de corps serait arrivée vers 8 h. 30 à Villacoublay, mais cette heure paraît trop hâtive.

val (1). Les trois autres batteries de l'artillerie de corps, IV⁰, III⁰, 4⁰, restèrent en arrière, en réserve.

Toutes ces batteries ouvrirent le feu d'abord contre les troupes françaises en retraite, et particulièrement contre les batteries et la cavalerie qui se retiraient par échelons. Quand celles-ci eurent disparu en arrière de la redoute, les batteries prussiennes répondirent au feu dirigé sur elles par la nouvelle ligne d'artillerie organisée par le général Ducrot.

Les 2⁰, 3⁰ et 4⁰ escadrons du *4⁰* dragons (*9⁰* division prussienne), les 3⁰ et 4⁰ escadrons du *5⁰* chevau-légers (II⁰ corps bavarois), le 2⁰ escadron du *1ᵉʳ* hussards (*2⁰* division de cavalerie), se formèrent en arrière de la droite de ces batteries (2).

Indépendamment de l'artillerie de corps, d'autres renforts étaient arrivés sur le lieu du combat. La *17⁰* brigade, dirigée comme on l'a vu tout d'abord sur Mont-Clain, avait été rappelée par le général von Sandrart, et était venue se former en réserve au Sud-Est de Villacoublay. Son mouvement était terminé vers 10 heures.

Le général von Kirchbach, qui marchait avec la *10⁰* division, avait quitté cette colonne d'assez bonne heure, et était arrivé vers 9 heures à Villacoublay, en même temps que l'artillerie de corps. La *10⁰* division, en arrivant à Jouy, avait abandonné l'itinéraire qui lui avait été primitivement fixé, et gravissant les pentes de la rive gauche de la Bièvre s'était également dirigée vers Villacoublay. La *20⁰* brigade, qui marchait en tête, se massa au Sud de la Porte de Verrières, tandis que la

---

(1) La ligne d'artillerie fut alors ainsi constituée de droite à gauche : $\frac{3^e, VIII^e}{4^e B.}$; $\frac{1^{er}, 2^e, II^e, 3^e \text{ cheval}, 1^{re}, 3^e, 2^e \text{ cheval}}{5^e}$ (*Historique du Grand État-Major prussien*, II⁰ partie, p. 69, note).

(2) *Historique du Grand État-Major prussien*, plan 13.

19ᵉ brigade s'arrêtait à l'Ouest de Villacoublay, au Nord de la grande route, et que l'artillerie divisionnaire restait au Sud (*3ᵉ abteilung du 5ᵉ*) (1).

Tout le Vᵉ corps se trouvait donc réuni à proximité de Petit-Bicestre, engagé face au Nord-Est dans une action qui l'avait complètement détourné de sa route de marche. Il se trouvait même à ce moment presque tout entier sur le secteur de l'investissement réservé au IIᵉ corps bavarois. Aussi, dès que ce dernier corps d'armée aura pu secourir la brigade Diehl (*6ᵉ*), et que l'action du Vᵉ corps ne paraîtra plus nécessaire pour refouler les dernières troupes françaises, le général von Kirchbach fera reprendre à ses troupes les directions initiales de leur marche du matin.

§ 8. — *Mouvements du IIᵉ corps bavarois.*

On se rappelle que tandis que la 6ᵉ brigade, quittant Longjumeau, se dirigeait sur Bièvres et Petit-Bicestre, la 5ᵉ, venant de Wissous, devait s'avancer par Pont d'Antony sur Châtenay et Sceaux, et la 4ᵉ division, partant de Longjumeau, venir prendre position entre Pont d'Antony et Frênes-lès-Rungis (2).

Ces mouvements avaient commencé vers 6 heures du matin. Deux heures plus tard, la 5ᵉ brigade (3) arrivait

---

(1) *Historique du Grand État-Major prussien*, plan 13, et IIᵉ partie, p. 69. — Au Sud de Villacoublay se trouvaient également les 3ᵉ et 4ᵉ compagnies et le IIIᵉ bataillon du 47ᵉ, retirés du combat de Petit-Bicestre.

(2) Voir plus haut, p. 398.

(3) Ordre de marche de la brigade : *1ᵉʳ* chevau-légers ; *8ᵉ* bataillon de chasseurs ; *4ᵉ* batterie du *4ᵉ* régiment ; *6ᵉ* régiment d'infanterie (deux bataillons, Iᵉʳ et IIIᵉ), VIIᵉ batterie du *4ᵉ* ; *7ᵉ* régiment (deux bataillons). — Le IIᵉ bataillon du 6ᵉ était fractionné entre la réserve d'artillerie et les colonnes de munitions auxquelles il servait d'escorte.

devant Châtenay et le *8ᵉ* bataillon de chasseurs, qui marchait en tête, en chassait quelques éclaireurs français, puis occupait le village, tandis que le gros de la brigade se formait au Sud de cette localité (1).

Vers 8 h. 30, la tête de la *4ᵉ* division (2) atteignait la Croix de Berny, avec la réserve d'artillerie du IIᵉ bavarois, et ces troupes commençaient aussitôt à s'y rassembler. Mais à 9 heures, le commandant du corps d'armée, général von Hartmann, était arrivé à Châtenay ; désireux d'atteindre rapidement les hauteurs dominantes situées au Sud de Paris, et sur lesquelles devaient s'établir ses avant-postes, il prescrivait de continuer la marche.

Il adressait à la *4ᵉ* division l'ordre suivant : « La *4ᵉ* division se portera sur Sceaux par Bourg-la-Reine, s'emparera de Sceaux, et, s'élevant vers le Nord, se dirigera sur Fontenay, puis marchant ensuite vers l'Ouest, gagnera la hauteur du Moulin de la Tour. La *3ᵉ* division s'avancera à sa gauche (3) ».

Cet ordre semble indiquer que le commandant de corps d'armée craignait que la 5ᵉ brigade, qui déjà occupait Châtenay, ne rencontrât une résistance trop grande devant Sceaux, ou que son mouvement ne fût enrayé par les fractions françaises occupant les hauteurs dominantes du Moulin de Plessis ; c'est pourquoi il prescrivait à la *4ᵉ* division de s'emparer de Sceaux. Mais cette localité n'était pas occupée, et le IIIᵉ bataillon du *6ᵉ*, qui précédait la *5ᵉ* brigade, y entrait sans résistance (4). Toutefois lorsque le gros de la brigade voulut déboucher de Châtenay, il se trouva en butte à une assez vive

---

(1) *Historique du Grand État-Major prussien*, IIᵉ partie, p. 70.

(2) *Ibid.* — La 7ᵉ brigade marchait en tête de la division.

(3) *Geschichte des Königlich Bayerischen 5. Infanterie-Regiments*, t. III, note 2 de la page 219.

(4) *Historique du Grand État-Major prussien*, IIᵉ partie, p. 70.

fusillade (1) partant du Moulin de Plessis et des hauteurs voisines du parc Hachette qui dominent Aulnay (2). Ce tir provenait des sections d'éclaireurs et de la compagnie de chasseurs qui occupaient le Moulin et ses abords et qui ouvrirent le feu à 1,000 mètres, puis à 1,500 mètres (3), sur de l'artillerie, au pied des pentes (4). En effet, le commandant de la brigade bavaroise venait de porter ses deux batteries (5) à l'Ouest de Châtenay, et dirigeait leur feu sur le Moulin. En quelques instants, trois obus tombèrent sur la Tour, ce qui détermina la retraite des défenseurs. Ces deux batteries furent bientôt renforcées par la VIIe batterie du 2e, prise à la réserve d'artillerie. Pour les couvrir sur leur gauche, trois compagnies du Ier bataillon du 6e (6) reçurent l'ordre de gravir les pentes et de s'avancer par Malabry, sur le Moulin de Plessis.

De son côté, la 4e division avait commencé l'exécution du mouvement prescrit par le général von Hartmann, et avait porté la 7e brigade en avant, pendant que la 8e restait en réserve à la Croix de Berny. Le Ier bataillon du 5e et un escadron du 2e chevau-légers avaient reçu l'ordre de s'avancer comme avant-garde de la brigade vers Bourg-la-Reine, d'explorer le terrain vers Bagneux et de chercher sur la rive droite de la Bièvre à entrer en liaison avec le VIe corps.

---

(1) L'*Historique du Grand État-Major prussien* (IIe partie, p. 71) parle d'un « feu violent de canon et de mousqueterie ». C'est une erreur, car il n'y avait pas d'artillerie française en cet endroit.

(2) Aulnay ou Aunay, suivant les cartes.

(3) *Rapport* du lieutenant Schulz, du 4e bataillon de chasseurs.

(4) Ce feu provenait peut-être aussi des fractions du 15e de marche qui occupaient la partie orientale du parc Hachette.

(5) 4e et VIIe du 4e.

(6) La 4e compagnie de ce bataillon resta près des batteries (*Historique du Grand État-Major prussien*, IIe partie, p. 71).

La 1ʳᵉ compagnie, formant tête d'avant-garde, lança son premier peloton par la grande route vers Bourg-la-Reine, tandis que les trois autres pénétraient dans le parc de Sceaux, tout en continuant leur marche vers le Nord. La 2ᵉ compagnie, dirigée sur le flanc droit dans la vallée de la Bièvre, se dirigea vers l'Hay, accompagnée des pionniers du bataillon pour établir en cas de besoin un passage sur la rivière. Les deux autres compagnies suivirent la route au gros d'avant-garde.

La 1ʳᵉ compagnie ne rencontra aucune résistance dans son mouvement. Le parc et la partie Est de Sceaux étaient libres ; Bourg-la-Reine était presque totalement abandonné ; mais en arrivant dans la partie Nord de cette localité, elle reçut des coups de feu des tranchées établies sur les pentes descendant de Bagneux vers la grande route et occupées par le IIᵉ bataillon du 24ᵉ de marche (1). Cette compagnie s'établit près de la voie ferrée, tandis que les 3ᵉ et 4ᵉ venaient occuper la partie Nord de Bourg-la-Reine. L'escadron du 2ᵉ chevau-légers s'arrêtait à l'intérieur du village. Les compagnies s'empressèrent immédiatement de s'organiser défensivement sur les points occupés et furent aidés dans cette tâche par les pionniers du IIᵉ bataillon du même régiment (2).

La 2ᵉ compagnie avait, de son côté, réussi à atteindre l'Hay ; elle porta deux de ses pelotons en avant jusqu'à 800 mètres de l'ouvrage des Hautes-Bruyères. Elle fut bientôt rejointe par la 8ᵉ compagnie qui lui avait été envoyée comme soutien, et ces deux unités entrèrent en liaison avec un bataillon du VIᵉ corps (3). Les troupes postées dans la partie Nord de Bourg-la-Reine étaient bien placées pour servir de flanc-garde au gros de la

---

(1) Voir plus haut, p. 392.
(2) *Geschichte des K. B. 5. Infanterie-Regiments*, t. III, p. 219-220.
(3) Le IIIᵉ bataillon du 22ᵉ, qui occupait Chevilly.

division, qui, arrivée au Sud de cette localité, devait, d'après les ordres du commandant de corps d'armée, marcher sur Sceaux.

Le II⁰ bataillon du 5⁰ fut en effet jeté après 9 h. 30, à l'Ouest de la route. Ses 5ᵉ, 6ᵉ et 7ᵉ compagnies (1) occupèrent la voie ferrée de part et d'autre de la bifurcation de Sceaux. Le II⁰ bataillon du 9⁰, qui s'était avancé depuis la Croix de Berny en longeant la voie ferrée, obliqua vers l'Ouest et porta deux de ses compagnies (5ᵉ et 6ᵉ), à la gauche de la 5ᵉ du 5⁰, le long de la grande branche des lacets de la voie, et maintint ses deux autres en réserve dans la partie Est de Sceaux (2), se reliant au III⁰ bataillon du 6⁰, qui occupait la partie Ouest. Le III⁰ bataillon du 9⁰ (3), qui, en partant de la Croix de Berny, avait d'abord été jeté vers Châtenay à travers le parc de Sceaux, fut bientôt appelé en réserve à l'Est de Sceaux (4); le 6⁰ bataillon de chasseurs vint s'établir au centre de cette localité.

Toutes ces positions étaient prises un peu après 10 heures; mais vers 9 h. 45 (5) le général von Hartmann avait dû donner des ordres pour envoyer des batteries de la réserve et une partie de la 5⁰ brigade renforcer la 6⁰, qui, sur le plateau, était arrêtée devant Plessis-Picquet.

En effet, quand vers 8 h. 30, le colonel Diehl avait vu la violence du combat en avant et à l'Est de Petit-Bicestre, il avait jugé utile de demander au commandant du II⁰ corps bavarois de lui envoyer des renforts. A cette heure, la situation était assez grave pour la 6⁰ brigade

---

(1) La 8ᵉ était à l'Hay.
(2) *Geschichte des K. B. 9. Infanterie-Regiments Wrede*, p. 116-117.
(3) Le I⁰ʳ bataillon de ce régiment était à Arpajon (détachement Heeg). Voir plus haut, p. 335.
(4) *Geschichte des K. B. 9. Infanterie-Regiments Wrede*, p. 117.
(5) *Historique du Grand État-Major prussien*, II⁰ partie, p. 71.

bavaroise, puisqu'elle avait en face d'elle toute la division d'Hugues et que tous ses éléments n'étaient pas encore entrés en ligne.

L'*Historique* du grand état-major, parlant de la dépêche adressée au général von Hartmann par le colonel Diehl, dit que cet officier supérieur rendit compte « que la 6ᵉ brigade était maîtresse des hauteurs de Petit-Bicestre, mais qu'il n'en était pas moins nécessaire de la renforcer en artillerie et de la soutenir de l'Est (3) ». Ainsi présentée, la situation de la brigade bavaroise paraît sous un jour plus favorable qu'elle n'était à ce moment ; car si le général d'Hugues avait renforcé le 19ᵉ de marche, il est vraisemblable que les compagnies allemandes qui occupaient Petit-Bicestre et ses abords en auraient été rejetées. Ce qui prouve du reste que l'ennemi n'était pas encore maître des hauteurs, c'est que ladite dépêche ne put être expédiée directement sur Pont-d'Antony ; l'estafette qui la portait dut « prendre par Igny et Verrières, car, en ce moment, la voie de Malabry se trouvait encore dans la sphère du combat (1) ». C'est ce qui explique que le général von Hartmann ne la reçut qu'à 9 h. 45. Ce retard n'eut pas les conséquences graves qu'il aurait pu avoir, puisque la division d'Hugues, après l'échec du 19ᵉ de marche, avait reçu l'ordre de battre en retraite, et avait ainsi enlevé toute inquiétude à la 6ᵉ brigade bavaroise.

Dès que le général von Hartmann reçut cette dépêche, il s'empressa d'y satisfaire. Il fit partir immédiatement les Vᵉ et VIᵉ batteries de la réserve d'artillerie, puis la 4ᵉ du 4ᵉ (2), et prescrivit à la 5ᵉ brigade de s'étendre

---

(1) *Historique du Grand État-Major prussien*, IIᵉ partie, p. 71.
(2) *Ibid.*, note 3.
(3) Cette batterie était en action à l'Ouest de Châtenay, mais tirait en contrebas (*Ibid.*, p. 71-72).

de Châtenay sur sa gauche pour se relier à la 6e; en même temps, il ordonna à la 7e de se maintenir sur le front Bourg-la-Reine—Sceaux (1).

Mais ces renforts, partis d'Antony ou de Châtenay après 10 heures, n'allaient pouvoir faire sentir leur action que plus tard. Leur arrivée sur le plateau amènera, comme on le verra plus loin, une reprise du combat.

En résumé, vers 10 heures, à l'exception de ces renforts en mouvement, les troupes du IIe corps bavarois et du Ve corps qui sont engagées sont stationnaires. Les premières occupent Bourg-la-Reine et Sceaux avec la 7e brigade et un bataillon de la 5e (IIIe du 6e). Les autres bataillons de la 5e brigade sont en route vers Malabry (Ier du 6e, IIe et IIIe du 7e); enfin le 8e bataillon de chasseurs est à Châtenay. Les compagnies en première ligne échangent quelques coups de feu avec les bataillons des 23e et 24e de marche qui occupent Fontenay et Bagneux. La 8e brigade bavaroise est en réserve entre la Croix-de-Berny et Châtenay avec le gros de la réserve d'artillerie; jusqu'à présent l'artillerie bavaroise n'a fait entrer en action dans ce secteur que trois batteries à l'Ouest de Châtenay, et encore l'une d'elles (4e du 4e) a-t-elle quitté ce point pour se diriger sur Malabry (2).

Sur le plateau, la situation est celle qui a été décrite plus haut : les troupes d'infanterie de l'aile droite (6e brigade bavaroise) sont stationnaires ; de même les troupes prussiennes de l'aile gauche. Seules, les sept batteries prussiennes et les deux bavaroises, formant une grande ligne d'artillerie, poursuivent de leurs feux les

---

(1) *Historique du Grand État-Major prussien*, IIe partie, p. 71.

(2) Le *1er* régiment de chevau-légers, affecté à la *3e* division, est en réserve à l'Est de Petit-Châtenay.

dernières fractions françaises en retraite et vont continuer leur tir contre la ligne d'artillerie formée à hauteur de la redoute.

§ 9. — *Ordres donnés par les généraux Trochu et Ducrot jusque vers 1 heure. Événements en arrière du champ de bataille.*

Le général Trochu avait reçu à différentes reprises dans la matinée des renseignements sur ce qui se passait au Sud de la place. Un télégramme du contre-amiral Pothuau, daté de 6 h. 40, l'informait qu'un engagement, qui paraissait « sérieux », commençait du côté du Moulin-Saquet et de Villejuif (1). On a vu en effet (2) que la 23ᵉ brigade, arrivée dès 6 heures du matin sur le front Chevilly—Choisy-le-Roi, avait poussé quelques fractions vers les lignes françaises et entamé une action qui sera retracée plus loin. Plus tard, à 8 h. 18, le contre-amiral Pothuau avait encore rendu compte que l'ennemi était derrière Vitry et au moulin d'Argent-Blanc.

Le général Ducrot, préoccupé de diriger le combat, n'avait pas fait connaître aussi rapidement au Gouverneur ce qui se passait sur le plateau de Châtillon ; du moins on n'a pas trouvé trace de ses dépêches dans les premières heures de la matinée. Mais le général Trochu avait eu cependant quelques nouvelles par les autorités militaires placées plus en arrière, notamment par les commandants des secteurs et des forts.

Le commandant du Mont-Valérien avait télégraphié, à 8 h. 25, que le feu paraissait engagé depuis 7 heures sur les hauteurs de Bellevue ; qu'il s'était rapproché de

---

(1) Le contre-amiral Pothuau au Gouverneur, Bicêtre, D. T., 19 septembre, 6 h. 40.
(2) Voir plus haut, p. 398.

Montretout vers 7 h. 30, mais qu'à 8 heures il s'éloignait de plus en plus (1).

A 9 h. 7, le commandant du 8ᵉ secteur avait signalé que de la « cavalerie ennemie était aux abords du fort de Vanves » et qu'il faisait fermer les portes (2). Un quart d'heure plus tard (9 h. 22), le commandant du 7ᵉ secteur rendait compte de l'arrivée « par toutes les portes » d'un grand nombre de fuyards, principalement des zouaves, qu'il faisait rassembler et diriger sur l'École militaire (3).

Le commandant du fort d'Issy télégraphiait à son tour à 9 h. 45, qu'une action était engagée dans la direction des bois de Clamart et de Meudon, et que beaucoup d'hommes du 14ᵉ corps, battant en retraite, se ralliaient sous le fort (4).

A 10 h. 20, le commandant du fort de Vanves rendait compte qu'une « forte canonnade, avec alternative de rapprochement et d'éloignement », se faisait entendre depuis 9 heures du matin dans la direction de Sceaux et de Plessis-Picquet; que vers 9 h. 30, une partie des forces françaises se retirait en bon ordre vers les forts, et que des colonnes paraissaient maintenant remonter sur le plateau (5).

Le Gouverneur avait dû recevoir encore d'autres ren-

---

(1) Le Commandant supérieur du Mont-Valérien au Gouverneur, D. T., 19 septembre, 8 h. 25 matin.

(2) Le Commandant du 8ᵉ secteur au Gouverneur, au Commandant du 7ᵉ secteur et au Commandant supérieur, D. T., Paris, 19 septembre, 9 h. 7 matin.

(3) Le Commandant du 7ᵉ secteur au Gouverneur, D. T., Paris, 19 septembre, 9 h. 22 matin.

(4) Le Commandant du fort d'Issy au Gouverneur, D. T., fort d'Issy, 19 septembre, 9 h. 45 matin. — Il s'agissait évidemment de fractions de la division de Caussade.

(5) Le Commandant du fort de Vanves au Commandant supérieur, D. T., Vanves, 19 septembre, 10 h. 20 matin.

seignements sur les mouvements de retraite observés, car vers 10 h. 30, il télégraphiait aux commandants des forts de Vanves, d'Issy et de Montrouge, pour leur dire qu'il apprenait qu'il y avait « du désarroi » en avant d'eux, et les priait de lui donner des nouvelles (1). C'est à la même heure vraisemblablement qu'il décidait de se rendre auprès du contre-amiral de Montaignac, commandant le 7e secteur, mais son départ ne fut pas immédiat et il eut encore le temps de recevoir quelques renseignements et de donner quelques ordres.

A 10 h. 40, le commandant du 8e secteur télégraphiait que 800 hommes d'infanterie débandés et un peu de cavalerie rentraient par la porte d'Orléans ; que le 19e de marche avait été attaqué à 3 heures du matin et que la plupart de ses officiers avaient été tués (2).

A 10 h. 45, le commandant du fort d'Issy confirmait les premiers renseignements qu'il avait transmis sur la retraite de la droite française du côté de Meudon ; il ajoutait qu'on tenait encore à Châtillon (3).

A ce moment, le général Trochu paraît avoir craint une retraite précipitée des troupes françaises jusqu'aux fortifications, et peut être même une attaque brusquée des Allemands contre les forts du Sud et la partie correspondante de l'enceinte. En effet, il informa les commandants des secteurs que des événements se passaient « sur la position de Clamart », et leur prescrivit de faire mettre les réserves sur l'enceinte en les munissant bien de cartouches (4). Puis, il télégraphia en

---

(1) Le Gouverneur aux Commandants des forts de Vanves, Issy et Montrouge, D. T., Paris, 19 septembre, sans heure (mais, d'après le numéro d'enregistrement de la dépêche, vers 10 h. 30).

(2) Le Commandant du 8e secteur au Gouverneur, D. T., Paris, 19 septembre, 10 h. 40 matin.

(3) Le Commandant du fort d'Issy au Gouverneur, D. T., fort d'Issy, 19 septembre, 10 h. 45 matin.

(4) Le Gouverneur aux Commandants des secteurs, D. T., Paris,

même temps au général Vinoy par l'intermédiaire du général Ribourt, commandant à Vincennes, d'envoyer une de ses divisions dans la partie Sud de Paris. Les régiments d'infanterie devaient s'embarquer aux gares de Bel-Air et de l'avenue de Vincennes pour être transportés par le chemin de fer de Ceinture, respectivement aux stations de Montrouge et de Vaugirard, tandis que l'artillerie se rendrait par voie de terre à la gare Montparnasse (1). Le général Trochu ajoutait que la division était destinée « à appuyer l'enceinte », et que son mouvement devait être exécuté avec la plus grande urgence, en raison des événements graves qui avaient lieu à Châtillon et à Meudon (2).

On peut s'étonner que le Gouverneur ait songé avant 11 heures du matin à faire venir une division du 13ᵉ corps pour défendre l'enceinte, protégée par les forts du Sud, dont il devait cependant connaître l'armement et la valeur des troupes qui les défendaient, en particulier celle des marins qui, sous les ordres du contre-amiral Pothuau, occupaient Montrouge, Bicêtre et Ivry. Mais le général Trochu avait si peu de confiance dans la défense générale de la place que, le 19 au soir, après avoir rendu compte aux membres du Gouvernement du combat de Châtillon, il dé-

---

19 septembre, sans heure (mais, d'après le numéro d'enregistrement de la dépêche, avant 10 h. 55).

(1) Le télégramme faisait remarquer que les trains partant toutes les demi-heures dans les deux sens, le mouvement serait terminé en trois heures. Cette indication aurait dû suffire à montrer l'inutilité de l'emploi de la voie ferrée pour ce mouvement, car, de Vincennes à la gare de Vaugirard, la plus éloignée, il y avait certainement moins de trois heures de marche, même en passant par le chemin longeant les fortifications.

(2) Général Vinoy, *loc. cit.*, p. 148 ; le Gouverneur au commandant de Vincennes, D. T., Paris, 19 septembre, sans heure (mais, d'après le numéro d'enregistrement de la dépêche, avant 10 h. 55).

clarait que plusieurs forts du Sud seraient bientôt pris (1).

Vers 11 heures, les commandants des forts répondirent au télégramme de 10 h. 30, par lequel le Gouverneur leur demandait des nouvelles sur ce qui se passait en avant d'eux. Le commandant du fort de Montrouge faisait connaître à 11 heures que la division de Maussion n'avait pas encore été engagée, mais que le général demandait au fort de tirer sur Bourg-la-Reine et dans la vallée de la Bièvre, sur une colonne ennemie (2). Puis, à la même heure, le contre-amiral Pothuau rendait compte que l'artillerie française dirigeait un feu très vif sur Sceaux et que le fort de Montrouge envoyait quelques coups de canon au delà de Bourg-la-Reine (3). Presque en même temps, le commandant du 9e secteur signalait que les réserves de mobiles étaient portées sur les remparts, mais que les hommes n'avaient que six cartouches chacun (4). Celui du 8e secteur se plaignait que les réserves de mobiles ne lui étaient pas encore arrivées (5).

On n'a retrouvé, dans les Archives, le texte d'aucun compte rendu adressé au Gouverneur par le général Ducrot, avant 11 heures du matin. Mais, dans son récit du combat, le commandant en chef des 13e et 14e corps

---

(1) « M. le général Trochu croit que trois ou quatre forts seront certainement pris. Mais les autres tiendront et l'enceinte doit inspirer toute confiance » [*Procès-verbaux* des séances du Gouvernement de la Défense nationale (19 septembre), p. 140].

(2) Le Commandant du fort de Montrouge au Gouverneur, D. T., Montrouge, 19 septembre, 11 heures matin.

(3) Le contre-amiral Pothuau au Gouverneur et au vice-amiral La Roncière, D. T., Bicêtre, 19 septembre, 11 heures matin.

(4) Le commandant du 9e secteur au Gouverneur, D. T., Paris, 19 septembre, 11 h. 7 matin.

(5) Le commandant du 8e secteur au Gouverneur, D. T., Paris, 19 septembre, 11 h. 10 matin.

rapporte que vers 10 heures, c'est-à-dire au moment où, après la retraite, il était arrivé de sa personne dans la redoute de Châtillon et avait pris ses dispositions de défense, il avait chargé le commandant Bibesco de rendre compte au général Trochu de ce qui se passait (1). On ne sait exactement dans quels termes le commandant Bibesco dépeignit la situation, mais le récit qu'il fit au Gouverneur, joint aux divers télégrammes que celui-ci avait reçus et qui ont été mentionnés ci-dessus, paraît avoir donné au général Trochu une impression mauvaise de la situation. A 11 h. 30, c'est-à-dire vraisemblablement après l'arrivée du commandant Bibesco, il télégraphiait en effet au général de Bellemare, à Saint-Denis : « Les événements sont graves du côté de Châtillon. Veillez bien ». Puis, il envoyait ou faisait envoyer une note très urgente au Ministre pour lui rendre compte que les événements étaient « très graves du côté de Châtillon et de Meudon », que beaucoup de troupes avaient été dirigées vers le Point-du-Jour et une division du général Vinoy appelée dans Paris pour « appuyer l'enceinte en arrière des forts d'Issy, de Vanves et de Montrouge ». Cette note, datée de 11 h. 30, est malheureusement signée du chef d'état-major, ce qui ne permet pas de déterminer d'une manière précise si le général Trochu était encore au Louvre ou s'il était déjà parti pour se rendre au 7e secteur, comme il l'avait annoncé au contre-amiral de Montaignac, et auprès du général Ducrot, comme le général Schmitz le télégraphiera à midi 15 (2).

(1) Général Ducrot, *loc. cit.*, t. I, p. 48. — Le commandant Bibesco, aide de camp du général Trochu, avait reçu la mission de suivre les opérations de la journée. Le Ministre de la Guerre avait, de son côté, envoyé auprès du général Ducrot l'un de ses officiers d'ordonnance, M. Du Lau, lieutenant de mobiles. Cet officier arriva à la redoute de Châtillon vers 11 heures (*Ibid.*).

(2) Le général Ducrot (*loc. cit.*, t. I, p. 48) donne midi 40,

Mais il est probable que le général Trochu ne reçut pas, avant de quitter le Louvre, le télégramme que le général Ducrot lui expédia de Châtillon à 11 heures, télégramme qui fut transmis seulement à 11 h. 35 par le fort de Vanves et dont il sera parlé plus loin.

Après avoir donné ses instructions pour installer sa ligne d'artillerie aux abords de la redoute, le commandant en chef des 13e et 14e corps avait prévu le cas où il serait obligé d'évacuer la redoute et de prescrire aux divisions de Caussade et d'Hugues de quitter leurs positions au Nord et au Sud de l'ouvrage pour se retirer derrière les forts. Il dicta, par suite, à son chef d'état-major, le général Appert, l'ordre suivant (1) :

« Dans le cas où nous serions obligés d'évacuer la position de Châtillon, la retraite devra se faire avec autant d'ordre que possible, en se couvrant par des

---

comme heure de départ de ce dernier télégramme; mais le texte retrouvé aux Archives de la Guerre porte midi 15, et c'est aussi l'heure qui figure en tête de ce télégramme publié dans le Ier volume, p. 375, de l'*Enquête* sur les actes du Gouvernement de la Défense nationale (Édition de 1875).

(1) Il n'a pas été possible de déterminer l'heure exacte à laquelle cet ordre fut établi, mais l'examen de son texte montre qu'il le fut vraisemblablement avant que les deux divisions aient terminé leur retraite et surtout n'aient subi le commencement de déroute, en particulier celle du général d'Hugues, qui a été relaté plus haut.

Il semble que l'on puisse admettre que cet ordre a été rédigé vers 10 h. 30, car il paraît être bien antérieur au télégramme daté de 11 heures que l'on verra plus loin, et dans lequel le général Ducrot, dit que les hommes des divisions de Caussade et d'Hugues se sont en partie débandés sous un feu très vif d'artillerie, et qu'il compte peu qu'on puisse les rassembler.

Il semble bien antérieur aussi à un télégramme expédié à 11 h. 30 du matin par le commandant du fort d'Issy au Gouverneur, et dans lequel on lit : « On communique du fort de Vanves : général Ducrot prévient de veiller et de faire feu aussitôt que nos troupes auront évacué les hauteurs ».

masses de tirailleurs défendant toutes les maisons et tous les obstacles pied à pied.

« La 1ʳᵉ division irait se placer en arrière du fort d'Issy ; la 2ᵉ division, en arrière du fort de Vanves ; la 3ᵉ, en arrière du fort de Montrouge ; les réserves d'artillerie, dans l'intervalle entre les forts de Vanves et de Montrouge.

« Après l'évacuation complète de la redoute de Châtillon, si l'on était forcé de rentrer dans Paris, la 1ʳᵉ division rentrerait par le village d'Issy et les portes qui y donnent accès ; la 2ᵉ division et l'artillerie de réserve, par la porte de Châtillon et celle du chemin de fer ; la 3ᵉ division, par la porte de Montrouge.

« Ces mouvements ne s'exécuteront que sur un ordre précis du général en chef (1) ».

A 11 heures, ayant constaté la retraite anticipée des divisions de Caussade et d'Hugues, le général Ducrot songea un moment à s'enfermer dans le fort avec les troupes qui y restaient pour s'y défendre à outrance, et dans le télégramme ci-après adressé au Gouverneur, il montrait ses hésitations entre cette solution et celle de se retirer avant d'être cerné (2).

« Le tir de l'artillerie ennemie se ralentit beaucoup sur notre gauche et notre front, mais les batteries ennemies paraissent filer sur la droite et je crains bien qu'elles ne soient bientôt sur les hauteurs de Meudon et

---

(1) Publié déjà par le général Ducrot, *loc. cit.*, t. I, p. 41. — On remarquera que, bien que le général Ducrot fût commandant en chef des 13ᵉ et 14ᵉ corps, et que le général Trochu dans sa lettre du 18 lui ait rappelé que la division Maud'huy était sous ses ordres, il ne donnait aucune indication concernant les mouvements à exécuter par cette unité.

(2) Ce télégramme est daté du fort de Clamart, 19 septembre, 11 heures matin, et de Vanves, 11 h. 35 matin. Il fut expédié à 1 heure soir.

de Saint-Cloud. Je suis dans le fort avec une garnison parfaitement suffisante, *comme nombre*.

« J'avais donné l'ordre au général d'Hugues et au général de Caussade (1re et 2e divisions) de se placer l'un à droite, l'autre à gauche de Châtillon pour assurer nos communications, mais presque tous leurs hommes les ont lâchés sous un feu d'artillerie très vif. J'espère qu'ils parviendront à en rallier une partie, cependant *j'y compte peu*.

« Je me demande si je dois m'enfermer complètement dans l'ouvrage pour m'y défendre à outrance ou me retirer avant d'être complètement cerné. Il y a la question d'eau et de vivres qui domine tout ».

Ce télégramme est assez important, car il montre qu'à 11 heures le général Ducrot songeait à la retraite. Or, c'est à ce moment que paraît s'être produit un incident resté toujours douteux et que les documents retrouvés ne permettent pas d'éclaircir d'une manière complète.

Entre 11 heures et 11 h. 30, le capitaine Fayet, de l'état-major du général Ducrot, vint apporter au général de Maussion l'ordre verbal de battre en retraite immédiatement derrière le fort de Montrouge (1). Le commandant de la 3e division, dont les troupes n'avaient pas encore été engagées pour ainsi dire et occupaient des positions très fortes et organisées défensivement, fut surpris de cet ordre, hésita un moment (2), puis se résolut à l'exécuter.

Le général Ducrot a écrit que cet ordre était le résul-

---

(1) Le *Rapport* du général de Maussion, daté de Boulogne, le 23 septembre, ne donne aucune indication d'heure, mais l'*Historique manuscrit* du 24e régiment de marche dit que l'ordre de retraite parvint à ce corps « vers les 11 heures », et le *Résumé historique* de la 3e division du 14e corps dit 11 h. 30.

(2) Général Ducrot, *loc. cit*, t. 1er, p. 44; *Rapport* du général de Maussion, Boulogne, 23 septembre.

tat d'un regrettable malentendu qu'il explique ainsi :
« Avant que le général Ducrot n'eût dicté les ordres relatifs aux mouvements que chacun pourrait avoir à exécuter ultérieurement, mouvements qui ne devaient commencer que sur un nouvel ordre formel et précis, le général Appert, chef d'état-major général, ayant cru devoir faire rétrograder la division de Maussion, du village de Bagneux vers le fort de Montrouge, avait envoyé le capitaine Fayet porter des instructions dans ce sens au général de Maussion. Puis, lorsque l'ordre relatant la décision du général Ducrot fut dicté et transcrit, le général chef d'état-major négligea de rappeler le capitaine Fayet, de manière à annuler la communication de l'ordre antérieur dont il était porteur (1) ».

L'ennemi ne poursuivant pas, et le tir de l'artillerie s'étant ralenti, le général Ducrot, qui ne voyait pas ce qui se passait en avant de Plessis-Picquet, crut, malgré la retraite des divisions de Caussade et d'Hugues, pouvoir retarder encore l'évacuation du plateau.

A 11 h. 45, il télégraphiait au Gouverneur pour lui demander des munitions de 4, de 12 et de mitrailleuses, qui commençaient à s'épuiser, ce qui avait obligé de ralentir le feu (2).

Entre temps, il avait donné des ordres pour constituer les approvisionnements nécessaires aux troupes qui s'enfermeraient dans l'ouvrage, et avait chargé le colonel du génie Corbin de faire des recherches pour trouver de l'eau.

« Au bout d'une heure, a écrit le général Ducrot (3), le colonel revint en disant qu'il n'existait rien absolu-

---

(1) Général Ducrot, *loc. cit.*, t. Ier, p. 43-44.
(2) Le général Ducrot au Gouverneur, D. T., Châtillon, 19 septembre, 11 h. 45 matin, transmise à Vanves à 12 h. 29 soir.
(3) Général Ducrot, *loc. cit.*, t. Ier, p. 49-50.

ment; que, par suite d'un accident dont il ignorait la cause, les conduites d'eau ne fonctionnaient plus (1); que tous les réservoirs étaient à sec et qu'il ne voyait aucun moyen d'approvisionner la redoute.

« Ceci constituait une situation fort grave. Il est bien évident que si l'ennemi parvenait, en tournant notre droite, à occuper le village de Châtillon et à nous bloquer dans la redoute, nous ne pourrions nous y maintenir que vingt-quatre ou quarante-huit heures.

« Comme se présentait cette difficulté, le général commandant l'artillerie rendait compte au général en chef que les munitions pour les pièces de 12 étaient à peu près épuisées. Depuis plusieurs heures on en avait demandé, mais on n'avait reçu aucun avis de leur envoi. Malgré tout, le général Ducrot résolut d'attendre encore, car le Gouverneur, annoncé par la dépêche de midi 40, pouvait arriver d'un moment à l'autre ».

En effet, le chef d'état-major du Gouverneur, le général Schmitz, avait adressé au général Ducrot, par l'intermédiaire du fort de Vanves, le télégramme ci-après daté de midi 15 (2) :

« Gouverneur est parti pour vous rejoindre. Je pense comme vous que l'ennemi sera bientôt sur les hauteurs de Meudon, et je vous conjure de vous inspirer de votre propre valeur pour ne pas vous laisser cerner et nous priver de votre concours qui peut nous être encore si utile. Je fais appel à tous vos sentiments de prudence ».

---

(1) Le village de Châtillon était alimenté par la pompe à feu de Choisy-le-Roi, qui, en raison de l'arrivée des Prussiens, avait cessé de fonctionner dès le 18 (Général Ducrot, *loc. cit.*, t. Ier, p. 50).

(2) Voir plus haut la note (2) de la page 442. — D'après la copie du service télégraphique existant aux Archives de la Guerre, l'expédition, c'est-à-dire l'envoi par le bureau télégraphique destinataire, au général Ducrot fut faite à 1 h. 12 soir.

En résumé, entre 10 heures et midi, le général Trochu, informé de la mauvaise tournure des événements sur le plateau de Châtillon, avait appelé, sur la partie Sud de l'enceinte, une division du 13e corps. Puis il avait prévenu les commandants de secteurs de prendre leurs dispositions de combat et quitté le Louvre pour se rendre à Châtillon et juger la situation par lui-même.

De son côté, le général Ducrot, voyant les trois divisions du 14e corps, à sa portée, près de la redoute de Châtillon et de Bagneux, avait préparé ses instructions pour le cas d'une retraite, puis apprenant que ces divisions avaient battu en retraite, avec plus ou moins d'ordre, il songeait à s'enfermer dans la redoute avec les effectifs qu'il avait sous la main.

Mais, vers midi, précisément, le combat allait reprendre, tout au moins du côté de Plessis-Picquet.

§ 10. — *Reprise de l'offensive par les troupes allemandes. Enlèvement de Plessis-Picquet* (1).

Avant 9 heures du matin, après la retraite des divisions d'Hugues et de Caussade, les troupes allemandes ne dépassèrent pas tout d'abord le front ferme Trivaux, la Tuilerie et les bois de Malabry; elles stationnèrent sur ces positions pendant près de deux heures, attendant l'arrivée du gros du Ve corps, et particulièrement des renforts bavarois demandés par le colonel Diehl et envoyés vers 10 heures des environs de Châtenay (2). Ces troupes avaient environ 3 kilomètres à parcourir pour atteindre Malabry; les premières ne purent donc y arriver que vers 10 h. 45.

---

(1) Voir la carte n° 11 (calque au 1/20,000e à appliquer sur la carte n° 10) : situation des troupes allemandes vers 1 heure soir.

(2) Voir plus haut, p. 435.

Le Ier bataillon (1) du *6*{e} bavarois, dirigé vers Malabry avant ces renforts, fut d'abord poussé vers le Moulin de Plessis, en face duquel il s'arrêta (2). Peu après, arrivaient sur le plateau les Ve et VIe batteries du *2*{e} bavarois, puis la *4*{e} du *4*{e}, et enfin les deux bataillons du *7*{e}. Ces troupes ne furent engagées que bien après 11 heures (3).

Cette accalmie du tir de l'artillerie coïncidait vraisemblablement avec les préparatifs de départ du Ve corps et précédait l'entrée en action des nouvelles batteries bavaroises.

Pour l'attaque de Plessis-Picquet, le général von Walther, commandant la *3*{e} division bavaroise, disposait d'un nombre de troupes relativement peu élevé (huit bataillons, quatre batteries, quatre escadrons, des *5*{e} et *6*{e} brigades) pour enlever un village qui, avec son parc, offrait une certaine étendue et dont la défense pouvait être appuyée sans doute par le tir des batteries placées près de la redoute de Châtillon. Il convient d'ajouter que la *18*{e} brigade d'infanterie prussienne, renforcée de deux escadrons et deux batteries, devait rester près de Villacoublay pour lui servir de repli en cas d'insuccès (4).

Le village de Plessis-Picquet était toujours défendu

---

(1) A l'exception de la 4e compagnie, qui restait auprès des batteries en action à l'Ouest de Châtenay.

(2) *Geschichte des Königlich Bayerischen 6. Inf.-Regts*, p. 105. — D'après cet *Historique*, ce bataillon se serait emparé du Moulin vers 11 heures, ce qui paraît être une erreur, car l'*Historique du Grand État-Major prussien* (IIe partie, p. 72) dit « vers midi ».

(3) On a vu, en effet (p. 444), qu'à ce moment le général Ducrot télégraphiait au Gouverneur : « Le tir de l'artillerie ennemie se ralentit beaucoup sur notre gauche et notre front, mais les batteries ennemies paraissent filer sur la droite et je crains bien qu'elles ne soient bientôt sur les hauteurs de Meudon et de Saint-Cloud. »

(4) *Historique du Grand État-Major prussien*, IIe partie, p. 70 et 72.

par les trois bataillons du 15ᵉ régiment de marche et les deux compagnies divisionnaires de chasseurs à pied, soit, au total, 20 compagnies, installées et retranchées depuis la veille derrière la lisière du village et les murs du parc. Le général Ducrot dit dans son ouvrage : « Le lieutenant-colonel Bonnet, commandant le 15ᵉ de marche, se conformant aux ordres du général en chef, continuait à se maintenir dans Plessis-Picquet (1) ». Il semblerait donc que, tandis que ses troupes évacuaient le plateau de Châtillon et se repliaient sur la redoute, le commandant en chef aurait prescrit au 15ᵉ de marche de garder ses positions. Mais on n'a retrouvé aucune trace d'un ordre quelconque adressé dans la matinée, par le général Ducrot, au lieutenant-colonel Bonnet. Ce régiment, sans aucun appui d'artillerie, allait se trouver bien isolé en face des batteries bavaroises.

L'une d'elles, la 4ᵉ du 4ᵉ, prit position au Nord de Malabry, à la lisière des bois ; la Vᵉ du 2ᵉ, se plaça au centre, à l'Ouest de la Mare-des-Noyers ; enfin, la 3ᵉ du 4ᵉ, engagée depuis le matin, et qui avait fait partie de la grande ligne de batteries, près de la Tuilerie, se porta en avant, le long de la route, à 800 ou 900 mètres de la lisière Ouest de Plessis, sous la protection des 3ᵉ et 4ᵉ escadrons du 5ᵉ chevau-légers, qui se placèrent à sa gauche (2).

Pendant ce temps, les deux bataillons du 7ᵉ bavarois

---

(1) Général Ducrot, *loc. cit.*, t. 1, p. 44.

(2) La VIIIᵉ batterie du *4ᵉ*, engagée près de Petit-Bicestre, avait dû être ramenée en arrière, ayant épuisé ses munitions. La VIᵉ batterie du *2ᵉ*, de la réserve d'artillerie, venue avec la Vᵉ, aurait rétrogradé sur Châtenay, n'ayant pas trouvé à s'établir avantageusement auprès de l'Orme-Mort. C'est du moins ce que dit l'*Historique du Grand État-Major prussien* dans une note de la page 72. On se demande pourquoi, ne trouvant pas de place à l'Orme-Mort, cette batterie ne s'est pas établie à côté de la Vᵉ.

avaient débouché des bois de Verrières et s'étaient formés, le II⁰, à la gauche du I⁰ʳ du 6⁰, puis le III⁰ à la gauche du II⁰ du 15⁰ (1). D'autre part, les trois autres bataillons de la 6⁰ brigade s'étaient portés en avant, pour souder leur ligne à celle de la 5⁰ (2).

Trois compagnies (1ʳᵉ, 3⁰ et 4⁰) du I⁰ʳ bataillon du 14⁰ et, à leur gauche, le I⁰ʳ bataillon du 15⁰ marchaient sur la pointe Sud-Ouest de Plessis-Picquet, en passant à l'Est de la Mare-des-Noyers, tandis que le II⁰ bataillon et la 2⁰ compagnie du 14⁰ s'avançaient à l'Ouest, et que les 1ʳᵉ, 3⁰ et 4⁰ (3) compagnies du 3⁰ bataillon de chasseurs s'installaient au Pavé-Blanc, à la Tuilerie et dans le petit bois au Sud pour servir de repli.

Les bataillons de droite furent accueillis par une vive fusillade quand ils débouchèrent des bois de Malabry. Ceux de gauche, partant de la Tuilerie et de la grande route, progressèrent assez facilement tout d'abord, leur marche échappant en partie aux défenseurs de la lisière du village, en contre-bas complètement. Tous les bataillons s'arrêtèrent à quelques centaines de mètres de cette lisière, sur une petite crête qui masque complètement la vue dans la direction Sud. Arrivée en ce point, l'infanterie prussienne ne pouvait que difficilement progresser, car, pour aborder le village, elle avait à descen-

---

(1) La 2⁰ compagnie du 3⁰ chasseurs bavarois se trouvait à l'aile droite du II⁰ bataillon du 15⁰. Toutefois, un seul peloton maintenu jusque-là en réserve prit part à l'attaque. Les trois autres fortement éprouvés deux heures plus tôt restèrent à la lisière des bois, et ne rejoignirent que plus tard après la prise de Plessis-Picquet (*Geschichte des K. bayer. 2. (vormals 3.) Jäger-Bataillons*, p. 205).

(2) On remarquera que les bataillons des 5⁰ et 6⁰ brigades se trouvaient ainsi confondus.

(3) *Geschichte des K. bayer. 2. (vormals 3.) Jäger-Bataillons*, p. 205. — La 4⁰ compagnie était revenue de la ferme Trivaux où elle s'était portée avec les compagnies des 47⁰ et 7⁰ prussiens (Voir plus haut, p. 414).

dre un glacis uni, à pente douce, sans aucun couvert et bien balayé par le feu. Il lui fallut donc attendre que le tir des batteries eût fait quelques brèches dans les murs du parc et du village, ébranlé le moral des jeunes soldats du 15ᵉ de marche, et aussi, que l'aile droite bavaroise, utilisant les couverts, se fût approchée et successivement emparée du Moulin de Plessis et du Château-Rouge (1), pour pénétrer dans le parc Hachette.

Tous ces mouvements s'exécutèrent avec une certaine lenteur. D'après l'*Historique* du 15ᵉ de marche et l'ouvrage du général Ducrot (2), ce ne serait qu'à 1 heure que les Bavarois, « sortant des taillis en grand nombre », se seraient avancés à découvert sur le plateau. « Écrasés par la mousqueterie qui part de tous les murs du parc et de l'enclos, dit le général Ducrot, ils sont obligés de se replier précipitamment en abandonnant leurs morts et leurs blessés. Mais peu de temps après apparaît sur la lisière du bois une batterie (3) qui ouvre son feu sur Plessis..... L'ennemi veut trouer et renverser les murs avant de tenter un nouvel assaut ».

D'après le Grand État-Major prussien, il semble au contraire que l'attaque commença sensiblement plus tôt, car, d'une part, il est dit que le Iᵉʳ bataillon du 6ᵉ enleva le Moulin de Plessis vers midi, puis « qu'au bout d'une demi-heure d'une fusillade soutenue, la vigueur de l'adversaire commençant à faiblir, les Bavarois poussèrent de nouveau en avant sur toute la ligne », et enfin, que la 3ᵉ batterie du 4ᵉ, qui s'était avancée le long de la grande route jusqu'à la porte de Châtillon, subit en quelques instants des pertes si fortes,

---

(1) Le Château-Rouge, non porté sur la carte, est constitué par la maison et les jardins qui se trouvent au Sud du parc sur le bord du plateau et au Nord du chemin de Malabry à la Sablière.
(2) Général Ducrot, *loc. cit.*, t. I, p. 46.
(3) Vraisemblablement la 4ᵉ du 4ᵉ bavarois.

qu'à 1 h. 15, elle se vit obligée de rétrograder d'un millier de pas. Or, le mouvement de cette batterie n'eut lieu qu'après que les Bavarois eurent pénétré dans Plessis-Picquet (1).

Suivant toute apparence, le mouvement en avant et la fusillade des bataillons bavarois commença vers midi et se prolongea au delà d'une demi-heure ; pendant ce tir, l'ennemi, arrêté sur son front, chercha à progresser par ses ailes. C'est à ce moment que le lieutenant-colonel Bonnet, voyant l'intensité de la fusillade et les brèches faites dans les murs par l'artillerie, jugea sa position difficile ; craignant d'être coupé, il envoya un officier à cheval, le capitaine Tarigo, auprès du général Ducrot, qui ordonna de battre en retraite immédiatement (2).

« Sur l'ordre du colonel, dit l'*Historique* du 15e de marche, chaque chef de bataillon, avec autant de calme que d'intelligence, organise sa retraite, en diminuant successivement le feu. La retraite s'opère en ordre parfait ; le régiment se masse par bataillon au bas de la route de Fontenay et gagne le plateau de Châtillon. Les chasseurs à pied et les francs-tireurs tiennent l'arrière-garde, postés les derniers sous les ordres du colonel ; ils font leur retraite du parc à Fontenay sous un feu très vif ».

D'après l'*Historique* du 6e bavarois, les trois compagnies du Ier bataillon de ce régiment auraient emporté le Château-Rouge d'assaut par escalade avec beaucoup de bravoure, puis, passant par-dessus les haies et les murs du parc auraient donné l'assaut à la position (3).

Ce récit semble bien exagéré surtout si l'on se reporte aux pertes subies par ces compagnies : 3 hommes tués,

---

(1) *Historique du Grand État-Major prussien*, IIe partie, p. 72 et 73.
(2) Général Ducrot, *loc. cit.*, t. I, p. 46.
(3) *Geschichte des K. B. 6. Infanterie-Regiments*, p. 105-106.

3 officiers et 7 hommes blessés. Il paraît certain cependant que ce sont ces trois compagnies qui, après avoir occupé le Moulin de Plessis, entrèrent, plus d'une demi-heure plus tard, dans le Château-Rouge et pénétrèrent les premières dans le parc Hachette, mais cela sans grande lutte, et au moment de la retraite du 15e de marche. De là, ces compagnies cherchèrent à gagner la lisière Nord du parc, pendant que les compagnies du 7e et du 15e, qui étaient au centre de la ligne, pénétraient dans le parc et dans le village, soit par les brèches faites dans les murs par l'artillerie, soit en renversant la barricade élevée à l'entrée du chemin qui vient de Malabry (1). Quant aux unités des 14e et 15e, qui étaient plus à gauche, elles ne trouvèrent aucun passage dans la lisière Ouest et durent s'avancer jusqu'au chemin qui venant de la grande route et passant près du cimetière pénètre dans le village (2).

Maîtres de Plessis-Picquet, les Bavarois ne poursuivirent pas immédiatement le 15e de marche, qui du reste était peut-être déjà hors de leur atteinte. Le Ier bataillon du 6e s'arrêta à la lisière Nord du parc ; il en fut de même à leur gauche des fractions du IIe bataillon du 7e, de la 2e compagnie du 3e chasseurs et du Ier bataillon du 15e. Le IIe bataillon et la 2e compagnie du 14e garnirent la lisière entre l'église et la grande route ; des fractions diverses se groupèrent autour de l'église, et les 1re, 3e et 4e compagnies du 14e restèrent en réserve au Sud du village (3). C'est alors seulement que la 3e batterie du 4e, escortée de deux escadrons du 5e chevau-légers, s'avança jusqu'à la Porte de Châtillon et subit

---

(1) *Historique du Grand État-Major prussien*, IIe partie, p. 72 et 73.

(2) *Ibid.*, p. 73.

(3) *Ibid.*

rapidement des pertes qui la forcèrent à rétrograder d'un millier de pas.

Il était environ 2 heures quand ces positions furent occupées (1). La *3ᵉ* division bavaroise ne songeait plus à progresser, car elle avait reçu l'ordre du commandant de corps d'armée de faire halte à hauteur du Moulin de Plessis et de s'y retrancher. Mais cet ordre ne lui parvint qu'après son entrée dans Plessis-Picquet (2).

La défense et l'enlèvement de Plessis-Picquet ne paraissent pas avoir eu ce caractère de violence que certains auteurs ou documents ont voulu lui donner. Il suffit pour s'en rendre compte d'examiner les pertes, qui ne s'élevèrent qu'à 5 officiers tués et 7 blessés; 56 hommes tués et 113 blessés; ce qui donne une perte totale de 181 hommes.

Ce chiffre paraîtra faible si l'on remarque que vingt-neuf compagnies furent engagées, et qu'elles avaient à attaquer un village bien entouré de murs et précédé d'un terrain complètement libre. La comparaison des pertes entre les divers bataillons (3) montre que ce furent les deux bataillons du 7ᵉ, et principalement le IIIᵉ, dont

---

(1) L'*Historique du Grand État-Major prussien* dit 1 h. 15, mais cette heure paraît un peu hâtive.

(2) *Historique du Grand État-Major prussien*, IIᵉ partie, note p. 74.

(3) Le Iᵉʳ bataillon du *6ᵉ* eut 3 hommes tués, 3 officiers et 7 hommes blessés. Le IIᵉ bataillon du *7ᵉ* : 1 officier et 4 hommes tués, 18 hommes blessés; le IIIᵉ bataillon : 2 officiers et 15 hommes tués, 1 officier et 30 hommes blessés. Le Iᵉʳ bataillon du *14ᵉ* : 4 hommes tués, 2 blessés; le IIᵉ bataillon : 1 officier et 6 hommes tués, 3 officiers et 12 hommes blessés. Le Iᵉʳ bataillon du *15ᵉ* : 1 officier et 4 hommes tués, 5 hommes blessés; le IIᵉ bataillon : 6 hommes tués et 19 blessés. La 2ᵉ compagnie du *3ᵉ* bataillon de chasseurs : 14 hommes tués et 20 blessés (Capitaine Leclerc, *Tableaux statistiques*; *Historique du Grand État-Major prussien*, IIᵉ partie, supplément LXI; *Historiques des divers régiments*). — D'après le supplément LXI du Grand État-Major, il y aurait lieu d'augmenter ces pertes de 20 disparus.

trois compagnies seulement étaient en première ligne, qui eurent le plus à souffrir. On peut, en résumé, conclure que l'attaque fut menée assez mollement, que l'infanterie attendit avec raison les effets du feu de l'artillerie, et que les troupes bavaroises ne donnèrent nul assaut, mais pénétrèrent dans le parc et dans le village alors qu'ils étaient à peu près abandonnés. Ce qui le prouve, du reste, surabondamment, c'est que le 15e de marche effectua sa retraite dans le plus grand ordre et la plus grande tranquillité, et que ses pertes totales se réduisirent à 3 officiers et 38 hommes hors de combat (1).

La comparaison des pertes françaises et bavaroises fait aussi ressortir la bonne tenue du 15e de marche, ce que le lieutenant-colonel Bonnet, dans son *Historique* rédigé en 1871, indiquait en citant les officiers et les hommes qui s'étaient fait remarquer, et en disant : « Dans les différentes phases, le corps, composé de recrues, s'est conduit d'une façon convenable ; les hommes, qui tiraient pour la première fois, grâce à l'énergie des chefs de bataillon, au dévouement des officiers, ont fait assez bon usage de leurs armes. Le régiment s'est retiré tandis qu'il aurait pu se débander quelque peu ».

Or, le 15e de marche n'avait pas une composition meilleure que celles des autres régiments des deux divisions qui furent engagées le 19. Si donc il eut une attitude différente, cela tient principalement à sa situation derrière un obstacle et surtout, semble-t-il, à ce que le commandement en fit un emploi judicieux et ne l'exposa pas en grande unité massée sous le feu de l'ennemi et sur un terrain restreint.

---

(1) Général Ducrot, *loc. cit.*, t. I, p. 47.

§ 11. — *Retraite de la division de Maussion.*

Pendant que sur le plateau se livrait le combat de Plessis-Picquet, la division de Maussion, se conformant à l'ordre apporté par le capitaine Fayet, battait en retraite et évacuait les hauteurs de Fontenay et de Bagneux.

Depuis 6 heures du matin, les positions occupées par les trois régiments, les deux compagnies de chasseurs et les batteries restées sous les ordres directs du général (1), n'avaient pas varié. Vers 10 heures, le commandant de la division avait prescrit au capitaine du génie Dorp, de faire sauter le pont de la route d'Orléans sur la voie ferrée de Sceaux. Cette opération ne réussit qu'en partie, d'une part pour des raisons techniques (2) et d'autre part à cause de la proximité de l'ennemi, dont le feu commençait à gêner les troupes chargées de l'opération. L'ordre de la retraite, donné une heure plus tard, empêcha d'achever cette destruction (3) dont la nécessité du reste ne s'imposait pas.

Les unités placées en première ligne avaient vu, vers 10 heures, l'ennemi entrer dans Sceaux, puis dans Bourg-la-Reine. Quelques coups de feu avaient été échangés, mais aucun engagement sérieux n'avait eu lieu, car, de ce côté, la 7e brigade bavaroise se contentait d'occuper le front qui lui était indiqué. Aussi, lorsque le général de Maussion et les chefs de corps reçurent l'ordre de battre en retraite, ils hésitèrent et n'obéirent qu'à regret (4), ne comprenant pas qu'on les obligeât à se retirer devant un ennemi si peu entreprenant.

---

(1) Voir plus haut, p. 392.
(2) Bourrage insuffisant.
(3) *Rapport* du capitaine Michon, commandant le génie de la 3e division du 14e corps, 24 septembre.
(4) *Rapport* du général de Maussion ; *Historique manuscrit* du 24e de

L'absence d'engagement permit aux troupes d'effectuer leur mouvement en toute tranquillité par bataillon. Les deux bataillons (III⁰ du 24ᵉ et Iᵉʳ du 23ᵉ) qui évacuèrent Fontenay le firent sans difficulté, de même les troupes qui se trouvaient aux abords de Bagneux. Toutefois, la 7ᵉ compagnie du 14ᵉ chasseurs, qui occupait des tranchées au Sud des batteries, subit quelques pertes en les évacuant (1). Le IIᵉ bataillon du 24ᵉ de marche, placé dans la tranchée qui de Bagneux descendait vers la grande route, venait d'entamer une assez vive fusillade avec les compagnies du 5ᵉ bavarois, lesquelles avaient atteint la partie Nord de Bourg-la-Reine; la retraite se fit néanmoins facilement, mais la 6ᵉ compagnie, qui n'avait pas fait son mouvement aussi vite que les autres, resta seule soumise au feu de l'ennemi et dut alors battre en retraite précipitamment en abandonnant dans la tranchée une partie de ses sacs et quelques blessés (2).

Pour protéger la retraite des 23ᵉ et 24ᵉ de marche, le général de Maussion avait ordonné aux bataillons du 25ᵉ, établis face à l'Est, entre Bagneux et le fort de Montrouge, de converser à droite pour faire face au Sud (3). Mais cette mesure fut inutile, car la retraite des deux régiments de première ligne ne fut pas inquiétée. D'autre part, le fort de Montrouge ayant ouvert le feu sur Bourg-la-Reine (4), après 11 heures, contribua également à donner toute sécurité aux troupes de la 3ᵉ division.

---

marche; *Historique manuscrit* de la 7ᵉ compagnie du 14ᵉ bataillon de chasseurs. — Voir plus haut, p. 445.

(1) Un chasseur tué et 8 blessés (*Historique manuscrit* de la 7ᵉ compagnie du 14ᵉ bataillon de chasseurs).

(2) *Historique manuscrit* du 24ᵉ régiment de marche.

(3) *Rapport* du général de Maussion, Boulogne, 23 septembre.

(4) Le Commandant du fort de Montrouge au Gouverneur, D. T., Montrouge, 19 septembre, 11 h. 45 matin.

Leur mouvement fut assez lent et ce ne fut qu'à 2 h. 10 que le général de Maussion télégraphia au Gouverneur que ses troupes étaient reformées au Nord du fort de Montrouge (1).

La retraite de la division de Maussion semble avoir échappé complètement aux troupes de la 7e brigade bavaroise, qui occupaient Bourg-la-Reine et Sceaux. Aucun des *Historiques* de ces corps n'en fait mention, et l'ouvrage du Grand État-Major prussien ne le signale pas davantage. Ce qui est certain, c'est que toutes les unités déployées en première ligne ne firent aucun progrès pendant un temps assez long, tout au moins jusqu'à ce que Plessis-Picquet fût évacué par le 15e de marche. Le tir exécuté par le fort de Montrouge contribua vraisemblablement à empêcher les compagnies du 5e bavarois de sortir de Bourg-la-Reine.

Le général Ducrot raconte que lorsqu'il fut informé du mouvement en arrière de la division de Maussion « il prescrivit au général d'Hugues de faire réoccuper Fontenay-aux-Roses pour empêcher un mouvement tournant de ce côté (2) ». Le IIIe bataillon du 21e de marche se serait dirigé vers ce village, le IIe serait resté sur les pentes du Télégraphe face aux coteaux de Sceaux et le Ier bataillon aurait bordé le plateau depuis le Télégraphe jusqu'à la redoute. Ces positions auraient été occupées à 1 heure (3).

Il convient toutefois de remarquer à ce sujet que le *Rapport* du général d'Hugues ne fait aucune allusion à ces faits. Après avoir exposé les mouvements de ses troupes lorsqu'elles évacuèrent précipitamment les hau-

---

(1) Le général de Maussion au Gouverneur, D. T., Montrouge, 19 septembre, 2 h. 10 soir.
(2) Général Ducrot, *loc. cit.*, t. I, p. 44.
(3) *Ibid.*

teurs du Télégraphe, il ajoute : « Je pus cependant en peu de temps reformer ma division au bas de Châtillon, dans les rues qui s'étendent de l'église à la route de Vanves, et je fis demander des ordres à M. le général commandant en chef, qui me prescrivit de m'établir à gauche de Châtillon et dans le village même, de manière à protéger, si besoin était, sa ligne de retraite sur les forts.

« Cet ordre avait déjà reçu un commencement d'exécution et ma tête de colonne prenait ses positions pour garder les issues de Châtillon du côté de Fontenay, lorsque je dus, par suite d'un ordre nouveau, arrêter ma marche et me retirer en arrière du fort de Vanves.

« Ce mouvement s'exécuta dans un ordre parfait et, vers 11 heures du matin (1), la division se trouvait établie presque tout entière en arrière de la route stratégique, faisant face au fort de Vanves, à la disposition de M. le général Renault, qui était sur les lieux (2) ». Le général d'Hugues énumère ensuite les troupes restées sur le plateau : les deux compagnies de chasseurs, le

---

(1) Cette heure paraît très prématurée. Mais on remarquera que le général d'Hugues dit qu'après avoir rallié sa division près de Châtillon, il reçut l'ordre de battre en retraite. Il semble que ce dernier ordre doive, au point de vue de l'heure de transmission, être rapproché de celui porté vers 11 heures par le capitaine Fayet à la division de Maussion et du télégramme expédié à 11 heures par le général Ducrot, dans lequel, le commandant en chef ne « comptait » pas que les généraux de Caussade et d'Hugues puissent rallier et ramener leurs troupes, et n'entrevoyait d'autre solution que d'évacuer la redoute ou s'y enfermer avec quelques troupes. En tout cas, la division d'Hugues, qui n'arriva que vers 10 heures sur les hauteurs du Télégraphe, se débanda, se reforma dans Châtillon, prit des dispositions pour défendre la lisière de ce village, puis battit en retraite sur le fort de Vanves, ne pouvait être rassemblée à 11 heures du matin derrière ce fort. On a admis que ce mouvement ne fut terminé qu'après 1 heure.

(2) *Rapport* sur le combat du 19 septembre.

IIIᵉ bataillon du 19ᵉ de marche et un bataillon environ du 22ᵉ, avec le général Paturel, commandant la brigade.

L'*Historique* du 21ᵉ de marche, extrêmement sommaire, se borne à dire que, le 19, « le régiment *assiste* au combat de Châtillon ».

Il semble donc que le général Ducrot ait commis une erreur de numéro et qu'il s'agit du 22ᵉ de marche. D'après le *Rapport* du lieutenant-colonel Barbe, le commandant en chef lui prescrivit en effet de disposer ses bataillons de manière à l'empêcher « d'être tourné par la droite et par la gauche en arrière ». Cet ordre fut donné au moment où le commandant de la redoute venait de refuser l'entrée dans l'ouvrage au 22ᵉ de marche et où de nombreuses fractions des trois bataillons étaient déjà en retraite ; les chefs des bataillons ne purent ramener que de faibles parties de leurs unités représentant dans leur ensemble la valeur d'un bataillon (1). Le lieutenant-colonel Barbe ajoute même que le commandant du Iᵉʳ bataillon avait rassemblé une partie de ses hommes près du fort de Vanves et qu'il voulait les ramener sur le plateau, mais qu'il en fut empêché par le général d'Hugues. De même, le commandant du IIIᵉ bataillon, qui avait réuni la majeure partie de ses compagnies dans Châtillon, voulut les faire remonter, mais il rencontra des batteries en retraite, et un chef d'escadron d'artillerie qui lui dit qu'il était inutile d'aller plus loin.

Il ne semble donc pas que Fontenay, évacué par les bataillons du 23ᵉ et du 24ᵉ de marche, ait été réoccupé ensuite par des troupes envoyées à cet effet. Mais ce village se trouva en partie protégé par les fractions du 22ᵉ de marche, arrêtées dans leur retraite, et particulière-

---

(1) Voir plus haut, p. 424.

ment par l'aile gauche du IIIe bataillon du 26e de marche, établi aux abords du Télégraphe depuis le matin.

§ 12. — *Évacuation de la redoute et des hauteurs de Châtillon.*

Après l'évacuation de Plessis-Picquet, les bataillons de la *3*e division bavaroise s'étaient arrêtés vers 2 heures à la lisière Nord du village ; la 3e batterie du *4*e bavarois s'était avancée avec deux escadrons du *5*e chevau-légers jusqu'à la Porte de Châtillon, où elle avait subi des pertes assez fortes qui l'avaient obligée à se retirer (1). Pendant un temps assez long, le combat resta stationnaire, l'artillerie française continuant à balayer, de la redoute, tout le plateau et les abords de Plessis-Picquet, les deux infanteries tiraillant l'une contre l'autre à assez grande distance.

Mais le général Ducrot, qui connaissait le mouvement en arrière effectué par ses divisions et se voyait isolé au bord du plateau, entrevoyait la nécessité de battre en retraite : « Dans les conditions où m'avaient placé les divers incidents que je viens de relater, a-t-il écrit dans son *Rapport* du 20 septembre, je dus penser à préparer mes moyens de retraite ; rien ne pressait, et j'aurais probablement attendu la soirée ou même la matinée du lendemain, s'il ne s'était produit un nouvel incident qui impressionna d'une manière très fâcheuse les défenseurs du fort.

« Pendant que la fusillade s'échangeait entre l'ennemi formé en bataille derrière une grande haie, à environ 1,000 mètres du fort, quelques balles vinrent tomber dans les rangs d'un bataillon d'infanterie posté en arrière de la Redoute, entre ladite redoute et les batte-

---

(1) Voir plus haut, p. 454.

ries du Télégraphe. Ces jeunes soldats se mirent immédiatement à tirer, sans ordre, dans l'étroite ouverture qui était devant eux. Leurs balles sifflèrent aux oreilles des défenseurs de la Redoute et des artilleurs.

« Je fis sonner : « Cessez le feu » ; je m'épuisai en cris et en démonstrations, et j'eus beaucoup de peine à obtenir la cessation du feu.

« Les défenseurs de la Redoute, à partir de ce moment, montrèrent moins de calme et de résolution. Comme on signalait l'occupation de Bagneux par l'ennemi et sa marche dans la direction de Fontenay-aux-Roses, je me décidai à me retirer en bon ordre avant que notre ligne de retraite ne fût tout à fait menacée (1) ».

Cet incident, relaté par le général Ducrot, ne fut peut-être pas la cause déterminante de la retraite, qui semble avoir commencé avant 2 heures. En effet, suivant le colonel du génie Corbin, qui commandait les troupes chargées de défendre la redoute, le général Ducrot, donna, vers 1 heure de l'après-midi, au capitaine de Saint-Vincent, l'ordre d'enclouer « lui-même les pièces de 12 placées sur la grande face de l'ouvrage. Les trois mitrailleuses furent descendues dans le terre-plein et immédiatement emmenées par leurs avant-trains. L'enclouage des pièces fut le signal d'une panique fâcheuse, qui donna à l'évacuation l'aspect d'une déroute (2) ». D'autre part, à 1 h. 55, le commandant du fort d'Ivry télégraphiait au Gouverneur : « On tire toujours de la redoute de Châtillon, mais on voit de temps en temps un assez grand nombre d'hommes et même de l'artillerie battre en retraite ». Or, à ce moment, la retraite de l'artillerie et des troupes des 1re et 2e divi-

---

(1) Général Ducrot, *loc. cit.*, t. I, p. 444-445.
(2) Rapport du colonel Corbin sur l'affaire de Châtillon, Porte Maillot, 24 septembre.

sions s'était effectuée depuis longtemps; l'artillerie que le commandant du fort voyait descendre, ne pouvait être que des voitures ou des batteries de la redoute, qui commençaient à se replier. Mais le tir continua encore longtemps, jusqu'après 3 heures, et ne cessa complètement que vers 3 h. 30 (1).

Après l'évacuation de Plessis-Picquet, le général Ducrot, avait renforcé sa gauche par trois compagnies du Ier bataillon du 26e de marche, primitivement au Nord-Ouest de la redoute et qu'il fit placer au Sud-Est. Une vive fusillade s'ensuivit, ce qui maintint à distance les Bavarois qui, de Plessis-Picquet, avaient essayé, après 2 heures, de progresser sur le plateau. De même, le *8e* bataillon de chasseurs, venant de Châtenay, et le IIIe bataillon du *6e* régiment bavarois, de Sceaux, s'étaient avancés vers le Télégraphe, mais leur marche avait été retardée par les balles et la mitraille partant des hauteurs.

Il est difficile d'indiquer dans quelles conditions exactes se fit l'évacuation de la redoute. Les *Historiques* des 22e et 26e de marche ne sont pas assez précis à cet égard. D'après le dernier de ceux-ci, la retraite de l'infanterie aurait commencé, vers 3 h. 30, par le IIe bataillon, qui était dans l'ouvrage et aurait été continuée une demi-heure après par le Ier bataillon placé au Nord, puis par le IIIe, qui était au Télégraphe.

Le général Ducrot dit qu'il se décida à 3 h. 15 à battre en retraite, et envoya aux batteries du Télégraphe et à celles dominant Clamart l'ordre de se retirer vers Montrouge, direction donnée également aux autres troupes. Le mouvement de retraite n'aurait commencé que plus tard, vers 4 heures (2).

---

(1) Le Commandant du fort d'Issy au Gouverneur, D. T., Issy, 19 septembre, 3 h. 40 soir.
(2) Général Ducrot, *loc. cit.*, t. I, p. 51.

D'après le *Rapport* du général d'Hugues, le général Renault lui aurait prescrit, vers 3 heures, près du fort de Vanves, de porter sa division en avant et « de prendre position à droite et à gauche de la route de Châtillon, pour protéger la retraite des défenseurs du fort menacés par suite de l'évacuation définitive du plateau et des positions de Fontenay et de Bagneux. Au moment où cet ordre s'exécutait, l'artillerie descendait à fond de train de Châtillon sur Paris. M. le général Renault s'efforça en vain d'arrêter les fuyards et fit établir rapidement la division perpendiculairement à la route de Châtillon ». Une heure plus tard, l'évacuation de la redoute étant terminée, le général d'Hugues ramena ses troupes à une certaine distance en arrière du fort de Vanves (1).

A défaut de renseignements précis fournis par les pièces d'archives sur les conditions dans lesquelles les hauteurs de Châtillon furent abandonnées, il faut s'en rapporter, pour le récit de cette retraite, au témoignage du général Ducrot :

« Vers 4 heures, l'évacuation de la redoute s'effectue avec le plus grand calme.

« Conformément aux ordres reçus, les seconds caissons et tous les impedimenta commencent le mouvement. Les voies, un peu débarrassées de ce matériel, les troupes à droite et à gauche de l'ouvrage battent en retraite par échelons ; elles doivent se reformer en bataille entre les forts d'Issy, de Vanves et de Montrouge.

« Resté dans la redoute avec le IIe bataillon du 26e de marche, la 4e compagnie du IVe bataillon des mobiles d'Ille-et-Vilaine et quelques sapeurs du génie, le général Ducrot fait exécuter, pendant tout le temps que durent ces diverses opérations, un feu très vif de mousqueterie et d'artillerie.

---

(1) *Rapport* du général d'Hugues sur le combat du 19 septembre.

« Pas un canon ne serait tombé aux mains de l'ennemi sans une déplorable erreur de quelques conducteurs d'artillerie : les avant-trains des pièces de 12 et des mitrailleuses qui étaient dans la redoute avaient été placés dans le haut du village de Châtillon, faute de place dans l'ouvrage; les hommes qui les conduisaient, voyant défiler, vers 4 heures, les seconds caissons et le gros matériel d'artillerie, crurent devoir suivre le mouvement. Quand, au dernier instant, on voulut faire avancer les avant-trains, on ne les trouva plus; ils étaient déjà retournés à leur ancien campement entre le fort de Vanves et le fort de Montrouge. Les faire revenir sur leurs pas, gravir le plateau au milieu des troupes en mouvement, eût été sinon tout à fait impossible, du moins fort long. Il fallait se hâter, de crainte d'être enlevé, car les troupes qui devaient protéger les flancs de la redoute étaient déjà loin. Dans l'ouvrage, il ne restait plus qu'une poignée d'hommes cherchant, il est vrai, par un feu très vif, à dissimuler leur petit nombre; mais il ne fallait pas espérer tromper longtemps l'ennemi, qui, d'un moment à l'autre, pouvait arriver en force et prendre d'un seul coup de filet les derniers défenseurs.

« Les mitrailleuses sont attelées à des chevaux de selle et d'officiers, mais on ne peut songer à employer ce moyen pour les lourds canons de 12; le général les fait enclouer par le capitaine du génie de Saint-Vincent, et surveille, pièce par pièce, cette opération.

« Enfin, ordre est donné au 11e bataillon du 26e et à la compagnie des mobiles de quitter la redoute; le général en chef sort le dernier. Pas un coup de canon, pas un coup de fusil n'est tiré sur cette petite arrière-garde qui, vers 5 heures, se trouve à hauteur du fort de Vanves (1) ».

---

(1) Général Ducrot, *loc. cit.*, t. I, p. 51-53.

Sans discuter la plus ou moins grande exactitude des détails ci-dessus, il convient de s'arrêter sur deux points: l'heure à laquelle la retraite a été terminée et le fait que les Bavarois ne s'en sont pas aperçus.

D'après le général Ducrot, la retraite de l'infanterie n'aurait commencé que vers 4 heures. Il semble qu'elle eut lieu beaucoup plus tôt, et que même, elle était terminée à cette heure. En effet, le commandant du fort d'Issy télégraphia à 3 h. 40 au Gouverneur : « On n'entend plus ni canonnade ni fusillade ; beaucoup de troupes se sont ralliées sur le fort de Vanves. Les hauteurs de Châtillon paraissent abandonnées ». Bien que ce télégramme dise seulement que les hauteurs *paraissent* abandonnées, le fait que la canonnade (1) et la fusillade ont complètement cessé, permet de croire que la redoute était réellement évacuée, car il est presque hors de doute que les troupes qui y restèrent les dernières continuèrent le feu jusqu'au moment de leur départ.

Mais, si les souvenirs du général Ducrot paraissent inexacts en ce qui concerne l'heure précise de l'abandon de la redoute, ils sont au contraire très conformes à la vérité pour ce qui est de l'évacuation de l'ouvrage sans que l'ennemi le remarquât. La relation du Grand État-Major prussien le reconnaît implicitement : « Jusqu'à 3 heures de l'après-midi, l'artillerie française entretenait un feu violent qu'elle ralentissait ensuite peu à peu, à mesure que les troupes les plus avancées quittaient leurs emplacements. Remarquant cette manœuvre, le capitaine von Imhoff (2) tente, vers 3 heures, de se jeter sur la redoute du Moulin de la Tour, avec les compagnies bavaroises réunies sous ses

---

(1) D'après le *Rapport* du général Boissonnet, les batteries du 14ᵉ corps tirèrent dans la journée 11,000 coups.

(2) Commandant le IIᵉ bataillon du *14ᵉ* régiment bavarois.

ordres; mais, quand il aborde l'ouvrage, celui-ci était déjà abandonné par l'ennemi..... Les patrouilles bientôt envoyées à sa suite ne trouvaient plus personne dans les fermes situées en arrière de la redoute, ainsi que dans les deux localités de Clamart et de Châtillon (1) ».

Or, il paraît certain que si le capitaine von Imhoff avait tenté de se jeter sur la redoute lorsqu'elle était encore occupée, ou même au moment où elle venait d'être évacuée, ses patrouilles auraient encore trouvé des fractions françaises dans les fermes et villages voisins. Du reste, l'*Historique* du *14e* bavarois, retraçant cet incident, ne laisse aucun doute à ce sujet : « Les épaulements furent évacués par l'ennemi, puis les mitrailleuses se turent aussi et finalement les pièces dans le retranchement. Le capitaine baron von Imhoff, qui commandait le IIe bataillon, demanda alors des volontaires pour faire une patrouille rampante vers le retranchement, et le caporal Metzger avec les soldats Dürr et Pollety, tous de la 2e compagnie, s'avancèrent dans les fossés de la route vers la redoute et firent signe qu'elle était évacuée par l'ennemi. Aussitôt le capitaine von Imhoff accourut avec les cinq compagnies (2) au pas de course, détacha la 2e compagnie à gauche pour couvrir le flanc et entra dans le retranchement avec le IIe bataillon à 3 heures (3) ».

Les Bavarois trouvèrent dans la redoute huit pièces de 12, une pièce de 4 (4), un grand nombre d'armes, d'effets d'équipement et des provisions de toutes espèces.

Le IIe bataillon du *14e* fut bientôt rejoint par les autres troupes qui s'étaient arrêtées dans Plessis-Pic-

---

(1) *Historique du Grand État-Major prussien*, IIe partie, p. **74-75**.
(2) 2e, 5e, 6e, 7e et 8e compagnies.
(3) *Geschichte des K. B. 14. Infanterie-Regiments*, p. 101.
(4) Le général Ducrot dit avoir fait enclouer les pièces et avoir surveillé pièce par pièce cette opération; l'*Historique du Grand État-*

quet, puis par le *8*ᵉ bataillon de chasseurs et le IIIᵉ bataillon du *6*ᵉ régiment. Le IIᵉ bataillon du *14*ᵉ se plaça en avant de la redoute et borda la crête du plateau. Le *8*ᵉ bataillon de chasseurs et une batterie occupèrent la croupe de la Tour à l'Anglais ; ces troupes se couvrirent vers Clamart. Le IIIᵉ bataillon du *6*ᵉ, avec une batterie et le *5*ᵉ régiment de chevau-légers, s'établit près de la Porte de Châtillon et surveilla les directions de Clamart et de Meudon.

La 1ʳᵉ compagnie du *3*ᵉ chasseurs fut envoyée à la droite du IIᵉ bataillon du *14*ᵉ et éclaira vers Châtillon. Les trois autres compagnies du *3*ᵉ bataillon de chasseurs occupèrent d'abord la redoute, mais en raison des travaux entrepris immédiatement par les pionniers, elles l'évacuèrent et vinrent bivouaquer dans le ravin qui descend vers la Mare Basse (1).

Le Iᵉʳ bataillon du *14*ᵉ se forma derrière la redoute et plaça des avant-postes à la droite de la 1ʳᵉ compagnie du *3*ᵉ chasseurs (2). Les deux bataillons du *15*ᵉ campèrent sur les hauteurs du Télégraphe, en s'éclairant vers Fontenay. Cinq batteries rejoignirent ces diverses unités sur le plateau.

Les bataillons de la 5ᵉ brigade non employés aux avant-postes formèrent leurs camps près de Plessis-Piquet (Iᵉʳ du *6*ᵉ, IIᵉ et IIIᵉ du *7*ᵉ) et de Malabry (IIᵉ du *6*ᵉ) (3).

Pendant que la *3*ᵉ division bavaroise s'emparait de

Major prussien (IIᵉ partie, p. 75) et l'*Historique* du *14*ᵉ bavarois (p. 101) disent au contraire que deux pièces seulement avaient été enclouées. Ce dernier ajoute que dans une maison située derrière la redoute se trouvait un magasin rempli de vin, de biscuit, de farine, de légumes, de viande salée.

(1) *Geschichte des K. B. 2. (vormals 3.) Jäger-Bataillons*, p. 206.
(2) Le IIIᵉ du *14*ᵉ était à Châtenay, à la 8ᵉ brigade.
(3) *Historique du Grand État-Major prussien*, IIᵉ partie, p. 75.

Plessis-Picquet, puis des hauteurs de Châtillon, la 4ᵉ n'avait fait aucun progrès et s'était contentée d'occuper Bourg-la-Reine et Sceaux, avec les unités de la 7ᵉ brigade, tandis que la 8ᵉ se massait aux abords de Châtenay.

Le IIIᵉ bataillon du 5ᵉ, appelé vers 11 h. 15 à Châtenay, reçut ultérieurement l'ordre de se porter vers Sceaux, pour combler le vide entre les 5ᵉ et 7ᵉ brigades. Ce mouvement fut sans doute ordonné quand le IIIᵉ bataillon du 6ᵉ régiment et le 8ᵉ bataillon de chasseurs furent dirigés sur le Télégraphe, car les compagnies du IIIᵉ bataillon du 5ᵉ vinrent occuper la partie Nord-Ouest de Sceaux (1), qui était précédemment tenue par le IIIᵉ bataillon du 6ᵉ.

Vers 1 heure, les 9ᵉ et 10ᵉ compagnies du 9ᵉ en réserve à Sceaux, furent envoyées vers l'Hay (2) pour compléter la liaison avec le VIᵉ corps, liaison qui avait déjà été assurée par les 2ᵉ et 8ᵉ compagnies du 5ᵉ.

Ce ne fut que vers 5 heures, d'après l'*Historique* du 5ᵉ bavarois, que des patrouilles de la 7ᵉ compagnie suivirent, vers Bagneux, les Français évacuant assez rapidement les positions qui se trouvaient immédiatement en face de la division. Ces patrouilles trouvèrent dans les tranchées quantité d'armes, d'outils et de sacs (3).

L'heure donnée dans cette circonstance par l'*Historique*, en supposant même qu'elle soit inexacte et trop tardive, n'en fait pas moins ressortir cependant la passivité de la 4ᵉ division bavaroise dont la marche fut sans doute arrêtée par la menace du feu du fort de Mont-

---

(1) 9ᵉ compagnie, à la sortie du parc de Sceaux ; 10ᵉ, dans la partie Nord-Ouest de Sceaux se reliant à l'aile gauche du 9ᵉ régiment ; les 11ᵉ et 12ᵉ, derrière la 9ᵉ (*Geschichte des K. B. 5. Infanterie-Regiments*, t. III, p. 221).

(2) *Geschichte des K. B. 9. Infanterie-Regiments Wrede*, p. 117.

(3) *Geschichte des K. B. 5. Infanterie-Regiments*, t. III, p. 221.

rouge. Il est bien certain que si des fractions de cette division avaient cherché à gagner vers midi Fontenay et Bagneux, qui n'étaient plus occupés, ou tout au moins que la division de Maussion évacuait, le mouvement de retraite du général Ducrot se serait produit vraisemblablement plus tôt.

Pour la nuit, les Ier et IIe bataillons du 5e restèrent dans Bourg-la-Reine (1). Sceaux fut occupé par le IIe bataillon du 9e, dont la 6e compagnie se maintint sur la voie ferrée, les 5e et 7e à la lisière Nord de Sceaux, la 8e sur la lisière Ouest et la 11e dans Sceaux (2). Le 6e bataillon de chasseurs campa au Sud de Sceaux.

La 8e brigade et la réserve d'artillerie s'établirent à Châtenay avec le quartier général du corps d'armée ; la brigade de uhlans bivouaqua à Frênes-lès-Rungis, où elle était restée toute la journée (3).

§ 13. — *Rentrée des troupes françaises dans Paris.*

Les fuyards du champ de bataille avaient commencé à rentrer dans Paris entre 8 et 9 heures du matin, des zouaves d'abord, puis des hommes de la division de Caussade (4). On les avait arrêtés en partie aux portes de la place et conduits en détachement à l'École militaire (5) ; mais beaucoup avaient réussi à s'échapper,

---

(1) *Geschichte des K. B. 5. Infanterie-Regiments*, t. III, p. 221.
(2) *Geschichte des K. B. 9. Infanterie-Regiments Wrede*, p. 117. — Le Ier bataillon était à Arpajon, la 12e compagnie à Villeneuve-Saint-Georges.
(3) *Historique du Grand État-Major prussien*, IIe partie, p. 76.
(4) Voir plus haut, p. 438.
(5) Le Contre-Amiral commandant le 7e secteur au Gouverneur, D. T., Paris, 19 septembre, 9 h. 22 matin ; le Commandant du 8e secteur au Gouverneur, D. T., Paris, 19 septembre, 10 h. 40 matin

étaient rentrés dans Paris, où ils semaient la panique parmi la population, par suite de leurs récits exagérés et mensongers en tous points. Toute la matinée cette triste débandade avait continué, et l'on a rapporté plus haut les mesures prises par les commandants de secteurs, puis par le Gouverneur, pour préparer la défense de l'enceinte qu'ils croyaient déjà menacée.

Aucune troupe constituée n'était rentrée dans la place avant la brigade de Bernis, renvoyée du champ de bataille par le général Ducrot, et qui se présenta à la porte d'Orléans vers 10 h. 30 (1). Plus tard, ce fut le tour de la division du général de Caussade. Mais ici, il est nécessaire d'entrer dans quelques détails en raison des accusations portées par le général Ducrot contre son subordonné, et des conséquences que le commandant en chef paraît avoir tiré de la retraite de cette division.

Après avoir évacué Trivaux et la Porte de Trivaux, les trois régiments de la 1re division s'étaient retirés, en suivant la lisière des bois, vers la Porte de Châtillon et la redoute, avaient repris leurs sacs laissés en avant de cette dernière puis étaient redescendus entre Clamart et Châtillon où le général de Caussade les avait reformés. Jusque-là, le récit du général Ducrot concorde avec le *Rapport* du général de Caussade; mais il en diffère bientôt complètement. D'après le premier, en effet, la 1re division du 14e corps aurait, sans arrêt pour ainsi dire, continué sa retraite jusque dans Paris même, sur l'initiative de son chef. Voici du reste comment s'exprime à ce sujet l'ancien commandant en chef des 13e et 14e corps :

« Aussi son étonnement (du général Ducrot) fut grand lorsque, ayant envoyé un officier d'état-major porter des

---

(1) Voir plus haut, p. 419.

instructions au général de Caussade, qui devait se trouver à Clamart, il lui fut rendu compte que le village était entièrement évacué.

« Le général Ducrot se refuse tout d'abord à croire à un pareil fait; il lui est impossible d'admettre que la 1re division a, sans aucun ordre, abandonné son poste. Pensant que le général de Caussade, pour une raison quelconque, a pu être forcé de se porter en arrière, il renvoie un autre officier d'ordonnance dans la direction d'Issy. Cet officier cherche en vain la division de Caussade à Clamart, à Issy, à la Californie; il n'en voit aucune trace.

« Le général Renault a non moins vainement tenté d'avoir des nouvelles de sa 1re division ; il n'y a plus à en douter, le général de Caussade est rentré dans Paris.

« Notre aile droite n'était donc plus en ligne..... (1) ».

Et, dans une note, le général Ducrot ajoute : « Dans l'enquête qui eut lieu plus tard, le général de Caussade dit au général Ducrot que, vers 11 heures, ayant vu la route couverte de fuyards, et n'entendant plus le canon, il avait été convaincu que tout était fini, que tout notre monde avait été délogé du plateau; craignant d'être enveloppé, il s'était décidé à rentrer dans Paris ».

L'accusation du général Ducrot est donc bien nette. Il l'avait du reste formulée d'une manière très précise dans le *Rapport* qu'il adressa le 20 septembre au Gouverneur et où il disait textuellement : « La conduite de cet officier général est inexcusable, il a abandonné son poste devant l'ennemi (2) ».

---

(1) Général Ducrot, *loc. cit.*, t. I, p. 42.
(2) Cette phrase a été supprimée dans le *Rapport* publié par le général Ducrot parmi les pièces justificatives de son tome I. Elle devrait figurer page 444, à la fin du 3e alinéa, immédiatement avant la phrase : « Vous apprécierez, Monsieur le Gouverneur, etc..... ».

Le général de Caussade explique sa conduite d'une manière différente, dans le *Rapport* qu'il adressa au général Ducrot, le 22 septembre. Après avoir dit qu'il ramena sa division entre Châtillon et Clamart et fit occuper ce dernier village, il ajoute : « Je restai environ une heure et demie dans cette position. Mon chef d'état-major, que j'envoyai prendre vos ordres, revint sans avoir pu savoir où était l'état-major général.

« Pendant ce temps, on voyait que notre droite était complètement découverte et pouvait être tournée par Meudon dans la mauvaise position de Clamart. A gauche, la route de Châtillon était encombrée jusqu'à Paris d'une longue colonne en retraite qu'on m'assurait comprendre toute la gauche, la cavalerie et toute l'artillerie. Le feu de la redoute s'arrêta lui-même.

« Persuadé alors que tout le monde s'était retiré, que j'étais sans appui devant et sur les côtés, voulant éviter une retraite en débandade qui pourrait entraîner une panique intérieure, je fis replier la division entre les forts d'Issy et de Vanves. Plus tard, ne voyant plus personne au delà des forts, et ne pensant pouvoir rien faire d'utile dans cette position, m'étant assuré que la gauche rentrait par la porte de Châtillon, je fis rentrer en bon ordre dans Paris. On borda les remparts, suivant l'ordre de M. le Général Gouverneur, à qui je rendis compte de ce que je pouvais savoir (1) ».

Le général de Caussade ne donne malheureusement aucune indication d'heure, mais à en croire son rapport, il serait rentré dans Paris beaucoup plus tard que ne le donne à penser le général Ducrot, car il déclare avoir attendu « une heure et demie » à Clamart, et d'après son récit, il n'aurait abandonné ce village qu'après que

---

(1) Le général de Caussade au général Ducrot, Clichy, 22 septembre.

le feu de la redoute s'était arrêté. Or, on sait que cette accalmie du feu se produisit vers 11 heures.

Les *Historiques* ne sont pas plus précis. Celui du 16e de marche rapporte qu'après avoir fait occuper Clamart par son IIIe bataillon, à la suite de la retraite, le régiment, « à peine installé », reçut l'ordre de se replier derrière le fort d'Issy, et arrivé en ce point, reçut « peu après » celui de rentrer dans Paris. Il se mit en bataille sur les fortifications, à l'Ouest de la porte de Versailles. Il était alors « 4 heures », et le général Trochu serait passé devant le front des bataillons (2). L'*Historique* du 17e de marche donne une note différente. Ce régiment se serait reformé « sur les pentes du plateau de Châtillon, près de la plâtrière B, où il avait campé deux jours auparavant », et y serait resté en réserve pendant le reste de l'action. Enfin, d'après l'*Historique* du 18e de marche, ce régiment serait rentré dans Paris vers « 2 heures ».

Comme on le voit, il est difficile, au milieu de ces heures contradictoires, de déterminer l'exacte vérité. Un télégramme, adressé de Vanves, à 4 h. 25, au Gouverneur par le général Ducrot, vient encore augmenter l'incertitude sur les mouvements de la division de Caussade. En effet, le commandant en chef télégraphiait : « La position de Châtillon est évacuée un peu plus tôt que je ne l'aurais voulu. La 1re division est derrière le fort d'Issy ; une partie de la 2e, derrière le fort de Vanves, l'autre partie est rentrée dans Paris sans ordre ; la 3e division est derrière Montrouge. Je pense que la 4e division (1) est entre Bicêtre et Ivry... »

D'autre part, le Gouverneur télégraphiait à 5 h. 40 au général Ducrot, que la division de Caussade était déjà en ordre derrière l'enceinte.

---

(1) *Historique manuscrit* du 16e régiment de marche.
(2) C'est-à-dire la division de Maud'huy.

De tout ce qui précède, il semble que l'on puisse conclure que la division de Caussade, après un arrêt d'une certaine durée à hauteur de Châtillon, puis un autre, en arrière du fort d'Issy, rentra dans Paris, sur l'ordre unique de son chef direct, et qu'elle franchit la porte de Versailles entre 1 heure (1) et 2 heures seulement; mais que la retraite de cette division n'eut pas une influence bien grande sur la décision prise par le général Ducrot d'évacuer la redoute de Châtillon. On remarquera également que la liaison entre l'autorité supérieure et les généraux de division ne fut assurée à aucun moment, puisque les généraux Ducrot et de Caussade rapportent tous deux que les officiers d'état-major envoyés par l'un à la recherche de l'autre ne purent remplir leur mission ; à 4 h. 25, le commandant en chef des 13e et 14e corps, placé au fort de Vanves, croyait sa 1re division derrière le fort d'Issy, et, du reste, n'était pas mieux renseigné sur ce qui se passait sur le front de la division de Maud'huy, cependant sous ses ordres directs : il *pensait*, seulement, qu'elle était entre Bicêtre et Ivry.

Le général Renault, commandant le 14e corps, dont le rôle semble assez effacé durant toute cette journée, paraît s'être préoccupé beaucoup plus de la division d'Hugues que de ses autres divisions.

Le général Ducrot n'avait pas très bien renseigné le Gouverneur sur ce qu'il faisait lui-même, car à 4 h. 40, le général Trochu télégraphia au commandant du fort de Vanves : « Avez-vous des nouvelles de la personne

---

(1) Le général de Caussade a dû personnellement arriver vers 1 heure à la porte de Versailles. En effet, le général Trochu, parti du Louvre avant midi 15 (Télégramme du général Schmitz au général Ducrot, voir plus haut, p. 447), rencontra à la porte de Versailles le général de Caussade qui lui dit « qu'on ne se battait plus, que toutes les troupes revenaient » (Général Ducrot, *loc. cit.*, t. I, p. 53).

du général Ducrot ? » Il semble en effet, que depuis ses télégrammes de 11 heures et 11 h. 45, le commandant en chef ait télégraphié pour la première fois au Gouverneur, à 4 h. 25, en arrivant au fort de Vanves, et ait à ce moment envoyé au Louvre un de ses officiers d'ordonnance pour faire un compte rendu plus détaillé (1).

Il convient toutefois de remarquer que l'état-major du général Ducrot n'était pas encore complètement constitué, non plus que celui du général Renault. Aucun chef d'état-major ne lui avait été affecté, et le commandant en chef avait, pour la journée du 19, pris auprès de lui le général Appert, chef d'état-major du 14e corps. Les autres officiers, désignés la veille ou l'avant-veille par le Ministre ou le Gouverneur, n'avaient pas tous encore rejoint.

De son côté, le général Trochu n'avait peut-être pas fait tous ses efforts pour se renseigner sur ce qui se passait au Sud de la place. Il avait bien envoyé le matin un officier auprès du général Ducrot, puis plus tard, vers midi, un de ses officiers d'ordonnance, le lieutenant Barthélemy, était allé à l'Observatoire pour suivre de là les péripéties du combat et les lui faire connaître (2). Lui-même s'était porté vers midi, auprès du commandant du 7e secteur (3), et l'on a vu que d'après un télégramme (midi 15) du général Schmitz au général Ducrot, le Gouverneur aurait eu l'intention de se rendre à Châtillon.

Quoi qu'il en soit, il ne sortit pas de Paris, et le géné-

---

(1) Le télégramme du Gouverneur au général Ducrot, de 5 h. 40, dit en effet : « Votre aide de camp et le colonel Maillart sont ici ».

(2) *Rapport* du lieutenant Barthélemy au Gouverneur, Observatoire, 19 septembre, midi.

(3) Dès 10 h. 45, il avait télégraphié au contre-amiral de Moutaignac : « Je me rends à votre secteur » (Voir plus haut, p. 439).

ral Ducrot dit qu'il ne le fit pas, parce qu'il apprit du général de Caussade que tout était fini sur le plateau (1). Ce dernier général, dont les opérations, évidemment ne furent pas heureuses, paraît néanmoins ne pas devoir supporter seul la responsabilité des événements de la journée.

Après son arrivée au fort de Vanves, le général Ducrot ne savait trop quel parti prendre. Il raconte qu'il passa l'inspection du fort pour « donner un coup d'œil à l'armement et juger de la situation (2) ».

Du fort, il envoya au Gouverneur le télégramme de 4 h. 25, dont il a été question à plusieurs reprises, et dans lequel, après avoir indiqué les emplacements occupés par ses divisions, il disait au général Trochu qu'il attendait ses ordres.

A 5 h. 40, ce dernier lui répondit que la position de Châtillon étant perdue, il n'y avait pas lieu d'exposer davantage les troupes, qu'il fallait les faire rentrer en bon ordre et envoyer le 14ᵉ corps au Champ de Mars et aux Champs-Élysées, tandis que la division de Maud'huy viendrait bivouaquer sur le boulevard de l'Hôpital, sa gauche au Jardin des Plantes et sa droite s'étendant sur la route de Fontainebleau (3).

Des ordres en conséquence furent rédigés à 7 heures du soir au fort de Vanves par le général Appert. La division d'Hugues devait partir immédiatement pour le Champ de Mars, en rentrant dans Paris par la porte de Châtillon. La division de Maussion, passant par la porte de Montrouge, était dirigée sur le Cours la Reine ; toute l'artillerie du 14ᵉ corps sur le Champ de Mars.

---

(1) Général Ducrot, *loc. cit.*, t. I, p. 53.
(2) *Ibid.*
(3) Le Gouverneur au général Ducrot, D. T., 19 septembre, Paris, 5 h. 40 soir.

Il n'était plus question dans cet ordre de la division de Caussade, sur le compte de laquelle le télégramme du Gouverneur venait de renseigner le général Ducrot; par contre, pour la première fois de la journée, le commandant en chef s'occupait de la division de Maud'huy et lui transmettait les instructions du Gouverneur.

Les divisions d'Hugues et de Maussion exécutèrent immédiatement le mouvement qui leur avait été ordonné et, vers 10 heures du soir, elles étaient respectivement campées au Champ de Mars et aux Champs-Elysées (1).

La division de Maud'huy n'effectua sa retraite que beaucoup plus tard, comme on le verra quand on retracera ses opérations le 19.

Quant à la division de Caussade après avoir été répartie le long des remparts, avant 4 heures, elle fut bientôt remplacée par la division Blanchard et se forma derrière celle-ci. Après 7 heures, elle fut dirigée sur le Champ de Mars.

Le général Trochu avait prescrit, vers 10 h. 45 du matin, au général Vinoy, d'envoyer immédiatement par voie ferrée une division en arrière de la partie Sud de l'enceinte (2). Pour des raisons qu'on ne s'explique pas, l'exécution de cet ordre demanda beaucoup plus de temps qu'on ne pensait, et ce ne fut qu'entre 5 heures et 6 heures du soir, que les régiments se trouvèrent répartis sur les remparts, entre la Bièvre et la Seine : le 42e

---

(1) Il manquait à ces divisions un certain nombre d'isolés, qui ne rentrèrent que dans la nuit ou le lendemain matin, et le 26e de marche, qui, après l'évacuation de la redoute, avait battu en retraite dans des conditions particulières. Le Ier bataillon (sauf la 1re compagnie) et le IIIe bataillon bivouaquèrent avenue d'Orléans, avec la 3e division. — La 1re compagnie du Ier et le IIe bataillon, ayant battu en retraite directement sur Paris, prirent le chemin de fer de Ceinture à la gare de Montrouge et se firent transporter à la caserne de Reuilly.

(2) Voir plus haut, p. 440.

entre la Bièvre et la rue de la Tombe-Issoire, occupant les bastions 81 à 85 ; le 35ᵉ, entre cette rue et la porte de Châtillon (bastions 78 à 80) ; à sa droite, le 13ᵉ de marche s'étendait depuis cette porte jusqu'à celle de Versailles (bastions 77 à 72), et le 14ᵉ de marche était déployé jusqu'à la Seine (bastions 71 à 68) (1).

Ces régiments relevèrent ceux de la division de Caussade et restèrent, toute la soirée et toute la nuit, sur ces emplacements, avec les bataillons de gardes nationaux mobiles et sédentaires, et les autres troupes des 7ᵉ et 8ᵉ secteurs (2).

Il devait régner une certaine confusion sur les remparts de ces deux secteurs, car, à 9 h. 10 du soir, le contre-amiral de Montaignac, commandant le 7ᵉ secteur, télégraphiait au général Vinoy, à la gare Montparnasse (3), qu'il ne savait où se trouvaient les généraux de brigade de la division Blanchard pour leur communiquer les ordres, et demandait qu'un officier général lui fût envoyé pour prendre le commandement des troupes (4). Une heure plus tard, le général Vinoy lui répondait que la division Blanchard occupait les remparts depuis le Point-du-Jour jusqu'à la Bièvre, que les généraux étaient avec leurs troupes et que les choses

---

(1) *Historiques manuscrits* des 35ᵉ et 42ᵉ de ligne, des 13ᵉ et 14ᵉ régiments de marche.

(2) Un service d'ordre fut organisé plus en arrière pour arrêter les isolés qui, revenant du champ de bataille se répandaient dans Paris. Le bataillon des chasseurs de Neuilly fut placé sur la ligne des boulevards d'Italie, Arago, Montparnasse, et arrêta tous les militaires isolés, qu'il conduisit d'abord à son casernement (boulevard Saint-Michel, bal Bullier) et de là à la Place (*Historique manuscrit* du bataillon des chasseurs de Neuilly).

(3) Le général Vinoy avait installé son quartier général à la gare Montparnasse, vers 4 heures du soir.

(4) Le Contre-Amiral commandant le 7ᵉ secteur au général Vinoy, D. T., 7ᵉ secteur, 19 septembre, 9 h. 10 soir.

pouvaient rester dans l'état où elles se trouvaient ; tout se rectifierait le lendemain matin (1).

§ 14. — *Continuation de la marche du Ve corps prussien sur Versailles.*

Lorsque vers 11 heures, des fractions de la 5e brigade bavaroise furent arrivées en avant de Malabry pour renforcer les régiments de la 6e déjà engagée, le général von Kirchbach décida de continuer sa marche sur Versailles, en laissant seulement la 18e brigade prussienne près de Villacoublay, prête à soutenir les Bavarois s'il le fallait.

La 10e division prit la tête du mouvement, suivie par l'artillerie de corps et la 9e division.

La route directe par l'Hôtel-Dieu étant obstruée par des abatis et de profondes coupures, le général von Kirchbach dirigea son corps d'armée par Jouy et Buc. Avant 3 heures, la tête de colonne arriva aux portes de Versailles (2). La municipalité avait voulu en interdire l'entrée, et le commandant de la garde nationale avait discuté les conditions de capitulation avec le commandant du génie du Ve corps (3), mais le général von Kirch-

---

(1) Le général Vinoy au contre-amiral de Montaignac, D. T., gare Montparnasse, 19 septembre, 10 h. 50 soir.

(2) Stieler von Heydekampf, *loc. cit.*, p. 111-112 ; *Historique du Grand État-Major prussien*, IIe partie, p. 77.

(3) Le *Journal de Versailles*, du 22 septembre, raconte que le commandant en chef du génie du Ve corps, venu à Versailles, avait signé vers 1 heure le texte de capitulation ci-après :

Capitulation. — Conventions y relatives.

« Art. 1er. — Respect des personnes et des propriétés, des monuments publics et objets d'art.

« Art. 2. — Conservation par les seuls gardes nationaux de leurs

bach, considérant Versailles comme une ville ouverte, refusa d'approuver ces conditions et exigea que le passage lui soit ouvert immédiatement. Les troupes entrèrent en effet en ville, défilèrent devant leur chef sur la place d'Armes, puis se dirigèrent vers leurs emplacements de bivouacs.

Le secteur de l'investissement réservé au Ve corps s'étendait de Meudon à Bougival. La 9e division fut chargée de la partie qui s'étend de Meudon à Marnes inclusivement, et son gros prit des cantonnements bivouacs dans Grand-Montreuil et Bas-Viroflay. L'autre partie du secteur fut réservée à la 10e division, dont le gros bivouaqua près du Chesnay et de Rocquencourt.

Dans chaque division, une brigade mixte fut affectée au service d'avant-postes (17e et 20e brigades); les deux autres brigades et l'artillerie de corps constituèrent la réserve principale à la disposition du commandant de corps d'armée.

---

armes sans munitions, uniformes et postes pour le service de police dans la ville et de la prison.

« Art. 3. — Les troupes allemandes seront logées dans les casernes, établissements publics convertis en casernes; les officiers chez les habitants, s'il est nécessaire, et même les soldats si les casernes ne suffisaient pas.

« Art. 4. — Les hôpitaux civils et militaires et les blessés seront respectés et non prisonniers, conformément à la convention de Genève.

« Art. 5. — Les vivres de marche et fourrages seront livrés aux troupes allemandes sans aucune contribution de guerre.

« Fait à l'Hôtel de Ville, le 19 septembre 1870.

« Approuvé la convention ci-dessus, sauf ratification du général de Kirchbach.

« PROGITIER (sic),
« Commandant en chef du génie du Ve corps. »

Le lendemain, un officier général vint se présenter au Conseil municipal, et transmettre le refus d'accorder une capitulation à la ville; en même temps, il exigea que les armes des gardes nationaux soient livrées avant deux heures.

Les avant-postes de la *9ᵉ* division commençaient au Sud du château de Meudon, vers l'étang de Villebon, et passaient par la Porte Dauphine et Ville-d'Avray. Le *5ᵉ* bataillon de chasseurs tenait l'aile droite dans les bois de Meudon; les trois bataillons du *58ᵉ* occupaient le centre et l'aile gauche. L'autre régiment de la brigade, le *59ᵉ*, était en réserve, le IIᵉ bataillon à Chaville, les deux autres à l'entrée de Viroflay (1).

La *20ᵉ* brigade, qui fournissait les avant-postes de la *10ᵉ* division, chargea l'un de ses régiments, le *50ᵉ*, et le 1ᵉʳ escadron du *14ᵉ* régiment de dragons, d'occuper tout le secteur. Le IIᵉ bataillon à l'aile droite tint la grande route de Saint-Cloud, à hauteur de Vaucresson; le Iᵉʳ bataillon au centre occupa La Celle-Saint-Cloud avec postes à Saint-Cucufa et à La Jonchère; le IIIᵉ bataillon, à l'aile gauche, garda Bougival (2). L'autre régiment, le *37ᵉ*, bivouaqua comme réserve d'avant-postes près du château de Beauregard (3).

En raison des incidents de la journée et des difficultés du terrain accidenté et couvert que devaient occuper les avant-postes, ceux-ci ne furent pris qu'assez tard, et

---

(1) *Geschichte des Jäger-Bataillons von Neumann (1. Schlesisches) Nr. 5*, p. 215; *des 3. Posenschen Infanterie-Regiments Nr. 58*, p. 65; *des 4. Posenschen Infanterie-Regiments Nr. 59*, p. 49 et 93. — Les *Historiques* de ces corps ne donnent aucun détail sur les dispositions adoptées.

(2) Détail des bataillons : IIᵉ bataillon : 5ᵉ compagnie, sur le chemin de Vaucresson à Marnes; 6ᵉ, au Nord de la route de Vaucresson à Saint-Cloud; 7ᵉ et 8ᵉ, au croisement des routes Rocquencourt-Saint-Cloud et Rocquencourt-Marnes; IIIᵉ bataillon : 9ᵉ compagnie, au coin du parc de La Malmaison, sur la grande route; 12ᵉ, à même hauteur le long de la Seine; 10ᵉ et 11ᵉ, sur la grande route à la sortie Est de Bougival (*Geschichte des 3. Niederschlesischen Inf.-Regiments Nr. 50*, p. 284-285).

(3) *Das Füsilier-Regiment von Steinmetz (Westfälisches) Nr. 37*, p. 173.

pour la plupart vers 7 h. 30 du soir, c'est-à-dire à la tombée de la nuit. Aussi, les patrouilles et reconnaissances envoyées en avant du front n'allèrent pas très loin. Ce fut le lendemain seulement qu'elles s'avancèrent jusqu'à Rueil et Saint-Cloud (1).

La *18e* brigade ne quitta qu'après 2 heures du soir sa position de réserve près de Villacoublay ; elle s'achemina sur Versailles et bivouaqua en partie sur l'avenue de Saint-Cloud.

§ 15. — *Combat sur le plateau de Villejuif.*

Le 19, à 6 heures du matin, la division de Maud'huy et les fractions de la *23e* brigade prussienne arrivées sur le front L'Hay—Choisy-le-Roi occupaient les positions suivantes (2) :

Le IIe bataillon du 9e de marche tenait la redoute des Hautes-Bruyères avec la moitié de la 4e batterie du 2e d'artillerie, qui fut renforcée un peu plus tard par la 4e du 12e. Les Ier et IIIe bataillons du 9e de marche étaient à 800 mètres environ au Nord de l'ouvrage. Le 10e de marche, déployé au Sud de Villejuif à cheval sur la route, étendait sa gauche jusqu'au Moulin-Saquet. Le VIIIe bataillon de mobiles de la Seine occupait Villejuif, organisé défensivement avec deux compagnies de ligne des 2e et 10e régiments. La batterie de mitrailleuses (4e du 9e) se trouvait à la droite du 10e de marche, à mi-distance entre les Hautes-Bruyères et Villejuif. L'ouvrage du Moulin-Saquet était armé par 9 pièces (3e batterie du 2e et moitié de la 4e batterie du 2e). Le Ier bataillon du 11e de marche défendait les parapets de la redoute, les IIe et IIIe bataillons en réserve plus au Nord, le IIIe devant faire une recon-

---

(1) Stieler von Heydekampf, *loc. cit.*, p. 114.
(2) Voir p. 393 et 398.

naissance vers Vitry. Enfin, le 12ᵉ de marche avait placé son IIᵉ bataillon à l'Est du Moulin-Saquet, son IIIᵉ au Nord de Vitry, et le Iᵉʳ en réserve à l'Ouest du fort d'Ivry.

Du côté prussien, le IIIᵉ bataillon du 22ᵉ et un peloton du 15ᵉ dragons occupaient Chevilly : la 11ᵉ compagnie, en avant-postes au Nord du village, les 9ᵉ et 10ᵉ en réserve en arrière ; la 12ᵉ fit d'abord une reconnaissance jusqu'à La Saussaye d'où elle chassa quelques éclaireurs français (1). Les deux autres bataillons du 22ᵉ, trois pelotons de dragons et une batterie, sous les ordres du colonel von Quistorp, étaient arrêtés sur la grande route au Sud de la croisée de celle-ci avec la route de Chevilly à Thiais. Plus à l'Est, le IIIᵉ bataillon du 62ᵉ tenait Thiais, un escadron de dragons et le 6ᵉ bataillon de chasseurs occupaient Choisy-le-Roi ; les deux autres bataillons du 62ᵉ et une batterie étaient rassemblés au Sud de ce village.

Le 6ᵉ bataillon de chasseurs poussait sa 4ᵉ compagnie sur Vitry, que le général de Maud'huy n'avait pas fait occuper. Cette compagnie, progressant entre la route de Vitry et la voie ferrée, put refouler quelques patrouilles françaises, pendant que deux autres compagnies s'avançaient par la grande route jusqu'à l'extrémité Nord de Vitry (2). Mais, le IIIᵉ bataillon du 11ᵉ de marche, qui avait reçu l'ordre de se porter en reconnaissance sur ce village, les força bientôt à se retirer. En même temps, les 9ᵉ et 11ᵉ compagnies du 62ᵉ s'étaient avancées de Thiais sur le plateau dans la direction du Moulin-d'Argent Blanc. Toutes ces troupes engagèrent, vers 6 h. 30 (3), une assez vive fusillade avec

---

(1) *Geschichte des 1. Oberschlesischen Inf.-Regts Nr. 22*, p. 250.
(2) *Geschichte des 2. Schlesischen Jäger-Bataillons Nr. 6*, p. 170.
(3) Le contre-amiral Pothuau au Gouverneur, D. T., Paris-Bicêtre, 19 septembre, 6 h. 40 matin.

les défenseurs de la redoute du Moulin-Saquet et les II⁰ et III⁰ bataillons du 12ᵉ de marche ; l'engagement devint assez vif pour que le colonel von Quistorp fît partir du carrefour de la grande route et dans la direction de Vitry les 1ʳᵉ, 2ᵉ et 4ᵉ compagnies du 22ᵉ. Celles-ci prirent, près du chemin du moulin de Villejuif à Thiais, la gauche des tirailleurs du 62ᵉ, puis un peloton de la 4ᵉ compagnie et deux de la 2ᵉ ouvrirent le feu contre les tirailleurs français (1). Ces fractions durent bientôt se retirer, car, non seulement elles avaient à souffrir de la fusillade, mais encore du tir de l'artillerie, et même des canons du fort d'Ivry (2), qui, vers 7 heures du matin, venaient d'ouvrir le feu sur les troupes que, des parapets du fort, on apercevait « sur les hauteurs à gauche de Villejuif (3) ».

A 7 h. 30, l'engagement était terminé ; les troupes prussiennes se replièrent sur les villages de Chevilly, Thiais et Choisy-le-Roi (4). Le colonel von Quistorp, auquel cette escarmouche venait de révéler la présence d'artillerie adverse à proximité, n'engagea pas son artillerie (5) et ramena son gros au carrefour de la Belle-Épine, ne laissant que la 7ᵉ compagnie, en avant-postes, à hauteur de Chevilly, vers le carrefour des deux grandes routes (6).

---

(1) *Geschichte des 1. Oberschlesischen Inf.-Regts Nr. 22*, p. 250.

(2) Dans ce mouvement, ces trois compagnies eurent 8 hommes tués, 2 officiers et 7 hommes blessés (*Ibid.*).

(3) Le Commandant du fort d'Ivry au Gouverneur, à l'Amiral commandant les marins, à l'Amiral commandant à Bicêtre, D. T., Ivry, 19 septembre, 7 heures matin.

(4) Le contre-amiral Pothuau au Gouverneur et à l'amiral La Roncière, D. T., Bicêtre, 19 septembre, 7 h. 37 matin.

(5) Le commandant du fort d'Ivry au Gouverneur, à l'Amiral commandant les marins, à l'Amiral commandant à Bicêtre, D. T., Ivry, 19 septembre, 8 h. 50 matin.

(6) *Geschichte des 1. Oberschlesischen Inf.-Regts Nr. 22*, p. 251.

A partir de 8 heures, aucun événement important ne se produisit dans ce secteur jusqu'au milieu de l'après-midi. Le village de L'Hay fut occupé dans le courant de la matinée par deux compagnies bavaroises (1). Un peu plus tard, le Ier bataillon du 9e de marche s'avança en reconnaissance vers ce village, mais ses premiers éléments ayant reçu des coups de feu avant d'y arriver, il ne tarda pas à rétrograder (2).

Pendant ce temps, la *11e* division et l'artillerie de corps passaient la Seine et venaient se masser au Sud-Ouest d'Orly ; le quartier général du VIe corps s'établissait à Villeneuve-le-Roi (3).

L'après-midi débuta dans le plus grand calme, mais brusquement vers 3 h. 30, des forces françaises débouchèrent de Villejuif sur Chevilly (4). En effet, le général de Maud'huy voulant savoir ce qui se passait en avant de lui, venait de charger le lieutenant-colonel Lespieau de faire une reconnaissance sur ce village avec le Ier bataillon du 12e de marche (5), les 5e et 6e compagnies du IIIe bataillon du 9e de marche et une section de la 3e batterie du 2e d'artillerie (6).

Précédées de la 2e compagnie du 12e de marche, déployée en tirailleurs, ces unités étaient apparues entre Villejuif et les Hautes-Bruyères, avaient chassé de La Saussaye les fractions prussiennes qui y étaient restées embusquées, puis s'étaient dirigées sur Chevilly.

---

(1) 2e et 8e du 5e (Voir p. 433).
(2) *Historique manuscrit* du 9e régiment de marche.
(3) *Historique du Grand État-Major prussien*, IIe partie, p. 78 ; *Geschichte des Füsilier-Regiments General-Feldmarschall Graf Moltke (Schlesisches) Nr. 38*, p. 212.
(4) *Historique du Grand État-Major prussien*, IIe partie, p. 78.
(5) Ce bataillon était l'ancien IVe bataillon du 90e de ligne.
(6) Général Ducrot, *loc. cit.*, t. I, p. 69; le capitaine Salin au Général commandant la 1re division du 13e corps, Paris, 21 septembre.

Mais, arrivées à proximité de ce village, elles furent arrêtées par le tir de la 11ᵉ compagnie du 22ᵉ, renforcée aussitôt par les 9ᵉ et 12ᵉ, tandis que la 10ᵉ restait toujours en réserve derrière le village (1). La 6ᵉ batterie prit position au Sud du carrefour des grandes routes et ouvrit le feu sur les compagnies françaises, la Vᵉ batterie se plaça à l'Est de la Belle-Épine (2). Devant ce feu violent, le lieutenant-colonel Lespieau ordonna la retraite. Elle se fit en bon ordre appuyée par le feu des pièces des Hautes-Bruyères (3); malheureusement, la reconnaissance laissait sur le terrain ses morts et ses blessés (4). Les fusiliers du 22ᵉ essayèrent de se porter en avant, mais à leur tour ils durent s'arrêter (5). Le tir de la 6ᵉ batterie, dirigé ensuite sur Villejuif, y alluma deux incendies, sans toutefois causer de pertes aux troupes qui se trouvaient dans cette localité.

Après ces incidents, tout rentra dans le calme. Les troupes prussiennes prirent leurs dispositions pour bivouaquer sur les positions occupées. De son côté, le général de Maud'huy, craignant d'être attaqué dans la nuit (6), maintint ses unités sur leurs emplacements. Mais on a vu que le Gouverneur, dans son télégramme de 5 h. 40, avait prescrit au général Ducrot de faire ren-

---

(1) *Geschichte des 1. Oberschlesischen Inf.-Regts. Nr. 22*, p. 252.

(2) *Historique du Grand État-Major prussien*, IIᵉ partie, p. 78.

(3) Le capitaine Salin au Général commandant la 1ʳᵉ division du 13ᵉ corps, Paris, 21 septembre.

(4) Général Ducrot, *loc. cit.*, t. I, p. 69. — Les pertes s'élevaient pour le bataillon du 12ᵉ de marche à : 1 officier mortellement blessé (capitaine Benoît, commandant la 2ᵉ compagnie), 41 hommes tués ou blessés (*Historique manuscrit* du 12ᵉ de marche).

(5) Le IIIᵉ bataillon du 22ᵉ eut 4 hommes tués et 13 blessés (*Geschichte des 1. Oberschlesischen Inf.-Regts Nr. 22*, p. 253).

(6) Le contre-amiral Pothuau au Gouverneur, D. T., Bicêtre, 19 septembre, 6 h. 30 soir.

trer cette division dans Paris, et que l'ordre, rédigé à 7 heures du soir par le général Appert, contenait des instructions dans ce sens (1). Cependant soit que l'ordre n'ait pas été transmis de suite, soit que l'exécution ait été longue (2), la division ne rentra pas immédiatement derrière l'enceinte. A 10 h. 55, le général Vinoy télégraphiait au commandant du fort de Bicêtre, pour lui demander si le général de Maud'huy avait reçu l'ordre du Gouverneur de quitter sa position et de venir s'installer sur le boulevard d'Italie (3). A minuit 10, un officier d'état-major passait au fort de Bicêtre et en partait avec un guide pour rejoindre le général de Maud'huy et lui transmettre l'ordre de se replier (4). Mais dans l'intervalle, la division avait été rassemblée, et, à minuit 18, le contre-amiral de Challié télégraphiait au Gouverneur qu'elle venait de rentrer par les portes du 9ᵉ secteur (5). Ses diverses unités bivouaquèrent sur le boulevard d'Italie et celui de l'Hôpital, à l'exception du 1ᵉʳ bataillon du 9ᵉ de marche, qui, rentré isolément, passa la nuit aux Champs-Élysées.

Il ne restait plus en dehors de l'enceinte, au Sud de Paris, que des isolés, et comme fractions constituées que le VIIIᵉ bataillon de mobiles de la Seine et les deux compagnies de ligne qui occupaient l'ouvrage de Villejuif. Dans la nuit, le Gouverneur télégraphia à 3 h. 42 du

---

(1) Voir p. 478.

(2) D'après les *Historiques* des corps, il semble qu'entre 8 et 9 heures les régiments commencèrent à se replier, mais que leur rassemblement fut assez long, ce qui expliquerait l'heure tardive de la rentrée dans la place.

(3) Le général Vinoy au Commandant du fort de Bicêtre, D. T., Paris-Montparnasse, 19 septembre, 10 h. 55 soir.

(4) Le contre-amiral Pothuau au général Vinoy, D. T., Bicêtre, 20 septembre, minuit 10.

(5) Le contre-amiral de Challié au Gouverneur, D. T., 9ᵉ secteur, 20 septembre, minuit 18.

matin à l'officier supérieur qui était à leur tête, et qui avait le titre de commandant de place, de faire rentrer tout ce qui restait de troupes avec lui (1).

Ainsi, le général Trochu abandonnait sans combat des points importants, qu'il avait décidé de défendre quelques jours auparavant, et qu'il ordonnera de réoccuper deux jours plus tard.

Entre la Marne et la Seine, en amont de Paris, aucun fait important ne se produisit sur le front occupé par le reste du VIe corps. La *24e* brigade prussienne, renforcée de deux escadrons du *15e* dragons et d'une batterie, conserva ses positions autour de Limeil (2). Dans l'après-midi, le général d'Exéa avait prescrit une reconnaissance en avant de Maisons-Alfort. Le lieutenant-colonel du Guiny se porta au Sud de ce village avec un bataillon du 6e de marche, un peloton de cavalerie et deux pièces. Il le trouva évacué (3), mais il se heurta un peu plus loin à des fractions adverses qui occupaient la voie ferrée et un bouquet de bois au Nord du carrefour Pompadour (4). Quelques coups de feu furent échangés, puis la reconnaissance, ayant constaté la présence de l'ennemi, rentra dans ses bivouacs.

---

(1) Le Gouverneur au Commandant de la place de Villejuif, D. T., Paris, 20 septembre, 3 h. 42 matin.

(2) Le *23e* régiment d'infanterie fournit les avant-postes sur le front Bonneuil-sur-Marne, Mesly, carrefour Pompadour, Choisy-le-Roi. Les Ier et IIe bataillons du *63e* occupèrent Valenton ; le IIIe bataillon, Limeil et Brévannes (*Geschichte des 4. Oberschlesischen Infanterie-Regiments Nr. 63,* p. 70).

(3) *Historique manuscrit* du 6e régiment de marche.

(4) *Historique du Grand État-Major prussien,* IIe partie, p. 77; Général Ducrot, *loc. cit.,* t. I, p. 70.

§ 16. — *Résultats de la journée du 19 septembre.*

Au point de vue français, la journée du 19 septembre fut nettement mauvaise. L'armée de Paris avait abandonné presque partout les positions extérieures, et moins, peut-être, sous la pression de l'ennemi que par la volonté même du commandement.

Au Nord, l'attaque du IVe corps prussien n'avait pas été très vive, et si les avant-postes français avaient dû évacuer la Butte-Pinçon et Épinay, ils avaient pu, par contre, se maintenir au Bourget et environs.

A Châtillon, l'évacuation de la redoute s'était faite sur l'ordre du général Ducrot, et non pas sous la contrainte de l'ennemi. A Villejuif, le général de Maud'huy avait, sur l'ordre du général Trochu, abandonné ses positions intactes et d'ailleurs encore inattaquées.

Le combat de Châtillon, dans lequel les troupes avaient été exposées au feu de l'adversaire en des formations si denses et rendant la manœuvre impossible, avait donné lieu à des paniques qui avaient impressionné fâcheusement, à la fois, le commandement supérieur et la population (1).

Le général Trochu, qui n'avait consenti qu'après hésitation (2) à se défendre en avant de la ligne des forts, prit

---

(1) Gambetta, informé des événements, s'était porté à la barrière d'Italie ; en rentrant, il écrivait la lettre ci-après à M. Bocquet, maire du 13e arrondissement : « Monsieur le Maire, en rentrant à Paris, j'ai immédiatement rédigé un ordre à la garde nationale pour la mesure que vous m'avez si justement réclamé à la barrière d'Italie. J'ai, en outre, fait constituer une cour martiale pour juger sommairement les coupables de faits pareils. Je vous prie d'agréer mes salutations cordiales » (*).

« Léon GAMBETTA ».

(2) Voir l'*Investissement de Paris, Organisation de la Place*, p. 95.

(*) Cf. *Journal officiel*, 20 septembre.

le parti, après Châtillon, de faire rentrer toutes les troupes à l'intérieur. Dans la nuit, il ordonna d'évacuer Villejuif ; il fit abandonner également les ouvrages non terminés de Gennevilliers, et fit rentrer aussi les avant-postes restés en avant du Bourget.

La confiance du Gouverneur était du reste tellement ébranlée qu'à la séance tenue à l'Hôtel de Ville, à 9 h. 45 du soir, par les membres du Gouvernement, il émit l'opinion que trois ou quatre forts seraient certainement pris, mais que les autres tiendraient, et que l'enceinte devait inspirer toute confiance (1).

Or les forts étaient pourvus de presque tous leurs approvisionnements en munitions et en vivres : leur armement était complet, leur garnison était largement suffisante (2), et si certaines unités de marche ou de mobiles pouvaient laisser à désirer, il y avait par contre, dans beaucoup d'ouvrages, des artilleurs de l'armée de terre, de la marine, et des canonniers marins qui étaient susceptibles de faire tout leur devoir, comme ils l'ont prouvé plus tard. Le commandement était bien organisé et confié à des officiers énergiques, et l'on n'avait d'ailleurs à redouter pour le moment que de l'artillerie de campagne.

On ne sait ce qu'aurait pu produire un bombardement des ouvrages, exécuté dans ces conditions. Il est probable qu'il n'eût donné que de faibles résultats. Il convient toutefois de citer le passage suivant d'un rapport rédigé, le 12 mars 1871, par le lieutenant-colonel Bovet, qui, durant le siège, commanda le génie du fort de Vanves :

« L'effet moral produit sur notre garnison du fort

---

(1) *Procès-verbaux* des séances du Gouvernement de la Défense nationale, 19 septembre, p. 140.

(2) Voir l'*Investissement de Paris, Organisation de la Place*, chapitre XIV.

d'Issy par la bataille de Châtillon fut très mauvais. Nous ne pouvons savoir ce qui serait arrivé si l'ennemi profitant de la retraite de l'armée française avait couronné, vers 3 heures du soir, avec de l'artillerie de campagne, les hauteurs de Châtillon et de Clamart et avait engagé la lutte avec nous. Nous avons dit quelle était la position matérielle du fort ce jour-là. Il est probable que nous aurions eu rapidement un assez grand nombre de pièces démontées, quelques accidents graves se seraient produits. Nous n'osons pas dire que les quelques officiers énergiques et dévoués qui se trouvaient là, secondés par les très rares bons soldats de la garnison, auraient pu empêcher une panique entraînant l'abandon du fort. Nous pouvons affirmer que les personnes dont nous venons de parler auraient fait les plus grands efforts et auraient lutté jusqu'au sacrifice complet de leur existence, mais, nous le répétons, nous n'oserions pas affirmer que ce sacrifice eût pu empêcher l'abandon du fort par la presque totalité de la garnison ».

Cette appréciation semble pessimiste, car le fort d'Issy avait pour servir ses pièces deux batteries à pied, dont une provenant de la Garde. La garnison d'infanterie comprenait trois compagnies de dépôt de ligne et deux bataillons de mobiles ; les officiers étaient en nombre suffisant et ces diverses unités ont montré, au cours du siège, ce dont elles étaient capables.

Pour les Allemands, la journée au contraire avait été des plus favorables. L'insuffisance de leurs mesures de sûreté, particulièrement au Sud de la place n'avait pas beaucoup retardé leur marche et ils avaient contraint facilement l'armée française à se renfermer derrière les forts. Le combat de Châtillon lui-même, malgré l'énorme supériorité numérique des forces du général Ducrot, ne leur avait demandé que peu d'efforts et causé que des pertes relativement faibles. A 1 heure de l'après-midi, des fractions de la 2ᵉ division de cavalerie avaient coupé vers Versailles la dernière ligne télégraphique qui réunissait Paris à la province, et le soir l'investissement de la place était complet. Les divers corps des deux armées étaient déployés en cercle, autour des forts, à portée de canon ; leurs postes tenaient les principales routes et ce n'était déjà qu'avec difficulté que des isolés pouvaient passer entre eux et traverser les lignes allemandes (1).

Presque toutes les unités de la IIIe armée et de l'armée de la Meuse occupaient les positions définitives qu'elles garderont pendant l'investissement. Il ne restait plus en mouvement que les 5e et 6e divisions de cavalerie, le XIe corps et le Ier bavarois.

---

(1) Pendant les premiers jours, quelques coureurs organisés par l'administration des postes purent passer, mais, au bout de très peu de temps, toute communication fut interceptée. — Voir l'*Investissement de Paris, Organisation de la Place*, chapitre VIII, communications de Paris avec la province, p. 215 et suiv.

Situation générale des armées allemandes autour de Paris le 19 septembre au soir.

Grand quartier général : Château de Ferrières.

IIIᵉ ARMÉE.

Quartier général de la IIIᵉ armée : Palaiseau.

QUARTIERS GÉNÉRAUX.	SECTEURS.	AVANT-POSTES.	CANTONNEMENTS.
Vᵉ CORPS. — Versailles.	Bougival — Meudon.	La Malmaison, la Jonchère, Saint-Cucufa, à l'Ouest de la Bergerie, Villeneuve, hauteurs à l'Ouest de Sèvres, étang de Villebon.	*Gros de la 10ᵉ division et 2ᵉ abteilung montée :* Le Chesnay, Rocquencourt ; *Gros de la 9ᵉ division et abteilung à cheval :* Grand-Montreuil, Bas-Viroflay.
IIᵉ BAVAROIS. — Châtenay.	Meudon — la Bièvre.	Bois de Clamart, Châtillon, Bagneux, Bourg-la-Reine.	*Gros de la 3ᵉ division :* Plessis-Picquet, Malabry ; *Gros de la 4ᵉ division :* Sceaux, Châtenay ; *Brigade de uhlans :* Fresnes-les-Rungis.
VIᵉ CORPS. — Villeneuve-le-Roi.	La Bièvre — pont du chemin de fer de Brie-Comte-Robert.	Chevilly, Thiais, Choisy-le-Roi, carrefour Pompadour, Mesly, Bonneuil-sur-Marne.	*11ᵉ division et $\frac{A.C.}{VI^e}$:* entre Orly, Villeneuve-le-Roi et la Vieille-Poste ; *23ᵉ brigade :* aux avant-postes, rive gauche de la Seine ; *24ᵉ brigade :* aux avant-postes, rive droite de la Seine, Valenton, Limeil, Brévannes.
DIVISION WURTEMBERGEOISE. — La Lande (château).	Pont du chemin de fer de Brie-Comte-Robert — la Marne.	Noisy-le-Grand, Brie-sur-Marne, Le Plant, Champigny, Chennevières, Ormesson.	*1ʳᵉ brigade :* avant-postes, Villiers, Cœnilly ; *2ᵉ brigade :* Malnoue ; *3ᵉ brigade :* Ferrières, Pont-Carré.
2ᵉ DIVISION DE CAVALERIE. — Saclay.			Saclay et environs.

ARMÉE DE LA MEUSE.

Quartier général de l'armée de la Meuse : Grand-Tremblay.

QUARTIERS GÉNÉRAUX.	SECTEURS.	AVANT-POSTES.	CANTONNEMENTS.
6ᵉ DIVISION DE CAVALERIE. — Chantcloup.			Vaux, Triel, Carrières-sous-Poissy, Andrésy, Maurecourt.
5ᵉ DIVISION DE CAVALERIE.			Montgeroult, La Villeneuve, Puiseux, Courdimanche, Vauréal, Cergy, Pontoise, Boissy-l'Aillerie.
IVᵉ CORPS. — Saint-Brice.	Deuil — voie ferrée de Creil.	Lac d'Enghien, lisières Sud de Deuil et de Montmagny, La Butte-Pinçon, Le Barrage.	Gros de la 7ᵉ division et A.C. / IVᵉ : Sarcelles, Saint-Brice, Villiers-le-Bel, Écouen; Gros de la 8ᵉ division : Graulay, Montmorency.
GARDE. — Roissy.	Voie ferrée de Creil — Sevran (exclusivement) (1).	1ʳᵉ *division* : moulin de Stains, moulin de Romaincourt, Dugny, Pont-Iblon, Garges; 2ᵉ *division* : le Blanc-Mesnil, Aulnay-les-Bondy.	Gros de la 1ʳᵉ division : Gonesse, Arnouville, Bonneuil; Gros de la 2ᵉ division : Aulnay-les-Bondy, Villepinte; Division de cavalerie, 1ʳᵉ et 3ᵉ brigades : Mitry, Grand et Petit-Tremblay; 2ᵉ brigade : Franconville, Cormeil-en-Parisis, Montigny-les-Cormeil. Artillerie de corps : Goussainville.
XIIᵉ CORPS. — Claye.	Sevran (inclus) — la Marne.	Lisières Ouest de la forêt de Bondy et du parc du Raincy, Gagny, Maison-Blanche, Ville-Evrart.	23ᵉ division : Livry, Clichy-en-l'Aunoy, Montfermeil, Chelles, Coubron; 24ᵉ division : Sevran, Le Vert-Galant; 12ᵉ division de cavalerie : Le Pin, Villevaudé, Courtry; Artillerie de corps : Claye, Souilly.

(1) Dès le 20, ce secteur s'étendra jusqu'à la voie ferrée de Soissons.

CHAPITRE XIX

Dernières marches des troupes de la IIIe armée suivant en seconde ligne.

§ 1er. — *Mouvements des 5e et 6e divisions de cavalerie pour atteindre leurs emplacements dans la zone d'investissement* (1).

La rupture des ponts sur la Seine avait immobilisé aux environs de Triel et de Pontoise les 5e et 6e divisions de cavalerie, toute la journée du 19 septembre, pendant que la 1re compagnie de pionniers du IVe corps repliait le pont de Pontoise, se transportait à Triel et y établissait un point de passage (2). La 6e division de cavalerie commença à franchir la Seine, le 20 au matin. Comme l'avant-veille sur l'Oise, les cavaliers se succédèrent un par un sur le pont; le mouvement dura par suite longtemps, et s'exécuta sous la protection immédiate de la fraction du 4e chasseurs à pied (3), qui, la veille, avait été jetée sur la rive gauche à Verneuil et Vernouillet, et de la 3e compagnie du même bataillon qui prit position, dès le matin, près du pont (4).

---

(1) Voir la carte d'ensemble (deux feuilles au 1/200,000^e) et la carte n° 7 au 1/80,000^e.
(2) Voir p. 354.
(3) Trois demi-pelotons de la 2e compagnie.
(4) *Geschichte des Magdeburgischen Jäger-Bataillons Nr. 4*, p. 211-212.

Le *3e* uhlans, qui le premier franchit le fleuve, élargit immédiatement la zone de protection en envoyant son 5e escadron par Vilaines sur la grande route de Saint-Germain, et les trois autres par Vernouillet sur Bure, d'où ils firent patrouiller vers Orgeval et Feucherolles (1). Après un séjour de quatre heures sur ces emplacements et l'arrivée des autres régiments, la division se dirigea par Villepreux sur Le Mesnil-Saint-Denis, où s'installa l'état-major. La brigade de hussards (*15e*) continua jusqu'à Chevreuse; elle y arriva tard, après une longue marche. L'autre brigade occupa des cantonnements autour de celui de l'état-major de la division, le *6e* cuirassiers au Mesnil-Saint-Denis, La Verrière, Maurepas, le *3e* uhlans à Trappes et Montigny, le *15e* uhlans à Lévy-Saint-Nom et Grand-Ambesis (2).

La *5e* division, venue de ses cantonnements de la veille (3) par Boisemont et Chanteloup, ne put commencer son passage de l'Oise qu'assez tard, après que celui de la *6e* fut complètement terminé. Le mouvement des troupes continua jusqu'à 10 heures du soir; celui des trains et convois fut remis au lendemain.

La *11e* brigade, qui avait franchi la rivière la première, poussa par Médan et Feucherolles jusqu'aux Clayes, Villepreux et Chavenay. Un escadron du *19e* dragons fut envoyé à Saint-Nom-la-Bretèche comme avant-postes; des patrouilles fouillèrent la forêt de Marly, d'autres

---

(1) *Geschichte des Ulanen Regiments Kaiser Alexander von Russland (1. Brandenburgisches) Nr. 3*, p. 86.

(2) Quelques-uns de ces cantonnements toutefois ne furent peut-être occupés que le 21. Les *Historiques* de certains corps ne sont pas très précis à ce sujet; mais la *6e* division atteignit cependant la région de Montigny et Chevreuse; plusieurs *Historiques* parlent d'une marche de onze heures.

(3) Pontoise et à l'Ouest dans la vallée de la Viosne.

établirent la liaison vers Trappes avec la 6ᵉ division de cavalerie. La *12ᵉ* brigade cantonna à Crespières, Les Alluets, Morainvilliers. La *13ᵉ* brigade s'avança le long de la Seine vers Poissy et Chambourcy (1). Par suite de la marche rapide jusqu'à Chevreuse de la *6ᵉ* division, le *4ᵉ* bataillon de chasseurs fut rattaché à la *5ᵉ* division ; la 2ᵉ compagnie suivit comme soutien la *13ᵉ* brigade, envoya des reconnaissances dans la forêt de Saint-Germain, et alla cantonner dans la caserne de Poissy. La 4ᵉ compagnie du même bataillon suivit dans le même but la *11ᵉ* brigade, cantonna à Feucherolles et fit fouiller la forêt de Marly (2).

Le 21, le général von Rheinbaben rectifia les cantonnements de ses unités. Il installa son quartier général à Feucherolles. La brigade von Redern (*13ᵉ*), chargée d'assurer la liaison entre la gauche du Vᵉ corps et la droite du IVᵉ, occupa Poissy avec le *11ᵉ* hussards, Saint-Germain avec les *10ᵉ* et *17ᵉ* hussards et la 2ᵉ batterie à cheval du *10ᵉ* régiment (3).

La brigade von Barby (*11ᵉ*) cantonna à Bailly, Noisy-le-Roi, Rennemoulin, Fontenay-le-Fleury, Saint-Cyr, Saint-Nom-la-Bretèche et Villepreux (4), tandis que la *12ᵉ* brigade (Bredow) installait son état-major à Crespières et occupait les villages environnants, Davron, Feucherolles, Les Alluets, Ecquevilly, Mareil et Montainville (5). Pendant les journées des 20 et 21, les avant-

---

(1) Les *Historiques* ne permettent pas de fixer plus exactement les emplacements le 20 au soir.
(2) *Geschichte des Magdeburgischen Jäger-Bataillons Nr. 4*, p. 212.
(3) *Geschichte des Magdeburgischen Husaren-Regiments Nr. 10*, p. 152; *Bergische Lanziers, Westfälische Husaren Nr. 11*, p. 394.
(4) *Geschichte des Oldenburgischen Dragoner-Regiments Nr. 19*, p. 131 ; *Die ersten 25 Jahre des Königs-Ulanen-Regts. (1. Hannoverschen) Nr. 13*, p. 86.
(5) *Aufzeichnungen aus der Geschichte des Altmärkischen Ulanen-Regiments Nr. 16*, p. 117.

postes et patrouilles de ces deux dernières brigades étaient plutôt dirigés vers Paris ; ce ne fut qu'à partir du 22, qu'elles s'occupèrent davantage de s'éclairer vers l'Ouest et le Sud-Ouest (1). La présence de nombreux francs-tireurs rendait cette mesure nécessaire. Les Ier et IIe bataillons de Volontaires de la Seine, qui, sous les ordres du lieutenant-colonel Mocquart, avaient été jusqu'à Mézières en suivant l'armée du maréchal de Mac-Mahon, étaient revenus tenir la campagne au Sud-Est de Mantes, et se trouvaient vers le 21 septembre dans la forêt des Alluets (2).

Les 2e et 4e compagnies du 4e chasseurs, qui étaient la veille à Poissy et Feucherolles, se portèrent respectivement le 21 à Saint-Germain et Marly-le-Roi ; les 1re et 3e restées avec l'état-major du bataillon à Triel se rendirent à Poissy, quand les derniers éléments de la 5e division de cavalerie eurent franchi la Seine. Le 22, tout le bataillon se réunit à Saint-Germain, puis par Montesson et Bezons, rejoignit la 8e division d'infanterie à Argenteuil (3).

Le passage sur la Seine, à Triel, des trains et convois de la division von Rheinbaben dura, le 21, jusque vers 2 heures de l'après-midi. A ce moment, les pionniers du IVe corps replièrent le pont et vinrent cantonner à Poissy. Le 23, leur mission auprès de la cavalerie était terminée ; le lendemain, ils se dirigèrent par Argenteuil sur Sannois où se trouvaient le personnel et le matériel de l'équipage de ponts restés constamment avec le corps d'armée (4).

---

(1) *Aufzeichnungen aus der Geschichte des Altmärkischen Ulanen-Regiments Nr. 16*, p. 117.
(2) *Historique manuscrit* des Éclaireurs de la Seine.
(3) *Geschichte des Magdeburgischen Jäger-Bataillons Nr. 4*, p. 212-213.
(4) *Geschichte des Magdeburgischen Pionier-Bataillons Nr. 4.*

§ 2. — Mouvements du XIe corps.

Le XIe corps avait continué à s'avancer le 19 au Nord de la Marne (1). Ce jour-là, son quartier général vint à Château-Thierry (2). La 22e division s'échelonna dans la vallée de cette rivière, sa tête à Azy. La 21e division, dont l'état-major s'arrêta à Neuilly-Saint-Front, cantonna autour de ce point dans la zone Passy-en-Valois, Marizy-Saint-Mard, Rozet-Saint-Albin, Latilly.

Le 20, le quartier général du corps d'armée devait venir à La Ferté-sous-Jouarre, et l'étape être assez courte, mais sur l'ordre du maréchal de Moltke (3), le XIe corps poussa jusqu'à Meaux. Les troupes de la 22e division y arrivèrent vers 5 heures du soir après avoir fait un long repos à hauteur de La Ferté-sous-Jouarre pour préparer le repas du milieu de la journée et échelonnèrent leur cantonnements jusque vers Trilport; la 21e division, marchant également dans la direction de Meaux, s'arrêta à Mary-sur-Marne, Lizy-sur-Ourcq, Ocquerre, Crouy-sur-Ourcq (4).

Un ordre du grand quartier général, daté de Ferrières le 20 septembre à midi (5), ordonna au XIe corps de se diriger le lendemain sur Boissy-Saint-Léger, au lieu de faire séjour, comme cela était prévu. En conséquence, le quartier général du corps d'armée fut transféré le 21 à Jossigny; la 22e division cantonna autour de cette loca-

---

(1) Voir p. 339.
(2) *Historique du Grand État-Major prussien*, IIe partie, note de la page 79; Bornemann, *Marschtafel*, loc. cit.
(3) *Correspondance militaire du maréchal de Moltke*, n° 281, p. 382.
(4) *Geschichte des Füsilier-Regts. von Gersdorf (Hessisches) Nr. 80*, p. 485; *des Königlich preussischen 1. Nassauischen Inf.-Regts. Nr. 87*, p. 314; *des 2. Nassauischen Inf.-Regts. Nr. 88*, p. 327.
(5) *Correspondance militaire du maréchal de Moltke*, n° 282, p. 382.

lité à Ferrières (*32e* régiment), Serris, Bailly, Magny-le-Hongre ; la *21e* division, passant sur la rive gauche de la Marne, atteignit Couilly et Quincy et s'échelonna en arrière jusqu'à Meaux (1).

Le 22, le quartier général gagna Limeil, et le corps d'armée prit position sur la ligne d'investissement, entre Villeneuve-Saint-Georges et Sucy-en-Brie (2).

§ 3. — *Mouvements du Ier bavarois.*

Le Ier bavarois s'était arrêté le 18, sa tête à Verdelot, son quartier général à Viels-Maisons, ses derniers élé-

---

(1) Mouvements des trains et convois du XIe corps, les 19, 20 et 21 :

ÉLÉMENTS.	19 SEPTEMBRE.	20 SEPTEMBRE.	21 SEPTEMBRE.
Colonne de boulangerie..........	Château-Thierry.	Meaux.	Jossigny.
Dépôt mobile de chevaux..........	Dormans.	Nogent-l'Artaud.	Pierre-Levée.
Escadron du train d'escorte........	Dormans.	Nogent-l'Artaud.	Pierre-Levée.
Proviant-Kolonne.... n° *1.*	Dormans.	Nogent-l'Artaud.	La Haute-Maison.
n° *2.*	Damery.	Bétheny.	Bétheny (1).
n° *3.*	Janvilliers.	Viels-Maisons.	La Haute-Maison.
n° *4.*	Chavenay.	Rubillard.	Montretout.
n° *5.*	Saulchery.	Saint-Jean.	Crécy-en-Brie.
Hôpital de campagne n° *1.*	Bonnes.	Lizy-sur-Ourcq.	Quincy-Ségy.
n° *2.*	Dormans.	Château-Thierry.	Château-Montebise.
n° *3.*	Dormans.	Nogent-l'Artaud.	Château-Montebise.
n° *4.*	Dormans.	Nogent-l'Artaud.	Château-Montebise.
n° *8.*	Dormans.	Nogent-l'Artaud.	Château-Montebise.
n° *11.*	Château-Thierry.	Nanteuil.	Meaux.

(1) La Proviant-Kolonne n° 2 revint le 22 à Villers-Allerand, le 23 à Epernay, et rejoignit le corps d'armée à Limeil le 30 septembre (*Geschichte des Hessischen Train-Bataillons Nr. 11*, p. 46).

---

(2) *Historique du Grand État-Major prussien*, IIe partie, p. 153. — Le *32e* régiment d'infanterie avait été dirigé sur Ferrières pour assurer la protection du grand quartier général. Le Ier bataillon du *82e* avait été laissé en arrière pour garder Lagny et Meaux (*Ibid.*).

ments à Montmirail (1). Le 19, le quartier général atteignit Coulommiers (2), et les régiments s'échelonnèrent jusqu'à Chauffry et Rebais ; la brigade de cuirassiers, toujours sur le flanc gauche, cantonna à Montceaux-lès-Provins (3). A cette date, un ordre du commandant de la IIIe armée prescrivit de diriger, sans retard, trois bataillons, deux batteries et un escadron par Melun sur Fontainebleau, la 4e division de cavalerie ayant signalé de nombreux francs-tireurs dans cette région (4). Ce détachement (5), placé sous les ordres du colonel von Tauffenbach, commandant le régiment du Corps, quitta Coulommiers le 20 à 3 heures du matin et par Pezarches, Nesles, Vilbert, Chaumes, Guignes et Saint-Germain-Laxis, gagna Melun où, après une longue marche, il arriva tard et bivouaqua le long de la Seine sur la rive droite. Le lendemain, il se dirigea sur Fontainebleau (6).

Pendant que ce détachement s'acheminait sur Melun, le gros du corps d'armée prenait la direction de Chaumes où s'arrêta le quartier général, l'avant-garde à Guignes, les derniers éléments à Fontenay et Rozoy, la

---

(1) Voir p. 338.
(2) *Historique du Grand État-Major prussien*, IIe partie, note de la page 79; Bornemann, *Marschtafel*, loc. cit.
(3) Un ordre énergique de la brigade de cuirassiers bavarois prescrivit de réduire le nombre des voitures à bagages, chaque officier étant arrivé peu à peu à avoir sa voiture particulière (*Das K. B. 1. Schwere Reiter-Regiment « Prinz Karl von Bayern »*, p. 246).
(4) Helvig, loc. cit., p. 94.
(5) Ce détachement comprenait : le régiment du Corps, le 4e escadron du 3° chevau-légers, deux batteries (v^e et vII^e batteries du 1er régiment), une demi-compagnie de pionniers et un détachement sanitaire (*Ibid.*, p. 94).
(6) Les opérations ultérieures de ce détachement, qui manœuvra à partir de Fontainebleau d'après les ordres du prince Albrecht, commandant la 4e division de cavalerie, seront retracées dans les études sur l'armée de la Loire.

brigade de cavalerie à Rozoy, Bernay, Vilbert. Le 21, la marche fut continuée sur Corbeil, que le général von der Tann atteignit avec l'avant-garde, la queue de ses troupes vers Moissy-Cramayel, les deux régiments de cuirassiers à Cesson. Le lendemain, à 5 heures du matin, le corps d'armée commença à franchir la Seine sur deux ponts de chevalets, installés par le II° bavarois. Le quartier général gagna Longjumeau (1), les troupes prirent des cantonnements entre cette ville et Montlhéry sur la grande route et dans les villages à même hauteur sur l'Orge. La brigade de cavalerie s'installa à Sainte-Geneviève-des-Bois, Fleury-Mérogis, Courcouronnes (2). Ainsi placé, le Ier bavarois servait de réserve à la III° armée. Pour le couvrir vers le Sud, le général Dietl fut envoyé le 22, à Arpajon, avec deux bataillons, une batterie et un escadron (3). Ce détachement remplaça celui que le II° bavarois avait envoyé précédemment dans cette localité (4), lequel rejoignit son corps d'armée.

§ 4. — *Mouvements des 8e et 9e brigades de cavalerie.*

Les 8e et 9e brigades de cavalerie prussienne, qui, le 18, avaient cantonné autour de Saint-Remy et Villiers-les-Maillets (5), continuèrent leur marche le 19 vers le Sud-Ouest. La 8e brigade atteignit La Croix-en-Brie, la 9e s'arrêta à Jouy-le-Châtel (6). Ces deux unités sem-

---

(1) *Historique du Grand État-Major prussien*, IIe partie, p. 161.

(2) *Das K. B. 1. Schwere Reiter-Regiment « Prinz Karl von Bayern »*, p. 248.

(3) 2e bataillon de chasseurs, Ier bataillon du 11e, un escadron du 3e chevau-légers, une batterie de 4 (Helvig, *loc. cit.*, p. 95).

(4) Voir p. 335.

(5) Voir p. 338.

(6) D'après l'*Historique du Grand État-Major prussien*, IIe partie, note de la page 79. D'après l'*Historique* du 10e uhlans (p. 153), il sem-

blent, dans cette journée et celles qui suivent, avoir marché sans ordre ferme, sans autre indication que de rester au Sud du Ier corps bavarois et de rechercher les autres unités de leur division.

Le 20 au matin, la *9e* brigade se dirigea sur Mormant, et envoya un officier du *6e* uhlans avec quelques cavaliers à Fontenay, où l'on supposait que se tenait le quartier général de la IIIe armée, et où l'on espérait avoir des nouvelles du prince Albrecht. A Fontenay, le dit officier ne trouva rien ; il se rendit à Ferrières où le grand quartier général ne put lui donner aucun renseignement sur la direction prise par l'état-major de la *4e* division de cavalerie. Un autre officier du *6e* uhlans fut alors envoyé vers Melun ; il y rencontra quelques cavaliers laissés par la *10e* brigade et apprit que celle-ci avait franchi la Seine en ce point l'avant-veille (1).

La *8e* brigade n'avait fait qu'une courte marche, et avait gagné Nangis.

Le lendemain 21, les deux brigades se dirigèrent sur Melun, et entrèrent alors en relation avec leur division et le détachement von Tauffenbach (2).

---

blerait que le 19, la *8e* brigade ait atteint Chailly-en-Brie, et gagné Nangis le 20.

(1) *Geschichte des Thüringischen Ulanen-Regiments Nr. 6*, p. 52.

(2) La suite de leurs opérations sera retracée dans les études sur l'armée de la Loire.

CHAPITRE XX

Organisation des lignes de communications et occupation du territoire envahi.

§ 1. — *Lignes de communications de l'armée de la Meuse et de la IIIe armée.*

Au lendemain de la bataille de Sedan, les lignes de communications des deux armées allemandes qui y prenaient part étaient ainsi organisées :

L'armée de la Meuse avait son Inspection générale d'étapes le 3 septembre à Mouzon, avec le quartier général de l'armée ; sa route d'étapes, dont l'origine était à Pont-à-Mousson, était tracée par Thiaucourt, Fresnes-en-Woëvre, Étain, Damvillers, Dun, Stenay et Mouzon.

La IIIe armée avait son Inspection générale d'étapes à Bar-le-Duc, tandis que son quartier général occupait Donchery ; sa ligne de communications, partant de Bar-le-Duc, passait par Beauzée, Clermont-en-Argonne, Varennes, Buzancy (1). Cette dernière ayant été établie tout d'abord par l'armée de la Meuse, était gardée par des bataillons d'étapes de celle-ci, de sorte que les quatre bataillons du régiment de landwehr n° *53/56* et les deux escadrons du 5e régiment de hussards de réserve, mis à la disposition de cette armée, surveillaient seuls les deux lignes de communications (2).

---

(1) Voir p. 67, note 3.
(2) Les bataillons de landwehr de l'Inspection générale d'étapes de

Pour ne pas amener d'interversion ni de confusion dans les lignes de communications déjà entremêlées de ces deux armées, le grand quartier général avait dû, avant de poursuivre la marche sur Paris, replacer les deux armées dans les situations respectives qu'elles occupaient avant le mouvement sur Sedan, c'est-à-dire ramener les corps du prince royal de Saxe à la droite (1). Par suite, lorsque les armées se retrouvèrent face à l'Ouest, la III⁰ armée put reprendre son ancienne ligne d'étapes et la prolonger vers Châlons à partir de Bar-le-Duc, et l'armée de la Meuse put également utiliser la ligne d'étapes qu'elle avait tracée tout d'abord jusqu'à Beauzée.

Mais, si la situation se présentait simplement pour la III⁰ armée, elle était plus compliquée pour l'armée de la Meuse, par le fait que dans sa zone d'étapes avaient eu lieu les batailles de Beaumont et de Sedan, que les corps et convois des deux armées y avaient circulé, et qu'enfin c'était cette même zone que devaient traverser les convois de prisonniers. En outre, l'Inspection générale d'éta-

---

la III⁰ armée étaient échelonnés sur la route originale d'étapes depuis la frontière jusqu'à Vitry-le-François par Nancy, Ligny-en-Barrois et Bar-le-Duc.

Les troupes d'étapes de l'armée de la Meuse étaient ainsi réparties le 4 septembre : Bataillon de landwehr de Bochum : une compagnie à Beauzée, une à Clermont, une à Varennes et une à Buzancy ; bataillon de landwehr d'Iserlohn : une compagnie à Beaumont (Meurthe-et-Moselle, 18 kilomètres Ouest de Pont-à-Mousson), une à Saint-Mihiel et deux à Thiaucourt ; bataillon de landwehr de Wesel : deux compagnies à Damvillers et deux à Dun ; 3ᵉ et 4ᵉ escadrons du 5ᵉ régiment de hussards de réserve : Sedan, Saint-Mihiel, Fresnes, Étain, Damvillers et Dun (*Historique du Grand État-Major prussien*, supplément LIII ; Cardinal von Widdern, *Der Krieg an den rückwärtigen Verbindungen der deutschen Heere und der Etappendienst*, I⁰ partie, p. 108).

(1) Voir p. 67.

pes de l'armée de la Meuse avait été chargée d'assurer l'évacuation du champ de bataille (1), aussi se transporta-t-elle, dès le 4 à Sedan. Cette mission augmenta considérablement son service et l'obligea à avoir, pendant un certain temps, quatre routes d'étapes (2).

Tout d'abord, en effet, elle eut à assurer le service sur les deux itinéraires déjà indiqués plusieurs fois de Sedan à Remilly par Étain et Gorze, et de Sedan à Pont-à-

---

(1) *Correspondance militaire du maréchal de Moltke,* n° 247.
(2) Le tableau ci-après présente les cantonnements occupés chaque

DATES.	QUARTIER GÉNÉRAL DE L'ARMÉE DE LA MEUSE.	INSPECTION GÉNÉRALE D'ÉTAPES.
3 septembre	Mouzon	Mouzon.
4 —	Id.	Sedan.
5 —	Id.	Id.
6 —	Vendresse	Id.
7 —	Launois	Vendresse.
8 —	Novion-Porcien	Launois.
9 —	S-raincourt	Rethel.
10 —	Marchais	Villers-devant-le-Thour.
11 —	Id.	Neufchâtel-sur-Aisne.
12 —	Corbény	Id.
13 —	Soupir	Beaurieux.
14 —	Arcy-Sainte-Restitue	Fismes.
15 —	Neuilly-Saint-Front	Oulchy-le-Château.
16 —	Crouy-sur-Ourcq	Neuilly-Saint-Front.
17 —	Id.	Id.
18 —	Id.	Nanteuil-le-Haudouin.
19 —	Tremblay	Id.
20 —	Id.	Dammartin.

jour par l'Inspection générale d'étapes, organe directeur des services de l'armée, et par le quartier général de l'armée, pendant toute la marche sur Paris. Il permet de se rendre compte de leurs positions respectives et de remarquer que ces deux fractions importantes du commandement d'une armée furent toujours éloignées l'une de l'autre, et ordinairement se suivirent à une journée de marche. — Les liaisons étaient très bien établies et, à diverses reprises, l'Inspecteur général des étapes se transporta au quartier général de l'armée pour s'entendre sur les mouvements à exécuter les jours suivants (Cardinal von Widdern, *loc. cit.,* Ire partie, p. 107 et 111).

Mousson par Clermont, pour l'évacuation des prisonniers et du matériel capturé (1). Puis, en se mettant en marche vers l'Ouest, elle dut tracer une nouvelle route en arrière d'elle, depuis Sedan (2). Enfin, il fallut ouvrir un nouvel itinéraire pour l'arrivée de tout ce qui venait du territoire national (3), c'est-à-dire approvisionnements, convalescents, hommes de remplacement principalement, qui tous étaient transportés par voie ferrée jusqu'à Pont-à-Mousson, et aussi pour le retour des détachements qui avaient accompagné les prisonniers jusqu'à Étain et Pont-à-Mousson (4). On utilisa à cet effet la route d'étapes déjà existante par Beaumont, Saint-Mihiel, Beauzée, Clermont, et on la prolongea vers la région qu'allait traverser l'armée, par Grand-Pré et Vouziers sur Rethel et Neufchâtel-sur-Aisne.

L'ordre ci-après du grand quartier général régla l'ensemble du service des étapes des deux armées (5):

Aux commandants en chef des Ire, IIe et IIIe armées et de la subdivision d'armée de la Meuse (6).

Reims, 13 septembre.

« Par décision de S. M., le service des étapes sera, jusqu'à nouvel ordre, réglé ainsi qu'il suit :

« 1° La ligne ferrée Nancy—Châlons—Meaux formera

---

(1) *Correspondance militaire du maréchal de Moltke*, n° 247.
(2) Cette route passait par Vendresse, Rethel, Neufchâtel-sur-Aisne.
(3) Cardinal von Widdern, *loc. cit.*, Ire partie, p. 107.
(4) A Étain et Pont-à-Mousson, les prisonniers étaient remis à des détachements fournis par les armées qui investissaient Metz (*Historique du Grand État-Major prussien*, Ire partie, p. 1224).
(5) *Correspondance militaire du maréchal de Moltke*, n° 274.
(6) Adressé en outre à S. A. le grand-duc de Mecklembourg-Schwerin; au gouvernement général d'Alsace et de Lorraine; à l'intendant général, général von Stosch; au colonel Meydam, chef de la télégraphie militaire au Ministère de la Guerre.

la ligne principale de communications de la IIIe armée. On déterminera, d'après les circonstances et l'état d'exploitation des lignes, dans quelle mesure les transports de ravitaillement nécessaires à la subdivision d'armée de S. A. R. le prince royal de Saxe pourront être exécutés par cette voie ;

« 2° La ligne de communications principale de cette subdivision d'armée passera par Pont-à-Mousson, Clermont (éventuellement Verdun), Reims, Fismes et Nanteuil-le-Haudouin.

« La réparation des voies ferrées existant à l'intérieur de la zone limitée par ces lignes sera poussée par tous les moyens possibles. Tant qu'elle ne sera pas terminée, les transports devront avoir lieu par voitures.

« L'exploitation des chemins de fer sera dirigée :

« Pour la ligne du Sud (provisoirement jusqu'à Épernay seulement), par la commission d'exploitation de Nancy ;

« Pour les lignes au Nord de Châlons, par une commission d'exploitation siégeant à Reims.

« La sécurité des lignes d'étapes, en tant qu'elles sont comprises dans la zone des gouvernements généraux déjà installés, incombera en principe à ceux-ci.

« Dans ce but :

« *a*) La IIe armée fournira quatre bataillons et deux escadrons au gouvernement général de Lorraine ;

« *b*) La IIIe armée fournira au gouvernement général d'Alsace huit bataillons et quatre escadrons (dans lesquels compteront les troupes d'investissement de Bitche et de Phalsbourg).

« Il a été prescrit, en même temps et à cet effet, de porter l'effectif des troupes d'étapes à six compagnies par bataillon et à six escadrons par régiment.

« Les commandants d'étapes déjà en fonctions seront maintenus, autant que possible, au poste qu'ils occupent.

« Les troupes d'étapes de la Ire armée seront affectées immédiatement au détachement du général von Bothmer jusqu'à concurrence de trois bataillons et d'un escadron.

« On fera connaître nominativement au grand quartier général les fractions qui, par suite des dispositions qui précèdent, seront détachées des unités auxquelles elles ont appartenu jusqu'ici. De même le commandant en chef de la IIIe armée voudra bien indiquer quels sont les détachements qui ont été mis à sa disposition par les gouvernements de l'Allemagne du Sud, pour le service des étapes.

« Le reste des troupes d'étapes des Ire et IIe armées (moins les quatre bataillons et les deux escadrons détachés à la subdivision d'armée de S. A. R. le prince de Saxe, qui resteront à cette armée) devra, comme auparavant, assurer la sécurité des lignes de communications de l'armée de Metz. Le gouvernement général d'Alsace-Lorraine n'aura donc plus à se préoccuper de ce soin.

« Le corps d'armée de S. A. R. le grand-duc de Mecklembourg-Schwerin, auquel le détachement renforcé du général von Bothmer demeure rattaché, aura à assurer la sécurité et la continuité des communications entre la Moselle, la frontière belge et la ligne Mézières—Rethel—Reims—Épernay (y compris l'occupation de ces trois derniers points), de manière que la ligne ferrée Nancy—Châlons soit absolument sûre.

« A l'Ouest de la ligne Rethel—Reims—Épernay—Vitry, la subdivision d'armée de S. A. R. le prince royal de Saxe et la IIIe armée devront pourvoir à la sécurité de leurs communications au moyen des troupes d'étapes laissées à leur disposition, la ligne Dormans—Meaux étant occupée par la IIIe armée. Le relèvement des troupes employées jusqu'ici sur les lignes d'étapes devra être exécuté le plus rapidement possible. Les autorités intéressées correspondront directement entres elles à ce sujet.

« Quoique les dispositions qui précèdent aient pour effet de limiter l'action des Inspections générales d'étapes en ce qui concerne la sécurité des communications et l'administration des pays occupés, ces autorités n'en continueront pas moins à s'occuper de tout ce qui regarde la liaison avec la mère-patrie. Les gouvernements généraux, etc., qui sont ou seront établis seront considérés, au point de vue de l'exécution des transports, comme des régions de corps d'armée séparées, dans lesquelles les gouverneurs généraux désignés par S. M. rempliront les fonctions de généraux commandants.

« Les gouvernements généraux, etc., apporteront une attention particulière à assurer la sécurité des voies ferrées et des lignes télégraphiques. En cas d'interruption momentanée de ces dernières, on emploiera, si l'effectif le permet, des ordonnances montées, qui feront le service entre deux stations, jusqu'au rétablissement des communications ».

La route d'étapes de l'armée de la Meuse fut, conformément à cet ordre, prolongée de Neufchâtel sur Fismes et Nanteuil-le-Haudouin, et lorsque le 20 septembre, l'Inspection générale d'étapes atteignit Dammartin, cette route était complètement organisée et comptait les commandements d'étapes ci-après : Pont-à-Mousson, Beaumont, Saint-Mihiel, Beauzée, Clermont, Grand-Pré, Vouziers, Rethel, Neufchâtel, Fismes, Neuilly-Saint-Front, Nanteuil-le-Haudouin, Dammartin (1). Ainsi tracée, cette route d'étapes constitua la ligne de communi-

---

(1) Cardinal von Widdern, *loc. cit.*, 1re partie, p. 120. — Cette route mesurait 340 kilomètres ; chacun des gîtes d'étapes fut pourvu d'un commandant d'étapes, de troupes et de représentants des divers services des étapes.

cations principale par voie de terre de l'armée de la Meuse pendant tout le siège de Paris (1).

Vers le milieu de septembre, deux des trois autres routes d'étapes indiquées plus haut furent supprimées, mais celle de Sedan à Pont-à-Mousson par Étain fut maintenue jusqu'au milieu d'octobre, et gardée par deux compagnies de landwehr. Les quatorze autres compagnies de landwehr provenant des quatre bataillons d'étapes de l'armée de la Meuse, surveillèrent la route principale de Pont-à-Mousson à Dammartin. D'après l'ordre du 13, reproduit plus haut, le corps d'armée du grand-duc de Mecklembourg aurait dû assurer la sécurité des communications à l'Est de la ligne Rethel, Reims, Épernay, Vitry, mais durant tout le mois de septembre, la majeure partie de ses troupes fut employée aux sièges de Toul, de Soissons et de Mézières, et l'Inspection générale d'étapes de l'armée de la Meuse dut pourvoir elle-même à la sûreté de toute sa ligne de communications (2).

La direction de marche sur Dormans, indiquée par l'ordre du 3 septembre pour l'aile droite de la IIIe armée, avait pour effet d'assigner, comme zone de marche ultérieure à cette armée, tout le pays situé au Sud de la Marne et à l'Ouest de Châlons. Par suite, pour établir sa route d'étapes, il suffisait de prolonger celle qui avait déjà été tracée jusqu'à l'Ouest de Bar-le-Duc, avant la marche sur Sedan.

Dès le 5 septembre, l'Inspection générale d'étapes (3)

---

(1) A partir de la fin d'octobre, cependant, elle fut raccourcie, car on supprima le détour par Rethel et Neufchâtel. De Clermont, elle se dirigea sur Suippes et Reims.

(2) Cardinal von Widdern, *loc. cit.*, Ire partie, p. 120-121.

(3) L'Inspection générale d'étapes de la IIIe armée était double : elle comprenait une inspection générale d'étapes prussienne et une bavaroise, placées toutes deux sous le commandement unique du général de

reçut l'ordre de se diriger de Bar-le-Duc sur Vitry et Châlons, pour suivre ensuite la marche de l'armée.

L'organisation du service d'étapes de la IIIe armée ne présenta pas les complications de celui de l'armée de la Meuse, la route d'étapes ayant à satisfaire à des mouvements beaucoup moins nombreux ; elle se poursuivit donc normalement.

---

division von Gotsch, inspecteur général d'étapes de la IIIe armée (Von der Goltz, *Eine Etappenerinnerung aus dem deutsch-französischen Kriege von 1870-71* (Beihefte zum Militär-Wochenblatt, 1886, p. 313).

Comme on l'a fait précédemment pour l'armée de la Meuse, on a résumé dans le tableau ci-dessous les cantonnements occupés chaque jour par le quartier général du prince royal et l'Inspection générale d'étapes.

DATES.	QUARTIER GÉNÉRAL de LA IIIe ARMÉE.	INSPECTION GÉNÉRALE D'ÉTAPES.
3 septembre...	Donchery............	Bar-le-Duc.
4 — ...	Attigny.............	Id.
5 — ...	Reims...............	Vitry-le-François.
6 — ...	Id.................	Id.
7 — ...	Id.................	Châlons.
8 — ...	Id.................	Id.
9 — ...	Boursault...........	Id.
10 — ...	Id.................	Id.
11 — ...	Id.................	Id.
12 — ...	Montmirail..........	Épernay.
13 — ...	Id.................	Id.
14 — ...	Id.................	Id.
15 — ...	Coulommiers.........	Montmirail.
16 — ...	Id.................	Coulommiers.
17 — ...	Id.................	Id.
18 — ...	Saint-Germain-lès-Corbeil..	Id.
19 — ...	Palaiseau...........	Tournan.
20 — ...	Versailles..........	Saint-Germain-lès-Corbeil (inspection prussienne). Corbeil (inspection bavaroise).

Ce tableau, dressé d'après le Supplément LX de l'*Historique du Grand État-Major prussien* et l'étude du général von der Goltz (*Eine Etappenerinnerung*, loc. cit., p. 329 à 332), fait ressortir, comme celui concernant l'armée de la Meuse, que l'Inspection générale d'étapes fut presque toujours séparée du quartier général du commandant en chef.

Quand l'ordre du 13 septembre eut indiqué que la voie ferrée Nancy—Châlons—Épernay—Meaux formerait la ligne principale de communications de la IIIe armée et servirait également, dans la mesure du possible, à l'armée de la Meuse, l'Inspection générale d'étapes de la IIIe armée organisa le long de cette voie et de la route qui la suit, une ligne d'étapes par voie de fer et de terre (1), partant de Châlons, avec gîtes d'étapes à Épernay, Dormans, Château-Thierry, La Ferté-sous-Jouarre et Lagny. La direction du service sur cette route fut confiée à l'inspecteur d'étapes du Ve corps (2), dont la résidence fut fixée à Châlons. En outre, il fut créé deux routes d'étapes : l'une de Châlons à Corbeil, par Montmirail, Coulommiers, Tournan ; l'autre de Vitry à Corbeil, également, par Fère-Champenoise, Sézanne, Montceaux-lès-Provins et Vaudoy. Toutes deux furent placées sous la direction de l'inspecteur d'étapes du IIe corps bavarois, qui s'établit tout d'abord à Sézanne (3).

Des troupes d'étapes furent échelonnées sur ces routes de marche et, après l'arrivée dans la région de Châlons d'une brigade de landwehr du XIIIe corps (4), poussées à l'Ouest de la ligne Épernay—Vitry.

Trois bataillons occupèrent la route Dormans—Château-Thierry—Meaux—Lagny, et quatre furent répartis sur les deux routes d'étapes aboutissant à Corbeil (5).

---

(1) Tant que le service par voie ferrée ne serait pas rétabli, les transports devaient se faire par voitures.

(2) Chaque corps d'armée avait une inspection d'étapes mise à la disposition de l'Inspection générale d'étapes de l'armée (Voir sa composition dans von der Goltz : *Eine Etappenerinnerung, loc. cit.*, p. 312).

(3) Von der Goltz, *Eine Etappenerinnerung*, p. 332.

(4) Il en sera parlé plus loin quand on s'occupera de l'occupation du territoire envahi.

(5) Voir, pour la répartition de ces bataillons, le Supplément LXXII de l'*Historique du Grand État-Major prussien*.

§ 2. — *Organisation d'une ligne de transports par voie ferrée* (1).

Dans leur marche sur Paris, les Allemands ne pouvaient espérer se servir au début que d'une seule voie ferrée, celle de Nancy à Paris par Châlons ; mais la résistance de la place de Toul les avait obligés à arrêter leur trafic à Frouard (2).

A l'Ouest de cette place, l'exploitation de la ligne était très difficile, sinon impossible, car d'une part, si l'on avait pu s'emparer de quelques wagons à Saint-Dizier, on n'avait aucune locomotive, et d'autre part, la voie était coupée à Vitry, par la destruction des ponts sur le canal. Le grand quartier général avait songé à faire établir une voie contournant Toul, mais avait dû y renoncer en raison des difficultés ; il s'était alors préoccupé de faire remettre en état, le plus rapidement possible, la voie à l'Ouest de cette place. A cet effet, la 2ᵉ abteilung des chemins de fer de campagne avait quitté Fontenoy, le 28 août, et par Pagny-sur-Meuse et Commercy s'était dirigée sur Bar-le-Duc, en faisant en cours de route les réparations nécessaires. Pour l'aider dans ses travaux, on fit venir également la 3ᵉ abteilung, puis l'abteilung des chemins de fer de campagne bavaroise, la compagnie du génie d'étapes bavaroise et plusieurs compagnies de pionniers de forteresse prussiennes. Ces troupes furent employées successivement aux réparations et aux essais d'exploitation

Dès le 6 septembre, certaines d'entre elles commen-

---

(1) Ce paragraphe a été rédigé d'après l'ouvrage de Hermann Budde: *Die französischen Eisenbahnen im deutschen Kriegsbetriebe, 1870-71*.

(2) Le premier train allemand était arrivé à Nancy le 21 août ; deux jours plus tard, le service était organisé par Frouard jusqu'à Ars-sur-Moselle

cèrent à Vitry la construction d'un pont en bois pour remplacer celui qui avait été détruit ; il fut terminé le 17. Dans l'intervalle, l'Inspection générale d'étapes de la IIIe armée avait prescrit de commencer l'exploitation au moyen de chevaux et des wagons pris à Saint-Dizier. Le 15, le service fut organisé de Bar-le-Duc sur Commercy, d'une part, et Vitry-le-François, de l'autre. Le 17, il fut poussé jusqu'à Châlons, et le 18, jusqu'à Épernay. Mais en raison du manque de chevaux, il fut arrêté le 26, après avoir rendu très peu de services.

Le service des étapes avait entrepris de transporter une locomotive par voie de terre de Pont-à-Mousson à Commercy à l'aide de voitures spéciales et de locomotives routières. Cette opération difficile réussit, mais ne fut terminée que le 26 septembre, alors que la place de Toul avait capitulé depuis trois jours. On avait trouvé à Épernay une locomotive, mais celle-ci fut employée uniquement au transport du matériel des sections des chemins de fer, s'avançant à la suite de l'armée.

La chute de Toul permit enfin la libre circulation depuis Nancy, et le 26, le premier train partit de cette ville à destination d'Épernay ; le lendemain, l'exploitation fut poussée jusqu'à Nogent-l'Artaud, mais dut s'arrêter en ce point, en raison de la destruction du tunnel de Nanteuil-sur-Marne.

Au milieu de septembre, les Allemands ne pouvaient se servir encore d'aucune autre voie en raison des destructions accumulées sur chacune d'elles. Une commission d'exploitation n° 3 avait été créée à Reims, et l'ingénieur Glaser (1), qui en faisait partie, avait pu rétablir la voie au 15 septembre, entre Reims, Rethel, Boulzicourt ;

---

(1) Cet ingénieur avait été avant la guerre, pendant un certain temps, employé à la Compagnie des chemins de fer du Nord ; il connaissait par suite très bien le réseau ferré français.

Reims, Saint-Hilaire-au-Temple, la Veuve ; Reims, Rilly-la-Montagne. Mais ces voies étaient complètement isolées des autres lignes, et ne pouvaient rendre que peu de services aux troupes allemandes.

§ 3. — *Occupation du territoire envahi.*

La marche des armées allemandes de Sedan sur Paris, exécutée sans difficulté en moins de quinze jours, fit tomber sous leur domination une grande étendue de territoire que le petit nombre de troupes d'étapes, mises à la disposition de chaque armée, ne suffisait pas à garder. Il fallut donc, dès le début, prévoir le renforcement des troupes d'étapes, ou plutôt l'occupation du territoire par des troupes spécialement désignées. Cette nécessité s'imposait d'autant plus, que l'existence de quelques places françaises à proximité des lignes de communications et la levée de nombreux corps francs constituaient des dangers pour les détachements et convois de toutes sortes appelés à circuler en arrière des armées. D'autre part, il importait que les corps d'armée d'opérations ne fussent pas obligés de laisser pendant trop longtemps des troupes actives en arrière, pour occuper les grandes villes ou les gros centres traversés.

Ces questions préoccupèrent de bonne heure le grand quartier général, et dès le 2 septembre, un ordre expédié de Donchery à 6 heures du soir, au commandant en chef de l'armée de Metz, à Malancourt (1), lui prescrivit de faire relever au moyen d'un régiment combiné de landwehr (quatre bataillons) de la 2e division, le régiment d'infanterie du XIe corps, pour le moment affecté à la garnison de Sedan ; de faire occuper fortement les routes

---

(1) Malancourt au Nord de Saint-Privat, ne pas confondre avec Malancourt au Nord-Ouest de Verdun.

d'étapes suivies par les prisonniers et d'examiner s'il n'y avait pas lieu de mettre à profit l'impression causée par le désastre de Sedan pour adresser des sommations aux places de Metz et de Verdun (1).

Pour se conformer à cette instruction, le prince Frédéric-Charles décida d'utiliser le détachement constitué récemment sous les ordres du général von Bothmer et qui, pour le moment, observait Thionville (2). Le 4 septembre, il expédia ses instructions à cet officier général, aux termes desquelles les quatre bataillons de landwehr, sous le commandement du colonel von Knobelsdorf, devaient se rendre à Sedan ; un bataillon du 65e, garder la route d'étapes d'Étain à Sedan, et le général von Bothmer, se porter avec le gros de son détachement devant Verdun pour observer cette place.

Le 5 au matin, le général von Bothmer rassembla toutes ses troupes à Fontoy, à l'Ouest de Thionville, et les mit immédiatement en route sur leurs diverses destinations (3).

Le colonel von Knobelsdorf se dirigea sur Sedan avec ses quatre bataillons de landwehr. Il y arriva le 9, c'est-à-dire deux jours avant le départ des deux corps d'armée

---

(1) *Correspondance militaire du maréchal de Moltke*, n° 249.

(2) Le général von Bothmer était arrivé à Perl (20 kilomètres Nord-Est de Thionville) le 1er septembre, et avait pris le commandement des troupes se trouvant dans la région, savoir : trois bataillons du 65e régiment d'infanterie ; quatre bataillons de landwehr des régiments nos *28* et *68* (bataillons de Siegbourg, Brühl, Neuss et Deutz) ; 4e régiment de hussards de réserve et une batterie lourde de réserve du VIIe corps (*Historique du Grand État-Major prussien*, Ire partie, p. 1333, note 3). — Ce détachement avait été constitué sur un ordre donné par le grand quartier général le 20 août (*Correspondance militaire du maréchal de Moltke*, n° 184).

(3) Les mouvements du détachement Bothmer ont été retracés ici, d'après l'*Historique* du *65e* régiment d'infanterie (*Geschichte des 5. Rhein. Infanterie-Regiments Nr. 65*, p. 51 et suiv.).

laissés autour de cette place sous les ordres du général von der Tann (1).

L'état-major du Ier bataillon et les 1re et 3e compagnies du *65e* marchèrent directement sur Damvillers et y arrivèrent le 6 ; les 2e et 4e compagnies se portèrent sur Stenay qu'elles atteignirent le 7 (2).

Le gros du détachement, resté sous le commandement du général von Bothmer, atteignit, le 5, Audun-le-Roman avec son gros, Malavillers avec son avant-garde (3). Le lendemain, celle-ci poussa jusqu'à Morgemoulin, le gros cantonna à Foameix, Ornel, Amel, Senon. Le 7, le détachement arriva devant Verdun, et y trouva le *9e* uhlans et une section d'artillerie à cheval détachés de la 1re armée. Le général von Bothmer prit ces troupes également sous son commandement, établit son quartier général à Eix et répartit ses unités autour de la place (4).

Ainsi disposées ces troupes assuraient bien la garde des routes d'étapes à l'Est de la Meuse, ainsi que l'occupation et la surveillance générales de toute la partie Nord du département de la Meuse et de la partie Est de celui des Ardennes.

---

(1) Le XIe corps et le Ier bavarois se mirent en route vers Paris le 11 au matin (Voir p. 210).

(2) Cardinal von Widdern, *loc. cit.*, Ire partie, p. 142.

(3) Avant-garde : 9e et 12e compagnies du *65e*, un escadron de hussards ; gros : IIe bataillon, 10e et 11e compagnies du *65e*, trois escadrons du *4e* hussards de réserve, la batterie lourde (*Geschichte des 5. Rhein. Infanterie-Regiments Nr. 65*, p. 54).

(4) Le *9e* ublans, auquel on adjoignit la section d'artillerie et une compagnie, fut chargé de la surveillance sur la rive gauche de la Meuse ; le détachement Bothmer observa la rive droite. — Le *9e* uhlans et la section d'artillerie quittèrent les environs de Verdun le 11 septembre. L'artillerie et les chevaux de main se dirigèrent sur Étain et Conflans ; le *9e* uhlans se rendit à Dun pour y prendre 3,300 chevaux de prise venant de Sedan et qu'il conduisit le même jour à Conflans. Le 16, il rejoignit la *1re* division de cavalerie à Béchy (*Geschichte des 2. Pommerschen Ulanen-Regiments Nr. 9*, p. 36 et suiv.).

Mais, pendant ce temps, la III⁰ armée et l'armée de la Meuse avaient quitté Sedan ; le 4, leurs premières troupes avaient atteint Reims, et le 8 leur gros allait dépasser cette ville. Pour ne pas laisser une aussi grosse agglomération française sans surveillance en arrière de ces armées, le Roi prescrivit le 7, de laisser à Reims la division würtembergeoise jusqu'à l'arrivée d'autres troupes, et l'on a vu que celle-ci fut relevée le 15 par l'arrivée de régiments du XI⁰ corps (1). A son tour, ce dernier laissa à Reims, le 17, deux bataillons d'infanterie (2) pour garder cette ville jusqu'à l'arrivée du XIII⁰ corps.

Un ordre du grand quartier général, en date du 8 septembre, avait en effet prescrit que ce corps d'armée, commandé par le grand-duc de Mecklembourg-Schwerin (3), et qui était arrivé le 4 septembre sous Metz (4), continuerait sa marche vers l'Ouest. « Son rôle principal, disaient ces instructions, est d'occuper d'une façon permanente la zone située entre l'armée de Metz et celles qui marchent sur Paris, et d'assurer la sécurité des communications de ces dernières armées. Dans cet ordre d'idées, il est de la plus haute importance, pour l'utilisa-

---

(1) Voir p. 189 et 213.
(2) 7ᵉ, 8ᵉ et III⁰ du *94ᵉ*, deux compagnies du *83ᵉ* (Voir p. 306).
(3) Le XIII⁰ corps d'armée avait été formé par un ordre du 20 août. Il comprenait : la *17ᵉ* division d'infanterie prussienne (général von Schimmelmann) : régiments d'infanterie nᵒˢ *75, 76, 89, 90; 14ᵉ* bataillon de chasseurs ; *17ᵉ* brigade de cavalerie (von Rauch) ; six batteries du *9ᵉ* régiment ; la *2ᵉ* division de landwehr (général de brigade Selchow). Au début, ce corps d'armée ne portait pas de numéro ; il était simplement désigné par le nom de son chef. Un ordre du 12 septembre lui donna la dénomination de XIII⁰ corps (Lehmann, *Die Mobilmachung von 1870-71*, p. 68 et 69).
(4) Le XIII⁰ corps avait mission de garder les deux routes Metz—Courcelles-sur-Nied—Remilly, et Metz—Solgne—Château-Salins. En conséquence, la *17ᵉ* division se trouvait entre Ars-Laquenexy et Courcelles-sur-Nied, la *2ᵉ* division de landwehr, vers Chesny et Jury.

tion de la voie ferrée, d'obtenir rapidement la reddition définitive de Toul ». Les instructions indiquaient ensuite les moyens matériels à employer pour se rendre maître de cette place, et prescrivaient d'utiliser, à cet effet, une division du XIII° corps, puis elles ajoutaient : « L'autre division du corps d'armée sera mise en route sur Reims et Châlons. Chacune de ces deux villes sera occupée par une forte garnison. Des colonnes mobiles s'opposeront à l'armement et au soulèvement des populations sur les derrières des armées marchant sur Paris. Les désordres qui pourraient se produire seront réprimés avec toute la rigueur des lois (1) ».

Conformément à cet ordre, le XIII° corps quitta ses positions devant Metz le 10 dans l'après-midi. La *17°* division qui tenait la tête de la colonne vint cantonner dans la zone Louvigny-sur-Seille, Pagny-lès-Coin, Buchy, Saint-Jure. Le lendemain, le corps d'armée franchit la Seille à Cheminot, la Moselle à Pont-à-Mousson; puis la *17°* division et l'artillerie de la *2°* division de landwehr, prenant la direction de Toul, s'arrêtèrent à Rosières-en-Haye, Gézoncourt, Dieulouard, Saizerais. Le 12, elles continuèrent leur marche vers Toul dont elles commencèrent de suite l'investissement.

Pendant ce temps, la division de landwehr (moins son artillerie) se dirigeait sur Châlons, où la *4°* brigade s'arrêta le 18, et sur Reims, que la *3°* brigade atteignit le 21 (2).

Le 14 septembre, les deux batteries légères (3) de cette division, laissées devant Toul avec la *17°* division, quittèrent cette dernière pour se rendre à Châlons et Reims,

---

(1) *Correspondance militaire du maréchal de Moltke*, n° 265.
(2) Hancke, *Die Thätigkeit der Landwehr im Feldzuge 1870-71* (*Militär-Zeitung*, 1878, n° 37).
(3) 1re et 2e batteries de réserve du X° corps.

sur l'ordre du grand-duc (1). Elles étaient escortées par le *17ᵉ* régiment de dragons (2).

D'autre part, en raison de la nécessité de mettre à bref délai le siège devant Soissons et Mézières, avec des unités de la division de landwehr, le grand-duc de Mecklembourg appela à Châlons une des brigades de la *17ᵉ* division toujours devant Toul (3). Par suite, la *33ᵉ* brigade d'infanterie, trois batteries et le *11ᵉ* uhlans quittèrent le corps de siège le 19 (4) et se dirigèrent sur Châlons où ils arrivèrent le 25, mais allèrent le lendemain s'établir au camp de Mourmelon (5).

De même, que l'on avait créé des gouvernements généraux d'Alsace et de Lorraine (6), de même, un ordre

---

(1) *Historique du Grand État-Major prussien*. IIᵉ partie, p. 87.

(2) Les 3ᵉ et 5ᵉ escadrons et la 1ʳᵉ batterie de réserve se dirigèrent par Foug, Oëy, Stainville, Saint-Dizier, Thiéblemont, Ablancourt sur Châlons, où ils arrivèrent le 21. Les 2ᵉ et 4ᵉ escadrons, la 2ᵉ batterie arrivèrent à Reims le même jour, après avoir fait étapes à Commercy, Fresnes-du-Mont, Pretz-en-Argonne, Gizaucourt et Suippes (*Geschichte des 1. Grossherzoglich Mecklenb. Dragoner-Regts. Nr. 17*, p. 79).

(3) Toul ne capitula que le 23 septembre.

(4) *Historique du Grand État-Major prussien*, IIᵉ partie, p. 88.

(5) Cette brigade mixte fit étapes : le 19, à Ménil-la-Horgne, Laneuville-au-Rupt, Void, Sorcy; le 20, à Nançois-le-Petit, Willeroncourt, Menaucourt, Morlaincourt, Ligny-en-Barrois; les 21 et 22, à Valcourt, Saint-Dizier, Ancerville; le 23, à Marolles, Reims-la-Brûlée, Thiéblemont-Farémont; le 24, à Togny-aux-Bœufs, Pogny, Pringy, Drouilly; le 25, à Châlons.

Ordre de marche : avant-garde : 1ᵉʳ et 4ᵉ escadrons du *11ᵉ* uhlans, IIIᵉ bataillon du *75ᵉ*, 5ᵉ batterie, une section d'ambulance. Gros : Iᵉʳ et IIᵉ bataillons du *75ᵉ*, 6ᵉ batterie, une batterie à cheval, Iᵉʳ et IIIᵉ bataillons du *76ᵉ*, hôpital de campagne n° 8. Arrière-garde : IIᵉ bataillon du *76ᵉ*; 4ᵉ colonne de munitions, 2ᵉ et 3ᵉ escadrons du *11ᵉ* uhlans (*Geschichte des 2. Brandenb. Ulanen-Regts. Nr. 11*, p. 108).

(6) Ces gouvernements avaient été créés le 14 août, et les pouvoirs de leurs chefs définis par une instruction du 21 août (*Historique du Grand État-Major prussien*, Iʳᵉ partie, p. 1315, et Supplément LIV).

du Roi en date du 16 septembre (1) ordonna la création du « gouvernement général de Reims », comprenant les territoires occupés par l'armée, et qui ne font pas partie des deux premiers.

Le même ordre plaçait le grand-duc de Mecklembourg-Schwerin, commandant le XIIIe corps, à la tête de ce gouvernement. Ses pouvoirs et sa mission étaient définis par l'instruction du 21 août, complétée par celle datée de Reims, le 13 septembre.

*
* *

En résumé, au moment où la IIIe armée et l'armée de la Meuse commençaient l'investissement de Paris, un certain nombre de dispositions avaient été prises pour assurer leurs lignes de communications et occuper le territoire français qu'elles venaient de traverser.

La IIIe armée avait une route d'étapes qui, partant de Nancy ou de Frouard, point terminus de l'exploitation des voies ferrées, passait par Bar-le-Duc, Vitry et Châlons. A partir de ces deux points, la route d'étapes se dédoublait ; un premier tronçon, partant de Châlons, allait aboutir à Corbeil, en passant par Montmirail et Coulommiers ; un second, ayant son origine à Vitry, se dirigeait également sur Corbeil par Sézanne. Corbeil, était le grand entrepôt où s'accumulaient tous les approvisionnements destinés à cette armée.

En même temps, on se préoccupait de remettre en état la voie ferrée entre Bar-le-Duc et Nogent-l'Artaud, de manière à pouvoir disposer d'une ligne de transports dès la chute de Toul, que l'on désirait et prévoyait à bref

---

(1) *Historique du Grand État-Major prussien*, Ire partie, p. 1315, et Supplément LXVI.

délai. Cette voie de fer, principalement destinée à la IIIe armée, devait aussi servir, dans la mesure du possible, à l'armée de la Meuse.

Cette dernière avait une route d'étapes principale, qui, partant de Pont-à-Mousson et traversant Saint-Mihiel, Rethel, Nanteuil-le-Haudouin, avait Dammartin comme tête d'étapes.

Chaque armée avait échelonné sur ses routes d'étapes un certain nombre d'unités de landwehr, trop faibles généralement pour assurer la sécurité complète sur la totalité de ces longues routes. L'armée de la Meuse ne disposait pour le moment que de quatorze compagnies et la IIIe armée, de sept bataillons.

Mais la création du gouvernement général de Reims et l'arrivée dans cette ville et à Châlons de plus des trois quarts de l'effectif total du XIIIe corps, allaient donner à cette organisation du service de l'arrière un développement plus complet et surtout une sécurité plus grande, et aussi permettre aux deux armées d'investissement de rapprocher en partie leurs troupes d'étapes.

Enfin, les deux fractions du détachement du général von Bothmer, installées dans la région de Sedan et devant Verdun, constituaient des postes de liaison assez forts entre les troupes du gouvernement général de Reims et celles qui investissaient l'armée française immobilisée sous Metz.

APPENDICES

PERTES DU

1° TROUPE

a) *Combat sur la rive gauche de l*

		OFFICIERS.	
14ᵉ corps.		TUÉS.	BLESSÉS.
1ʳᵉ division	7ᵉ compagnie du 3ᵉ bataillon de chasseurs.........	»	1
	8ᵉ compagnie du 4ᵉ bataillon de chasseurs.......	»	»
	15ᵉ régiment de marche................	»	1
	16ᵉ régiment de marche................	1	1
	17ᵉ régiment de marche................	1	3
	18ᵉ régiment de marche................	1	»
2ᵉ division	7ᵉ compagnie du 6ᵉ bataillon de chasseurs.......	»	»
	7ᵉ compagnie du 9ᵉ bataillon de chasseurs........	»	»
	19ᵉ régiment de marche................	2	8
	20ᵉ régiment de marche................	»	»
	21ᵉ régiment de marche................	»	1
	22ᵉ régiment de marche................	»	1
3ᵉ division	7ᵉ compagnie du 12ᵉ bataillon de chasseurs.......	»	»
	7ᵉ compagnie du 14ᵉ bataillon de chasseurs.......	»	»
	23ᵉ régiment de marche................	»	»
	24ᵉ régiment de marche....	»	»
	25ᵉ régiment de marche................	»	»
	26ᵉ régiment de marche................	»	»
Cavalerie	Régiment de gendarmerie à cheval............	»	4
	Régiment de cavalerie mixte............	»	»
	2ᵉ régiment de marche de cuirassiers............	»	1
Artillerie (pour l'ensemble des batteries).................		1	3
Régiment de marche de zouaves...................		1	1
VIIᵉ bataillon de mobiles de la Seine................		»	»
Iᵉʳ bataillon de mobiles d'Ille-et-Vilaine.............		»	»
2ᵉ compagnie de dépôt du 49ᵉ de ligne.............		»	»
IVᵉ bataillon de mobiles d'Ille-et-Vilaine............		»	»
		7	23
TOTAUX............		32	

) SEPTEMBRE.

ANÇAISES.

vre (combat de Châtillon).

	TROUPE.			CHEVAUX.		OBSERVATIONS.
TUÉS.	BLESSÉS.	DISPARUS.	TUÉS.	BLESSÉS ou disparus.		
1	6	»	»	»		Le général de Caussade, dans son rapport daté de Clichy, 22 septembre, donne des chiffres un peu différents. Tués : 2 officiers, 14 hommes ; blessés : 7 officiers, 161 hommes ; disparus : 1 officier, 119 hommes.
»	»	3	»	»		
5	33	»	»	»		
3	18	6	»	»		
24	129	5	»	»		
5	15	20	»	»		
»	»	»	»	»		
»	»	»	»	»		
24	110	110	»	»		Parmi les blessés, un nombre assez élevé resta entre les mains de l'ennemi.
1	6	7	»	»		
4	11	8	»	»		
5	18	»	»	»		
»	»	»	»	»		
1	8	»	»	»		
»	»	»	»	»		
»	»	»	»	»		Quelques blessés à la 6ᵉ compagnie du IIᵉ bataillon.
»	»	»	»	»		
»	2	»	»	»		
»	8	»	3	9		
1	2	»	1	»		
1	8	»	6	8		
5	50	8	53	58		D'après Ducrot.
5	21	60	»	»		Id.
3	14	»	»	»		
»	10	»	»	»		
»	2	»	»	»		
3	6	8	»	»		
85	477	235	63	75		Le *Journal* de marche du 14ᵉ corps donne comme pertes totales : 84 tués, 401 blessés, 255 disparus. Le général Ducrot (*loc. cit.*, t. I, p. 56) accuse un total de 730 officiers et hommes de troupe tués, blessés ou disparus.
	797			138		

Invest. Paris. — II.

A ces pertes, il conviendrait d'ajouter, pour avoir l'état des troupes le 19 au soir, les zouaves et les hommes des autres corps qui avaient quitté les rangs sur le champ de bataille, et qui ne rejoignirent leur corps que le lendemain ou les jours suivants.

Les pertes matérielles étaient assez sensibles :

La ligne d'artillerie, déployée le matin en avant de Petit-Bicêtre, eut deux caissons et un affût brisé.

Les batteries placées dans la redoute ou à proximité laissèrent huit pièces de 12 et une de 4, qui tombèrent entre les mains de l'ennemi.

Le VIIe bataillon de mobiles de la Seine et un bataillon de la division de Caussade abandonnèrent leurs sacs qu'ils avaient laissés le matin près de la redoute.

Dans tous les corps, des sacs, des objets de campement, des outils, etc..... restèrent dans les bivouacs de la veille ou sur les positions occupées dans la journée.

b) *Combat entre la Seine et la Bièvre.*

	OFFICIERS.		TROUPE.			OBSERVATIONS.
	TUÉS.	BLESSÉS.	TUÉS.	BLESSÉS.	DISPARUS.	
13e corps.						
9e régiment de marche...	»	»	»	»	»	
10e régiment de marche...	»	»	1	»	»	
11e régiment de marche...	»	»	»	»	»	Quelques blessés.
12e régiment de marche...	1	»	6	15	20	
Totaux...	1	»	7	15	20	L'*Historique* du 13e corps indique 7 hommes tués, 20 blessés et 20 disparus.

2° TROUPES ALLEMANDES.

a) *Combat sur la rive gauche de la Bièvre (combat de Châtillon).*

	OFFICIERS.		TROUPE.		
	TUÉS.	BLESSÉS.	TUÉS.	BLESSÉS.	DISPARUS.
V^e corps.					
7e régiment de grenadiers	»	»	6	19	»
47e régiment d'infanterie	1	3	28	79	1
4e régiment de dragons	»	»	1	1	»
14e régiment de dragons	»	»	3	2	1
5e régiment d'artillerie	»	3	7	30	»
Détachement sanitaire n° 2	»	»	»	1	»
TOTAUX (1)	1	6	45	132	2
IIe corps bavarois.					
5e brigade d'infanterie — Ier, IIIe/6^e	»	3	3	7	1
5e brigade d'infanterie — IIe, IIIe/7^e	3	1	19	48	12
8e bataillon de chasseurs	»	»	1	11	»
6e brigade d'infanterie — Ire, IIe/14^e	1	3	10	14	»
6e brigade d'infanterie — Ier, IIe/15^e	1	»	10	24	3
3e bataillon de chasseurs	»	»	16	29	4
3e abteilung du 4e d'artillerie	2	»	5	14	»
7e brigade d'infanterie — Ier, IIe/5^e	»	»	1	7	»
7e brigade d'infanterie — IIe, IIIe/9^e	»	»	»	1	1
6e bataillon de chasseurs	»	»	1	4	»
A *reporter*	7	7	66	159	21

(1) D'après Heydekampf, *loc. cit.*, p. 167, les pertes du Ve corps s'élevèrent à 37 hommes tués, 6 officiers et 135 hommes blessés, 35 chevaux tués et 14 blessés (y compris les chevaux de l'infanterie).
D'après le supplément LXI de l'*Historique du Grand État-Major prussien*, elles furent de 1 officier et 52 hommes tués, 5 officiers et 118 hommes blessés, 35 chevaux tués et 14 blessés.

	OFFICIERS.		TROUPE.		
	TUÉS.	BLESSÉS.	TUÉS.	BLESSÉS.	DISPARUS.
IIᵉ corps bavarois (suite).					
Report........	7	7	66	159	21
8ᵉ brigade d'infanterie. { IIIᵉ/1ᵉʳ	»	»	2	4	»
{ IIIᵉ/5ᵉ	»	»	1	3	»
4ᵉ abteilung du 4ᵉ d'artillerie......	»	»	1	1	»
Totaux (1)......	7	7	70	167	21
2ᵉ division de cavalerie.					
1ᵉʳ régiment de hussards (2)........	»	»	»	1	»

(1) D'après le supplément LXI de l'*Historique du Grand État-Major prussien*, les pertes totales du IIᵉ corps bavarois furent de 7 officiers et 65 hommes tués, 6 officiers et 166 hommes blessés, 21 hommes disparus, 27 chevaux tués et 24 blessés.
D'après Heilmann, *loc. cit.*, p. 74, elles furent de 15 officiers, 270 hommes et 53 chevaux tués ou blessés.
(2) 4 chevaux tués ou blessés.

b) *Combat entre la Seine et la Bièvre.*

	OFFICIERS.		TROUPE.		
	TUÉS.	BLESSÉS.	TUÉS.	BLESSÉS.	DISPARUS.
VIᵉ corps.					
22ᵉ régiment d'infanterie.......	1	1	11	25	»
23ᵉ régiment d'infanterie.........	»	»	»	3	»
6ᵉ bataillon de chasseurs.........	»	»	»	2	»
Totaux (1)......	1	1	11	30	»

(1) Plus 3 chevaux blessés.

ORDRE DE BATAILLE DU 14º CORPS

au 2 septembre

Commandant en chef.......	Général de division baron RENAULT.
Chef d'état-major général...	Général de brigade APPERT.
Commandant de l'artillerie..	Général de brigade BOISSONNET.
Commandant du génie.....	Colonel CORBIN.
Intendant................	Intendant militaire baron BAILLOD.
Grand prévôt.............	Chef d'escadron de gendarmerie LAMARCHE.

1re division d'infanterie.

Commandant.............	Général de division BÉCHON DE CAUSSADE.
Chef d'état-major.........	Colonel SAUTEREAU.
Commandant de l'artillerie..	Chef d'escadron MATHIEU.
Commandant du génie.....	Chef de bataillon HOUBIGANT.
1re *brigade*...............	Général LADREIT DE LA CHARRIÈRE (7e c^{ie} du 3e bataillon de chasseurs; 8e c^{ie} du 4e bataillon de chasseurs; 15e et 16e régiments de marche).
2e *brigade*...............	Général LECOMTE (17e et 18e régiments de marche).
Artillerie.................	17e batterie du 6e régiment; 17e batterie du 7e régiment.
Génie...................	1re section de la 16e compagnie du 2e régiment.

2e division d'infanterie.

Commandant.............	Général de division D'HUGUES.
Chef d'état-major.........	Chef d'escadron MONTELS.
Commandant de l'artillerie..	Chef d'escadron VIGUIER.
Commandant du génie.....	Capitaine BARDONNAUT.
1re *brigade*...............	Général BOCHER (7e c^{ie} du 6e bataillon de chasseurs; 7e c^{ie} du 9e bataillon de chasseurs; 19e et 20e régiments de marche).

2ᵉ brigade.............. Général Paturel (21ᵉ et 22ᵉ régiments de marche).

Artillerie................ { 17ᵉ batterie du 8ᵉ régiment ; 17ᵉ batterie du 13ᵉ régiment.

Génie.................... 2ᵉ section de la 16ᵉ compagnie du 2ᵉ régiment.

3ᵉ division d'infanterie.

Commandant.............. Général de division de Maussion.
Chef d'état-major......... Chef d'escadron Carré.
Commandant de l'artillerie.. Chef d'escadron de Miribel.
Commandant du génie..... Capitaine Michon.
1ʳᵉ brigade.............. Général Courty (7ᵉ cⁱᵉ du 12ᵉ bataillon de chasseurs ; 7ᵉ cⁱᵉ du 14ᵉ bataillon de chasseurs ; 23ᵉ et 24ᵉ régiments de marche).
2ᵉ brigade.............. Général X... (25ᵉ et 26ᵉ régiments de marche).
Artillerie................ { 17ᵉ batterie du 9ᵉ régiment ; 17ᵉ batterie du 12ᵉ régiment.
Génie.................... 1ʳᵉ section de la 16ᵉ compagnie du 3ᵉ régiment.

Réserve d'artillerie.

Commandant.............. Lieutenant-Colonel Villiers.

Chef d'escadron Cavalier. { 17ᵉ batterie du 4ᵉ régiment ; 17ᵉ batterie du 11ᵉ régiment.

Chef d'escadron Warnesson. { 8ᵉ batterie mixte du 3ᵉ régiment ; 17ᵉ batterie mixte du 3ᵉ régiment.

Chef d'escadron Villate. { 13ᵉ batterie mixte du 18ᵉ régiment ; 13ᵉ batterie mixte du 19ᵉ régiment.

Parc d'artillerie.

Directeur : Lieutenant-Colonel Astruc. { Détachement à pied de la 2ᵉ batterie bis du 14ᵉ régiment ; Détachement à pied de la 2ᵉ cⁱᵉ d'ouvriers d'artillerie ; 5ᵉ cⁱᵉ bis et 14ᵉ cⁱᵉ bis du 1ᵉʳ régiment du train d'artillerie.